INSTITUIÇÕES
DE DIREITO

PAULO FERREIRA DA CUNHA
(Org.)

INSTITUIÇÕES DE DIREITO

II Volume
ENCICLOPÉDIA JURIDICA

Diogo Freitas do Amaral – Luís Filipe Colaço Antunes – Wladimir Brito – Maria Clara Calheiros – F. Alves Correia – Graça Enes Ferreira – Mário Frota – Pedro Madeira Froufe – Luís Couto Gonçalves – Mário Ferreira Monte – Adriano Moreira – António Cândido Oliveira – Guilherme de Oliveira – Nuno Oliveira – A. Carlos Pereira Menaut – Miguel Reale – Catarina Serra – Rogério Ehrhardt Soares – Bernardo da Gama Lobo Xavier

Revisão de *Maria Clara Calheiros*

ALMEDINA

TÍTULO:	INSTITUIÇÕES DE DIREITO
ORGANIZADOR:	PAULO FERREIRA DA CUNHA
EDITOR:	LIVRARIA ALMEDINA – COIMBRA www.almedina.net
DISTRIBUIDORES:	LIVRARIA ALMEDINA ARCO DE ALMEDINA, 15 TELEF. 239 851900 FAX 239 851901 3004-509 COIMBRA – PORTUGAL LIVRARIA ALMEDINA – PORTO R. DE CEUTA, 79 TELEF. 22 2059773 FAX 22 2039497 4050-191 PORTO – PORTUGAL EDIÇÕES GLOBO, LDA. R. S. FILIPE NERY, 37-A (AO RATO) TELEF. 21 3857619 FAX 21 3844661 1250-225 LISBOA – PORTUGAL
EXECUÇÃO GRAFICA:	G.C. – GRAFICA DE COIMBRA, LDA. PALHEIRA – ASSAFARGE 3001-453 COIMBRA E-mail: producao@graficadecoimbra.pt MAIO, 2000
DEPÓSITO LEGAL:	150791/00
	Toda a reprodução desta obra, por fotocópia ou outro qualquer processo, sem prévia autorização escrita do Editor, é ilícita e passível de procedimento judicial contra o infractor

PREÂMBULO

Com a publicação do II volume das *Instituições do Direito* chega finalmente ao seu termo uma aventura. Plena de peripécias e imprevistos.

O propósito era de construir uma vasta e plural introdução ao Direito. E para tal propósito se desejou reunir alguns dos principais autores do mundo jurídico, não apenas nacional, mas lusófono e internacional, por um lado, e, por outro, dar voz a especialistas de matérias conexas, e ainda a jovens investigadores, contando sobretudo com os que nos estavam mais próximos: a começar pelos do Departamento Autónomo de Direito (em futuro próximo Escola de Direito) da Universidade do Minho, da qual, num dado momento, convidámos todos os colegas, sem excepção.

Chegados ao termo da viagem, uma sensação de alívio se associa a uma inegável insatisfação. Não é que a obra, que é principalmente o que dela fizeram os seus autores, nos mereça reparos, não. Confessamos que pelo contrário. Como seu primeiro leitor, impressionam-nos os volumosos tomos, e a profundidade, rigor e multiplicidade das abordagens nesta obra contidas.

Mas penitenciamo-nos pela demora da sua vinda a lume (a que, porém, fomos pessoalmente alheio), e da ausência dos colaboradores que, pelas exigências inexoráveis de tempo, tiveram de declinar o nosso convite, ou se foram afastando pelo caminho, porque, tanto tardando outras coisas, os seus escritos acabaram por ficar desactualizados. Ao mesmo tempo que louvamos a paciência dos autores que, sempre tendo cumprido prazos, pacientemente esperaram…

Compreendemos agora, e agora somente, por que o paradigma da História do Direito só verdadeiramente foi assimilado depois do triunfo da codificação, e a concomitante revogação dos textos anteriores: é que, antes disso, todo o Direito parecia simultaneamente presente e passado, *rectius*, todo o Direito presente parecia sobretudo passado. Ora, com o nosso especial agradecimento àqueles autores que foram corrigindo duas e mais vezes o seu texto para o actualizarem, aqui vai também o nosso desabafo: como o Direito de hoje é volátil, fugaz, e condenado a cair na História do Direito! Como tentar dar por finda uma obra «actualizada» se transformou numa moderna versão do mito de Sísifo!

Se todos, e a cada nova involuntária demora, fossem actualizar a bibliografia e as teorias doutrinais, jamais se sairia do círculo infernal. Mas houve que pôr um ponto final, e todos os colaboradores encontraram fórmulas para aqui chegarem. Bem hajam.

A validade dos grandes textos jurídicos (mesmo destes!) não depende tanto da actualidade da data das obras que se citam, nem sequer do tempo em que foram escritos. Aqui mesmo se recolhe um texto com alguns anos já (como se verá pela inalterada bibliografia), mas que permanece actual. É essa prova do tempo que faz vir à tona da História os clássicos e submerge os escritos de circunstância...

Este II volume é, entre nós, e que saibamos, a primeira exposição sistemática a muitas vozes dos principais ramos da Ciência Jurídica (sem ofensa para ninguém), descontando as propriamente enciclopédicas, aliás de grande mérito e qualidade. Tal coloca alguns problemas «novos». Não se estranharão divergências doutrinais e metodológicas que, na Universidade pluralista que defendemos, nada têm que ser harmonizadas. Mesmo o nosso capítulo introdutório, que assumidamente desejámos não ferisse muitas susceptibilidades, é suceptível (*apesar de tudo*) de o fazer: sobretudo mercê de um estilo de que não sabemos libertar-nos.

Foi este volume terminado para ainda poder servir os alunos no II semestre do ano lectivo de 1999/2000. Apesar da cuidadosa correcção de provas, e ainda da paciente e rigorosa revisão final da Senhora Dr.ª Maria Clara Calheiros, é natural que ainda escapem algumas importunas gralhas. Só talvez a Bíblia das 42 linhas, guardada em redoma, esteja livre de tão importunos pássaros. Sabemos, por isso, que o benévolo leitor no-las perdoará.

PAULO FERREIRA DA CUNHA

ÍNDICE
II VOLUME: Enciclopédia Jurídica

PARTE QUINTA: Crescer Direito
(Epistemologia Jurídica) 1

TÍTULO I: *Das Ciências Jurídicas em Geral* 3
  CAPÍTULO ÚNICO – Epistemologia Jurídica. Os Ramos do Direito. Ciências Jurídicas Gerais ou Humanísticas, Públicas e Privatísticas
  – *Paulo Ferreira da Cunha* 5

TÍTULO II: *Do Direito Público* 27
  CAPÍTULO I – Direito Constitucional: Introdução, o Ser e a Ordenação Jurídica do Estado – *Rogério Ehrhardt Soares* 29
  CAPÍTULO II – (Direito Constitucional) Livros para Comezar
  – *Antonio-Carlos Pereira Menaut*... 89
  CAPÍTULO III – O Direito Internacional e a Política do Direito Internacional – *Adriano Moreira* 111
  CAPÍTULO IV – The United Nations at a Crossroads
  – *Diogo Freitas do Amaral* 127
  CAPÍTULO V – Introdução Breve ao Direito Diplomático – *Wladimir Brito* .. 137
  CAPÍTULO VI – A Sociedade Civil e a Ideia de Estado – o estado da Civilização Cibernética – *Miguel Reale*... 155
  CAPÍTULO VII – Panorâmica do Direito Administrativo – *Maria Clara Calheiros* 173
  CAPÍTULO VIII – A Administração Pública e o Direito – *António Cândido de Oliveira*... 185
  CAPÍTULO IX – Introdução ao Direito Penal – *Mário Ferreira Monte* 193

TÍTULO III: *Do Direito Privado* 227
  CAPÍTULO I – Grandes Linhas da Parte Geral do Código Civil
  – *Nuno Oliveira* 229

CAPÍTULO II – Grandes Linhas de Direito das Obrigações – *Nuno Oliveira*   277
CAPÍTULO III – Direitos Reais – *Luís Couto Gonçalves* 313
CAPÍTULO IV – Direito da Família e das Sucessões – *Guilherme de Oliveira*   333
CAPÍTULO V – Direito Comercial – *Catarina Serra* 345

TÍTULO IV: **Dos Novos Direitos** 361
   CAPÍTULO I – Direito do Trabalho – *Bernardo da Gama Lobo Xavier* 363
   CAPÍTULO II – Os Direitos dos Consumidores – *Mário Frota* 371
   CAPÍTULO III – Direito do Urbanismo – *F. Alves Correia* 379
   CAPÍTULO IV – O Direito Económico – *Pedro Madeira Froufe* 387
   CAPÍTULO V – O Direito do Ambiente como Direito da Complexidade –
      Luís Filipe Colaço Antunes 399
   CAPÍTULO VI – Direito da União Europeia – *Graça Enes Ferreira* 421

PARTE QUINTA

CRESCER DIREITO

(EPISTEMOLOGIA JURÍDICA)

TÍTULO I

Das Ciências Jurídicas em Geral

CAPÍTULO ÚNICO

Epistemologia Jurídica. Os Ramos do Direito. Ciências Jurídicas Gerais ou Humanísticas, Públicas e Privatísticas

Paulo Ferreira da Cunha
Professor Associado com Agregação
na Universidade do Minho
Professor Catedrático convidado
na Universidade Portucalense

1 – DA EPISTEMOLOGIA JURÍDICA

As metáforas naturais quadravam bem com o Direito ainda não plastificado e empacotado de outrora. Além das Fontes do Direito, havia Ramos do Direito.

Ramos do Direito são sinónimo de especialidades jurídicas, ciências jurídicas (materiais), divisões do Direito, e podem até acolher-se à sombra de uma disciplina maior, que já teve honras de cadeira inicial na Universidade – e que dá pelo nome de *Enciclopédia Jurídica*.

Do mesmo modo que sucede com as Fontes do Direito, os Ramos são um dos temas mais explícita e pormenorizadamente estudados ao longo do curso de Direito. Porque cada disciplina clássica do currículo estuda normalmente um desses ramos. Além de disciplinas afins, auxiliares, e das jurídico-humanísticas ou jurídico-gerais.

É uma heresia para qualquer generalista ou oficial de outro ofício jurídico meter-se pelas portas adentro de um ramo, dizendo o que ele seja ou do que trata. Se em muitos casos nem os cultores encartados das respectiva disciplinas estão de acordo sobre o que estejam todos a fazer, *quanto mais*...! Se a própria existência de certos ramos é objecto de disputa, e se as designações não são uniformes (Penal ou Criminal; Constitucional ou Político; Direito Empresarial ou dos Negócios; Direito Comunitário, da União Europeia, ou Europeu; Direitos Reais ou das Coisas...). Evidentemente que há caso e casos. Há disputas absolutamente sobre o mesmo objecto, só que encarado de perspectiva diversa, que se reflecte num diferente nome. E há objectos híbridos ou flutuantes, que são abrangidos pela foice deste ou daquele especialista, consoante os ventos doutrinais façam bailar a seara comum da Ciência Jurídica. No primeiro caso, parece-nos encontrar-se a polémica do nome do Direito Criminal *vs.* Direito Penal, que ainda nos entusiasmava no nosso tempo de estudante mais novo. No último, parece-nos claramente não haver coincidência entre Direito Comunitário ou da União Europeia (aqui admitimos a alternativa) e Direito Europeu.

Por outro lado, verifica-se ainda o fenómeno da autonomização de novos ramos. Algumas autonomizações já estão consolidadas e são aceites, como a do Direito Comercial face ao Direito Civil Geral (ou privado comum), ou do Direito do Trabalho, como entidade híbrida, com elementos civilísticos e também de Direito Público. Ou ainda a do Direito Fiscal face ao Direito Administrativo.

Toda a matéria dos ramos do Direito se enquadra, em termos mais técnicos, naquilo a que podemos chamar a epistemologia jurídica especial, *intra muros* da casa do Direito. Enquanto a epistemologia jurídica geral, essa, trata das múltiplas relações e diálogos da juridicidade com tudo (ou virtualmente tudo) o que de ciência, saber, experiência, prática, enfim, *desafio*, a rodeia: desde a estética à morte, desde a moral à matemática.

É importante que o Direito saiba bem o que é frente a tantas propostas alternativas (até porque ele é também uma opção de vida, um sacerdócio e uma cosmovisão, uma *Weltanschauung* especial). Mas isso só é possível se o jurista, longe de ser aquele árido, pálido, mirrado e desinteressante devorador de folhas de diários oficiais, for capaz de descer à Ágora e ao Forum e de conviver com os seus colegas e de com eles aprender (e, às vezes – porquê ter complexos?) de lhes ensinar também alguma coisa.

Epistemologia geral e epistemologia especial do Direito parecem assim constituir uma teia complexíssima. Curiosamente, poderá ver-se o problema por um outro prisma.

Não enjeitando a existência de polémicas entre os especialistas de cada área, mesmo quanto à "definição" ou "descrição" ou "tópica" do que esteja a ser o seu labor, nem escondendo que nas relações entre Direito e *não importa o quê* muito de charlatanismo ou de deletéria ou diletante divagação poderá colher-se, não será por isso que deveremos desistir ou sequer esmorecer num ou noutro dos intentos.

A epistemologia jurídica geral ajuda-nos a determinar melhor a especificidade e as margens do Direito, a compreendê-lo não com a lunetas do míope, que não tira o nariz dos seus *in-folios*, mas com a visão larga e abrangente de quem sobe aos cumes e desce às planícies – visita os outros lugares.

A epistemologia jurídica especial, possui inegável interesse prático na procura das soluções nas fontes jurídicas instrumentais respectivas, e por uma normal correspondência (salvo *v.g.* no Reino

Unido, onde é, aliás, diversa) entre ramos jurídicos e tribunais especializados, quando os haja. Assim, Tribunais de Família não curarão de questões fiscais, nem os de trabalho de casos de polícia, nem os criminais de assuntos administrativos. A competência processual jurisdicional em razão da matéria é das primeiras coisas a aprender para se obter uma *tête bien faite* na maranha do Direito.

Se se não pode prescindir do tema, também há que estar ciente das suas dificuldades. A doutrina – que é a quem incumbe esta tarefa delimitadora – não é unânime. Nem no nosso sistema romanístico continental.

A divisão que de seguida intentaremos é, por isso, simples, despretenciosa, pretende ser algo consensual, mas não estará nunca isenta de críticas.

Antes do mais, intenta sobretudo prescindir de uma *vexata quaestio* de duvidosa utilidade, que tradicionalmente costuma vir sediada neste capítulo: a da classificação de normas, relações e situações jurídicas, etc., *in concretu*, como pertencendo, pelo menos aos dois grandes gigantes que partilham o Direito, na sua primeira *magna* ou *summa divisio*: o Direito Público e o Direito Privado.

Como na prática as questões são resolvidas por normas a que se não pede passaporte privatístico ou publicístico, e como o agrupamento das normas se faz em ramos, já de si colocados nessas fronteiras (ou contra elas), cuidamos que a discussão entre tais teorias passou a ser virtuosismo ocioso.

Ainda assim, não nos custa continuar a admitir que, segundo o critério menos falível ou imperfeito, da relação dos sujeitos com o *imperium*, serão de direito público as relações entre sujeitos titulares de *imperium*. Nuns casos, trata-se de nexos ou vínculos ou actos dos titulares de soberania (ou o que dela tenha sobrado), isto é, abrangendo-se boa parte das relações do Direito Internacional *Público*. Noutros casos, estaremos semelhantes casos de Direito Interno, de qualquer tipo ou nível, ou seja, envolvendo o Estado e outros entes públicos agindo nas vestes do *ius imperii* relacionando-se com particulares. Já as relações, nacionais ou internacionais (na verdade, para ser mais preciso, com acção a desenrolar-se em diferentes ordens jurídicas) que envolvam simplesmente sujeitos desprovidos dessa qualidade (*imperium*), simples relações privadas, serão de Direito Privado.

Compreende-se que as relações dos titulares de *imperium* com particulares podem ser também privatísticas quando o "soberano" entenda despir o manto do seu mando: como quando intervém, comprando ou vendendo no mercado, sem simultânea, prévia ou ulteriormente, intervir nas leis naturais da economia.

Só que não devemos esquecer que mesmo as relações jurídicas mais eminentemente privadas, e até íntimas, têm tutela estadual ou supra-estadual, e de todo o modo pública. As normas que as regem são, em número crescente, regras de produção voluntária e estadual, e mesmo os princípios que enformam os institutos nem sempre se dignam preservar aqueles redutos de singularidade e individualidade que eram apanágio do Direito Privado: autonomia da vontade, liberdade contratual, intimidade e resguardo da vida privada, e tantos outros.

As intervenções estaduais ao nível do Direito Sucessório, de mãos dadas com a legislação fiscal (essa sim muito pública), ou no Direito de Família, aliada às medidas legislativas de nível escolar e pré-escolar, à legislação dos *media* e à situação geral do trabalho (com acção e omissão legislativa) resultam como um todo onde é o público que, obviamente, tudo comanda. Onde não se está intrometendo o público e o poder?

Não nos comove demasiadamente a sorte dos herdeiros de castelos na Escócia, que se arruínam para lhes pagar os direitos sucessórios. Mas impressiona-nos e aplaudimos já que os castelos de Luís da Baviera venham a ser restituídos pelo Estado à sua família, uma vez saldadas as dívidas deste.

Só que, muito mais importante que exemplos mais ou menos românticos e pitorescos, está a conformação do dia a dia da família hodierna, condenada à situação de agregado consumidor em hipermercados, quando não está vidrada no *one-eyed monster* televisivo. Uma família em que, no mundo ocidental, e em Portugal também, decresce mais ou menos vertiginosamente a natalidade, por falta de incentivos específicos, e por ausência de esperança colectiva. Uma família forçada a quase não se ver, e mal se conhecer, pois entre nós todos trabalham, apesar do desemprego: taxas elevadas de trabalho maternal e infantil, horas extraordinárias e duplo emprego são modos de colmatar o pão que escasseia, ou de aspirar a ter o que os Smith's do lado já conseguiram – sem mais felicidade, porém. E quando não é o emprego infantil será (e é já) a sobreocupação das crianças, dos adolescentes, dos jovens, de todos os ligados ao sistema escolar onde, por sortilégio bem fácil de decifrar, afinal quanto mais aulas e mais tempo consome, menos consegue ensinar e formar. Já relatórios mais ou menos oficiais reconhecem que há demasiadas horas de aulas.

O que pode a família não abastada, na sua autonomia, ante um sistema de ensino público obrigatório, uma estrutura laboral-salarial que impõe a ocupação conjunta dos dois cônjuges (ainda que eles o não desejem), *media* indutores à violência e ao consumo, ruas povoadas de droga e assalto?

O privado não pode nada sem o público. E o público, para não se transcender abusivamente, transformando-se num Leviathan horrendo, deveria proteger a frágil flor que é o privado com a redoma quase imperceptível da sua presença discreta, atenta, humana.

Por estas razões, ou quiçá por outras também, é que, se já se disse que o Direito Penal era privado (asserção com que discordamos, pelo menos vendo o penal que aí está e que conhecemos). E agora se poderia, pelo contrário, afirmar que o Direito de Família já é Direito Público, porque nele mesmo (e não só naquelas condicionantes que muito sumária e parcialmente enunciámos) está impressa a ferro e fogo a marca da estadualidade (ou afim).

Em conclusão: se durante algum tempo ao menos os ramos do Direito ainda mantinham uma ligação relativamente directa com o Direito Público e o Direito Privado, agora o público invade o privado. Mas alguma dissolução e soluções privatísticas também vão contagiando e minando o público.

Velhos conceitos, cheios de pergaminhos, como dolo, culpa, responsabilidade, jurisdição, "modelo judicatório" e outros vão provocando curto-circuitos nos comparatistas e a importação e exportação conceitual (ou redescrição epistemológica) no próprio seio do Direito se revela surpreendente. Parece assim que mesmo os generalistas da Ciência Jurídica, quando mudavam de caso para caso, esqueciam o que sabiam antes, concentrando-se nas normas e fórmulas do novo desafio. Não é de espantar: no sistema do *common law* os estudantes têm uma verdadeira dificuldade de generalização. Só que a metodologia e o edifício conceitual romanístico pareceria mais apto a que se tivesse notado mais cedo que há incompatibilidades e diferenças. Uma das possíveis explicações, muito ilibadoras dos causídicos, é que a sua lógica é a da eficácia – e muitos hão-de ter pensado que nada batia certo: mas havia que pleitear, com um Direito mais ou menos geométrico. Que fazer?...

Ficamos, portanto, desde já prevenidos de que cada ramo (ou, sobretudo, os grandes ramos) usa uma linguagem muito própria, e os conceitos não são totalmente intermutáveis; nem as regras. Quantos casos de Direito Administrativo não vimos nós perder por se julgar que neles valiam pressupostos privatísticos!

Desmantelado o Templo do Direito, não restam três dias para o reconstruir, mas alguns lugares comuns a reter, que na devida altura – só então – farão sentido.

2 – AS CIÊNCIAS JURÍDICAS HUMANÍSTICAS, E AS CIÊNCIAS AFINS DO DIREITO

Nas *Ciências Jurídicas Humanísticas*, ou *Gerais*, temos a considerar, especialmente, as seguintes disciplinas (desde já ressalvando, a bem do purismo, que a Filosofia não é uma Ciência como as demais, mas uma *episteme*, ou talvez uma *scientia*).

– a *Filosofia do Direito* estuda criticamente os seus fundamentos e os seus preceitos, procurando cotejá-lo com os fins a que o desejam votado, *v.g.* a Justiça;

– a *Sociologia do Direito* procura informar-nos como o Direito realmente é vivido e apercebido na prática dos tribunais, das prisões, das ruas, das repartições, e na consciência dos cidadãos;

– a *História do Direito* estuda a evolução do pensamento jurídico, das fontes e das instituições do Direito (e das normatividades a ele ligadas) ao longo dos tempos;

– a *Comparação de Direitos*, Direito Comparado ou Sistemas Jurídicos Comparados, que deveria chamar-se *Geografia Jurídica*, por razões de sintetismo e simetria teórica, esclarece-nos sincronicamente sobre o Direito de outras paragens, e, se tal assume carácter menos "civilizado", endossa a tarefa à *Antropologia Jurídica*, voltando à *História* quando tem de observar diacronicamente.

Além destas, outras disciplinas aqui se podem enquadrar:

– a *Criminologia*, como estudo sociológico, teórico, ou até naturalístico (ou multidisciplinar) do fenómeno criminal, para além da tipicidade das penas do Direito Penal – mas cujo estudo também não parece nada deslocado ao lado do Direito e do Processo Penais;

– o *Direito Canónico*, direito da Igreja Católica; e, em boa verdade, todos os *direitos religiosos*, se os não quisermos enquadrar no Direito Comparado (onde cabem aliás bem). Acrescem matérias interdisciplinares, como a *Medicina Legal* ou como a *Informática Jurídica*.

Além das Ciências Jurídicas Humanísticas, outras há, que, não sendo propriamente jurídicas, têm o maior interesse para o jurista. São ciências que já foram ditas auxiliares, mas que melhor se diria afins, conexas.

Cada especialista em cada ramo elegerá as suas.

Não interessa para nada – ou servirá para pouco – a um historiador de Direito, ou a um diplomata, saber muitas finanças públicas ou contabilidade. Mas isso será vital para um jurista-economista, um jurista-gestor. De pouco adiantará – senão para formar o espírito – insistir muito em metodologia, ou lógica jurídica, se um jurista quer apenas ser funcionário subalterno de uma repartição, carimbando papéis. Isso até pode ser para si muito frustrante. Duvidamos da vocação desse jurista, mas é apenas um exemplo extremo: mesmo um jurista de grandes negócios esquecerá decerto rapidamente grandes teorias que não possa imediatamente aplicar. O mais que pode suceder-lhe é que, como lastro de cultura e pano de fundo, lhe venham a ser úteis. Sê-lo-ão, decerto, se ele também souber Direito Comercial, Direito Internacional Público, e ramos com nomes traduzidos de línguas estrangeiras, que nem sempre soam bem entre nós: como Direito da Concorrência, Direito dos Negócios Internacionais, etc..

Donde, em princípio, há disciplinas adjuvantes do Direito consoante as especialidades.

Os juristas mais virados para a economia e os negócios, deverão ter formação matemática, informática, de gestão, de recursos humanos, de contabilidade, de economia política, de finanças.

Aqueles que procurarem especializar-se nos direitos pessoais, seriam ajudados por disciplinas das ciências sociais, de sociologia, psicologia, história, cultura, etc., e ainda teologia, filosofia, etc.

Os que buscarem especialmente a via dos temas penais, além destas teriam de ter contacto com todas as criminologias (sociológicas, antropológicas, e naturais), criminalísticas (de índole mais detectivesca, de técnicas de investigação), e é óbvio que a teologia da dignidade da pessoa que possa interessar a um civilista interessado nos direitos pessoais não será exactamente a mesma (toda imbricada de culpa e do pecado) que poderá muito esclarecer um penalista. Embora sirva a ambos. O mesmo se diga para o tipo de psicologia forense ou sociologia a requerer.

Os juristas que buscassem especialização internacional não se concebem sem aturados estudos linguísticos e de cultura e civilização, Direito Comparado, política internacional, diplomacia, história diplomática, etc.

Os publicistas juspolíticos necessitam absolutamente do concurso da Filosofia Política, da História das Ideias Políticas, da Ciência Política, da Teoria do Estado, da História Institucional e da História Constitucional, das Ciências Administrativas, etc.

Os juristas humanistas não podem prescindir de conhecer o Direito Positivo, sem pairar no céu dos conceitos, mas às suas disciplinas próprias fariam bem em acrescentar ciências sociais, filosofia pura, teologia, línguas antigas, sobretudo clássicas, etc..

E ao falarmos do que cada grupo de juristas necessita, acabámos por agrupar insensivelmente os diversos ramos: foi uma catalogação excessivamente exaustiva. Normalmente, um internacionalista é um juspublicista da área de jurídico-políticas. E um cultor dos direitos pessoais é normalmente tido como um civilista ou um constitucionalista, dependendo da sua formação de origem.

São assim coisas diferentes as necessidades ancilares dos vários candidatos a especialistas e a divisão "canónica" das mesmas especialidades. É todavia importante sublinhar que só os juristas sabem realmente o que lhes interessa de matemática, de finanças, de sociologia, de psicologia. Pelo que pode ser desastrosa a falta de diálogo na determinação de programas e métodos de cadeiras ancilares para juristas. Nalguns casos, deveriam ser mesmo preleccionadas por estes.

3 – CIÊNCIAS JURÍDICAS PÚBLICAS E CIÊNCIAS JURÍDICAS PRIVATÍSTICAS. NOVOS RAMOS.

Passemos ao Estudo específico das Ciências Jurídicas aplicadas, as quais, evidentemente, também comportam elementos de ciência pura ou de "investigação fundamental". Dividem-se, tradicionalmente, em Ciências Jurídicas Públicas, atinentes ao Direito Público, e Ciências Jurídicas Privatísticas, referentes ao Direito Privado, além de ramos novos.

3.1. Do Direito Público

Assim, no Direito Público, teremos:
Ao nível supra-nacional, desde logo virá o *Direito Internacional Público*, que abrange os sujeitos de direito internacional, Estados, Igreja Católica, Ordem Soberana de Malta, e outros, em casos especiais, além de fórmulas supra-estatais com *soberania externa*.

Depois, o *Direito Comunitário institucional*, espécie de (pré-)-direito Constitucional da União Europeia. E por vezes atravessando várias ordens jurídicas nacionais, embora com conformação diferente, os direitos religiosos: no caso dos direitos islâmicos e judaico, por exemplo, integrados nas ordens jurídicas nacionais respectivas, com as adaptações necessárias.

No caso do *Direito Canónico*, com aplicação universal, supra--estadual, e recebido pelos crentes e/ou pelos Estados mediante a fé e a obediência dos primeiros, e eventuais concordatas dos segundos, que todavia têm vindo a diferir muito ao longo dos tempos.

O *Direito Eclesiástico* é ainda público: mas é já o das relações entre o Estado e a Igreja, donde acaba por ser (além do mais) também um modo de recepção do Direito Canónico, pelo menos nos casos de Estados, como o nosso, em que há Concordata e larga maioria de Católicos, Apostólicos, Romanos.

Derivando do facto de o Estado deter o monopólio jurídico da coacção – ou melhor, da coercibilidade, porque se não trata sempre da necessidade actual de coagir, mas da sua sempre potencial possibilidade – resulta que são públicos os direitos que se dirigem a obter ou tutelar direitos, e os direitos punitivos por excelência. Donde é Direito público todo o *Direito Processual* (ligado a qualquer direito substantivo, e "adjectivando-o") e o *Direito Penal*, que comina sanções particularmente graves para violações de ordem jurídica que, à simples luz de uma valoração de Direito, se revelem lesivas de vitais bens jurídico-penais.

O *Direito Penal* põe muito interessantes problemas, e cada vez mais. Pode parecer existir aqui um círculo vicioso na definição, mas, à falta de um conceito naturalístico ou apriorístico de crime, não nos resta senão este tipo de aproximação. De todo o modo, uma coisa é certa: o Direito Penal não é um direito de sobreposição, não é o justiceiro vingador de todas as infracções, nem pode ser o braço secular que puna meras pequenas imoralidades ou ofensas ideológicas a um grupo privilegiado ou susceptível, ou do foro religioso – *non omne quod licet honestum est* . O problema criminal é, de facto, dos mais agudos. Porque vive no fio da navalha, no limite entre o seu ser e a sua própria negação. Donde o problema da criminalização e da descriminalização, em consonância com o problema das fontes e sua hierarquia (*v.g.* Constituição e Direito Natural), ser dos mais árduos. Não apenas no plano da *política criminal*, mas sobretudo no plano de uma opção axiológico--jurídica prévia.

É estranho que só agora apareça o principal ramo do Direito, pelo menos por tradição, desde que há pirâmide normativa: o *Direito Constitucional*.

A razão é que o lugar narrativo nem sempre é o lugar valorativo. Essa é a principal razão.

Mas o facto é que começámos lá por cima, pelas matérias internacionais. E depois quisemos explicar porque é que os direitos adjectivos de direitos privados são públicos, assim como público é esse direito que nos pode tirar a vida, a honra, a fazenda e a liberdade, dotado de forças policiais e outras instâncias repressivas e reclusoras, etc..

Fizemo-lo com o intuito sociológico e pedagógico. Não há dúvida que tudo se subordina à Constituição. Mas a Constituição e o Tribunal Constitucional estão, para os comuns cidadãos (apesar de toda a vozearia pseudo-constitucionalista de algum jornalismo e dos recursos crescentes para esta jurisdição) muito distantes. Aquilo que o cidadão comum vê e percebe de Direito é o Tribunal (direito processual em órgão) e é o polícia (direito penal em agente). Acresce, nos nossos dias, como afirmam alguns autores franceses, a figura do Fisco, e da multa de trânsito.

Pois o Constitucional está muito longe, e não houvera de estar, assim?....

Os direito, liberdades e garantias dos cidadãos são, diz a nossa Constituição, directamente aplicáveis – isto é, não carecem de mediação legislativa ou regulamentar, e mais: vinculam sujeitos públicos e privados, quaisquer que sejam. Não só os direitos do catálogo constitucional, mas ainda os a estes análogos. Esta directa força da Constituição não chega, porém, para convencer os titulares de tantos poderes fácticos e até jurídicos.

E as violações não são ou não serão normalmente "inconstitucionalidades", mas geralmente ilegalidades, lesões, crimes, que recaem noutros ramos. A violação típica da Constituição é a inconstitucionalidade – desconformidade de norma com o texto ou espírito da Constituição. É controlada, entre nós, especialmente (porque os tribunais têm também alguma legitimidade difusa para um tal controlo) pelo Tribunal Constitucional. Mas é limitada a forma de fazer chegar-lhe suspeitas de tal desconformação. O Direito Constitucional está, assim, no topo da pirâmide normativa, com todas as honras e todos os problemas de quem está alto: estabelece grandes princípios e fins nacionais, espelha o essencial político do Estado, determina-lhe os órgãos e o seu funcionamento. Designa o território, os símbolos do País. Acolhe os grandes direitos fundamentais e ainda prevê novos direitos, que visam muito longe e talvez se debrucem sobre as terras imagináveis da felicidade em que jamais aportaremos.

Mas está paredes meias com a política e sobre si paira a suspeita de não ser mais que um discurso articulado e legitimador de um *statu quo*. O jurista constitucionalista, em que aliás nos integramos também, é por vezes olhado de viés pelos tecnicistas, para os quais, por muito que se lhes tenha ensinado na universidade, e por paradoxo, a ordem de serviço, o regulamento e a lei valem todos, e por esta ordem, muito mais que a Constituição.

Independentemente da distância ou da suspeita, o Direito Constitucional determina efectivamente os restantes, e é, no fundo, além do grande distribuidor jurídico de autoridade (mas sobretudo de poder e honras), o direito das "têtes de chapitre" dos demais direitos. E isso ninguém lho poderá retirar.

A imensidade de matérias constitucionais levará a considerar, além das matérias mais humanísticas, como a Filosofia Constitucional, que por vezes se confundirá com a Teoria Constitucional, a Sociologia

Constitucional, o Direito Constitucional Comparado e a História do Direito Constitucional, ainda a Ciência dos Direitos Fundamentais, o Direito Parlamentar, o Direito Eleitoral, etc..

Logo a seguir ao Direito Constitucional vem o *Direito Administrativo*. Se aquele diz o programa, este é a máquina do Estado e demais entidades públicas. É toda a execução, o procedimento, a actividade administrativa na sua fervente ebulição hodierna. É todo o funcionalismo e as suas relações com a Administração. São naturalmente os particulares que pedem, reclamam, sugerem. É o contrato administrativo. É o Estado em acção, numa actividade por vezes menos pomposa, mas diuturna, determinante.

A enorme diversificação das funções administrativas e a complexificação das estruturas da Administração levariam também a autonomizações: *Direito do Urbanismo*, *Direito do Ambiente*, *Direito Autárquico*, e os já mais antigos ramos ligados à tributação: *Direito Financeiro*, *Direito Fiscal*, etc.

Os nossos juristas e instituições tradicionais ainde convivem mal com as novas realidades do novo Direito Administrativo, sobretudo nas suas novas vertentes prestativas e protectivas. As garantias e direitos dos administrados, hoje largamente consagrados na lei, nem sempre deparam da parte dos concretos aplicadores a boa vontade e o à vontade que uma prática continuada de diálogo e cidadania poderiam quiçá ter feito emergir. As ideias de *arcana praxis*, de secretismo, de arbítrio, de *raison d'État* não podem conviver de boa mente, nem no Direito Administrativo nem em nenhum outro com princípios de transparência, arquivo aberto, audição de interessados, defesa de interesses difusos, etc., etc.

Temamos apenas que um jogo do gato e do rato se venha instalar, com a Administração habituada a algum arbítrio (ou, por vezes, à "folga") a contornar sabiamente (ou sabidamente) as garantias de cidadãos crédulos em novos catálogos de prerrogativas tornadas vãs pelo decurso de prazos, requisitos, ou pelo simples cansaço de andar cirandando de repartição para repartição no "palácio da loucura" da história dos *Doze Trabalhos* de Astérix.

Há, porém, exemplos de países em que a cidadania é coisa relativamente natural – e isso nos dá esperança.

Não devem esquecer-se ainda, no âmbito público, o *Direito Marítimo*, e, embora como uma especificação híbrida, o *Direito da Se-*

gurança Social, erroneamente por vezes associado ao Direito laboral ou *Direito do Trabalho*, já que aquele é de matriz publicística.

Mas mais importante do que determinar se um ramo do Direito é público, privado ou híbrido, é o fenómeno dos novos ramos, que de algum modo não só desafiam como superam essa *summa divisio*. E se assumem realmente como *aliud*. Veja-se a história do, apesar de tudo recente, Direito Económico.

3.2. Do Direito Privado

Do lado do *Direito Privado* o direito-rei é o velho direito dos romanos, o *Direito Civil*. Está ele hoje, mercê do sistema germanista adoptado pelo nosso código, dividido na sua Teoria Geral (teoria geral da relação jurídica ou do direito subjectivo e teoria geral do ordenamento jurídico-civil, que acaba por coincidir com os princípios gerais vigentes no Direito privado), simétrica da Parte Geral do Código Civil, e em quatro ciências materiais particulares, duas sobretudo patrimoniais, e duas sobretudo pessoais (embora esta característica tenha de ser entendida *cum grano salis*).

De entre as mais patrimonialísticas, figura o grandioso edifício do *Direito das Obrigações*, que se refere a relações jurídicas privatísticas cuja vinculação é mais ténue que o *Direito das Coisas*, que versa sobre titularidades mais fortes, porque ligadas à propriedade (ou pelo menos à posse) das coisas. Estes *Direitos Reais* ou das Coisas tratam, assim, dos tipos de propriedades que, no nosso direito, são taxativos (*numerus clausus*). Enquanto a flexibilidade e a inventiva do Direito obrigacional se reporta à contratualidade (deixada ao critério da liberdade de celebração e estipulação – *numerus apertus* – das partes, salvo casos de excepção, que todavia crescem), à responsabilidade civil e outras matérias como o enriquecimento sem causa ou a gestão de negócios, que comungam todas da fortuna da capacidade de agir dos sujeitos privados.

Continuando nesta fórmula heterodoxa de expor os ramos de Direito, estão no *Direito das Sucessões* os problemas da sucessão em bens por morte – com as por vezes complexas e sempre desagradáveis partilhas, interpretação de testamentos, classes de sucessíveis e coisas similares, como já anteriormente figuravam no Código Civil as relações jurídicas familiares, matéria do *Direito da Família*, incluindo a filiação, o casamento, o parentesco, a adopção ... E as concomitantes questões do divórcio, do poder paternal, etc..

Todo o Direito Civil é permeável à mudança. Como qualquer outro. Mas foi-se, apesar de tudo, mantendo muito próximo do paradigma romanista. O voluntarismo que já se encontrava no Digesto e em Ulpianus em germe, e que não é outra coisa senão o espelho da conquista e da romanização, moderado embora, talvez sobretudo na época clássica, no apogeu, por freios helénicos ou mais "realistas", e depois pelo estoicismo, viria contudo a acabar por se não dar muito mal quer com o racionalismo tomista quer com o nominalismo subsequente. A passagem do pretenso *ius naturale* a *ius positum* no BGB (o Código Civil alemão) culminaria num conúbio afinal preparado por um muito antigo noivado, de que Guilherme de Ockham, o principal responsável pela viragem nominalista, não fora afinal o único protagonista.

Como entre nós sempre sublinhou o saudoso mestre Orlando de Carvalho, a teoria geral da relação jurídica civil, baseada no direito subjectivo, não é inócua.

Independentemente agora dos pressupostos teóricos do nosso Professor de Coimbra, é patente hoje, mesmo aos olhos de economistas como Henri Lepage, que esta ordem jurídica civil é burguesa, capitalista, individualista. E que há "outras formas de possuir", como bem chamou à nossa atenção, num homónimo livro célebre, o grande historiador do Direito italiano Paolo Grossi.

A adaptalidade do Direito Romano fica mais facilmente esclarecida. Mas não olvidemos nunca que, para um romano, não havia direitos subjectivos (e não confundamos, como alguns fazem, com direitos em sentido normativo – com leis, etc.). Isto é, um romano não se sentia com o poder ou faculdade de exigir isto ou aquilo, em acção ou omissão, de outrem (ou de usar de um direito potestativo), mas considerava que a ordem jurídica objectivamente lhe dava o poder (normalmente directo e imediato) sobre a sua coisa, ou a sua capacidade de agir, etc..

Muito haveria que dizer sobre esta determinação egoísta e do livre alvedrio do seu titular, das suas origens teológicas e das suas consequências, directas e heréticas.

De momento, importa apenas precisar que, apesar da perfeição técnica civilística, e da proliferação dos especialistas, da ancestralidade da ciência, por muitas vias há problemas no Direito Privado e nas suas conexões. Apesar da liberdade contratual básica, contratos normativos e de adesão (e cláusulas abusivas para o consumidor – a curar pelo Direito do consumo) vão estragando a simetria apolínea do edifício obrigacional. Vai havendo problemas de garantia obrigacional e real e embora novas formas de proteger os ludíbrios tenham vindo a ser esboçadas, designadamente quanto ao regime do contrato promessa, e normas de registo, sucedem-se as frequentíssimas fraudes em que o comprador de um simples apartamento se vê envolvido, tantas e tantas vezes perdendo sinais. O cidadão comum e o pequeno comerciante não conseguem compreender como, nas falências dos seus devedores (por vezes vultuosos), graduações de créditos e outras formulações os privam frequentemente de qualquer quinhão na massa falida.

Também o *Direito da Família* terá necessariamente que ser repensado totalmente, ante a revolução social em curso, e, talvez com ele, o das sucessões. Não se trata nada de acompanhar cegamente os "novos tempos". Mas estamos a chegar quase à situação em que a lei previa o regime dotal – embora o dote fosse, ao contrário do que se julga, normalmente, uma forma (desde os Romanos) de protecção da Mulher (como bem observou Ximena Pulgar). E porquê? Porque não é preciso perfilhar-se a teoria de um (ou de dois?) Prémio Nobel da Economia para se perceber que, por exemplo nos EUA, uma das formas mais correntes de redistribuição da riqueza (dos homens para as mulheres, normalmente) é o divórcio.

O caso do dote é ilustrativo. Já não percebemos porque é que certos preceitos estão (ou não) na lei. Portanto: ou temos outra vez de ensinar aquelas coisas elementares que não se ensinavam, porque se presumia na escola (e muito mais na universidade) que vinham do berço, ou haverá que desembaraçarmo-nos delas, por incompreensíveis, ineficazes – não diríamos já supérfluas. E entretanto a civilização terá mudado.

Temos que reaprender a ler. Reaprender a ler o que é boa fé, bons costumes, ordem pública, diligência de um bom pai de família, prazo razoável. Mas muito mais coisas, como respeito, auxílio, etc., etc.

Claro que é da natureza das cláusulas gerais e dos conceitos indeterminados – da natureza e da vocação – mutarem-se com o tempo. Mas deles não restará um núcleo mínimo?

Do ponto de vista técnico, como é habitual, não são de registar nem grandes progressos nem grandes erros nestas áreas, sob a vigilância atenta de uma boa e velha doutrina poderosa e prestigiada.

Como é sabido, também no Direito Civil houve que proceder a subdivisões ou autonomizações. É sintomático que a primeira haja sido a do *Direito Comercial* (para facilitar o tráfico jurídico da burguesia em ascensão) que se manteve umbilicalmente ligado ao Direito Civil, que continua a ser seu direito subsidiário. Direito de comerciantes, de actos de comércio (*vexata quaestio*) e de sociedades comerciais e seus inúmeros problemas, engloba, evidentemente, também as questões das empresas industriais, de serviços, etc. O Direito Industrial é já, realmente o *Direito da Propriedade Industrial*, ligado às marcas, patentes, e afins, que é subespécie (ou autonomização) do comercial.

É claro que no Direito Civil se incorpora ainda a legislação da caça e da pesca, dos direitos de autor e outros ramos que não têm tido até ao momento uma expansão visível, apesar dos esforços de afirmação deste último. Muitas vezes de um exagero empolado pouco conforme à natureza das coisas, o qual se serve dos meios – por vezes não pequenos – que lhe estão à mão: e é um autor que fala.

Também é sintomático que, com a questão social, o Direito do Trabalho se haja autonomizado do Direito Civil, mas adquirido estatuto à parte. O mesmo sucedendo depois com o hoje quase silencioso *Direito Agrário*. Cada dia nos parece, entretanto, ter mais interesse e acuidade o *Direito do Consumo*, face aos abusos e atropelos de toda a sorte que um capitalismo agressivo e selvagem encontrou para espoliar o comprador.

3.3. O problema da normogénese plurinacional

Habituados que estamos a direitos nacionais (mesmo o *Direito Internacional Privado*, que versa sobre as normas de competência e conflito de leis de diferentes países, é direito nacional sobre conexões privatísticas concretas entre ordens jurídicas) temos dificuldade em lidar com a normogénese extranha aos nossos órgão de soberania nacional. Não advirá daí a complexidade do Direito Internacional Privado em si mesmo, mas põem-se questões de conhecimento das normas, e de reconhecimento nelas. Mas trata-se de problemas agudos de legitimação e difusão (ou recepção) legislativa e normativa em geral tão complexos que não podermos deles agora ocupar-nos.

A verdade é que, para além da possível aplicação de lei estrangeira por tribunais portugueses mercê das regras de Direito Interncional Privado (o que não constitui nenhuma novidade), ainda há, para nós, Portugueses, aplicando-se a mais ou menos todos os ramos do Direito, mas tendo começado pelas matérias económicas, um Direito Comunitário, talvez depois transformado em Direito da União Europeia (precisamente pela constituição dessa mesma UE). Esse Direito, conjunta ou separadamente com o Direito Comunitário Institucional (Direito proto-constitucional ou pré-constitucional da União Europeia), tem constituído o núcleo didáctico de disciplinas de Direito Comunitário. Mas não seria preferível chamar-lhe hoje "Direito Europeu"? O futuro dirá se se estará verdadeiramente face a um ou dois novos ramos da Ciência Jurídica, ou antes (como apontam alguns muito recentes projectos de planos de cursos universitários) se a matéria do Direito de produção orgânica situada *extra muros* do rectângulo português não deverá ser estudado em todas as disciplinas, com a importância e a atenção que as novas fontes normogenéticas parecem impor. Donde se poderia concluir estar-se sobretudo perante um sistema complexo de fontes, sediadas em órgãos da união, e não nacionais. Os especialistas discutirão, comparando com outros casos, da problemática do rigor epistemológico do *novum* em causa.

4 – TENTATIVA DE BALANÇO

Naturalmente que conseguimos com este resumo exactamente o que não pretendíamos: irritar ou deixar descoroçoados todos os especialistas. Mas graças a Deus que nenhum especialista é bom juiz em causa própria.

Fizemos a experiência connosco e foi conclusiva: quer o que escrevemos sobre as matérias do nosso primeiro doutoramento, quer o que referimos sobre as do segundo se nos apresentaram lacunosas, erróneas quase. Saímos desconsiderado e como que traído. Não nos vamos levar a mal, talvez por complacência. Gostaríamos que os venerandos Mestres e os caríssimos Colegas, que tanto prezamos, e que decerto muito mais razões de queixa terão, nos perdoassem.

Confessamos agora que tentámos confiar este capítulo a sucessivos autores diferentes, todos prestigiadíssimos. Ninguém teve a caridade de o aceitar, e nós escrevemo-lo como quem carrega de novo uma cruz já muito familiar, mas sempre rumo ao Gólgota.

As querelas entre juristas, como entre todos os oficiais de um mesmo ofício, sobretudo se centradas em especialidades, são um dos mais sintomáticos certificados de ociosidade que os não intelectuais nos podem passar a todos. E contudo devemos afiançar que trabalhamos muito e muito afincadamente. Trabalhamos, pelo geral, até demais, nós, os juristas, e especialmente (permitam-nos o facciosismo, ou a distorsão profissional) nós, os Professores de Direito. Trabalhar demais faz muito mal à alma.

Conhecemos, porém, todos conhecemos, teóricos e práticos de todas as especialidades que são brilhantes, abrangentes, cultos, sedutores, dignos, santos ... e outros que são o símbolo daquilo mesmo que detestamos. Pode ocorrer que se agrupem mais uns que outros, hoje ou amanhã, agora ou logo, nesta ou naquela trincheira da ciência. Mas isso condena uma disciplina?

E depois há a razoabilidade: quem nega que o Direito é uno? Quem quer apoucar a filigrana conceitual dos civilistas? Quem rejeita a profunda dimensão ética dos penalistas? Quem acredita que sem Constituição há comunidade politicamente organizada?

Mas depois vem tudo o mais: e quem nos livra dos impostos injustos senão os fiscalistas? E quem conhece a cabalística das deliberações sociais senão os comercialistas? E não terminaríamos.

A *forma mentis* de todos estes juristas é muito diferente. Mas de todos tem o aprendiz do Direito muito a aprender. Mesmo quando lhe repugna discutir o que são actos de comércio, ou a teoria finalista da acção, ou os concílios toledanos, ou a prosopologia, ou o princípio normativo, ou o direito chinês. O jurista tem de ser um Homem íntegro e integral. Os ramos não são os galhos em que cada macaco se aninha, protegendo o seu território. São apenas extensões, abertas como braços, de uma frondosa árvore, por eles enleada com outras.

No jardim do Homem, a macieira ainda lá está. O aprendiz de jurista que dela se abeirar e provar o pomo, verá que está nu de ciência, e que, a partir daí terá de ganhar o pão com o suor do rosto, e pior – saberá da diferença entre o Bem e o Mal. Será por isso responsável, livre, e daí advém a sua dignidade.

E atenção: todos, mas todos, os ramos estão pejados de frutos (suculentos uns, podres ou bichosos outros), e nenhum está imune ao sortilégio, que é o permanente confronto com a Justiça.

TÍTULO II
Do Direito Público

CAPÍTULO I

Direito Constitucional: Introdução, o Ser e a Ordenação Jurídica do Estado

Rogério Ehrhardt Soares
Professor Catedrático Jubilado
da Faculdade de Direito da Universidade de Coimbra

§ 1.º – Noção de Direito Constitucional. Os materiais e as perspectivas

A expressão Direito Constitucional sugere imediatamente uma disciplina jurídica referida a um objecto – a constituição do Estado. Ou, o que não conduzirá a um resultado diferente, um direito básico estrutural do Estado.

I – *Noção introdutória de Estado*

1 – *Estado como uma aparelhagem*: É intuído pelo homem comum da nossa civilização actual como um ente que se manifesta na vida diária e a que se referem ou são imputados certos comportamentos.

Tais comportamentos traduzem-se: 1) em definição do direito: legislação, Estado legislador; 2) actividades concretas dirigidas a prosseguir certos interesses que não são caracteristicamente individuais – administração, Estado administrador; 3) julgamento de conflitos de aplicação do direito – jurisdição, Estado juiz; 4) fixação de directrizes fundamentais da vida do ente – governo, Estado como actividade governamental.

2 – *Estado como um grupo*: Contudo a representação do Estado invoca ainda um grupo, uma teia ou complexo de relações sociais, uma sociedade.

Uma sociedade é formada por uma infinidade de grupos menores, hierarquizados ou paralelos. Os laços que prendem os homens nos grupos podem ser de vária natureza e diversa intensidade, mas sempre se destinam a garantir uma possibilidade de convivência e colaboração.

Uns grupos têm uma constituição amorfa; outros dispõem duma série de órgãos tendentes a alcançar o fim que se propõem – organizações formais.

Entre os grupos desenvolvem-se tensões e interinfluências; por outro lado influenciam a aparelhagem estadual e sofrem-lhe o peso.

Os grupos e os homens arrumam-se em organizações extremamente complexas que repartem verticalmente a sociedade. Cada uma delas possui uma intenção e uma lógica própria: o que não significa uma total impermeabilidade às restantes, mas apenas que o processo de evolução social se afirma por uma gradual especialização. Em todas as organizações se mantém o denominador comum do homem.

II – *Interpretação estrutural-funcionalista da sociedade*

Alcança grande relevo a ideia de sistema, entendido como um complexo de comportamento de inter-acção recíproca.

Todo o sistema apresenta uma característica de permanência, de organização no tempo; e de regularidade (nos sentidos de repetição uniforme, *Regolhaftigkeit*, e desenvolvimento segundo princípios, *Regelmassigkeit*) donde decorre uma previsibilidade dos comportamentos implicados. Isto traz consigo a noção de que certos sujeitos desempenham um papel ("role") – actividade elaborada, estável, definida em termos altamente explícitos, tanto para o titular como para os que o cercam.

A ideia de sistema sofreu um primeiro impulso a partir da concepção dos organismos naturais, e daí transitou para a sociologia e desta para as ciências políticas. Passado um período de entusiasmo inicial, aceita-se hoje uma noção de isomorfismo parcial, com tradução.

Desde GURVITCH que se aceita que a organização é mais qualquer coisa que a sobreposição das partes – o que leva a uma valorização da estrutura, auxiliada pelas concepções da *Gestaltpsychologie*. O sentido do sistema e das suas partes põe todavia a questão prévia da função. Acentuar um ou outro elemento pode significar uma visão mais estruturalista ou mais funcionalista.

Todo o sistema social se apresenta como uma "totalidade de acção" e por isso se refere a conectividade ou reunião de sentido das várias partes em relação umas com as outras e a sua interdependência.

Só a análise dos elementos dentro do sistema nos fornece o seu sentido, a sua função – contribuição que uma parte presta para a manutenção da comunidade estrutural.

O objecto da análise do sistema é a eficácia dos elementos uns sobre os outros e as suas relações de troca dinâmicas.

Uma análise deste tipo não se preocupa com interrogações de origem; nem com valorações éticas.

Para substituir a experimentação, as ciências sociais utilizam modelos – figurações reduzidas e simplificadas da realidade, destinadas a compreender o sistema; como esquemas descritivos podem explicar as relações entre os elementos individuais e as relações de interdependência entre os agentes e os factos sociais.

A capacidade de previsão do modelo varia inversamente com o ângulo de compreensão da realidade.

1 – *Modelo cibernético*: Partindo das teses de GIBBS de que no mundo há uma tendência para aumentar a probabilidade, cuja medida se chama *entropia*, para a passagem das formas de organização e diferenciação para o caos uniforme, WIENER constroi as bases da teoria cibernética. Só é possível manter enclaves limitados em que cresce a organização enquanto o sistema dispuser de informações que ajudem a manter a sua diferenciação.

A aplicação deste esquema às ciências sociais traz ao primeiro plano o significado da informação. Ela e a interacção condicionam-se mutuamente: 1) – a informação é pressuposto da acção entre homens para uma influência recíproca; 2) – a interdependência afirma que através das interacções se determinam as formas e desenvolvimento das acções informáticas.

Um sistema dinâmico recebe informações sob a forma de solicitações ou ofensas que constituem um dado *imput*; reage fornecendo informações e resultados – *output*. As funções transformam assim um *imput* num *output*.

Máquinas cibernéticas são aquelas que podem dirigir o seu funcionamento em termos de produzirem um resultado determinado, a despeito das variações de ambiente. Por isso o conceito de homeostase se transforma num conceito central de cibernética – a manutenção dum equilíbrio óptimo entre a "situação" (interna) do sistema e o "ambiente" (externo). Desta manutenção depende a sobrevivência do sistema.

Dentro das funções do sistema umas tendem a conservá-lo – funções eufuncionais; outras a destruí-lo – funções disfuncionais.

Um sistema cibernético tem por isso de dispor de um *mecanismo regulador* que garanta que uma dada variável se mantenha em termos precisos. Esse mecanismo assenta num princípio de retroacção ("feedback"), na possibilidade de receber informações sobre o seu próprio funcionamento e de as fazer intervir no quadro de dados que elabora.

2 – *Apreciação do modelo cibernético*: A cibernética pode fazer prognose nas ciências sociais apenas no sentido de prognose de espectativa racional: prognose de alternativa (resposta sim ou não) e prognose quantitativa de semelhança ou correspondência (prognose da analogia).

Independentemente disso pode fornecer sugestões construtivas para as ciências que mais directamente nos interessam como a ciência do direito e a ciência do Estado. E também aí ou noutras indagações sociológicas congéneres se podem ir encontrar conceitos de utilização corrente nestes domínios, como o de grupo, sociedade, função, controle, etc. Estão nesta última categoria dois conceitos utilizados desde longa data, mas que hoje voltam a ter grande voga: o de legitimação e instituição.

Partindo da característica da permanência dos fenómenos sociais e da sua *previsibilidade*, chega-se a uma "espectativa de acção", que atribui ao comportamento dos titulares dum mecanismo de constrangimento um cunho de "aceitação indiscutida": é essa marca que se refere com a ideia de legitimação. Legitimidade é a qualidade que possui um órgão, nomeadamente de autoridade, que beneficia duma legitimação.

Por seu lado, as espectativas da acção articulam-se em complexos, que numa "escala de graus de consolidação" ou "situações de cristalização", se definem como instituições.

Apesar dos méritos que estas indagações sociológicas nos modelos da teoria da informação apresentam, pode apontar-se-lhes uma objecção fundamental: a de que tendem para uma formalização abstracta dos fenómenos sociais, deixando na sombra os seus aspectos históricos específicos. Esta tendência nomotética, a-histórica, sistemática, reduz as relações sociais a valores de sentido matemático, ao contrário do que aconteceria numa sociologia da cultura, mais orientada para uma dimensão ideográfica. E com isto assume perante os seus materiais uma intenção conservadora, ou ao menos um agnosticismo ético.

III – *O problema do político*:

A qualificação política está fortemente ligada aos problemas do Estado e isso de diversas maneiras:

1 – DOUTRINA POLÍTICA:

A doutrina política, as *concepções políticas*, ou as *ideias políticas*, referem-se a um esquema de soluções teóricas para os problemas da organização da coisa pública, com vista a alcançar a realização dum núcleo fundamental de valores. Tem portanto sempre uma forte carga ética, mesmo quando procura apresentar-se em termos da mais pura racionalidade.

2 – CIÊNCIA POLÍTICA:

A *ciência política* ou *teoria política* preocupa-se em estudar dum ponto de vista sistemático o funcionamento concreto dos órgãos estaduais; e ainda os comportamentos dos homens e dos grupos em face desse funcionamento, tanto numa situação passiva como activa, ou procurando potenciar ou moderar os seus efeitos, ou obter um certo grau de influência ou determinação sobre ele.

Frequentemente a expressão teoria política é utilizada apenas para designar um tratamento dogmático dos temas centrais do Estado, uma investigação conduzida sem apelo à dimensão empírica. Nesse sentido aproxima-se da filosofia política ou, ao menos, duma certa filosofia política.

3 – CIÊNCIA POLÍTICA PRÁTICA – TÉCNICA POLÍTICA

Partindo da observação dos comportamentos sociais relacionados com o funcionamento do Estado e da formulação dos princípios tendenciais que os regem, procura descobrir-se fórmulas de actuação prática para se alcançarem certos resultados concretos definidos de antemão. As regras de comportamento transformam-se assim em instrumentos técnicos nas mãos dos órgãos do Estado para mais facilmente dominarem a sociedade ou, inversamente, ao dispor dos particulares, especialmente quando reunidos em grupos, para alcançarem influência sobre a coisa pública.

4 – ARTE POLÍTICA:

Como as acções dos homens em sociedade não se subordinam matematicamente a princípios rígidos, os manejos destinados a influir sobre elas comportam um largo momento de intuição e inspiração, de "simpatia" em face das reacções do outro, de percepção transracional do oportuno, de *política como arte*.

5 – ACTIVIDADE POLÍTICA:

Com a expressão *política, como actividade*, em sentido estrito, designa-se o empenhamento duradouro duma pessoa ou grupo em tarefas relacionadas com, ou apontando ao Estado; implica-se a política como uma "profissão" ou "vocação" em sentido sociológico (*Politik als Beruf*).

6 – O POLÍTICO:

Trata-se aqui de procurar a definição dum domínio ou dum particular objecto do conhecimento, eventualmente na mesma posição relativa em que se encontra o jurídico.

a) Umas correntes atribuem ao político um conceito que o aproxima, se é que não identifica, com actividade de governo ou função de governo (v. *supra*, I, 1.). Está neste caso SCHEUNER, para quem o domínio político designa a esfera das autodeterminações de direcção e conformação da comunidade, a fixação dos fins do Estado, a condução superior e geral e a luta pela posse do poder.

Deste modo o político é considerado como um "domínio material".

b) Outro modo de ver é o daqueles que total ou parcialmente fazem equivaler político a estadual.

Neste sector uns entendem que político e estadual se confundem (TRIEPEL, L. von SETEIN).

Já para outros se excluirá a jurisdição: portanto no domínio do político ficam a legislação e a administração (LAFORET).

Ainda outra corrente restringe mais o campo e equipara o político ao sector da administração constitutiva e à legislação que é meio de direcção (FRIEDRICH).

c) Numa construção que em breve se tornou clássica, C. SCHMITT define o político a partir da contraposição "amigo-inimigo" (*Freund--Feind*).

Não há portanto um conceito exauriente do político e só a partir desta oposição (como outras que apontam para outros conceitos, particularmente a Moral, com a oposição de bom e mau, e a Estética com o contraste entre belo e feio) se consegue alcançar a sua dimensão.

Chama-se atenção particular para a total falta de equivalência entre os três pares de conceitos. Os termos amigo e inimigo tomam-se na sua situação existencial concreta não como metáforas ou símbolos, nem misturados e enfraquecidos por representações morais, económicas ou quaisquer outras. Nem sequer como expressão de sentimentos ou tendências psicológicas privadas.

Inimigo é uma totalidade de homens que está presente e oposta a outra totalidade de homens.

d) Outra corrente aceita que não é possível determinar um conceito material do político (como também já resulta da anterior): o político pode extrair a sua força de contraposições económicas, morais, religiosas ou outras. Assim não é uma matéria, mas uma coloração (IPSEN); não abrange nenhum domínio *sui generis* mas refere-se a uma qualidade que toca em maior ou menor grau os actos do Estado (FORSTHOFF).

Resulta desta corrente que objectivamente o político é marcado pela relatividade. Refere-se ao Estado: nem tudo o que é estadual é político; mas todo o político é estadual. A particularidade do político reside em que só pode ter como conteúdo material a actividade de direcção.

Entendemos nós por político a dimensão dum comportamento dentro dum sistema aberto quando define linhas de direcção relativas a contraposições gerais fundamentais.

Deste modo, se o sector de eleição do político é o estadual, ele manifesta-se também fora daí, em organizações não estaduais que sejam públicas ou abertas. Mas, por outro lado, afastamo-nos duma pan-politicização da existência enquanto se não reconhecem como políticas as contraposições que surjam em qualquer comunidade. Só num sentido translato se falará numa dimensão de política familiar ou das decisões políticas duma empresa.

IV – *O poder*:

1 – AS RELAÇÕES DE PODER:

Os problemas do *poder* referem-se à descoberta duma capacidade de constrangimento que certos homens ou grupos detêm sobre outros.

Poder supõe uma hierarquia fundamental entre titulares do poder e destinatários do poder. É portanto uma relação, neste sentido e neste momento, neutral, funcional, não carregada de valores.

O poder pode ser amorfo ou estar institucionalizado. No segundo caso supõe uma organização que atribui a certos homens a função de exercitar o poder para alcançar certos objectivos – o titular do poder transforma-se em *autoridade*.

As organizações de poder são políticas ou não políticas (económicas, culturais, etc.). A distinção *não* invoca um maior grau de organização e formalização das primeiras. *Nem* também uma maior capacidade de eficácia no uso dos constrangimentos. Apenas se apoia numa diferença de intenção fundamental, na medida em que as primeiras procuram alcançar uma realização temporal de ordem e paz.

Naturalmente que o esquema da ordem e paz não se define em termos simplesmente formais, mas vai buscar as suas determinações a uma certa ideologia, ou seja a um sistema fechado de valores, representações e concepções que esclarecem a posição do homem em face da vida e dentro da comunidade e recomendam um certo comportamento negativo ou positivo que corresponde a esses quadros espirituais e tende a realizá-los (LOEWENSTEIN).

Dominante é aqui para cada ideologia uma determinada antropologia política, uma concepção fundamental do homem como ser social.

Por seu lado, as diferentes ideologias projectam-se em *doutrinas políticas* variadas, em construções mais ou menos complexas de fins políticos concretos e dos seus processos de actualização.

Uma doutrina política aspira assim a institucionalizar-se, a criar *instituições políticas*. O grau de institucionalização varia dum sistema político para outro e, dentro do mesmo, consoante as figuras do poder, por força de mais ou menos intensa formalização.

Isto põe a questão de separar em cada caso os titulares oficiais do poder de outros que o exercem de modo não oficial, isto é, em via não patente e expressamente formalizada. O problema dos *titulares não oficiais* do poder não tem verdadeiro sentido quanto à identificação de entidades que de facto e em via ocasional têm uma possibilidade de manobra dos titulares oficiais, mesmo a mais completa e absoluta – mas sim à descoberta daqueles que, num determinado quadro de poder político, de forma permanente e sistemática contribuem para a realização das escolhas políticas.

Estabelece-se desse modo uma gradação, às vezes extremamente subtil, desde o plano das simples determinações e condicionamentos não organizados até ao poder da autoridade, através de formas de influências menos ou mais previsíveis, com resultados crescentemente normais e regulares.

Como uma boa parte dos titulares não oficiais do poder se situa noutros sistemas para além do político, tenderá a acontecer que em larga escala as influências que exercem sejam não isoladas, mas sim canalizadas através de instituições dos respectivos sistemas.

Temos assim de tomar consciência de uma intervenção do poder político nos sectores não políticos – o que pressupõe a recepção naquele sector de problemas económicos, culturais, religiosos, etc. e a sua *tradução* em problemas políticos.

Por outro lado os sectores não políticos exercem uma pressão constante no sentido de: 1.º) – darem uma dimensão política aos seus interesses; 2.º) – conseguirem a definição das escolhas políticas de modo a satisfazê-los. Sendo um dado da nossa época a organização dos vários interesses sociais em grupos, é uma questão central a do poder dos grupos.

A acentuação das influências dos outros sistemas sobre o do poder político levanta a dúvida quanto a saber se isto não trará como consequência a redução do sistema do político aos restantes, em termos de as decisões que aí se extraem serem a simples resultante aritmética das várias contraposições.

Parece contudo que tem de aceitar-se uma larga autonomia do

político, espelhado na contraposição dos conflitos de interesses (entre os vários sistemas e dentro deles) com as tarefas gerais do sistema de poder público ou seja a sua consideração *sub specie communitatis*.

Neste sentido os titulares do poder não dispõem dum simples poder mecânico, mas têm de reservar-se uma autoridade. É esta que se apoia numa legitimação concedida pela sociedade. Ora as possibilidades do estabelecimento de canais de comunicação dos sistemas de poder não político para o do poder político, sem destruir a independência deste, atribuem, todavia, títulos de legitimação, acrescentando à *potestas* o halo de *auctoritas*.

2 – A PERSPECTIVA DO PODER NA CONCEPÇÃO DO FENÓMENO POLÍTICO:

O poder é capaz de fornecer uma perspectiva para a construção dum esquema de compreensão do fenómeno político.

Particularmente em épocas de preocupações vitalistas ou dominadas pelo positivismo, como é o final do séc. XIX, tal sugestão ganha força especial. O impulso da sociologia de M. WEBER – apresentando o Estado como uma empresa de serviços de carácter político, cujo topo alcança com sucesso o monopólio legítimo de coacção física para a realização da ordem – dá mais vigor a tais ideias.

Também em círculos de inspiração behaviorista, compreensivelmente, se toma como dominante o elemento *poder* na arrumação e estudo da vida da comunidade política.

Nesta sede o poder é encarado como simples relação, não importa juízo valorativo.

Pode, todavia, o poder surgir como tema carregado de significação.

Por um lado afirma-se o poder como o valor mais alto do Estado, cuja essência será justamente o desenvolvimento do poder, a vontade de se afirmar na História. Se isso ocasionalmente potencia as forças físicas e morais da Nação, tal facto aparece como simples sub-produto, não como fim do Estado. O ideal social não é, assim, qualquer valor da pessoa humana, mas a realização do Estado vitorioso (TREITSCHKE, KAUFMANN).

Tal construção conduziria a uma ciência do direito público sem direito (NELSON). Contudo a acentuação do elemento poder terá o mérito de chamar a atenção para esse factor dinâmico na vida da colectividade, evitando construções irrealísticas ou desenhadas em termos formais, que correm o risco de sugerir figuras de organizações políticas inermes perante poderes incontrolados.

Doutro lado refere-se uma demonia do poder.

Em primeiro lugar, a afirmação pode ter o significado duma verificação empírica: a duma tentação constante no poder para se afirmar progressivamente e ultrapassar os limites das tarefas em função do que foi constituído. "Power tends to corrupt, absolute power tends to concept absolutely".

Esta ideia aponta para uma construção da coisa política como tarefa de fixação dos adequados controlos do poder.

Frequentemente, porém, a "demonia do poder" refere-se a uma valoração pessimista dum poder objectivado, quer se aceite que o poder é intrinsecamente mau, quer se acredite que o movem forças subterrâneas incontroláveis, rebeldes a qualquer senhorio de valores éticos.

Põe-se de tal modo a antinomia fundamental do político entre um quadro ético e as "forças do destino", que anima as disputas sobre a razão do Estado contra o direito, ou do maquiavelismo e anti-maquiavelismo.

Se o problema é tão antigo como o pensamento europeu, torna-se todavia mais agudo a partir da Idade Moderna por causa da progressiva elevação da figura do Estado destruindo a comunidade medieval, que tinha uma ordenação imanente apoiada em valores religiosos. A nova construção, ao contrário, vai-se afirmando como um expediente calculado, uma invenção consciente, uma "obra de arte" (BURCKHARDT).

Nesta via o Estado facilmente se confunde com os titulares do poder, até, por último, ser reduzido a um simples instrumento nas mãos de quem alcança o poder.

Por trás disto está um momento de romantização do poder, a crença num senhorio supra-pessoal do poder. Em vez de reconhecer a simples tentação do poder por soluções puramente utilitárias, a aceitação duma "força do destino" tolhe definitivamente uma ética política.

De outro lado, a aceitação dum pessimismo em relação ao político, que começa em Santo Agostinho e se prolonga pelo pensamento protestante, particularmente pelo jansenismo, pode conduzir à ideia duma total contaminação do poder, com o resultado da sua absoluta libertação; ou então a aceitar-se que o poder tem uma ética diferente da dos homens como privados, criando no titular do poder um sentimento de sacrifício heróico, compensador de constrangimentos que o titular absoluto ainda podia experimentar.

Ora a construção do político como desenvolvimento da relação do poder é insatisfatória. Aponta uma forma necessária das relações na comunidade, mas esquece as direcções para que apontam, a instituição duma convivência na paz segundo um quadro de justiça material. Por isso a manutenção dum poder só tem sentido se ele é o contrapolo da existência dum direito.

§ 2.º – Direito Constitucional como direito político

I – *Direito Constitucional no direito público:*

Vimos que numa sociedade se constituem relações duradouras, enquadradas em sistemas de organização.

Dentro desses sistemas uns são dominados pelas preocupações do político – o sistema político por excelência é, no tempo moderno, o Estado.

Como em todo o sistema, supõe-se aí uma ordenação. E nessa, a parte que nos interessa é a ordenação jurídica. A esse sector do direito que tem por objecto específico o fenómeno Estado chama-se direito público.

Todo o direito público visa a satisfação de interesses que, por serem imputáveis à comunidade, se dizem interesses públicos. Aqui, porém, ocorre distinguir dois planos de afirmação do interesse público. O primeiro, a que chamamos do interesse público primário, é aquele em que se projectam os problemas referentes a escolhas que tocam a *salus publica*, o benefício geral da comunidade. Não é definível antecipadamente; apenas se podem fixar linhas de procedimento jurídico e critérios para a sua busca.

No segundo plano, o dos interesses públicos secundários, encontramos fins concretos, individualizados por um órgão público superior, que reputou a sua actualização indispensável para o preenchimento duma construção geral do interesse público primário.

Constituem tarefas positivamente impostas a órgãos de segundo grau do Estado, que as devem desempenhar de acordo com cânones determinados, de elasticidade variável.

O sector do direito público que duma forma directa e imediata se relaciona com o interesse público primário – definindo o quadro de intenções políticas do agregado, instituindo os órgãos fundamentais a que compete a sua prossecução e regulando o seu funcionamento – chama-se Direito Constitucional.

Por seu lado, o domínio das actividades que frontalmente se dirigem à satisfação de necessidades públicas secundárias, subordina-se ao Direito Administrativo.

Podemos assim dizer que "o Direito Constitucional considera o Estado como um todo, na tentativa de permanentemente se afirmar como uma unidade" (SMEND). Ou que tal direito toca a dimensão política do Estado, enquanto o Direito Administrativo toca a sua dimensão "técnica".

Ainda se incluem no direito público outros ramos do direito.

Assim, o direito criminal ocupa-se da prevenção e repressão pelo Estado de actos que ofendam certos valores especialmente protegidos. O direito processual (civil, criminal, administrativo) regula o funcionamento dos tribunais. O direito internacional público afirma-se como uma tentativa de subordinar a preceitos jurídicos o comportamento dos Estados, enquanto sujeitos da comunidade internacional.

II – *Evolução do quadro "direito constitucional":*

1 – O PODER JURIDICAMENTE EQUIPARADO AOS PRIVADOS:

O quadro "direito constitucional", como de resto os outros sectores do direito público interno, tem uma autonomia relativamente recente, pois data do fim do séc. XVIII. Até esse momento não há na consciência europeia moderna a ideia de um direito público. Quando se aceita que as figuras do poder político estão subordinadas ao direito, esse é o mesmo que rege as relações entre os particulares.

Deste modo se passam as coisas com as formas políticas tradicionais na Europa medieval, que têm o seu direito imanente. Cada uma das múltiplas figuras que constituem a comunidade política goza dum estatuto próprio, traduzido numa série de privilégios, direitos adquiridos, que os tribunais defendem de igual modo, quer as ofensas provenham de particulares quer dos mais altos titulares do poder.

A invasão da modernidade significa, todavia, a afirmação crescente dum poder que consegue ir-se colocando acima do direito.

2 – O PODER ACIMA DO DIREITO:

A "época das luzes" com a sua forma política típica, o Estado de polícia, consagra definitivamente o que se vinha preparando. A ideia da polícia impõe ao príncipe a realização duma obra de desenvolvimento cultural e técnico que não quer sofrer as limitações de princípios jurídicos. E a nova figura do Estado, identificada com o príncipe e o aparelho de funcionários, conhece somente os cânones duma ética de salvação nacional, em que o príncipe se afirma como o primeiro funcionário do Estado – uma subordinação ao direito, que teria de ser ainda o direito privado, só faria sentido se nesta altura pudéssemos encontrar os antigos privilégios, os direitos subjectivos da tradição medieval, que o centralismo real reduzira, na melhor das hipóteses, a uma recordação.

Como tentativa de minorar a sorte dos particulares constrói-se a figura do Fisco, um ente subordinado ao direito, que pode suportar o encargo de responder patrimonialmente pelos prejuízos causados pelo Estado aos particulares.

3 – A CRÍTICA DO ESTADO DE POLÍCIA:

O mesmo espírito de iluminação que animava o Estado de polícia há-de fomentar as suas críticas pela burguesia ilustrada. Gera-se a representação dum mundo da sociedade, com os seus valores próprios, extraídos de mundividência burguesa, oposto àquele que o Estado representa. Enquanto os interesses do Estado são conduzidos por um princípio do segredo, a *arcana praxis*, os da sociedade apontam para a publicidade.

A ideia do público contém um sentido fáctico – o de qualquer coisa que não é reservada; e um sentido normativo – o de referência ao todo, ao grupo.

Partindo da publicidade crítica dum público que debate os problemas gerais com independência, chega-se à identificação dos interesses desse público com os interesses nacionais.

Como se toma por base uma construção racionalista, o público pensante participará na verdade objectiva das soluções nacionais: à ética dos príncipes opõe-se a razão da sociedade. Isto supõe, todavia, uma separação fundamental entre Nação activa – a que é capaz de pensar com independência – e a Nação passiva, que por falta duma autonomia económica e social, só pode raciocinar interessadamente e tem de ser representada pela primeira. É isto que conduz ao sufrágio censitário.

Ao pensamento legitimista tradicional pretende substituir-se um pensamento legalista. Assim o Estado deve ficar subordinado ao Direito. Surge uma ideia de um direito público e entra em curso a fórmula do Estado de Direito. Tal fórmula que, a partir do fim do séc. XVIII, constitui um ideal, pode contudo ser realizada de dois modos: ou no sentido de que o Estado deva estar subordinado ao direito por que a sua actuação tenha de ser sempre na via do direito – Estado de Direito formal; ou no de que o Estado aceita a existência dum quadro de princípios jurídicos materiais que se lhe impõem – Estado de Direito material.

HANT fornece-nos uma ideia de Estado de Direito que é fortemente inclinada para uma concepção material, enquanto vê no Estado a possibilidade duma auto-determinação do homem por uma liberdade moral. Mas o afastamento da *salus publica* como responsável pelo eudemonismo do séc. XVIII conduzirá nos tempos seguintes a esvaziar o Estado do seu conteúdo social, a fazer dele uma simples construção formal de fisionomia jurídica. As concepções do Estado de Direito no séc. XIX serão, salvo excepções raras e incompletas, simplesmente formais.

4 – A CONSTRUÇÃO DO ESTADO DE DIREITO A PARTIR DO IDEALISMO ALEMÃO:

No pensamento alemão baseado no idealismo, a ideia hegeliana de que o Estado é uma manifestação do "espírito objectivo", a "realidade da ideia moral", dá ao Estado uma justificação unicamente objectiva. STAHL abre a série dos pensadores juristas com a sua concepção do Estado como um "império moral", fundado não nos homens, mas no povo como um todo. O princípio monárquico adquire o sentido de que o príncipe é apenas a personificação do todo, não agora o soberano absoluto acima do direito, mas o portador do poder soberano.

O Estado de Direito encontra-se sobre o soberano e sobre os súbditos, que não participam no poder, como cidadãos, mas beneficiam como pessoas dum quadro de direitos ou garantias fundamentais extraídas do ideário burguês.

Quer dizer que por este caminho se continua a separação entre Estado e Sociedade que caracterizava as formas da polícia do séc. XVIII.

Estas concepções representam um esforço de vinculação do poder, que já não é uma dimensão de puro facto, mas o desenvolvimento duma ideia de Direito; e, por outro lado, o direito público pretende ser mais do que a expressão ocasional das contingências históricas.

Histórico-politicamente são uma tentativa de encontrar uma via média entre a Revolução e a Restauração, continuando a afirmar um Estado que é ainda o Estado-máquina de funcionários da época anterior, todavia subordinado à ideia do Estado-objectivo. Por outro lado, colocando a sociedade fora do Estado, favorece a realização da ideia burguesa da sua independência, com a fisionomia dum sector em que os homens garantidos pelos direitos fundamentais se movem livremente em perseguição da sua realização espiritual ou em busca de satisfações económicas.

5 – A CONSTRUÇÃO DO ESTADO DE DIREITO NA TEORIA DA REVOLUÇÃO:

Partindo do dogma revolucionário vamos encontrar uma transposição das qualificações do Estado absoluto para o quadro nacional, nominalisticamente concebido. A soberania passa a ser reconhecida como atributo da Nação. Porém as dificuldades de articulação dos modos de pensar racionalísticos típicos do séc. XVIII, que produziram a crítica revolucionária, com uma concepção romântica da Nação como uma unidade objectiva, conduzem a resultados que só aparentemente estão opostos às construções anteriores. É isso que desde logo se manifesta na separação que ROUSSEAU estabelece entre "vontade de todos", simples soma aritmética de vontades, e "vontade geral", mítica vontade da Nação como corpo moral, que resulta da intenção no sentido de satisfazer o interesse geral.

Se ROUSSEAU não aceita que a vontade geral pode deixar de coincidir com a vontade da maioria, isso tem apenas a justificação no facto de acreditar que os homens livres se determinam racionalmente e desse modo têm necessariamente de alcançar uma igual definição da verdade. Mas, naturalmente, a afirmação duma vontade geral, é compatível com uma construção autocrática quando empalideça a assumpção racionalista do que se partiu.

E de qualquer modo conduz a uma radicalização do Estado, particularmente grave, porque agora se desconhecem as limitações éticas que vinculavam o príncipe. Só a ligação com a ideia tradicional europeia de bem comum, que é ainda uma peça herdada do arsenal do Estado de polícia, é que evita os maiores exageros a que este absolutismo nacional podia conduzir.

Nesta fórmula política pretende-se alcançar um domínio do Estado pela sociedade, o que significa perdurar a separação fundamental da época anterior e a concepção que o representa como uma aparelhagem de constrangimento ao serviço de valores diferentes dos da sociedade.

Em qualquer destas vias chegamos a um Estado subordinado ao direito. Concebe-se um direito especificamente dirigido ao Estado, o direito público e neste individualiza-se um sector do Direito Constitucional. As preocupações polémicas de oposição à monarquia absoluta, vão chamar a atenção dos juristas mais para um domínio de construções teorético-racionais do político do que para um tratamento sistemático do direito constitucional.

Por outro lado a sobrevalorização no Estado do elemento autoritário, herança da época anterior, tende a apresentar o direito sob a perspectiva fundamental do "poder público", da desigualdade, desconhecida nos quadros do direito tradicional de feição privatística e dificilmente integrável numa construção jurídica.

Desta maneira a ciência do direito constitucional da época aparece misturada com elementos de teoria política, senão é mesmo teoria política.

6 – A REACÇÃO DA "ESCOLA JURIDICA" E O POSITIVISMO:

Na segunda metade do séc. XIX verifica-se uma reacção contra este estado de coisas por parte duma corrente que fica conhecida pela "escola jurídica" (GERBER, LABAND, G. JELLINEK). A sua preocupação central é a de produzir um estudo do Estado com repúdio de tudo que possa apresentar-se como "política", "direito natural", "filosofia", "metafísica", "teologia política", isto é, fazer uma construção estritamente jurídica, independentemente dos pressupostos políticos e sociais. Trata-se de procurar somente os conceitos jurídicos abstractos e as suas ligações formais.

Esta corrente, que pede emprestado ao direito privado a maior parte das peças da sua armadura conceitual – como sujeito de direito, relação jurídica, acto jurídico, negócio, vícios da vontade negocial, elementos essenciais e acidentais do negócio jurídico, etc. – move-se, como se vê, por uma preocupação fundamental de natureza metodológica. Mas é ainda uma louvável intenção de objectividade e imparcialidade que aí é justo sublinhar.

O direito público, e particularmente o direito constitucional, constrói-se "cientificamente" numa busca de universalidade, que equivale à alforria do jurista em face das concepções políticas.

O processo é auxiliado pelo domínio que o modo de pensar do positivismo alcança sobre a "ciência do direito". O conceito moderno de ciência, apoiado no dogma do monismo metodológico, impõe ao jurista uma tarefa, que num simile significativo se aponta como "uma análise química do objecto".

Todos os problemas de fundamentação e essência do Estado são atirados para a filosofia do Estado. Por outro lado, a recusa sistemática de uma dimensão histórica leva os cultores desta ciência do direito a perder a conveniente perspectiva e a tomar uma dada situação concreta, hipostaziando e absolutizando as soluções, que correspondem a exigências temporais e contingentes.

A pretensa neutralidade desta concepção coloca a ciência do direito público na dependência de aceitar qualquer relação existente e condena-se a ter de conceber o Estado e o seu direito como puras manifestações de um poder de facto. Nisto é especialmente auxiliada pelo direito privado, que na época se explica a partir do dogma da vontade, da acentuação subjectiva dum poder de querer. Também o Estado, construído como pessoa, é fundamentalmente uma vontade, um poder. E agora que outras indagações sobre fundamentação ou limites desse poder estão, por princípio, banidas, esse poder é a força naturalisticamente concebida daquele ou daqueles que conseguiram alçar-se a uma situação de comando.

A redução ao absurdo destas atitudes vamos encontrá-la na chamada "escola de Viena", que partindo do neokantismo de Marburgo, chega a uma identificação do Estado e direito, concebidos como uma teia de relações lógicas, completamente divorciadas dos seus conteúdos materiais (v. *infra*, Cap. II, § 4.°).

Nestas concepções a ideia do Estado de direito cada vez mais se formaliza, pois a procura de valores materiais representaria a transigência com um elemento de insuportável "metafísica".

Por isso é que a Ciência do Direito Constitucional se limita neste clima a uma exegese dos textos positivos.

7 – A VOLTA PARA UMA LEGALIDADE MATERIAL:

A partir dos anos 20 começa a manifestar-se uma tendência de regresso no direito constitucional às grandes questões à volta da essência e função do Estado, depois de se ter demonstrado que as preocupações do positivismo importavam ainda um ponto de partida que nos seus próprios quadros devia ser tido por dogmático ou reduzir-se a uma posição de crença.

Neste sentido concorrem as dolorosas experiências da década de 30, frutos maduros duma concepção de Estado de Direito formal, indiferente aos conteúdos que as figuras públicas recebem. O que faz sentir outra vez, e angustiadamente, a necessidade dum Estado de Direito material, construído a partir do homem e das suas determinações. Não apenas um Estado de Direito que se arrogue uma legalidade material qualquer – mas essa.

A procura dum Estado de Direito material põe-se ainda como uma necessidade inadiável do nosso tempo em face do novo regime da "polícia" muito mais ambicioso que o do século XVIII. A intromissão das formas públicas no domínio da vida do particular e a subordinação material e espiritual deste às prestações que daí espera significam um poderio do Estado que pode equivaler à destruição dos valores da pessoa. O tema da conciliação do novo eudemonismo com a ideia do Estado de Direito transforma-se numa das preocupações centrais dos nossos dias.

Todavia estas preocupações podem esgotar-se na utilização pomposa de fórmulas vagas. Para evitar que tal suceda é preciso ancorar a compreensão jurídica do Estado nos materiais objectivos da vida social.

Quer dizer, postula-se no Direito Constitucional moderno uma volta à realidade.

Isto significa que não se acredita, como o positivismo, na vida independente da dogmática jurídica, fora da base real da ordem jurídica.

Para o Direito Constitucional não pode portanto recusar-se hoje a obrigação de conhecer a realidade política.

Aceitando a unidade fundamental do objecto Estado, tem de reconhecer-se que ela pode ser encarada através do métodos jurídicos, sociológicos, históricos ou de captação de valores. Cada um deles porém não pode divorciar-se dos resultados conseguidos com os outros, sob pena de produzir uma visão distorcida da realidade política.

Assim a ciência do Direito Constitucional tem permanentemente de socorrer-se de indagações de carácter sociológico – por exemplo: elementos da luta concreta pelo poder (organização das forças políticas e seus meios de combate) ou estruturas sociais (sentido e dimensão da família, organização das empresas, difusão e orientação do ensino, etc.

E ainda duma focagem histórico-espiritual dos problemas e das soluções concebidas, para não cair no vício frequente de as absolutizar e formalizar com desprezo das suas intenções.

Finalmente, o Direito Constitucional tem de estar atento aos valores fundamentais do homem, recolhidos numa dada situação, o que importa abandonar a passividade e agnosticismo políticos e voltar a estabelecer ligações com a teoria política – único processo de deixar de ter de cortejar a política, de não estar "à volta da arena política para lançar o manto do direito sobre o vencedor".

O SER DO ESTADO

§ 3.º – **O Estado como organismo.**

Esta concepção parte da "escola histórica", que por sua vez está directamente ligada à filosofia do romantismo.

Uma das marcas fundamentais da filosofia do romantismo é a aceitação indiscutida da representação do universo como um todo harmónico.

Outra é a de que este todo é vivificado permanentemente por um espírito do mundo (*Weltseele*).

Por aqui se compreende o conjunto de ideias da escola histórica (SAVIGNY), apoiadas no quadro dum "espírito do povo" (*Volksgeist*). Assim o direito é a expressão do espírito do povo tornado histórico e desenvolvido organicamente, tal como a língua ou a arte. Recorde-se o momento constante no pensamento romântico da acentuação dos elementos histórico-concretos das totalidades, especialmente os elementos nacionais, em manifesta oposição ao pensamento abstracto duma "humanidade", típico do pensamento racionalista anterior.

Neste clima, o Estado é um produto do espírito do povo, um todo moral, um organismo. Trata-se portanto de uma totalidade não construída de fora, mas dada: duma manifestação natural.

Este Estado, enquanto expressão orgânica de povo, surge assim como qualquer coisa de real, não como uma ficção, um esquema da nossa mente para arrumar os materiais políticos. "O Estado é um organismo moral, que não se move como um mecanismo, por uma força existente fora de si, mas por um princípio vital habitando nele mesmo" (GERBER).

Compreende-se pois a representação romântica universalista de que o Estado e o direito se imbricam no todo da cultura e só podem ser considerados em ligação com ela, muito particularmente com a moralidade estadual. Tal posição, contudo, tende a afastar uma rigorosa teoria jurídica do Estado, uma vez que o Estado só deve ser concebido na totalidade das suas manifestações e não se deixa aprisionar no quadro duma figura jurídica.

Isto pode mesmo levar a que defensores da teoria organicista, venham a tomar posições opostas às preocupações centrais da doutrina, quando se ocupam em estudar juridicamente o Estado. Tratar-se-ia de aspectos parciais tão limitados e com perspectivas tão diferentes da totalidade que o conceito de organismo não tem aí qualquer préstimo. Ele seria um dado natural, não uma manifestação do direito. Juridicamente, o Estado só teria sentido a partir da unidade que resultava da vinculação ao príncipe.

É o que acontece num autor tão representativo como GERBER.

A concepção organicista só pode ser apreciada convenientemente quando se tenha consciência de que não se trata duma escola, cujos resultados surjam a partir dos ensinamentos duma figura polar, mas apenas dum conjunto de teorias que se apoiam numa ideia comum, que desenvolvem diferentemente, ao sabor das necessidades cambiantes de todo um século.

Por outro lado deve ser sublinhada uma intenção objectiva da doutrina, que dificilmente consegue realizar-se. É uma reacção contra as fórmulas políticas e as concepções do século anterior; mas em grande parte elas sobrevivem, comprimindo-a.

A concepção política anterior, do Estado de polícia, estava orientada para a afirmação dum centro unitário de direcção e comando que, de acordo com a ideia abstracta da *salus publica*, definia, segundo um princípio de racionalidade e necessidade, o comportamento da sociedade. O sentimento de unidade reconduz-se a esse centro, o príncipe esclarecido. Tal como a unidade do mundo, que se explica pela simbologia tantas vezes repetida, de sabor mecanicista, entre um relojoeiro e o seu relógio.

Agora são as pretensões da sociedade a transformar-se numa entidade política activa que vão tender a afirmar a existência dum povo como organização automática de partes iguais, colocadas lado a lado.

É fácil de compreender em que modo estas ideias aparecem revolucionárias no mundo político alemão do séc. XIX, onde sobrevive apesar de tudo o princípio monárquico, ou no pensamento da restauração bourbónica. Tudo que se altera é a medida do poder, não a sua substância – os novos Estados são monarquias limitadas, isto é, organizações assentes num princípio monárquico tradicional que transige conceder um catálogo de garantias dos súbditos.

Como também é fácil de perceber que a teoria organicista vá, nos diversos autores do século XIX, ter de conciliar-se em maior ou menor grau com a posição primária do Monarca e sofra um processo de domesticação.

A construção organicista ao pôr acentuação particular na personalidade do Estado, como qualquer coisa de vivo, pode levar ao esquecimento ou subvalorização das suas partes integradoras. O elemento unificador espiritual, a força espiritualizadora geral tende a crescer em desfavor dos momentos materiais da vida estadual.

Um outro perigo é o de criar uma posição acrítica perante o Estado, que se transforma em dogma, adquire uma imediatidade axiomática.

Todavia a tese organicista, quando consegue afirmar-se sem compromissos, comporta uma participação permanente dos elementos integradores da comunidade, afirma uma tensão que pretende superar a dicotomia Estado-sociedade, ou, como diria SCHELLING, estabelecer a "harmonia entre a necessidade e a liberdade".

Repare-se, contudo, em que o próprio conceito de organismo é construído de modo que podem variar profundamente.

Nos autores mais recentes, GIERKE, aquele que desenvolveu uma construção mais consequente da teoria organicista, concebe o elemento essencial como de natureza voluntarista; quando se constitui um todo cria-se uma vontade diferente das vontades individuais – e por isso ele põe tanta ênfase no espírito do povo germânico.

Outra forma mais grosseira de construir o organicismo é a de apresentar o Estado como um corpo com realidade biológica, sujeito de igual modo que os seres vivos às leis da existência.

Se em relação a esta maneira de ser se pode dirigir a crítica de que só no plano metafórico (como às vezes conscientemente o faz a doutrina) é lícito falar nos homens e nos grupos como células ou órgãos do corpo Estado – em relação à primeira cabe objectar que ela transfere dados individuais, conteúdos psicológicos concretos, em manifestações do grupo.

Esta construção, todavia, fornece um meio heurístico para investigar as estruturas da sociedade, correndo é certo o perigo de transformar facilmente uma construção de modelos numa expressão da realidade.

O grande mérito das teses organicistas foi o de terem pela primeira vez apresentado o Estado como um sistema, procurando desenhá-lo em termos duma participação dos elementos materiais e espirituais. Esta é a sugestão que podem fornecer.

§ 4.º – O Estado como sistema de normas

A tentativa máxima de tratamento sistemático dos problemas do direito e do Estado encontra-se na escola de Viena e particularmente nos trabalhos de H. Kelsen.

Está dominada por uma preocupação metodológica de tratamento dos problemas em termos exclusivamente jurídicos. Nisto é o resultado maduro da reacção neo-kantiana de Marburgo contra o naturalismo dominante na segunda metade do século XIX.

Precisamente a separação exigida pelo pensamento marburguiano entre um ser e um dever ser (transcendental) é que funda a pretensão de apresentar o direito como um objecto exclusivamente colocado no mundo das realidades lógicas, desligado de quaisquer elementos causais ou de motivações éticas ou políticas.

Desse modo o objectivo duma teoria pura do direito seria o de desenhar um sistema de preceitos gerais, independente dos conteúdos positivos concretos de cada norma historicamente dada; seria chegar a uma construção formal de sentido lógico-matemático.

Um dos pontos fundamentais da construção kelseniana é a chamada teoria gradualística da formação do direito. Isto quer dizer que o critério de validade duma norma jurídica tem de ir buscar-se à existência doutra norma que reconhece como idónea a sua fonte de produção. Assim, por uma graduação contínua, de menos a mais geral, se pode ir desde o simples acto concreto até uma norma fundamental, fonte de validade de todo o sistema.

Dentro do sistema jurídico constituem-se complexos de normas, ordens jurídicas parciais que permitem referir a essa unidade o sentido de certos comportamentos: imputação dum acto isolado à totalidade. Isto legitima a construção da figura da personalidade jurídica, como sendo o resultado da personificação da unidade desse complexo de normas. Não se trata pois do reconhecimento duma qualidade inerente a um ser físico, ou de qualquer coisa que se constrói como se de um ser físico se tratasse, mas somente da aceitação da unidade de efeitos a partir duma conexão formal entre várias normas.

Por este processo de pensar, o Estado tem uma unidade que reside na ordem da organização da reunião.

Desemboca-se dessa maneira numa recusa de qualquer elemento sociológico na construção do Estado. Falar em Estado significa referir a totalidade da ordem jurídica: o problema do Estado transforma-se no problema do direito.

Agora, se o Estado se pode conceber como uma pessoa, é apenas porque com isso se personifica a totalidade da ordem jurídica, se consegue um ponto ideal de imputação de certos comportamentos à unidade do todo.

Esta identificação entre Estado e direito, esta sua colocação no mundo dos objectos ideais ou dum puro dever ser transcendental evita que a personalização do Estado possa conduzir a aceitá-lo como uma figura real, a hipostaziá-lo como um ente supra-humano.

Por este caminho se pretende resistir a quaisquer tentações de psicologismo, especialmente no que toca à aceitação duma vontade do Estado. Com tal expressão não pode significar-se mais nada senão uma utilização translata para indicar a vontade normativa da ordem jurídica.

Identicamente a soberania não surge em termos duma qualidade do mundo do ser atribuída a uma pessoa, mas ter o valor duma simples designação normativa. Refere a independência e exclusividade da pretensão da validade duma ordem jurídica; isto é, a situação duma ordem jurídica cuja norma primária não recebe o seu fundamento de validade em qualquer norma doutro ordenamento jurídico.

Esta construção depara com a necessidade de ter em conta um momento mínimo de eficácia ou actuação das normas jurídicas que funciona como condição e limite da sua validade ou vigência. A não aderência ao preceituado na norma não será motivo para que em circunstâncias correntes a norma perca vigência; todavia um grau patológico do sistemático e completo não cumprimento da norma acaba por significar que ela deixou de estar em vigor.

Como se vê a escola de Viena reduz o direito a uma simples metodologia, com resultado em grande parte tautológico. A consequência final é a de que o Estado, em virtude deste primado da metodologia, não passa dum simples esquema construtivo.

Mais significativa é ainda a circunstância de que, apesar de todo o esforço para delinear um edifício conceitual de grande coerência, nem sempre os resultados aparecem satisfatórios.

É o que sucede desde logo com o tema das relações entre validade e eficácia, que exprime uma tensão verdadeira do mundo do direito, a qual deve ser recebida nos esquemas propostos para a sua compreensão, mas que não se encaixa no quadro proposto pela teoria – a existência formal no plano normativo acaba por ser tocada e comprometida pela presença dum elemento fáctico: o dado sociológico de a norma ser reconhecida e executada pela comunidade. E isso com resultados que podem estar em contradição com as indicações de validade contidas numa norma superior do sistema das fontes.

Uma outra série de desconfortos que a construção kelseniana gera são os que se relacionam com o sentido da norma fundamental. Na verdade, uma de duas: ou ela tem de conceber-se como uma norma material a que se adere para encontrar um fundamento da constituição positiva e, a partir daí, de todo o sistema gradualístico de preceitos – e então para fundar todo o edifício de objectos ideais formais é-se obrigado a entrar num domínio que a própria doutrina chamaria direito natural ou metafísica. Ou então a norma fundamental aparece como um simples conceito fictício e cai-se em contradição com o intento de criar um sistema objectivo geral; tudo se reduziria a uma construção de valor hipotético, uma construção do como se ("als ob") deslocando o centro da problemática do objecto para o sujeito: o que terá o significado de que se recusa um arbítrio de conteúdos ideológicos e a contingência dos materiais positivos para aceitar a álea da construção pessoal.

Apesar de tudo é justo sublinhar o esforço da sistematização e o seu rigor construtivo e uma intenção desmitificante em face de certos extremos retóricos e ocultistas em que as construções podem cair.

§ 5.º – Teorias dualistas

1 – ESTADO COMO OBJECTO

Nestas concepções o Estado é o objecto do poder do soberano que, dessa maneira, está acima e fora dele.

As primeiras manifestações da ideia encontram-se nas teorias patrimoniais medievais que colocam a organização política no património do príncipe. Verdadeiramente não se trata ainda de concepções do Estado, mas de formas pré-estaduais, que os tempos modernos vão depois receber.

As concepções políticas do séc. XVII ocupam-se, porém, em distinguir dois tipos diferentes de domínios, os *regna patrimonialis* e os *regna usufructuaris*. Os primeiros conferiam ao soberano um poder desenhado como um direito de propriedade sobre as pessoas e bens do seu território: gozava-os pleno *iura proprietatis* em virtude duma conquista. Nos segundos, pelo contrário, o monarca recebia o encargo de gerir os interesses da comunidade, geralmente de acordo com a ideia dum contrato social: dispunha dum poder que, apesar de absoluto, era *iure usufructuario*.

Se esta forma nos é apresentada como um ideal no pensamento barroco, a primeira julga-se geralmente incompatível com a civilização e constituirá um modelo negativo.

Estreitamente ligado com estas ideias aparece-nos uma qualificação duma atitude dos príncipes em face da comunidade, o *modus magis herilis*, o comportamento em termos idênticos aos que assume o senhor para com os seus escravos, que deve ser qualificado como uma *tirannica dominatio*, com todas as consequências que a teoria da tirania mais ou menos claramente atribui à tirania de exercício.

No quadro da reacção aos movimentos revolucionários do fim do séc. XVIII as ideias do Estado-objecto recebem novo alento na doutrina de BALLER, que justifica o poder de príncipe pela natureza das coisas: são as necessidades dos súbditos de protecção, alimentos, ensino que atribuem ao príncipe o poder de mandar. Ao contrário do que se implicava nas construções tradicionais do contrato social, com apoio na vontade dos homens, é agora a própria natureza que impõe a superioridade do senhor.

A ideia dum Estado que o período das luzes desenvolvera, ainda que em termos imprecisos, vai-se tornar um tema central do político no séc. XIX. No quadro que agora estamos a considerar ela é recebida numa concepção que apoiando-se nas ideias expostas, coloca o príncipe e o seu poder fora e acima do Estado – é a *Herrscher theorie*, lançada por MAURENBRECHER em 1837. Se no tempo da polícia o Estado significa a situação do monarca e dos seus funcionários, depois o impacto da publicidade revolucionária tendeu a confundir ou aproximar as figuras do Estado e da sociedade. Compreende-se então que a teoria do Estado-objecto represente um processo de salvaguardar a supremacia do governante num momento em que o público, a Nação, assume dimensão política. Cada vez mais, nesta linha, o Estado não se identifica com ser comum. Os entes políticos são o produto de dois factores: o povo e o senhor.

Ainda no fim do séc. XIX e nas vésperas da guerra de 14, encontramos dois autores subscrevendo esta teoria. O primeiro e mais conhecido, é SEYDEL – para ele o povo e o território constituem o Estado; ambos, porém, estão subordinados ao senhor. Para REHM o Estado constitucional do seu tempo é uma forma mista dum Estado de príncipe (*Fürstenstaat*) e um Estado popular (*Völksstaat*) – a consequência seria a existência de dois direitos públicos.

A última fórmula significa a tentativa desesperada de salvar a concepção autocrática corrente na Alemanha imperial perante o crescimento dum Estado representativo. Só em parte se mantém por isso no quadro das teorias que estamos a considerar. Aceita os pontos de vista duma outra concepção muito forte no seu país no séc. XIX, a dum *status mixtus* em que há elementos do velho Estado autocrático, com uma lógica decorrente do princípio monárquico, representado ou incarnado nos órgãos executivos, e elementos populares nacionais afirmados no parlamento.

2 – CONSTRUÇÕES NOMINALISTAS

A – *O Estado como simples poder:*

Neste sector vamos encontrar toda uma série de formulações que assentam na ideia de que o Estado se exprime numa simples relação entre governantes e governados. Há em todas elas uma pretensão de desmitificação do Estado, de "cientificidade" em termos naturalísticos. Recusam a legitimidade de qualquer justificação do Estado que só poderia conduzir a resultados indemonstráveis.

a) Conquista. – Uma destas ideias admite que o Estado apenas quer significar o domínio dum povo por outro em consequência de conquista. Esta forneceria o elemento dominante que se manteria pelos tempos fora.

De acordo com tal ideia na França pré-revolucionária acreditava-se que o Estado resultava da conquista franca.

E é muitas vezes de acordo com uma mitologia deste estilo dourada de elementos históricos que se conduzem movimentos políticos tendentes à destruição do próprio Estado. Está neste caso o movimento inglês dos Levellers, ao pretender realizar uma revolução social em benefício dos "bretões", excluindo os "normandos"; ou dos revolucionários franceses convencidos da legitimidade de libertar o seu país dos conquistadores germânicos.

b) Uma outra forma de conceber o Estado paralela à anterior é a que se encontra na "escola realista francesa", capitaneada por DUGUIT. Para este autor, em qualquer sociedade política encontra-se uma diferenciação entre fracos e fortes: é este facto que constitui o Estado. Ou para G. SCELLE o estado é o grupo de governantes.

Nesta perspectiva não tem sentido perguntar por que direito se governa. Tudo se reduz à verificação empírica de que uns governam e isso significa a sua maior força. É a partir daí que se põem os problemas jurídicos, pois o direito é apenas a manifestação da vontade dos governantes.

c) Também é neste plano que se situa a concepção marxista do Estado. Ele é apenas a expressão do domínio político-jurídico dos capitalistas (proprietários dos meios materiais de produção) sobre os proletários (possuidores do trabalho). Como os dois elementos em confronto constituem duas classes fechadas, o fenómeno do Estado é uma manifestação da luta de classes, e está destinado a desaparecer no momento em que a classe proletária conseguir apoderar-se dos meios de produção, pondo termo à exploração capitalista. O poder público, intimamente ligado às tensões da História, perde sentido quando a sociedade se estrutura numa só classe.

B – *A teoria dos três elementos* (G. JELLINEK):

Muito embora se não trate duma doutrina que se afirma dualista como as anteriores, a construção de G. JELLINEK é o resultado das mesmas preocupações nominalistas e é na realidade uma teoria dualista encoberta.

Para G. JELLINEK, o Estado é a reunião de três elementos: um povo, um território e um poder.

Esta teoria, que grangeou grande aceitação durante largos anos, não se preocupa, todavia, com o problema da essência do Estado, contentando-se com apontar manifestações da sua existência.

Contra ela foram dirigidas desde os anos 20 críticas agudas, principalmente desencadeadas por SMEND (v. adiante).

Os três elementos do Estado que nos surgem postos a par, são na verdade grandezas incomensuráveis. O poder é apenas "uma função, senão uma qualidade do povo" (KRÜGER) e não é desse modo legítimo entendê-lo como um elemento ao lado dos outros.

Objecção paralela se pode construir quanto ao território, que não é elemento independente em si, mas somente um momento da consciência do povo – e assim, quando muito, um elemento doutros elementos.

§ 6.º – Superação do dualismo

1 – CONSTRUÇÃO DE HELLER

Nos anos do após guerra de 14-18, uma das mais profundas influências sobre o pensamento juspublicístico é a de HELLER. Inscreve-se no quadro de preocupações que a constituição de Weimar originou.

Acredita que a partir da relativa homogeneidade natural ou cultural dos habitantes dum território não se produz o Estado – ele é o resultado dum processo racional e consciente da organização. Não há portanto uma unidade política que seja uma função duma unidade substancial preexistente, dum povo: tal unidade política é somente o fim e a conclusão de um esforço pela redução a um sistema, pela transformação desse todo desorganizado numa "conexão da acção" (*Wirkungszusammenhang*).

Daqui ressalta que o primeiro ponto a acentuar é o de que o Estado e a sua unidade não são um dado, uma manifestação natural e espontânea; nem resultado automático a partir duma figura nacional pré-existente; mas que, pelo contrário, implica uma actividade consciente, actualizada por órgãos. Não pressupõe, assim, o Estado a existência de um grupo de vontade soberana, mas, pelo contrário, procura explicar causalmente a sua formação.

Também o Estado não é o representante duma unidade concebida de qualquer modo, rácica, religiosa, económica ou socialmente. Só a partir do momento em que se produz uma ordenação que mantém coerentes esses comportamentos e de novo os projecta na sua actuação, como unidade de eficácia política objectiva, sobre a sociedade, é que o poder do Estado pode explicar-se e separar-se dos participantes que lhe dão suporte.

O elemento essencial dessa organização é a constituição. Todavia, HELLER entende-a como a estrutura de um ser político permanentemente renovado por actos de vontade humanos, não como a constituição escrita.

Em ligação com LASSALLE, não é a "folha de papel", mas as relações de poder reais; não uma normatividade positiva, mas a normalidade social.

Esta construção, apesar da sugestão que trouxe, não conseguiu superar os pontos de vista dum positivismo sociológico.

2 – TEORIA DA INTEGRAÇÃO

Respondendo às mesmas interrogações da doutrina anterior e em parte coincidindo com ela, surge-nos a doutrina da integração de SMEND. Ao longo dum dilatado período, este autor vai em pequenos mas profundos trabalhos desenvolvendo uma das mais poderosas concepções modernas sobre o Estado.

Diz-nos SMEND que o indivíduo não pode conceber-se em si mesmo, mas apenas enquanto se manifesta como vivo e tem participação do mundo espiritual-social, enquanto está intencionalmente relacionado com outros – isto é, enquanto é membro duma comunidade; inversamente, porém, o grupo, comunidade ou Estado, não tem sentido como um ser descansando em si mesmo, mas como a "imbricação numa unidade" (*Einheitsgefüge*) das vidas individuais. Há, assim, uma dialéctica permanente entre o indivíduo e a comunidade.

Frequentemente SMEND fala, a este propósito, num "plebiscito renovado diariamente".

É este processo que se chama integração.

Ao contrário do que pretende HELLER, não estamos perante um processo racional-consciente, nem é por força duma constituição que se afirma a integração: só excepcionalmente ela é objecto duma intenção teorética.

Mas já, como na construção anterior, o povo não é um ser em si mesmo, pré-existente ao Estado: é por força do sistema político que adquire ser.

Todavia SMEND repele a ideia de que o Estado possa ser concebido como um sistema de funcionários e serviços ou dos órgãos prescritos na constituição: ele é uma ordem de valores comuns, que determinam a criação da unidade, um sistema de cultura. Cada grupo tem, assim, aí a sua legalidade essencial.

Neste modo de ver, a constituição é apenas um sistema de sentidos ideal – não só a ordenação dos órgãos e a sua limitação, mas ao mesmo tempo uma ordem de vida que domina o processo fundamental da vida do Estado, enquanto ele se torna real pela permanente integração dos indivíduos. Deste modo, a constituição não é apenas norma, mas realidade. Não acredita, porém, Smend em que a constituição domine e norme a totalidade da vida estadual – pode apontá-la e excitar as suas forças integradoras.

A integração consegue-se por processos de três tipos:

a) Integração pessoal – enquanto a personalidade dum chefe ou dum monarca pode constituir factor de aglutinação;

b) Integração funcional – várias formas da vida colectivizantes, desde manifestações primitivas de actividades ritmantes comuns, passando pela acção directa, até formas mais evoluídas da actividade política, do funcionamento das câmaras legislativas ou de grupos de opinião;

c) Integração material – realizações materiais concretas duma actividade do Estado ou símbolos da unidade (bandeira, hino, etc.).

Do exposto se conclui que esta construção recusa um entendimento isolado da norma e realidade: "a norma recebe o seu fundamento de validade, a sua qualidade de validade e o seu conteúdo de validade da vida, do sentido que dela se extrai, como, por outro lado, a vida só se pode entender em relação com o sentido atribuído pelo homem".

Um segundo ponto é o de que o Estado não pode ser concebido como um instrumento, uma aparelhagem técnica ao serviço de quaisquer fins.

Esta teoria tende a desconhecer os elementos estáticos do Estado, passando por alto a circunstância de que ele não pode estar em permanente mudança.

Por outro lado, reduz o papel integrador do direito. Ora, como Heller notou, o direito é o factor social com maior eficácia integradora. Ao papel constitutivo do direito, que o poder tem, corresponde o papel criador do poder, que o direito possui.

Acentua-se também que a constituição recebe, na teoria de Smend, um papel demasiadamente modesto – ora ele não pretende normar apenas aspectos do Estado, quer sim determinar fundamentalmente o ser e as transformações do Estado.

No fundo, a teoria de SMEND é uma teoria contratualista dinâmica, que procura chamar a atenção para o elemento acordo na vida do Estado, em prejuízo do elemento autoritário das concepções tradicionais, principalmente do século XIX alemão.

3 – PARA UMA CONCEPÇÃO DO ESTADO ACTUAL

I – O Estado moderno não é compreensível sem a comunidade de homens, como qualquer coisa que está acima ou para além dessa comunidade, com os seus valores próprios diferentes ou mesmo antagónicos em relação aos da comunidade.

II – Nem tem sentido como um representante dessa comunidade, o que suporia concebê-lo na figuração dum sujeito diferente a actuar interesses delegados por essa comunidade, eventualmente em concurso com interesses próprios.

III – Por outro lado, também, não pode aceitar-se conceber o Estado como um simples aparelho, um expediente técnico posto ao serviço de interesses reais ou supostos dessa comunidade – o que tenderia a separar o Estado da sociedade mais uma vez, deslocando agora o equilíbrio para o lado da sociedade, que se projectava no sentido dum ser político *a se*. Com a consequência de transformar o Estado num ser eticamente neutral, completamente mediatizado em face do simples poder que consegue supremacia na sociedade.

A última consequência desta separação encontrar-se-ia na concepção do Estado como um sistema de normas, autonomizando os meios e colocando a sociedade fora das considerações do Estado.

Tudo isto quer dizer que só quando se percebe a relação dialéctica entre a comunidade de pessoas e as normas e os valores fundamentais se pode ter acesso à compreensão do Estado. Pois só na medida em que os conteúdos de sentido são actualizados e actuantes através dos homens se forma a comunidade.

É que o homem nasce e desenvolve-se num mundo de construções espirituais que o determinam e ao mesmo tempo são permanentemente tocados e conseguidos por ele. Trata-se do que, em termos hegelianos, se chamaria um espírito objectivo, sem que com isso tenha de aceitar a integralidade das teses do idealismo.

A manutenção da comunidade supõe portanto essa relação recíproca.

Como nem todas as comunidades são estaduais torna-se necessário encontrar a marca distintiva do Estado – ele é a comunidade que se apresenta com o encargo de realizar a paz e a justiça.

Dizer assim que a concepção moderna do Estado não pode aceitar a suposição tradicional do abismo entre o Estado e a sociedade não implica a absorção total da sociedade no fenómeno político. A realização integral do homem não se consegue na sua integração numa ordem monopolista. Pelo contrário, implica a liberdade de participar ou não noutras comunidades, com as suas lógicas e as suas dogmáticas próprias, também elas sujeitas ao nosso processo de integração.

O Estado é a dimensão política da sociedade, mas a salvação do homem impõe que o político não seja sobrecarregado com as preocupações próprias doutras constelações de valores, a não ser na medida em que impliquem irrecusavelmente com a indispensável ordem e justiça.

A ORDENAÇÃO JURÍDICA DO ESTADO

§ 7.º – A constituição

1 – NOÇÃO E ALCANCE DA CONSTITUIÇÃO

Temos falado até aqui frequentemente da constituição e supusemos implícita a ideia de que ela é uma certa ordenação fundamental da vida do Estado.

Tal ordenação tem de resolver antes de mais o problema do titular do poder. Esse é o ponto fundamental da organização do Estado e não é concebível uma constituição que ao menos em termos implícitos não tome posição quanto a ele. Trata-se aqui de saber se o poder assenta no autócrata ou na Nação, em várias formas de afirmação destas ideias.

É a partir desta assunção fundamental que se há-de aferir a legitimidade abstracta dos titulares concretos do poder, daqueles que num certo momento exercitam o poder. Supõe-se nesta sede a fixação dum monarca, ou dum presidente da República, ou duma assembleia representativa ou dum chefe.

Em terceiro lugar a constituição vai indicar os meios para a individualização dos portadores do poder. É o caso da determinação dum princípio dinástico, ou dum sufrágio directo ou indirecto, ou duma cooptação, etc.

Repare-se em que desde logo o primeiro momento implica uma limitação dos portadores do poder – eles são obrigados a governar de acordo com a ideia cardeal de organização do Estado. Assim, numa monarquia de direito divino o príncipe tem de realizar uma tarefa que não contrarie os princípios fundamentais do quadro religioso em que se baseou. Neste campo se construía no pensamento medieval a teoria da tirania de exercício.

O desconhecimento das regras previstas para a solução dos dois últimos problemas priva o portador do poder da sua legitimação abstracta ou concreta, transforma-o num usurpador, um tirano do título.

Pelo que se apontou, a constituição é o acto real ou simplesmente ideal que "constitui" o Estado, que eleva uma sociedade até ao plano político. É assim um quadro de legitimações, exprime a aceitação pela sociedade dum direito inquestionável de mandar.

Mas uma constituição moderna implica ainda mais: desenha o conjunto de órgãos superiores do Estado e atribui-lhes competências diversificadas. Neste momento a constituição desempenha um papel técnico-económico, de conseguir o arranjo óptimo de satisfação das tarefas do Estado. Não é todavia este o sentido exclusivo da repartição constitucional de competências: facilmente se compreende que ela funcione como um limite contra o arbítrio do poder e que este aspecto fosse particularmente valorizado pelos movimentos revolucionários que se propunham lutar contra o Estado de polícia. Trata-se de conseguir uma limitação jurídica do poder pela sua vinculação às barreiras das competências. Contudo está aqui ainda presente uma outra ideia, expressa ou implícita, a de que a distribuição das competências por vários centros constitui um obstáculo aos atropelos, na medida em que as forças contrapostas se equilibrem. "La pouvoir arrête le pouvoir". Esta ideia toma ainda mais vigor quando a cada grande grupo de competências corresponde uma legitimação particular, que lhe é dada por um sistema de forças ou interesses sociais. É o que se passa com a concepção do legislativo, afirmado como o porta-voz da Nação, em face do executivo, representante dos valores do Estado, concepção corrente na Alemanha do séc. XIX.

Além disto as constituições modernas incluem um elenco de garantias dos particulares dirigidas directamente contra o poder público. Trata-se de direitos fundamentais que pretendem constituir um terreno reservado do cidadão, fora do alcance dos ataques do poder, nomeadamente do executivo.

Mais recentemente as constituições preocupam-se em fixar princípios que ultrapassam a intenção de conformar directamente o poder ou determinar-lhe os limites. Quer-se, agora, apontar o sentido geral da comunidade, os quadros de valores a que o Estado obedece e que tem de actuar. A princípio tais valores tinham o sentido de fórmulas programáticas, que forneciam uma indicação dos fins do Estado; hoje, em face das mais recentes constituições, entende-se já que muitos deles devem ter-se por autênticas garantias que vinculam o Estado a comportamentos positivos da conformação da sociedade; ou que eventualmente se impõem aos particulares nas suas relações recíprocas.

Saber se este é o sentido destas declarações constitucionais, ou se afirmam directrizes com valor em sede de interpretação é problema que não pode resolver-se em termos gerais, mas de acordo com a própria constituição e o sentido objectivo que dela decorre.

De qualquer modo, a tendência constitucional mais recente é para deixar desfavorecida a parte puramente organizatória, em presença duma acentuação da sua parte ideológica.

Se numa época dominada por preocupações liberais, assentes numa separação entre Estado e sociedade, a parte fundamental havia de ser uma parte organizatória, aquela que tendia a limitar a esfera de actuação da máquina de poder, hoje a queda dessa separação dá mais relevo ao sentido estruturador da própria sociedade que a constituição tem sempre implícito.

Seja qual for o alcance das fórmulas constitucionais, uma constituição apresenta sempre a intenção de vincular uma comunidade para o futuro. Um esquema regulativo comum no pensamento europeu é, a este propósito, o dum pacto social, que pela união dos homens dá ser ao corpo político, ou que o cria na base dum entendimento entre os governantes e os governados.

Todavia por baixo disto está a representação duma sociedade homogénea de homens iguais e isolados.

A construção perde força nos tempos modernos, quando se tem de aceitar a sociedade como uma pluralidade de centros de interesse, com perspectivas diferentes do bem comum e mesmo esses situados em posições ou planos variados. Torna-se então mais adequada à realidade a ideia duma constituição como um equilíbrio conseguido no meio das potências sociais dadas, como uma resultante das várias forças e valores que aspiram à primazia.

2 – O MOVIMENTO CONSTITUCIONAL

Até este momento afirma-nos a consttituição como uma ordenação duma certa comunidade, mas não dissemos nada quanto ao seu perfil jurídico. É evidente que qualquer ente político tem, pelo simples facto de se constituir, uma constituição.

Não é, contudo, este sentido de constituição que importa a uma agitação espiritual que começa a manifestar-se a partir do séc. XVII e que se pode designar por movimento constitucional.

O que se transforma em objectivo desse movimento é a pretensão de alcançar uma ordenação sistemática e racional da coisa pública, inserida numa lei.

Percebe-se em que medida as concepções individualistas-voluntaristas protestantes ou a mundividência matemático-racionalista auxiliaram o processo.

A primeira constituição digna desse nome é agora aquela que se chamou *Fundamental Orders of Connecticut* (1639), logo seguida na Europa das constituições ligadas à revolução inglesa: *Agreement of the People* (1647) e *Instrument of Government* (1653) – constituição da república de Cromwell.

Com o andar dos tempos a ideia de Constituição vai adquirindo um conteúdo preciso, transforma-se num ideal. Está agora em causa a sua definição num certo sentido. O movimento constitucional no séc. XVIII pretende alcançar uma constituição que satisfaça as pretensões da burguesia. Isto é uma declaração de princípios, assente no dogma da soberania nacional, com uma separação rígida de poderes políticos e um quadro de liberdade fundamentais. A primeira constituição histórica deste tipo é, depois da revolução americana, a do Estado da Virgínia (1776), a abrir um processo de declarações constitucionais que culmina na Constituição da União (1787).

É em grande parte sob a sua influência, ou apontando o seu exemplo, que se desenvolverá a explosão constitucional europeia na transição de oitocentos para novecentos.

Mas enquanto a Constituição americana se preocupa fundamentalmente com um problema de organização – permitir aos colonos a participação em órgãos políticos – enquanto os problemas da liberdade eram pouco vivos numa sociedade homogénea e sem grandes constrangimentos, já as constituições europeias vão, por força duma experiência histórica diferente, acentuar o aspecto de defesa contra os arbítrios e desigualdades.

Nesta fase são as constituições francesas revolucionárias (1791, 1793, 1795, 1799) que mais influência vão exercer sobre o pensamento europeu que se liga à ideia da soberania nacional.

A Restauração (1814) trará por um lado um novo modelo, o da constituição apoiada no princípio monárquico e outorgado pelo soberano – Carta constitucional.

Também este modelo será grandemente influente no século XIX, como veremos.

O nosso país tem uma história constitucional muito agitada. A revolução de 24 de Agosto (1820) determina a votação do primeiro texto constitucional português, que continuará, mesmo depois de revogado, a fornecer um ideal político por largos anos – Constituição de 1822. É um documento apoiado no princípio da soberania nacional, que coloca o monarca na posição de simples chefe do executivo.

Mas o movimento da Vilafrancada (1823) e as reacções que o novo documento desperta levam o rei D. João VI a revogá-lo e a instituir uma comissão para redigir uma nova lei fundamental que fosse mais adequada aos sentimentos políticos e às condições sociais do país.

A morte do monarca abre a crise da sucessão, e D. Pedro, soberano do Brasil, outorga apressadamente a Carta Constitucional (29 de Abril de 1826). Trata-se agora de documento muito menos avançado do que a Constituição de 22, porque, compreensivelmente, exprimindo a sobrevivência do princípio monárquico através da outorga, vai colocar o rei numa posição central da vida política, através do reconhecimento do poder moderador ao lado dos três poderes clássicos.

Todavia a Carta não chega a entrar, efectivamente em vigor, pois D. Miguel é aclamado rei absoluto em cortes gerais à maneira tradicional.

Depois da Convenção de Évora-Monte (1836), que põe termo à Guerra Civil, reconhece-se a restauração da Carta, que logo em Setembro uma revolução assegura a vitória aos vintistas. Revista a Constituição, a sua nova redacção é de tal modo diferente do texto de 22 que se fala na Constituição de 1838.

O descrédito da política setembrista, que cresceu rapidamente, e a aura da Carta, que fora bandeira durante a Guerra Civil, hão-de conduzir à definitiva restauração do texto de 1826 em 1842.

Como se vê, até aqui há duas linhas políticas fundamentais: uma, vintismo, setembrismo, pende para uma acentuação dos elementos democráticos, minando as posições aristocráticas e monárquicas; a outra, cartismo, cabralismo, de linha mais conservadora e teoricamente reforçando o princípio da supremacia real.

Depois de 1851 (Regeneração) esbatem-se os contrastes entre as correntes políticas e o funcionamento da Carta vai realizar um sistema rotativista de alternância no poder do partido regenerador e do partido progressista.

A proclamação da República em 1910 conduz à Constituição de 1911, que mantém um forte predomínio das câmaras sobre o executivo.

O movimento do 28 de Maio suspende o funcionamento da Constituição até 1933, data em que entra em vigor uma nova constituição. Depois do 25 de Abril de 1974, uma Assembleia Constituinte aprovará a Constituição vigente, a de 76, várias vezes revista.

3 – CONSTITUIÇÃO ESCRITA E NÃO ESCRITA.

Atrás dissemos que todo o Estado, pela circunstância de o ser, tem uma constituição. A ideia constitucional, tal como se desenvolveu a partir do séc. XVII, recusa-se a aceitar esse conceito amplo de constituição e vai atribuir a qualificação constitucional apenas a uma ordenação mais ou menos sistemática, destinada a limitar o poder dos governantes. Se bem que não seja indispensável, essa intenção constitucional há-de naturalmente reclamar a forma escrita, vai fazer da constituição uma lei.

Mas ao lado disto, à medida que se chega ao fim do séc. XVIII, a essa exigência vemos juntarem-se outras. Em primeiro lugar, a de que o texto inclua uma declaração de garantias dos cidadãos. Depois a de que organize o Estado de certo modo e, aqui especialmente, que institua uma separação de poderes. Temos assim aquilo que C. SCHMITT designou por conceito ideal de constituição.

Hoje, a quase totalidade das constituições são constituições escritas. A constituição de Inglaterra só parcialmente o é, pois à Magna Carta foram-se juntando textos avulsos, principalmente depois da segunda guerra mundial. Todavia, a maior parte das disposições constitucionais são ainda aí contidas em *constitutional conventions* (costumes).

4 – CONSTITUIÇÕES RIGIDAS E FLEXIVEIS

Outra diferença formal entre as constituições é a que se refere ao grau maior ou menor de mutabilidade que aceitam.
As que não prevêm possibilidade de alteração dizem-se rígidas. Pelo contrário, aquelas que podem ser alteradas por processos normais ou ordinários de criação do direito dizem-se flexíveis. Nesta categoria encontram-se naturalmente as constituições de base consuctudinária. Repare-se que na Constituição inglesa nem sequer a parte legislada apresenta qualquer fixidez, pois os diplomas que a integram são leis ordinárias – desconhece-se se nesse sistema a diferença entre leis constitucionais e leis ordinárias.
Isto é, porém, uma raridade.
A maior parte das constituições dos nossos dias aceita a superioridade formal em face das leis ordinárias, mas prevê um processo mais ou menos complexo para a sua modificação – trata-se de constituições que se dizem semi-rígidas.
Note-se que a qualidade formal que apontamos, não significa uma maior ou menor modificação real da Constituição. Pois um texto muito rígido pode invocar profundas e frequentes revoluções constitucionais, enquanto uma constituição flexível pode apoiar-se num ambiente político-espiritual que lhe dê a maior estabilidade.

5 – CONSTITUIÇÃO FORMAL E CONSTITUIÇÃO MATERIAL

Um tema fundamental na problemática da constituição é a da separação entre uma constituição formal e a constituição material.
Por constituição em sentido formal entende-se o conjunto de disposições que gozam duma marca de superioridade formal em face das leis comuns. Trata-se, portanto, de um texto ou conjunto de textos que gozam de "valor constitucional". Não se faz qualquer pergunta sobre as matérias contidas na constituição. Tudo é constituição, muito embora se aceite que alguns preceitos, ou muitos, tenham uma função subalterna, não se dirijam à fixação do perfil essencial do Estado.
Por contrapartida surge-nos a ideia de constituição material, como referida à organização substancial do Estado, independentemente do aspecto formal que venha a assumir.

A partir daqui vão encontrar-se várias maneiras de precisar esta ideia.

Em primeiro lugar o conceito de constituição material utiliza-se para referir no texto constitucional a parte que se dirige efectivamente à construção fundamental de Estado, separando-a daquela outra que tem aí um valor puramente acessório. Esta distinção não se anima dum espírito puramente bizantino, antes pelo contrário, tem o maior interesse em tema de interpretação constitucional, ou de reforma constitucional.

Mas o quadro constituição material é ainda utilizado para abranger aqueles preceitos jurídicos estruturais que porventura se encontram fora da lei constitucional, em leis avulsas ou regras consuetudinárias, e que devem ser ligadas ao núcleo de preceitos fundamentais do próprio texto, para definirem a real organização do Estado. Isto leva a que a constituição escrita seja mais do que a lei constitucional e que ainda se fale ao lado dela dum direito constitucional não escrito.

Em terceiro lugar, fala-se da constituição material apontando para os princípios jurídicos fundamentais, imanentes no texto constitucional ou mesmo transcendendo-o. Refere-se pois esta ideia a uma legalidade material que preside ou domina o próprio texto.

Numa outra acepção, finalmente, a constituição material, ou, como também se diz, a constituição real, inclui as tensões ou forças políticas que num determinado momento dominam a sociedade, e em relação às quais se organiza a aparelhagem jurídica contida na constituição.

Perceber-se-á que compreender o problema da constituição material numa ou noutra destas acepções esteja dependente da ideia que se faça do direito do Estado. Um positivismo extreme, por exemplo, não poderá ir além da primeira acepção.

As tendências mais recentes aceitam a terceira acepção. A dificuldade está contudo em precisar a largueza com que podem aceitar-se os princípios supra-positivos. No que toca a princípios transcendentes só deverão reconhecer-se aqueles que decorrem da própria ideia de Estado. Quanto aos princípios imanentes, torna-se necessário descobrir a sua recepção na constituição positiva. Doutro modo iríamos correr o risco de substituir a concepção da vida do intérprete ao quadro fundamental que, para ter préstimo, carece de estabilidade.

6 – CONSTITUIÇÃO E REALIDADE CONSTITUCIONAL

O problema da realidade constitucional refere-se à identificação dos fenómenos que resultam da aplicação real duma certa constituição; e além disso à descoberta da influência que eles podem exercitar sobre o próprio quadro normativo constitucional.

Inclui-se então nesta realidade constitucional não só os factos concretos que representam uma resposta da sociedade à constituição, como ainda as representações e também os valores políticos que se desenvolvem à sombra e relacionados com o sistema.

Uma corrente que já referimos entende que a constituição é apenas "uma folha de papel" que procura exprimir e sistematizar a constituição real (LASSALLE).

Em termos opostos a visão do positivismo normativista só pode prestar atenção ao texto constitucional, recusando-se a admitir qualquer interrogação sobre os dados sociais concretos que rodeiam a própria constituição.

Apesar de opostas, as duas teses conduzem a resultados idênticos. A primeira, ao construir o Estado como uma simples luta, nega todo o valor normativo da constituição, transformando-a numa justificação do poder. Por seu turno a segunda, ao aceitar que o direito constitucional apenas admite uma pergunta, a que se refere à sua vigência, traduz-se na preocupação de homenagear como direito aquilo que numa certa altura consegue impor-se – e desse modo é a mesma capitulação perante o poder.

A doutrina dominante aceita hoje que a constituição e os seus valores têm uma força normativa, uma capacidade de pacificação nas tensões reais da sociedade; mas que também, para a salvarem, e conseguirem continuar a conformar e dar sentido à comunidade, não podem voltar-lhe as costas. Doutro modo, então sim, a constituição não passará duma "folha de papel".

Para que tal não aconteça, impõe-se uma certa modéstia na construção originária do quadro constitucional, que deixe às forças da comunidade uma largueza de movimentos para evitar a sua atrofia ou explosão. Reclama-se depois uma possibilidade da interpenetração da constituição e da realidade constitucional que nos permitem falar de uma constituição viva.

As influências que a realidade constitucional pode exercer sobre a Constituição manifestam-se em: alterações dos quadros de valores fundamentais da comunidade, em termos de influir sobre a interpretação dos preceitos constitucionais; recepção e actuação das formas de vida constitucionais em sistemas de sociedades voltadas para o político; imposições da vida política da sociedade em termos de determinarem a sua inclusão no quadro constitucional; finalmente, projecções diferentes dos comandos constitucionais consoante as maneiras não políticas de organização da sociedade.

7 – TEORIA DA CONSTITUIÇÃO

A. a) – TEORIA CLASSICA DO PODER CONSTITUINTE

Uma teoria jurídica da constituição põe antes de mais um problema: o do aparecimento da constituição, ou seja, como se define desde o fim do séc. XVIII, o tema do poder constituinte.

Tal teoria é originariamente um produto da Revolução francesa e deve-se ao abade Sieyès. A base desta construção vai Sieyès buscá-la ao pensamento de Rousseau, mas ao contrário deste preocupa-se em tornar a teoria praticável. Isso leva-o a aceitar uma democracia representativa, em que depois de organizada a sociedade se vai entregar a representantes o encargo de manifestar a sua vontade.

É a partir desta ideia de representação que surge a necessidade duma constituição: ela será a ordenação que vincula os governantes a uma tarefa delimitada. Mas não pode obrigar a Nação que "permanece sempre em estado de natureza".

Daqui resulta que esta construção aceita o absolutismo nacional – contrapolo do absolutismo real da época anterior.

Por outro lado recebe o mesmo conceito de Estado como uma organização oposta a Nação; mas agora deseja mantê-lo em respeito.

Isto significa uma relativização do conceito de constituição: é apenas um quadro de limitação do governo, não um esquema do ser político; é um propósito transitório e temporário, só dura enquanto a Nação o não mudar.

Importa ainda chamar a atenção para dois pares de conceitos desta teoria clássica do poder constituinte.

O primeiro é de representantes ordinários e extraordinários. De facto, separa-se a representação que a Nação concede a certas pessoas para efeito da manifestação da sua vontade nos negócios correntes, daquela que institui, em momentos de especial tensão política, representantes com o encargo de criarem o próprio quadro constitucional. Isto separa uma assembleia legislativa duma assembleia constituinte.

Outra distinção é de poderes constituintes e poderes constituídos. O poder constituinte é um poder directo da Nação, incapaz de submeter-se a regras; o poder constituído é já um poder da Nação através dos esquemas limitativos determinados pelo primeiro.

Toda esta construção clássica do poder constituinte é juridicamente incompatível com os modos de pensar do positivismo. Para ele a criação constitucional é juridicamente sempre um acto revolucionário. Só a partir da constituição (e aqui só pode entender-se o texto constitucional) é que poderia pôr-se um problema em termos jurídicos. O poder constituinte seria um expediente pré- ou meta-jurídico para "dum ponto de vista ideal" explicar a vinculação à constituição.

8 – A. b) – O PODER CONSTITUINTE NA HISTÓRIA

Na teoria clássica de poder constituinte, ela reside na Nação. Mas, depois, no séc. XIX, onde se mantém o poder monárquico, a constituição explica-se por manifestação dum privilégio real, por um poder que se enquadra no complexo de competências de autoridade.

Vejamos como se apela para o poder constituinte numa sede ou noutra, ou em termos de compromisso.

1) – *Poder constituinte democrático:*

a) Manifestação dum poder representativo – confia-se a uma assembleia o poder de criar uma constituição.

aa) pode todavia, comprometendo a pureza do pensamento clássico, atribuir-se tal encargo a uma assembleia sem mandato especial. Desde logo é o que acontece com a Constituição de 1791 ou com a Constituição da monarquia de Orleans (1830).

ab) – outras vezes aceita-se a separação entre assembleia ordinária e assembleia constituinte – exemplo clássico: a Constituição belga de 1831; também a nossa Constituição de 1911. Em termos menos claros, as nossas constituições de 1820 e 1838.

b) *Poder constituinte directo* – a participação da Nação na criação da sua constituição é a que se traduz na aprovação em plebiscito dum texto preparado.

A evolução do bonapartismo está ligada a uma série de constituições plebiscitadas (Constituições dos anos III, VIII, X, XII). Mais recentemente, estão nesta categoria a Constituição de 1933 e a Constituição francesa da V República.

c) *Sistema misto* – Trata-se da votação em assembleia e aprovação total ou parcial através de plebiscito. Nos anos quarenta a preparação da Constituição italiana pôs à Nação um plebiscito sobre a forma de governo. E depois da decisão pela república (1946) procedeu-se à eleição da assembleia constituinte, de que saiu a Constituição de 1945.

2) – *Poder constituinte monárquico:*

Trata-se de todas as constituições outorgadas. Como já notou C. SCHMITT, esta construção conhece teoricamente as suas dificuldades. Pois, enquanto o poder constituinte democrático não tem, em princípio, limites, é um "formulos formende", já o princípio monárquico está ligado a uma forma específica: o princípio dinástico da monarquia hereditária.

O modelo é a Constituição da Restauração. Ainda grandemente influente é a constituição de Piemonte (chamado Estatuto Albertino). Entre nós estará nesta categoria a Carta Constitucional, muito embora invoque o princípio democrático.

3) – *Constituições dualistas:*

Aqui as constituições correspondem ao ideal do Estado-misto, em que há um compromisso entre o rei, representando o princípio monárquico, e uma assembleia, expressão da soberania popular.

A primeira e mais clara manifestação desta ideia da constituição pactuada é a Constituição de Wurtemberg, de 1819.

Em muitos casos, porém, a aparência duma constituição pactuada envolve ou um princípio monárquico velado ou uma soberania nacional encoberta. Exemplo do primeiro caso é a Constituição holandesa de 1814; do segundo, a célebre constituição espanhola de 1812 (constituição de Cádiz). Deve ser aqui que tem o seu lugar a nossa Constituição de 1822.

9 – A. c) – OS PROBLEMAS DO PODER CONSTITUINTE NOS NOSSOS DIAS

A identificação dum poder constituinte só tem sentido em face duma constituição escrita. Aí separa a doutrina entre poder constituinte formal e poder constituinte material.

O primeiro refere-se à faculdade de um povo de determinar o processo de criação da Constituição. Inicialmente é um poder imediato. Posteriormente dá justificação ao poder de revisão constitucional.

O poder constituinte material entende-se como a faculdade que a Nação conhece de determinar o alcance e conteúdo do direito constitucional formal. Assim decorre desse poder a fixação da estrutura fundamental do texto constitucional – estatuto da organização ou constituição do todo nacional – e as particularidades dessa organização: e ainda o conteúdo concreto dos vários preceitos constitucionais.

É este poder constituinte material (capacidade de criar uma lei constitucional) que permite separar o quadro da legislação ordinária da legislação constitucional.

Como a constituição formal tem a sua base na ideia de que a Nação deve infundir numa constituição a ordenação fundamental da sua existência, a constituição tende a ser unitária, a ser simultaneamente formal e material. Só na zona de fronteira é que se podem ver separadas.

Porque é difícil separar e dar um conteúdo necessário à constituição material, o poder constituinte material fica com grande liberdade de qualificação de um certo direito como direito constitucional formal. Inversamente o legislador ordinário pode criar leis ordinárias que toquem matérias estruturais do Estado, sem que isso seja uma ofensa ao poder constituinte. Sê-lo-ia se pretendesse atribuir-lhe valor constitucional.

Mas o tema mais melindroso que hoje se põe em sede de poder constituinte material traduz-se na apreciação do dogma clássico da omnipotência do poder constituinte.

Este dogma partia da aceitação dum quadro nacional preexistente ao Estado, dum ente político juridicamente fundado, permanentemente em estado de natureza.

Ora é isto que não se concilia com a realidade do ser político moderno, a que se reconhece uma estrutura pluralista, espelho da pluralidade da sociedade actual. A representação dum quadro popular ou nacional agindo em bloco, deve ceder o seu lugar a outra mais adequada para exprimir a realidade – a que assenta na ideia duma inter-acção e equilíbrio dos vários núcleos sociais desiguais aspirando ou tendendo a projectar os seus interesses em interesses políticos. Tal juízo transforma-se num lugar comum desde a década de 20, como vimos.

Naturalmente que daqui decorre uma ideia de constituição em termos dum compromisso – não um compromisso efectivo e contratualisticamente concebido entre centros ou grupos de poder, mas muito mais dos valores em que se apoia a sociedade e que lhe dão sentido.

Mas falar nisso significa apontar desde logo um limite ao poder constituinte. Qualquer que seja a forma como se exprime a ideia duma legalidade material – princípios jurídicos fundamentais (WOLFF), princípios que decorrem da própria ideia de direito (BACHOF), quadro duma racionalidade material que preside à própria ideia do Estado (EHMKE), ou a *ambience* da constituição (SCHINDLER) – sempre ela significa uma limitação material do poder constituinte.

A tese da omnipotência só pode sobreviver refugiada no campo duma omnipotência formal – liberdade de encontrar os processos de acção constituinte, não o conteúdo.

Bibliografia

Como bibliografia geral aponta-se:

MARCELO CAETANO – *Manual de ciência política e direito constitucional*, 1967.
PRELOT – *Institutions politiques et droit constitutionnel*, 1969.
DUVERGER – *Droit constitutionnel et institutions politiques*, 1955.
BURDEAU – *Traité de science politique*, 1949-1957.
SANTI ROMANO – *Principi di diritto costituzionale generale*, 1947.
MORTATI – *Istituzioni di diritto publico*, 1962.
BALLADORE PALLIERI – *Diritto costituzionale*, 1965.
BALLADORE PALLIERI – *Dottrina dello Stato*, 1964 (há tradução portuguesa).

BISCARETTI DI RUFFIA – *Diritto costituzionale*, 1965.
PERGOLESI – *Diritto costituzionale*, 1965.
CERSTTI – *Diritto costituzionale italiano*, 1963.
VON HIPPEL – *Allgemeine Staatslchre*, 1967.
E. STEIN – *Lehrbuch des Staatsrechts*, 1968.
NAWIASKY – *Allgemeine Staatslehre*, 1945.
HELFRITZ – *Allgemeines Staatsrecht*, 1949.
C. SCHMITT – *Verfassungslehre*, 1928.
KRÜGER – *Allgemeine Staatslehre*, 1966.
ZIPPELIUS – *Allgemeine Staatslehre*, 1969.
MAUNZ – *Deutsches Staatsrecht*, 1965.
HERMENS – *Verfassungslehre*, 1963.
HELLER – *Staatslehre*, 1934. Trad. cast. *Teoría del Estado*, 1942.
BRECHT – *Politische Theorie*, 1961.

Sobre o § 1.°:

I – Noção introdutória de Estado

ESCHENBURG – *Staat und Gesellschaft in Deutschland*, 1963.

II – Interpretação estrutural-funcionalista da sociedade

WIENER – *Cybernetics and society*, 1954; trad. francesa *Cybernétique et société, l'usage humain des êtres humains*, s. d.
A. DAVID – *La Cybernétique et l'humain*, 1965.
E. LANG – *Staat und Kybernetik*, 1966.
BLAU-SCOTT – *Formal organizations*, 1962.
SIMON-MARCH – *Organizations*, 1964.
H. REIMANN – *Kommunikations – Systeme*, 1968.
R. JONES – *The functional Analysis of Politics*, 1967.
MINOT – *Hommes et administrations*, 1968.
LUHMANN – *Grundrechte als Institution. Ein Beitrag zur Politischen Soziologie*, 1965.
EHRHARDT SOARES – *Direito público e sociedade técnica*, 1969.
P. TRAPPE – *Die Situation der Rechtssoziologie*, 1968.

III – O problema do político

DISCARETTI DI RUFFIA – *Ob. cit.*
SCHEUMER – *Der Bereich der Regierung*, in *Festgabe für R. Smend*, 70. Geb., 1952.
Idem – *Das Wesen des Staates und des begriff des Politischen in der neueren Staatslehre*, in *Festga be für R. Smend*, 80. Geb., 1962.
C. SCHMITT – *Der Begriff des Politischens*, 1932.

KASSIMATIS – *Der Bereich der Regierung*, 1967.
CABRAL DE MONCADA – *Essência e conceito do político*, 1961.
J. FREUND – *L'essence da politique*, 1965.
SMEND – *Die politische Gewalt im Verfassungsstaat*, in Staats rechtliche Abhandlungen.

IV – O poder

LOEWENSTEIN – *Ob. cit.*, pág. 6 e segs.
BELGSTRAESSER – *Die Macht als Mythos und als Wirklichkeit*, 1965.
KAUFMANN – *Die anthropologischen Grundlagen der Staatstheorien*, in Fastgabe für Smend, pág. 177 e segs., hoje em Rechtsidee und Recht.
BRECHT – *Ob. cit.*, pág. 414 e segs.
SCHEUNER – *Das Wesen des Staates*, cit.
KAUFMANN – *Autorität und Freiheit*, in colecção do mesmo título, pág. 480 e segs.
ESCHENBURG – *Herrschaft der Verbände?*, 1963.
SMEND – *Staat und Politik*, in St. r. A., cit., pág. 363 e segs.
R. TAVENEAUX – *Jansenisme et politique*, 1965.
Doutor CABRAL DE MONCADA – *Filosofia do Direito e do Estado*, 1947-1966.
Idem – *Ob. cit.*

Sobre o § 2.°:

I – Direito Constitucional no direito público

Além dos capítulos introdutórios de qualquer manual, veja-se:

ETRHARDT SOARES – *Interesse público, legalidade e mérito*, § 3.°.
SMEND – *Die politische Gewalt im Verfassungsstaat*, in Staat srechtliche Abhandlugen.

II – Evolução do quadro "direito constitucional"

EHRHARDT SOARES – *Ob. cit.*, § 2.°.
IDEM– *Direito público e sociedade técnica*, passim.
SCHEUNER – *Das Wesen des Staates und der Begriff des Politischen in der neueren Staatslehre*, in Fets. Smend, 80.° Geb.
EHMDE – *"Staat" und "Gesellschaft" als Verfassungstheorotisches Problem"*, in Fests. Smend, 80.° Geb.
E. V. HIPPEL – *Allgemeine Staatslehre*, I. 4.
R. ROLUBEM – *Allgemeine Staatslehre als empirische Wissenschaft*, 1961.
IRING FESTSCHER – *Rousseaus politische Philosophie*, 1968.
C. SCHEITT – *Legalität und Legitimatät*.
CAUFMANN – *Uber den Begriff des Organismus in der Staatalehre des 19. Jahrhunderts*, 1908.

RAFELIN – *Die Rechtspersönlichkeit des Staates*, 1959, pág. 105 e segs.
ZIPPELIUS – *Allgemeine Staatslehre*, pág. 14 e segs.
BADURA – *Die Methoden der neuer en allgemeine Staatslehre*, 1959, págs. 87 e segs.
CIERKE – *Die Grundbegriffe des Staatsrechts und die neuesten Staatsrechtstheorien*.
KELSEN – *Allgemeine Staatslehre*, 1925.
KELSEN – *Reine Rechtslehre*, 1960. Há trad. portuguesa: *Teoria pura do Direito*, 1962.
KAUFMANN – *Aritik der neukantischen Rechtsphilosophie*, 1921.
HAFELIN – *Die Rechtspersönlichkeit des Staates*, 1959.
KRÜGER – *Allgemeine Staatslehre*.
SEYDEL – *Bayerisches Staatsrecht*.
DUGUIT – *L'État, le droit objectif et la loi positive*.
G. JELLINER – *Allgemeine Staatslehre*.
HELLER – *Allgemeine Staatslehre*.
SMEND – *Verfassung und Verfassungsrecht*.
SMEND – *Integrationslehre, in Handworterbuch des Sozialwissenschaften* (1956).
SMEND – *Integration, in Evangelishes Staatslexikon* (1966).
EHRHARDT SOARES – *Direito público e sociedade técnica*.
ZIPPELIUS – *Allgemeine Staatslehre*.
U. FREUSS – *Zum staatsrechtlichen Begriff des Öffentlichen*, 1969.

CAPÍTULO II

Libros para comezar

Antonio-Carlos Pereira Menaut [1]
Profesor de Dereito na Universidade
de Santiago de Compostela, Galicia

---

[1] Estou en débeda coa estudiante María José Pereira Sáez, que coidou dos datos técnicos deste elenco bibliográfico.

Esta é unha lista dos libros que eu acostumo a suxerir aos estudiantes do último curso (quinto de Direito) e aos licenciados novos que queren empezar a estudiar e investigar no campo do Dereito Constitucional. Está dividida en: Literatura, Historia, Como traballar e como escribir, O Dereito, A Política, O Estado, A Constitución, e O Dereito Constitucional. Non pretende máis que levar ao lector como ata unha porta: entrar ou non será cousa de cada un.

Non busca ser completamente imparcial nin dar un número de obras de todas as tendencias posibles gardando un perfecto equilibrio. Pola contra, dentro dos distintos enfoques do Direito hai unha preferencia por un enfoque anglosaxón e xudicialista, e, dentro dos autores españois, pola obra do mestre compostelano álvaro d'Ors.

Debo tamén declarar que, ainda que estes libros non teñan sido escritos polos seus autores coa finalidade de apoiaren as miñas teses, coido que veñen resultar compatibles coa visión inspiradora desta selección. Nela se considera que o ser humano, ainda que hoxe mergullado nunha situación social case anómica [2], é quen de coñecer o xusto, dentro dos límites naturais, e adherirse a elo, ainda que lle custe un esforzo. O mundo ten sentido; o coñecemento é posible aínda que con dificultades. Parto de que existen "absolutos xurídicos" indiscutibles [3], aínda que sexan poucos, e de que é posible aprehender unha xustiza natural universal, comezando pola de índole procedemental [4] e seguindo pola material [5], porque o Dereito é cuestión, simplemente, dun mínimo de honradez, sentido da xustiza e sentido común.

---

[2] Como di o meu colega o Dr. Paulo Ferreira da CUNHA en *A Constituição do crime,* Coimbra, 1998, p. 89.

[3] Por exemplo, "ninguén pode ser condenado sen ser julgado".

[4] Por exemplo, *nemo iudex in causa.*

[5] Por exemplo, a proposición de índole procedemental "as decisións tomaránse por todas as persoas implicadas, pois todas teñen idéntico dereito a un voto do mesmo valor", presupón a aceptación de dúas proposicións de índole material, unha sobre a igualdade e outra sobre a dignidade de todas esas persoas.

A noción de Dereito da que se parte é máis ben negativa, e o mesmo a de Constitución. O Dereito debe dicir de quen é a vaca que se disputan Aulo Agerio e Numerio Negidio, e non organizar as nosas vidas[6], e a Constitución debe fuxir de "o amor á patria é unha das principais obrigas de todos os españois, e asimesmo o ser xustos e benéficos"[7] para, como pacto de límites que é, aplicarse a frenar ao poder e garantir que non agreda os nosos dereitos.

Toda selección deste xénero é arriscada; por veces, tan arriscada e discutible como escoller gravata. Ademais, unha mesma persoa pode precisar diferentes libros en diferentes etapas da súa vida e, *contrario sensu*, unha mesma persoa, consultada en diferentes momentos da súa vida, pode recomendar diferentes libros.

Tentei poñer só uns poucos títulos en cada epígrafe, e, no posible, curtos. Preferín os clásicos aos modernos.

Sempre que se poida, deberíanse ler as versións orixinais e non as traducidas.

I – LITERATURA

Glanville WILLIAMS, en *Learning the Law*, adica o derradeiro capítulo a lecturas literarias que teñen algún interese xurídico. Isto está moi ben, pero aquí suxírese lermos tamén literatura xeral, con ou sen contidos especificamente xurídicos, pois defendemos unha aproximación o máis literaria posible, tanto ao Dereito Constitucional como ás humanidades todas. A razón de fondo é que o Dereito non é unha ciencia exacta. Como dicía Sir Paul Vinogradoff, non hai nada

---

[6] Non todas as ramas do Dereito son igual de "negativas": o Civil é máis "positivo" do que o Penal ou o Tributario. Non por eso se quere aquí dicir que non caiban acción positivas de goberno, como a de reinserción social dos penados, senón que corresponderán máis á política (criminolóxica, neste exemplo) que ao Dereito (Penal, neste caso). En xeral, o Dereito tende máis ao "negativo", correspondéndolle á Política ser máis "positiva", tomar ela as iniciativas sociais e económicas. Isto axudaría a frenar o activismo xudicial e retirar dos xuíces a facultade de exixir responsabilidade política aos gobernantes, ou a de perseguer metas políticas. Isto non é unha defensa do inmovilismo: ás veces, o deitar sobre os xuíces a carga de promover iniciativas políticas serve aos políticos de coartada para se absteren eles de promovelas.

[7] Art. 6 da Constitución española de 1812.

no Dereito que, ao final, non poda ser traducido á linguaxe ordinaria. O Dereito non trata de átomos, moléculas, Big Bangs nen Física da Materia Condensada, senón de persoas, obrigas persoais, cousas e acións. Por estas razóns, que no Dereito Constitucional son aínda máis claras que noutras ramas do Direito, o razoamento xurídico debe tender a ser "literario" máis do que "científico". Este plantexamento resulta tamén máis democrático, pois tenta poñer o Dereito ao nivel dos homes comúns; máis realista, pois trata de falar das cousas e non das teorías sobre as cousas e de facelo da maneira máis sinxela e breve; e máis antropocéntrico, pois está máis centrado na persoa.

Aparte do libro citado de WILLIAMS pódese ver tamén o de Richard POSNER *Law and Literature* (Cambridge (Mass.), Harvard University Press, 1988).

Embarcándonos nunha apretada selección de libros literarios aínda máis discutible que a dos libros xurídicos, mencionaremos aquí só os poucos autores e títulos que figuran a continuación:

Jane AUSTEN, *Pride and Prejudice,* 1813.

– *Mansfield Park,* 1814 (as súas primeiras cincuenta páxinas son, segundo Paul Johnson, do mellor escrito en lingua inglesa). Tradución española, có mesmo título: Madrid, Rialp, 1995, feita por Miguel Martín.

– *Emma* (1816). Débese ver o recente filme do mesmo título, con Mr. Knightley, Emma Woodhouse e Harriet Smith vivos; a recreación é perfecta.

– *Sense and Sensibility* (1811). Tamén debe verse o filme do mesmo titulo (Columbia Pictures, 1995), no que Emma Thompson actúa moi ben.

En España Jane Austen ten sido "descuberta" moi recentemente, pero nos países anglo-falantes é ben coñecida por calquera persoa de mediana cultura.

Jorge Luis BORGES, *El Aleph* (1917), Madrid, Alianza, 1982. Borges escribe ben, pero admito que a elección é discutible; eu recomendaríao máis polo estilo e polo seu dominio da linguaxe que polo fondo, que resúltame un tanto gris e fatalista.

Pedro CALDERÓN DE LA BARCA, *El Alcalde de Zalamea.*

Julio CAMBA, *Playas, Ciudades y Montañas,* Madrid, Austral, varias edicións.

– *La Rana Viajera,* Austral, varias edicións.

– *Londres,* publicado orixinalmente en Madrid en 1916; hai versións recentes.

– *Aventuras de una Peseta,* Austral, varias edicións.

Camba era un periodista galego do primeiro tercio do século cunha profunda capacidade de observación e unha pluma fácil e lixeira; unha rara combinación de *light reading* con curtas frases incisivas sobre cuestións de fondo, que alumean tanto como varias páxinas dun espeso tratado. Pero os seus libros non son fáciles de atopar agora. Os seus xuicios sobre os distintos países europeos son como dardos apuntados ao centro dunha diana.

Miguel de CERVANTES, *El Ingenioso Hidalgo Don Quijote de la Mancha.* Recomendamos unha edición que teña os gravados de Gustavo Doré.

Gilbert K. CHESTERTON, as aventuras do Padre Brown, das que hai moitísimas edicións; por exemplo, *The Penguin Complete Father Brown,* London, Penguin.

Wilkie COLLINS, *The Woman in White,* 1860. Collins foi un contemporáneo de Dickens que resultou indebidamente obscurecido polo feito puramente casual de coincidir cun xenio. Varios dos seus libros teñen moita compoñente xurídica.

Alvaro CUNQUEIRO, *Merlín e Familia i outras Historias,* Vigo, Galaxia, 1968; con ilustracións de Prego de Oliver. Un dos millores libros da literatura galega actual.

Fedor DOSTOIEVSKI, *Crimen y Castigo (Prestuplenie I nakazanie),* 1866; traducción de A. Nadal para Ed. Lauro, Barcelona, 1943.

– *Los Hermanos Karamazov,* 1879-80. Traducción do ruso por Nicolás Hartung, Barcelona, Cervantes 1931.

Atención: non ler Dostoievski en tarde de domingo chuvioso nin nos momentos vitalmente baixos, sen ter contratado previamente un seguro de saúde mental. A súa abraiante capacidade de penetración psicolóxica semella capaz de penetrar tamén na psique do lector.

Charles DICKENS, *The Adventures of Oliver Twist,* 1837-39. Pódese ver o filme musical do mesmo título, de Carol Reed, datado en 1968. A escena na que Oliver pide máis comida e memorable.

– *Bleak House,* 1853, que trata do interminable pleito sucesorio *Jarndyce v. Jarndyce.* Un dos protagonistas, Richard Carstone, empeñado en ir ata o final, gáña o pleito, e morre (traducción española: *Casa Desolada).*

– *The Pickwick Papers,* 1836-7. Neste libro aparecen moitas cousas dignas de atención, dende a visión interior do famoso cárcere de Newgate en Londres, ata a celebración dunhas eleccións nunha pequena vila rural cando o voto ainda non era secreto.

– *A Tale of Two Cities.* A acción transcorre dacabalo entre Londres e París, ofrecendo unha visión da Revolución Francesa na que non resulta moi favorecida.

Wenceslao FERNANDEZ FLÓREZ, *El Bosque Animado,* 1965. Madrid, Espasa-Calpe, varias edicións. Lectura esencial para coñecer a alma galega.

Hella S. HAASSE, *El Bosque de la Larga Espera* (publicado orixinalmente en holandés). Boa recreación literaria da Francia do primeiro tercio do século XV, incluíndo a memorable batalla de Azincourt. A traducción non defrauda. No negativo hai que dicir que, como corresponde ó título, o libro faise demasiado longo e lento de ritmo: cun pouco de boa sorte cabe a posibilidade de rematar a tese doctoral antes que rematar có libro.

Aldous HUXLEY, *A Brave New World,* 1932.

Jerome K. JEROME, *Three Men in the Bummel,* 1900 (versión española: *Tres ingleses en Alemania;* Barcelona, 1981). Lectura obrigada para facerse unha idea da Alemania guillermina e do abismo mental existente entre os dous países implicados.

Salvador de MADARIAGA, *Arceval y los Ingleses,* Madrid, Austral, varias edicións. Excelente para coñecer Inglaterra.

George MIKES, *How to be an Alien* (Penguin, moitas edicións). Sensacional e curto; lectura obrigada para coñecer Inglaterra.

George ORWELL, *Animal Farm.* Versión galega: *A Revolta dos Animais; unha Historia;* Ed. Positivas, Santiago de Compostela, 1992.

Alejandro PÉREZ LUGÍN, *La Casa de la Troya,* Madrid, Librería de la Viuda de Gregorio Pueyo, 1915, Unha versión máis actual é a de Santiago de Compostela, 1991. Novela da vida universitaria en Santiago hai algo máis dun século, ás veces pouco edificante.

Sir Walter SCOTT, *Rob Roy,* 1817. Non ver a reciente filmación do mesmo nome, que se beneficia da aura de Scott para facer un cine infiel ó título e mesmo groseiro. Traducción española por Hipólito García, Barcelona, Planeta, 1997.

William SHAKESPEARE, *The Merchant of Venice.*

– *The Tempest .*

– *Henry V.* Débese ver a filmación do mesmo título, por Kenneth Branagh: electrizante; a batalla de Azincourt e o canto do *Non nobis, Domine, non nobis,* que lle segue, impedirán ao espectador erguerse da cadeira.

SOFOCLES, *Antígona*. Traducción do grego ao galego por F. Martínez Marzoa, Vigo, Castrelos, 1976.

John R. R. TOLKIEN, *The Hobbit*.
– *Leaf, by Niggle* (hai trad. esp.: "Hoja de Niggle").
– *The Lord of the Rings*
– *Smith of Wootton Major* (hai traducción española, "El Herrero de Wootton Major").
– *Farmer Giles of Ham* (hai traducción española, "Egidio, el Granjero de Ham").
(De todos eles hai moitas edicións inglesas e norteamericanas).

León TOLSTOI, *Guerra y Paz* (*Vöina i mir*), 1885-7. Clásicos Universales, Planeta; introducción de Eduardo Mendoza e traducción de F. J. Alcántara, Barcelona, 1988. Aparte de ser un libro xenial que captura ó lector, enseña moita historia. Outra das súas ventaxas é que del gostan tanto as lectoras de literatura intimista, estilo Austen, como os aficionados ó cine épico.

Anthony TROLLOPE, *Phineas Finn*. O Parlamento británico por dentro na súa época gloriosa e os dilemas personais dun parlamentario irlandés novo.
– *The Prime Minister,* 1876.
– *The American Senator,* 1877.
– *Phineas Redux,* 1874.
(De todos: moitas edicións inglesas)

Evelyn WAUGH, *Brideshead Revisited: The Sacred and Profane Memories of Captain Charles Ryder,* 1945. As primeiras páxinas déixannos ver a vida en Oxford cara ós 1920, protagonizada por uns estudiantes que considerarían de mal gusto que alguén lles preguntara que carreira estudiaban. Aparte diso, o libro é excelente por moitos conceptos. Existe unha versión televisiva da BBC moi coidada.
– *Sword of Honour* (varias edicións inglesas; poucas en outras linguas – desafortunadamente, porque algúns expertos en Waugh gostan desta obra máis do que *Brideshead*).

P. G. WODEHOUSE: Léase a serie protagonizada por Jeeves: *Carry on, Jeeves, Very Good, Jeeves* e outras.

– Léase tamén a serie que ten lugar no Castelo de Blandings *(Mal tempo, Onda de Crimes no Castelo de Blandings, Life at Blandings,* etc.)

– A serie do Clube dos Zánganos *(Señoritos con Botines; Young Men with Spats).*

De todos eles hai moitas edicións inglesas e algunhas traduccións españolas. Unha das ventaxas de Wodehouse para a vida moderna é que, como escribe a base de relatos curtos, o feito de ter que interromper a lectura non desanima ao lector.

II – HISTORIA

O estudio da historia para un xurista non é un luxo, é unha necesidade porque o Dereito é unha ciencia histórica. Esto é ainda máis claro no Dereito Constitucional porque as constitucións formáronse por derivación unhas das outras a partir dun tronco case único, de maneira que se pode trazar unha liña moi visible no decorrer destes últimos séculos. Pódese concluir, sin medo a exagerar, que o que non ten perspectiva histórica non ten perspectiva constitucional, especialmente nos casos, como o español, nos que a memoria histórica constitucional é tan fraca. Os libros que suxerimos son os que a seguido se relacionan.

Richard CROSSMAN, *Biografía del Estado Moderno,* México, Fondo de Cultura Económica.

Kenneth DYSON, *The State Tradition in Western Europe,* Oxford, Martin Robertson, 1980. Unha excelente historia da tradición estatista no Continente.

Carl J. FRIEDRICH, *La Filosofía del Derecho (Die Philosophie des Rechts in Historischer Perspektive),* 1955. México, Fondo de Cultura Económica, 1964. Excelente e relativamente breve.

André MAUROIS, *Disraeli,* París, Gallimard, 1927. Traducción do francés por Manuel Morera; Madrid, Palabra, 1994.

– *Historia de los Estados Unidos (Histoire des Estats Unis.).* Difícil de encontrar agora.

– *Historia de Inglaterra (Histoire de l'Angleterre)* Barcelona, Surco, 1943.

Maurois escribe como un novelista coa profundidade dun historiador pasable.

George H. SABINE, *Historia de la Teoría Política (A History of Political Theory,* 1937). Madrid, Fondo de Cultura Económica, 1990 (3ª ed.). Un clásico.

Walter THEIMER, *Historia de las Ideas Políticas (Geschichte der Politischen Ideen,* 1955). A edición española é de Ariel, Barcelona. Un libro claro e ameno que pon as cousas no seu sitio.

Max WEBER, *La Etica Protestante y el Espíritu del Capitalismo (Protestantische Ethik,* 1901). Edición española, traducida por Legaz: Barcelona, Península, 1993.

Stefan ZWEIG, *Momentos Estelares en la Historia de la Humanidad. Doce Miniaturas Históricas,* Madrid, Juventud, 1986. 1ª ed. española, 1953.

III – COMO TRABALLAR E COMO ESCRIBIR

a) *Exemplos de boa escritura*

De escritura xurídica en inglés:

Juez Oliver W. HOLMES, voto disidente na sentencia *Lochner v New York* (198 U. S. 45, 75, 1905; ver o texto e os comentarios de Posner en *Law and Literature,* 281-289).

De escritura en español:

AZORÍN, *El Paisaje de España Visto por los Españoles.*
– *La Ruta de Don Quijote.*
– *Castilla.*
(De todos: varias edicións)

Miguel DELIBES: en xeral. *Caveat:* as autoridades sanitarias advirten que a lectura de Delibes non debe facerse sen antidepresivos á man.

José ORTEGA y GASSET, *La Rebelión de las Masas,* 1926.
– *España Invertebrada,* 1921.

Segundo o lingüista M. Casado, Ortega é do mellor en prosa española culta do século XX.

b) *Para escribir ben*

Manuel CASADO, *El Castellano Actual. Usos y Normas*, Pamplona, EUNSA, 1996.

Henry Ramsey FOWLER, *The Little, Brown Handbook,* Boston, Little, Brown, 1983 (2ª ed.). Libro moi no que se explica todo o que compre saber: dende cómo escribir unha carta comercial ata como citar un artículo de revista ou como usar dos signos de puntuación.

Sir Ernest GOWERS, *The Complete Plain Words*, 1948. Penguin Books, 1978 (2ª ed.), revisado por Sir Bruce Fraser. Igual que o seguinte, este libro é para pensar e escribir claro, e predica có exemplo: *"Be clear, be simple, be human"*.

William STRUNK & E. B. WHITE, *The Elements of Style,* N.Y., Macmillan, 1959. Simplemente maravilloso e brevísimo (71 páxinas na ed. de 1962), con frases tan poderosas como o consello *"omit needless words"* e a aclaración*"writing is an act of faith, not a trick of grammar"*. Escrito orixinalmente só por Strunk, que fora profesor de White, recibiu despois uns engadidos do segundo que non desmerecen nada. Non deixen de ler o capítulo V, "An approach to Style (With a List of Reminders)". Os recordatorios son tan estimulantes como *"Be clear"*, *"Do not inject opinion"*, et sic de caeteris.

John R. R. TOLKIEN, "Tree and Leaf". Dentro del está *"On Fairy-Stories",* un ensaio no que Tolkien explica a súa creación literaria, que el chamaba *sub-creation*. Orixinalmente foi unha Andrew Lang Lecture pronunciada na Universidade de St. Andrews en 1938. Pode verse en Tolkien, *Tree and Leaf* (e outros traballos), Londres, Allen and Unwin, 1964. Tolkien tamén explica aquí á súa visión do home, realista pero, ao final, positiva:

"Dis-graced he may be, yet is not de-throned,
and keeps the rags of lordship once he owned"

Nas humanidades e ciencias sociais o que realmente nos divide é a idea positiva ou negativa do home e do mundo, e máis a percepción positiva ou negativa das nosas capacidades de coñecer ese mundo.

(Edición española preparada por J. M. Odero: EUNSA, Pamplona, 1987, con el título *Cuentos de hadas*).

c) *O traballo intelectual, o pensamento, a profesión de profesor*

Se espera que a lectura destes libros, xunto cós de Gowers e Strunk-White, produzca un efecto liberador comparable ao despertar dun mal sono e estirar os brazos longo tempo encollidos. O profesor universitario non está na obriga de saber todo, nin ter leído todo, nin fabricarse un sistema totalmente coherente, nin ter unha metodoloxía e unha hermenéutica cheas de verbas escuras e altisonantes. O profesor está na obriga de ser un home cultivado cun pensamento crítico e realista, e de traballar para coñecer as cousas -- pois *res sunt* -- máis que as teorías sobre as cousas.

Gilbert K. CHESTERTON, *Ortodoxia,* 1908 (hai traducción española).

Christopher DERRICK, *Escape from Scepticism* 1977 (hai traducción en español: *Huíd del Escepticismo. Una Educación Liberal como si la Verdad Contara para Algo*. Madrid, Encuentro, 1982).

C. S. LEWIS, *The Abolition of Man*, 1943 (hai traducción en español: *La Abolición del hombre*, Madrid, Encuentro, 1990). Só son 63 pequenas páxinas na edición de Fount Paperbacks, Collins, imbatibles. "Gostaría eu de poder razonar coa forza deste home", é o mínimo que pensa o lector. Incidentalmente: Lewis foi *tutor* de Derrick en Oxford.

John K. GALBRAITH, *A Tenured Professor,* Boston, Houghton Mifflin, 1990, traducción de E. M. Bassots, Barcelona, Seix Barral, 1991, 3ª ed.

Novela dun profesor dunha das grandes universidades norteamericanas; decepciona un pouco.

Etienne GILSON, "Vademecum del realista principiante". Trinta parágrafos numerados que ocupan as páxinas 169-187 de *El Realismo Metódico* (Madrid, Rialp, 1974; ou *Le Realisme Méthodique,* bilingüe, Madrid, Encuentro, 1997). A primeira vez que eu leín, xa hai moitos anos, que o filósofo fala das cousas mentras o profesor de filosofía fala de filosofía (páx. 172 na ed. de 1974), quedei abraiado. ¡Fora o pensamento neboento e innecesariamente oscuro, fora os complexos de inferioridade fronte dos especialistas na escuridade altisonante! "Todo realismo é unha filosofía do sentido común" *(ibidem).* ¿Por que aparentar dignificarse con metodoloxías complicadas, si, segundo se dí aquí, "ningún realista escribiu nunca un *Discours de la Méthode"* (179)?

Jean GUITTON, *El Trabajo Intelectual, (Le Travail Intellectuel,* París, 1951).

Álvaro d'ORS, *Papeles del Oficio Universitario,* Madrid, Rialp, 1961

– *Nuevos Papeles del Oficio Universitario,* Madrid, Rialp, 1980
– "El Profesor", en Rafael Domingo, *Teoría de la 'Auctoritas',* Pamplona, EUNSA.

d) *A educación e a universidade*

Card. John Henry NEWMAN, *The Idea of a University* (1852); hai traducción en español.

José ORTEGA y GASSET, *Misión de la Universidad.*

Antonio-Carlos PEREIRA MENAUT, *Política y Educación,* Pamplona, EUNSA, 1993.

Max WEBER, "La ciencia como vocación", en *El Político y el Científico.* Orixinalmente foi unha conferencia pronunciada diante dos estudiantes baixo do título "Wissenschaft als Beruf" no ano 1919. Un dos seus consellos interesantes e traballar con madeiras grosas e non finas. A traducción española, moi boa, é de F. Rubio Llorente; Madrid, Alianza Editorial, varias edicións.

e) *Diccionarios e libros de referencia*

Hai que traballar tendo sempre á man diccionarios e libros de referencia, tanto xerais como xurídicos e históricos. O mellor diccionario é o *Oxford English Dictionary,* que contén impresionante información non só gramatical senón tamén xurídica, entre outras. Hai edicións abreviadas.

Outros excelentes diccionarios de Oxford son:
– *The Concise Oxford Dictionary of Quotations.*
– E. A. MARTIN, *A Concise Dictionary of Law.*
– David M. WALKER, *The Oxford Companion to Law.*

Diccionarios españois:
– *DRAE* (da Real Academia).

– SECO, M.: *Diccionario de Dudas y Dificultades de la Lengua Española*, Madrid, Espasa-Calpe, 1998 (10ª ed. revisada).
– *Gran Larousse de la Lengua Española*.
Repertorios de constitucións extranxeiras:
En España, desde que hai Constitución, préstaselle menos atención ó dereito constitucional extranxeiro. Esta actitude é un erro: nada semella máis a unha constitución que outra constitución, e todas formáronse por derivación unhas das outras, non sendo a inglesa. Coñecer as constitucións extranxeiras, sobre todo as modélicas e as dos veciños, é unha magnífica inversión, sempre rentable, na que non hai nada que perder; amplíanse as nosas perspectivas sen custo ningún. Diante de calquer problema, unha das primeiras reaccións debe ser preguntármonos qué dín as principais constitucións extranxeiras. Por eso recomendamos a constante consulta das constitucións comparadas, e para tal fin necesitaremos coleccións constitucionais que nos servirán como libros de referencia, pois, para un estudioso do Dereito Constitucional, ¿qué millor libro de referencia que as constitucións de outros países?

Unha das mellores coleccións constitucionais, actualizada permanentemente, é a de BLAUSTEIN e FLANZ, *Constitutions of the Countries of the World,* N.Y., Oceana.

En español, e só dos membros da UE: RUBIO LLORENTE, Francisco e DARANAS PELAEZ, Mariano, *Las Constituciones de los Estados de la Unión Europea,* Barcelona, Ariel, 1997.

IV – O DEREITO

Se somos realistas, non idealistas, teremos que admitir, mesmo redactando unha lista de libros, que a mellor maneira de comprender o Dereito non é ler, senón verse na obriga de ter que dictar sentencias. Pero como non todos poden facer eso teremos que suxerir algunhas lecturas. Aparte das *Instituta* de Justiniano e do Código de Napoleón, pódese ler o que segue:

Sergio COTTA, *Perché il Diritto*. Hai traducción en español: *¿Qué es el Derecho?,* Madrid, Rialp, 1993.

L. B. CURZON, *Jurisprudence*, Plymouth, MacDonald and Evans, 1985. Claro e completo, aínda que máis informativo que incisivo.

Mirjan DAMASKA, *The Faces of Justice and State Authority*, New Haven e Londres, 1986.

Lon L. FULLER, *The Anathomy of Law*, Praeger, 1968 (hai traducción en español: *Anatomía del Derecho*, Caracas, Monte Avila, 1969).

Oliver Wendell HOLMES, jr., *The Common Law & Other Writings*, col. Legal Classics, Birmingham, Alabama. Cunha soa frase holmesiana – "a vida do dereito non ten sido lóxica; ten sido experiencia" – xustifícase a súa lectura.

Sir Henry Sumner MAINE, *Ancient Law*, col. Legal Classics.

Alvaro d'ORS, *Una Introducción al Estudio del Derecho* (nova edición en preparación neste momento, totalmente reformada).

– "Prelección jubilar", Universidade de Santiago de Compostela, 1985.

– *Derecho y Sentido Común. Siete Lecciones de Derecho Natural como Límite al Derecho Positivo*, Madrid, Civitas, 1995.

– "Ordenancistas y Judicialistas" (1960) en d'ORS *Escritos Varios sobre el Derecho en Crisis*, Roma-Madrid, CSIC, 1973.

Antonio-Carlos PEREIRA MENAUT, "Judicialismo", en Paulo F. da Cunha, *Instituições de Direito*, Coimbra, Almedina, 1998.

Sir Frederick POLLOCK e Frederic William MAITLAND, *The History of English Law*, col. Legal Classics.

Roscoe POUND, "The Spirit of the Common Law", en *The Spirit of the Common Law & Other Writings;* col. Legal Classics.

Sir Paul VINOGRADOFF, *Introducción al Derecho*, México, Fondo de Cultura Económica, 1967. Versión orixinal: *Common Sense in Law*, Oxford, 1913.

Este libriño é unha pequeña xoia. O autor era un ruso, naturalizado británico, que chegou a coñecer o *Common Law* moi ben e fíxonos o favor de describir o que os ingleses vivían pero, como tantas veces, non describían.

Mary Ann GLENDON, Michael W GORDON e Christopher OSAKWE, *Comparative Legal Traditions*, St. Paul (Minn.), West, 1985.

V – A POLÍTICA

Os que millor saben o que é a Política son Aristóteles e os anglosaxóns. Suxerimos os seguintes libros.

ARISTÓTELES, *Política*
- *Etica a Nicómaco*. Ed. bilingüe española, con trad. de María Araujo e Julián Marías; Madrid, Centro de Estudios Constitucionales, 1985.

Edmund BURKE, *Reflections on the Revolution in France*, 1790.

Bernard CRICK, *In Defence of Politics;* varias edicións. A orixinal publicouse en Londres, en 1962.

- "La tradición clásica de la política y la democracia contemporánea" en *Revista de las Cortes Generales 23*, 1991 (que eu saiba, non se publicou en inglés con ese título).

John LOCKE, *Second Treatise on Civil Government*, 1690.

Alessandro PASSERIN D'ENTREVES, *La Notion de l'Etat*, París, 1969. (A versión orixinal publicouse en inglés en Oxford)

Antonio-Carlos PEREIRA MENAUT, "Doce Tesis sobre la Política" en Paulo FERREIRA da CUNHA (editor), *Instituiçoes de Direito*, I, Coimbra, Almedina, 1998, 149-187. (Ed. galega moi ampliada: *Doce Teses sobre a Política,*, Santiago, Fontel, 1998).

John STUART MILL, *On Liberty*, 1859.

Alexis de TOCQUEVILLE, *De la Démocratie en Amérique.*, 1835-40.

- *L'ancien Règime et la Révolution*, 1856.

Mesmo os que acusan a Tocqueville de conservador admiten que, como Burke, é lectura obrigada. En ambolosdous casos, o sentido da realidade e a potencia dos seus pensamentos seguen hoxe a estar tan vivos como onte. Engádense, no caso do francés, unhas dotes proféticas que asombran.

Max WEBER, "La política como vocación", en *El Político y el Científico,* Madrid, Alianza, 1981. Orixinalmente foi unha conferencia, "Politik als Beruf", dictada na mesma época febril e para o mesmo público que "Wissenschaft als Beruf".

VI – O ESTADO

Mesmo se o estado pasara á historia nas próximas décadas, como ben podería ser, o seu estudio seguirá sendo necesario e formativo. Suxerimos os seguintes títulos:

Kenneth DYSON, *The State Tradition,* xa citado no apartado de historia.

Ernst FORSTHOFF, *El Estado de la Sociedad Industrial,* Madrid, Civitas, 1975.

Manuel GARCÍA PELAYO, *Las Transformaciones del Estado Contemporáneo,* Madrid, Alianza, 1989.

Hermann HELLER, *Staatslehre,* 1934. Este libro, có título *Teoría del Estado* (México, Fondo de Cultura Económica, moitas edicións) convertiuse nun clásico para moitas xeracións de estudiantes en diversos países de fala española.

Werner NAEF, *La Idea del Estado en la Edad Moderna.* Traducido do alemán por Felipe González Vicén, Madrid, Nueva Época, 1947.

Alvaro d'ORS, "Sobre el no-estatismo de Roma" en d'Ors, *Ensayos de Teoría Política,* Pamplona, EUNSA, 1963, 57-68.

VII – A CONSTITUCION E O CONSTITUCIONALISMO

Aparte de *The Federalist* pódese ler o que segue:

James BRYCE, *Constituciones Rígidas y Constituciones Flexibles,* Madrid, Centro de Estudios Constitucionales, 1988 (publicado orixinalmente en Londres en 1884 e 1901).

Albert V. DICEY, *The Law of the Constitution,* 1885.

Carl J. FRIEDRICH, *Constitutional Government and Democracy (Gobierno constitucional y democracia,* Madrid, 1975, 2 vols.). Un gran libro e moi formativo.

Martin KRIELE, *Introducción a la Teoría del Estado,* Buenos Aires, Depalma, 1980.

Ferdinand LASSALLE, *¿Qué es una Constitución?* (conferencia pronunciada en Berlín en 1862; varias edicións; en español: Barcelona, Ariel, 1976).

Karl LOEWENSTEIN, *Teoría de la Constitución,* Barcelona, Ariel;

hai varias edicións dunha versión española feita sobre a alemana titulada *Verfassungslehre,* Tubinga, 1959. Título orixinal: *Political Power and the Governmental Process,* University of Chicago Press, 1957.

Charles Howard MacIlwain, *Constitutionalism, Ancient and Modern* (varias edicións norteamericanas).

Geoffrey Marshall, *Constitutional Theory,* Oxford, 1980. A traducción española *(Teoría Constitucional,* Madrid, Espasa Calpe, 1982) non se deixa ler moi ben.

Antonio-Carlos Pereira Menaut, *Lecciones de Teoría Constitucional,* Madrid, Colex, 1997.

Carl Schmitt, *Teoría de la Constitución.* Madrid, Alianza, 1982. Publicado orixinalmente có título *Verfassungslehre* en 1927.

Sir Kenneth Wheare, *Las Constituciones Modernas,* Barcelona, Labor, 1975. Publicado orixinalmente có título *Modern Constitutions,* Oxford University Press.

VIII – O DEREITO CONSTITUCIONAL

A) **Dereito constitucional extranxeiro:**

Aparte das constitucións de Gran Bretaña, Francia, e Alemania, así como a Declaración de Independencia dos Estados Unidos, a Constitución dese mesmo país, e máis *The Law and Liberties of Massachussets,* pódese ler o que segue:

Walter Bagehot, *The English Constitution,* Londres, 1867.

Edward S. Corwin, *The "Higher Law" Background of American Constitutional Law,* Ithaca, 1961.

– e Chase e Ducat, *The Constitution and What it Means Today* (hai moitas edicións; a primeira fora publicada en Princeton en 1920, obviamente, sen os colaboradores).

– e Peltason, *Understanding the Constitution* (hai varias edicións; a primeira foi de 1949).

Corwin faleceu en 1963 deixando unha notable obra que o convirte nun clásico do dereito constitucional norteamericano. Os seus libros son obvios e realistas. O segundo e o terceiro dos citados seguen a publicarse hoxe.

Manuel García Pelayo, *Derecho Constitucional Comparado,*

Madrid, varias edicións. Posiblemente o mellor libro español nesa materia, ainda que de lectura innecesariamente difícil.

Sir William Ivor JENNINGS, *El Régimen Político de la Gran Bretaña,* Madrid, Tecnos, 1962. Publicado orixinalmente como *Das Britische Regierungssystem* en Colonia.

Neste libro, como en outros, Jennings fai unha exhibición de habelencia literaria combinada con erudición, sentido común e profundidade de xuicio.

Antonio-Carlos PEREIRA MENAUT, *El Ejemplo Constitucional de Inglaterra,* Madrid, Servicio de Publicacións da Universidade Complutense, 1992.

Giussepe de VERGOTTINI, *Derecho Constitucional Comparado,* versión española, Madrid, 1983.

Paolo BISCARETTI DI RUFFIA, *Diritto Costituzionale,* Nápoles, 10ª ed., 1974. Este libro foi un clásico da nosa formación no Dereito Constitucional nos anos sesenta e setenta. Caracterizábase pola sua claridade, orde e abundancia de información sobre tódolos aspectos esenciais.

* * *

Conforme á finalidade desta selección, aquí fixámonos máis ben no enfoque clásico do Dereito Constitucional por consideralo máis formativo, pero non se pode ignorar que a partir de 1945, e máis claramente dende os anos 1970-80, o Dereito Constitucional está cambiando. Os cambios de sentido no novo Dereito Constitucional pódense ver, entre outros sitios, no curto artículo de Louis FAVOREU (referido a Francia, pero por eso mesmo máis significativo) "Le droit constitutionnel, droit de la Constitution et constitution du droit", *Revue Française de Droit Constitutionnel* 1990, I, 71-89. Na mesma liña de atención ao Dereito Constitucional de hoxe, que cambiou en todas partes, véxanse os*Escritos de Derecho Constitucional* do Konrad HESSE, autor influínte hoxe en Portugal e en España (Madrid, 1983).

B) O Dereito Constitucional español

Prácticamente pódese dicir que non hai outro Dereito Constitucional español que o moderno, o que hoxe está a ser vivido e estudiado. Non houbo, por tanto, cambio dun constitucionalismo anterior ó actual, como na Francia.

Dende 1978 hai unha verdadeira explosión de bibliografía constitucional española. Aínda que con discrepancias entre os autores, existe unha liña dominante ben visible que ocupa cáseque toda a escena e que se ten convertido pouco menos que en *conventional wisdom*. Dúas das obras representativas deste moderno dereito constitucional español son as de García de Enterría e Ignacio de Otto:

Eduardo GARCÍA DE ENTERRÍA, *La Constitución como norma y el Tribunal Constitucional,* Madrid, Civitas, 1991. Doctrina consagrada; no dereito español actual é lectura obrigada.

Ignacio de OTTO, *Derecho Constitucional. Sistema de Fuentes,* Barcelona, Ariel, 1987. É tamén unha boa expresión da doctrina dominante actual, cun kelsenianismo moi marcado.

Os manuais académicos máis antigos e consagrados polo tempo son os de álvarez Conde e Torres del Moral:

Enrique ÁLVAREZ CONDE, *Curso de Derecho Constitucional,* Madrid, Tecnos, dous vols., nova edición, 1996 e 1997.

Antonio TORRES DEL MORAL, *Principios de Derecho Constitucional Español,* nova edición, moi reformada, Madrid, 1998.

– *Introducción al Derecho Constitucional,* Madrid, Servicio de Publicaciones da Universidade Complutense, 1996.

Un enfoque xurídico-constitucional completamente minoritario en España: Antonio-Carlos PEREIRA MENAUT, Luis Felipe LÓPEZ ÁLVAREZ, Alvaro LÓPEZ MIRA e José Ignacio MARTÍNEZ ESTAY, *Temas de Derecho Constitucional Español,* Santiago de Compostela, Follas Novas, 1996.

IX – CONCLUSION: *EDUCATION AS CONVERSATION;*
  LAW AS LITERATURE

Sentiríame feliz si esta arbitraria e incompleta lista de lecturas poidera ser de algunha utilidade para os estudiantes e novos investigadores de fala portuguesa interesados no Direito Constitucional. Engadirei aínda unha última consideración: *Law as Literature,* pero *education as conversation*[8]. Nesta concepción do Direito, literaria ao mesmo tempo que realista, sería incongruente pensar que as moitas e boas lecturas podan suplantar a relación personal entre profesor e alumno, mestre e discípulo, ensinante e estudiante. Si lemos o *Segundo Tratado do Governo* é porque non podemos falar personalmente có Locke. Si o Direito é literatura, a formación ten que ser comercio intelectual, conversación.

---

[8] *Law as Literature* é o título do libro de Posner citado; *education as conversation* é unha frase usada ás veces para o tipo ideal da educación inglesa tradicional, baseada na *tuition* dun pequeno número de estudiantes por cada profesor.

CAPÍTULO III

O Direito Internacional
e a Política do Direito Internacional

Adriano Moreira
Professor Catedrático do Instituto Superior
de Ciências Sociais e Políticas

1. Quando da fundação da ONU, e para explicar ao mundo a adopção do legado maquiavélico na estrutura do Conselho de Segurança, foi o Presidente Roosevelt, subscritor com Churchill da Carta do Atlântico, quem sentenciou que uma grande potência nunca se submeteria ao voto dos pequenos países em tudo quanto considerasse ser do seu interesse vital. O conceito do *national interest* de Morgenthau dava aqui o apoio conceitual suficientemente ambíguo, porque a qualificação do interesse como vital ficava da competência da própria grande potência envolvida.

A URSS não teve dificuldade em aceitar esta perspectiva que tinha como evidente consequência a de consagrar a existência de uma área indefinida de matérias que seriam submetidas ou subtraídas às regras do direito e à competência dos órgãos da ONU conforme a vontade variável e conjuntural das grandes potências.

Ficava necessariamente salvaguardada, apenas porque o poder político não consegue dar ordens à inteligência, a qualificação das decisões e das condutas estaduais pela livre opinião dos jurisconsultos. Mas toda e qualquer afirmação da perenidade dos princípios, ou da sua validade intocável pela desobediência, não eliminou o facto de que as grandes potências se tinham reservado um estatuto de previlégio e de imunidade, o qual não lhes retirava a capacidade jurídica de intervir, em qualquer circunstância análoga prevista na Carta, no sentido de exigir aos outros Estados uma observância estricta das regras.

Talvez sem intenção assumida, a regra do chamado veto, que ficou pertencendo aos cinco grandes (EUA-URSS-França-Inglaterra-China) traduziu-se na faculdade de cada um deles impedir acções, mas não consagrou a possibilidade de, mesmo a vontade concorrente dos cinco, impor acções que não sejam apoiadas pela maioria dos membros do Conselho de Segurança, exigência que implica a necessária concordância dos pequenos países.

Verifica-se até a circunstância de que os pequenos países, membros do Conselho de Segurança, possuem colectivamente um *direito de veto,* visto que sem o seu voto concordante nunca será possível formar a maioria no Conselho de Segurança, e sem esta, mesmo que se verifique a concordância dos cinco grandes, não há decisão.

Trata-se de um ponto que merece grande atenção, sobretudo nesta década em que, desaparecida a Ordem dos Pactos Militares em resultado da implosão da URSS, vai alastrando a opinião de que a ONU, e o seu Conselho de Segurança, são frequentemente dóceis instrumentos da política dos EUA, a superpotência sobrante.

Não se trata de uma observação recente na vida da organização, mas o caso da intervenção no Iraque deu nova actualidade ao criticismo.

Para exame deste ponto deve ter-se em conta que, em virtude da Resolução 337(V) de 1950, proposta à Assembleia Geral por Acheson (Unidos para a Paz), esta tem competência para recomendar medidas sempre que o Conselho de Segurança seja paralizado pelo veto. Designadamente, e recorrendo ao Capítulo VII da Carta, pode convidar o Secretário-Geral a estudar a constituição de forças de intervenção. Embora neste caso não exista nem o poder de veto, nem a ponderação de votos, e tendo ainda em conta que as recomendações da Assembleia Geral não possuem caracter obrigatório, tudo não impediu a convicção, generalizada na opinião pública mundial, de que os votos seguiam os interesses de uma superpotência, em regra os EUA. Deste modo a área do privilégio, de fronteiras variáveis, seria preservada já não pela vontade isolada da superpotência, mas pela convergência de uma maioria.

A história da Assembleia Geral mostra que, nesta sede, o apoio no sentido da URSS foi crescendo à medida que o número de Estados membros aumentava, com origem nos territórios descolonizados.

Talvez possa sintetizar-se a situação de distância entre o direito internacional proclamado no fim da guerra de 1939-1945 (modelo observante) e a realidade expressa no processo decisório (modelo observado), dizendo que o veto foi um instrumento unilateral de definição da área de privilégio de cada uma das grandes potências, complementado por uma dependência clientelar em todas as instâncias.

As velhas categorias jurídicas de *vassalo,* de *protectorado,* de *mandato,* assim como a transitória espécie dos *fideicomissos,* tiveram uma versão política nos *Estados clientes,* com algumas severas consequências na área da paz e da segurança.

A importância desta questão mede-se pelo facto de o Secretário-
-Geral Boutros Boutros-Ghali, ao elaborar em 1992 a sua *Agenda para
a Paz,* informar que, desde a fundação da ONU, se verificaram mais
de 100 conflitos armados, que deram origem a 20 milhões de mortos.
   Tal dolorosa experiência não impediu que, caído o Muro de
Berlim em 1989, e logo dois anos depois, em 1991, a Guerra do Golfo
tenha sido largamente entendida pela opinião pública mundial como
resultado de uma utilização hábil da Carta pelos EUA a favor dos seus
interesses.

   2. Este condicionamento político dos princípios da Carta levou
a uma modificação essencial do instituto do *reconhecimento.*
   Na Europa anterior ao cataclismo da Segunda Guerra Mundial,
os Estados reconheciam-se mutuamente, facto em que assentava
o exercício pacífico da soberania. Tratando-se um de processo bilateral, acontecia que um Estado apenas fôsse reconhecido por alguns,
e não por todos.
   A Carta da ONU, sem poder eliminar esta prática antiga, acrescentou um procedimento de reconhecimento *institucional,* em que
o estatuto de privilégio dos grandes também se projecta.
   Para um Estado ser admitido na ONU, e portanto reconhecido,
não é suficiente ter conseguido a tradicional cadeia bilateral de reconhecimento pelos outros Estados, tem sim a necessidade de conseguir
a recomendação do Conselho de Segurança, e portanto sem veto, para
depois obter a votação favorável de dois terços da Assembleia Geral.
   Este método tem consequências eventualmente gravosas, que se
exemplificam com alguns dramas que ocorreram ao sabor dos interesses das grandes potências.
   Em primeiro lugar verificou-se que o privilégio de superpotência, de que ficaram excluídas, por força dos factos, a Inglaterra e a
França, levou a que os EUA e a URSS não encontrassem, dentro do
seu sistema político, nenhum povo com "direito a dispor de si próprio". Com os EUA aconteceu mesmo que lhe foi consentida a integração do Hawai e do Alasca, coisa que não se passou com nenhuma
outra potência, e foi expressamente negada à França na Argélia, e a
Portugal em relação a todas as colónias.
   A autodeterminação, que correspondeu a um dos objectivos mais
importantes do conceito estratégico da ONU, teve de encontrar res-

posta para uma pergunta simples de formular, a de saber que "grupos humanos" reunem os pressupostos, e quais, que levam a reconhecer--lhe tal direito.

Em relação à generalidade das colónias das democracias ocidentais que tinham entrado na guerra, designadamente a Inglaterra, a França, a Bélgica, a Holanda, o conceito de grupos humanos foi substituido pragmaticamente pelo conceito geográfico de território *gerido pela potência colonizadora,* uma forma de manter a ordem como valor acima da justiça.

E tão rigorosamente aplicado o princípio pragmático, que a situação gerou duas categorias de povos negligenciados pelo direito internacional: os *povos mudos* e os *povos dispensáveis.*

Dos primeiros servem de exemplo os Curdos, recentemente postos em evidência na Turquia e no Iraque. Na Turquia, aconteceu que, em 24 de Maio de 1993, o Partido dos Trabalhadores do Kurdistão (PKK) rompeu as tréguas com o Estado que os submete, e o governo mais uma vez optou por uma solução militar, ineficaz desde 1984, e com um preço oficial de 3.689 militares, 4.600 civis e 4.449 membros do PKK, mortos. A execução do plano militar implicou frequentes incursões para além das fronteiras com o Iraque para atacar os santuários dos rebeldes em território também habitado pela sua etnia.

Por seu lado o Iraque, embora vencido na Guerra do Golfo, usou brutalmente o poder militar próprio para reduzir a resistência e revolta dos curdos que habitam dentro das suas fronteiras, e em 1991 obrigou--os a êxodos macissos para os territórios vizinhos, pondo em causa a paz e a organização regionais. Designadamente, a Rússia reinstalou tropas na fronteira com a Turquia e pediu a revisão do Tratado de limitação das armas convencionais.

Em nenhum momento as grandes potências, o Conselho de Segurança, ou a Assembleia Geral, consideraram os curdos como um povo submetido a várias soberanias e com direito à autodeterminação: sem voz própria internacional, são mudos não obstante as disposições da Carta, e a única questão relevante é a da paz entre as soberanias limítrofes que os sujeitam, e, de tempos a tempos, a questão humanitária.

Mais grave é a categoria de *povos dispensáveis* de que são exemplo gritante, mas não único, os Ibos da Nigéria e os timorenses.

No primeiro caso, a revolta da década de 60 teve em vista o exercício do direito à autodeterminação, que atentaria contra o pragmatismo da manutenção das fronteiras do colonizador. O governo da Nigéria procedeu ao massacre de pelo menos um milhão de Ibos, segundo as avaliações correntes, mas a comunidade internacional, e a ONU, trataram-nos como dispensáveis.

No caso de Timor, depois da renúncia da soberania portuguesa sobre o território, na sequência da revolução de 1974, aconteceu que o governo da Indonésia, invocando o próprio conceito de segurança contra a vizinhança de um eventual regime marxista implantado na ilha, decidiu invadir, ocupar e anexar o território, complementando esta violação do direito internacional com o genocídio que já soma duzentas mil vítimas.

Os interesses das grandes potências estão identificados: os EUA consideram a Indonésia o seu principal aliado na área, e a Austrália reverencia o seu vizinho mais próximo, embora à distância de várias horas de avião, que opõe, à sua escassa população de 18 milhões de pessoas, uma explosão demográfica de 198 milhões de habitantes. A existência do petróleo na plataforma continental da ilha é mais um motivo de convergência de interesses entre a Austrália e a Indonésia, levanda ao descaso para com os interesses e direitos dos timorenses.

A persistência com que o processo é encaminhado no sentido de reduzir a questão a um conflito entre Portugal e a Indonésia, ignorando que se trata de um conflito entre a Indonésia e a comunidade internacional, é um deplorável exemplo de redefinição política da área de aplicação do direito internacional.

Em resumo, a política do direito internacional é um exercício permanente, de eficácia dependente da variável composição da balança de poderes, fazendo evoluir constantemente a fronteira de separação entre o legado personalista e o legado maquiavélico.

Um dos aspectos mais importantes deste exercício da política do direito internacional é o da nova atitude em progresso sobre o panorama e a racionalização dos conflitos, um tema abordado pelo Instituto Superior Naval de Guerra em Março de 1996.

3. Este tema da racionalização dos novos conflitos suscita a tentação de fazer apelo à teoria do caos, mas talvez o resultado fôsse obscurecer mais severamente o panorama dos conflitos em curso, difíceis de graduar por níveis de intensidade.

Numa data em que pode ser pacífico admitir a falta de definição de uma ordem mundial que tenha substituido a Ordem dos Pactos

Militares que implodiu em 1989, a primeira cautela metodológica será a de não confundir *modelos observantes* propostos com intenção de os fazer aceitar como paradigmas da reorganização, e a pluralidade de *modelos observados* correspondentes a alguns *conjuntos geopolíticos* de perfil incerto, que se multiplicam na África, no Próximo Oriente, na Ásia, no Pacífico Sul, na América do Norte, na América Central e do Sul, na Europa, na antiga área soviética.

Quanto ao *modelo observante*, as referências nesessárias são a Agenda para a Paz de 31 de Janeiro de 1992, e o *Suplemento à Agenda para a Paz*, de 3 de Janeiro de 1995, da autoria de Boutros Boutros-Ghali, Secretário Geral da ONU.

Entre as datas de ambos os documentos decorreu uma experiência pouco gratificante pelos resultados da diplomacia preventiva, do restabelecimento e manutenção da paz, da consolidação da paz depois de findos os conflitos. Se a *Agenda para a Paz* corresponde a um modelo ao mesmo tempo observante e programático, o *Suplemento* já enuncia uma tipologia das situações de conflito, certamente o primeiro esforço destinado a basear uma racionalização.

Tratando-se da instância com mais experiência e recursos de análise, cuja tipologia é dominada pela referência à capacidade de saneamento dos vários desafios à paz, tentaremos previamente uma aproximação sócio-política da realidade, para depois a poder enquadrar melhor no relatório-ensaio que ficou referido.

4. Tentando, com tal perspectiva, catalogar as novidades aparecidas pela área descontrolada da tolerância, que perdeu os contornos que tinham sido fixados pelo equilíbrio da guerra fria, talvez o primeiro conceito, interrogativo, diga respeito à consolidação de sociedades de guerra.

Trata-se de um fenómeno com antecedentes fáceis de encontrar, mas que suspendeu a espectativa dos dividendos da paz, que foi a que se divulgou depois da queda do Muro em 1989.

A ligação estrutural entre a economia e a guerra não impede que se multipliquem situações inconfundíveis e não assimiláveis. Nuns casos trata-se de *economia de guerra* – um conceito abrangente de todas as acções destinadas a garantir o abastecimento dos agentes da intervenção armada; noutros casos, trata-se de *economia na guerra, e* de averiguar a mudança de perfil e estrutura que a guerra causa na economia das sociedades envolvidas no e pelo conflito, uma distinção talvez pouco consistente quando é o Estado que agencia os recursos, com frequência para financiar conflitos por procuração.

Pondo de lado as grandes guerras marginais do último meio século, designadamente a Coreia e o Vietname, ambas as superpotências estiveram envolvidas em esquemas de economia de guerra, sustentando conflitos como foram os de Angola e Moçambique, uma época que a literatura de justificação revolucionária chama por vezes das – *gloriosas guerrilhas,* acontecendo eventualmente que a ajuda tenha mais que ver com o objectivo de causar erosão na área do adversário principal, do que com o triunfo da facção apoiada: a URSS apoiou firmemente o MPLA – Movimento Popular de Libertação de Angola, os EUA apoiaram a UNITA de Savimbi; o Sudão e o Irão apoiaram o General Aydiid na Somália mais para atingir a credibilidade dos EUA do que para lhe conseguir o triunfo.

Depois do fim da guerra fria, as grandes potências passaram à revisão da logística dos respectivos impérios, e os grupos armados, que exercem a guerra por procuração com a economia de guerra a cargo dos patrocinadores, tendem para mudar de conduta, para satisfazer os objectivos básicos de controlar as populações e obter recursos.

Assiste-se à insuficiência de santuários fronteiriços, à mudança eventual das fidelidades das populações, ao crescer das dificuldades para mobilizar novos contingentes, à ambição de ganhar a preferência das instituições ocupadas com a ajuda humanitária.

Esgotada a logística sustentada do exterior, as forças procuram partir do campo em direcção às cidades, ambicionam dominar portos e aeroportos, apoderar-se dos recursos, instalar-se na capital simbólica da detenção do poder supremo. As execuções em Luanda, quando em 1992 foram eliminados muitos dirigentes militares da UNITA, podem ter ligação com esse simbolismo.

A continuação dos combates, na antiga Jugoslávia, no Afeganistão, na Somália, no Sri Lanka, em África, exige novas fontes de financiamento, que vão sendo formalizadas: as diásporas contribuem com recursos, como parece bem averiguado com o Partido dos Trabalhadores do Kurdistão-Turquia, apoiados pelos emigrantes que trabalham na União Europeia; as pilhagens foram desde sempre uma fonte de alimentação da guerra, e não precisam de grandes estudos prospectivos para virem à lembrança dos dirigentes; a economia mafiosa é vocacionalmente transnacional, e assim acontece com os Kmers vermelhos ou com as milícias libanesas; finalmente, a ajuda humanitária a cargo das ONG tem uma longa história de transferência de bens por confisco executado pelos grupos armados, como tem acontecido na Bósnia. As *sociedades de guerra,* como lhes chamou Ruland Marchal, *que vivem do confisco e da criminalização do processo político, parecem a mais gravosa manifestação da anarquia instalada, dando a impressão de que, para combatentes e comerciantes, a guerra é o factor racionalizador das suas solidariedades, projectos, e intervenções.*

Vejamos exemplos: *a)* dificuldade de eliminar os sangrentos atentados islamitas (1995), a permanente intervenção dos Kamikazes do Hamas (Movimento de resistência islâmica), que colocam em suspenso o projecto de paz para a Palestina; *b)* a questão do Afeganistão, sobretudo depois da guerra relâmpago dos *Talibanes,* estudantes de teologia, perfila-se como uma das mais típicas no quadro de extinção da guerra fria. Até 1944 destacaram-se quatro facções armadas em luta pela conquista da capital Kabul, nas mãos dos mujahedin desde 1992. Todo o país de resto está dividido em *comandos,* um deles tendo-se proclamado Emirado do Oeste. Os *talibanes,* dos quais não temos muita informação, produziram uma caracterização étnica da guerra, cuja linha divisória mais abrangente é entre sulistas e nortistas.

As sociedades de guerra representam um regresso ao estado de natureza pressuposto pelos teóricos do contratualismo, e serão um passivo a absorver por qualquer nova ordem em que venha a caracterizar-se o esforço que tem o seu principal ponto de referência na Agenda da ONU.

5. Na sequência deste facto que são as *sociedades de guerra* se encontra o regresso ao conceito de guerra existencial que teve por manifestação típica o *genocídio,* agora mais conhecido por *limpeza étnica.* São aterradoras as notícias sobre o alastramento desta técnica de resolver o conflito pela supressão do adversário.

Lembrem-se as matanças do Ruanda, perpetradas a partir de Abril de 1994 pelas milícias *hutu,* e que causaram 500.000 vítimas entre tutsis e hutus, tendo levado à criação, pelo Conselho de Segurança, de um Tribunal Penal Internacional para o Ruanda, encarregado de punir os responsáveis; *c)* esta região dos Grandes Lagos reeditou assim episódios que se tinham verificado no Ruanda em 1959, 1969,

1973, e que no Burundi se deram em 1965, 1972, 1988, provocando o êxodo de centenas de milhares de pessoas que se juntaram aos refugiados anteriores do Uganda e do Zaire; os efeitos desestabilizadores desta guerra existencial verificaram-se, por exemplo, na Tanzania, porque teve de aceitar 596.000 ruandeses e 200.000 burundis, cujo melhor destino será a integração por falta de oportunidade de regressarem ao país de origem; para a antiga Jugoslávia foi igualmente criado um Tribunal Penal Internacional, que funciona na Haia desde 1993, para julgar os responsáveis pela limpeza étnica na Bósnia.

Tentando conceptualizar estes factos, talvez possa dizer-se que ao lado das sociedades de guerra, em parte consequência daquelas condição e circunstância, os *exércitos etnicamente homogéneos,* nos casos em que os progressos da paz internacionais tiveram desenvolvimento, foram um obstáculo severo para conseguir o acantonamento de forças e constituir o que, por falta de melhor expressão, se chamou exércitos nacionais.

6. Se as *sociedades de guerra* e os *exércitos etnicamente homogéneos* parecem recriar um estado de natureza rebelde a qualquer modelo de ordem, as guerras que podemos chamar nacionais, também à falta de melhor expressão, parecem corresponder à sobrevivência de modelos culturais ultrapassados pela evolução da sociedade internacional mundial, mas guardados na memória dos povos como efeito do regime de corte com a informação e a experiência, imposto por submissões coloniais ou imperiais.

Vejamos em primeiro lugar tipos de conflito em que poderes dominantes, nascidos da descolonização, negam a autodeterminação dos povos que ficaram abrangidos pela artificialidade das fronteiras fixadas pelo antigo colonisador.

Recordemos o problema do Katanga (1962), com um cortejo de violências a que foram pagando tributo algumas das personalidades históricas dessa época como Lumumba, Tschombé, e Hammarskjold, em que a separação dos territórios era a questão determinante.

Em Janeiro de 1970 foi posto um ponto final na guerra do Biafra, causada pelo fasto de o General Ojukwu ter proclamado a independência dos Ibos, uma pretensão que custou 1 milhão de mortos a um povo de 14 milhões, em nome da integridade das fronteiras fixadas pelo colonizador britânico.

Em 15 de Agosto de 1947 foi proclamada a independência da União Indiana, 347 anos depois da Rainha Isabel I de Inglaterra, em 31 de Dezembro de 1600, ter concedido a Carta à Companhia das Índias. Logo em 26 de Outubro seguinte apareceu o conflito entre a União Indiana e o Paquistão porque aquela anexou Cachemira; o conflito continua, com permanente insubmissão da população, e ainda em 11 de Março de 1995 o exército indiano destruiu o lugar sagrado de Charar-e-Sharief cenário tradicional de confrontos com os grupos armados.

Talvez possamos admitir que *existe uma linha de conflitos caracterizada pelo facto de que a soberania instalada manteve, como elemento essencial da seu conceito estratégico, a tomada e manutenção integral do poder do inimigo colonizador, sem reconhecer, contra isso, a validade dos princípios que invocara para a libertação colonial.* O critério da *dupla medida,* ou da *leitura múltipla dos princípios,* tem presença na teoria dos conflitos correntes.

7. A Ordem dos Pactos Militares, que se desagregou em 1989, produziu, entre outros efeitos negativos mas não sem precedente, o facto de o sistema instalado racionalizar a coexistência dos poderes dominantes, cortando o acesso de vários povos, alguns com identidade nacional, ao diálogo directo na cena internacional.

Enquanto que na área da descolonização, comandada pela ONU, os povos eram directamente ligados à nova concepção do mundo, nas áreas imperiais, como foi o caso do espaço soviético, as nações cativas mantiveram o conceito de soberania, anterior à captura pelo invasor, como elemento essencial da sua ideologia de libertação.

Por isso, enquanto que na Europa, depois de Helsínquia, se assentou no caracter definitivo das fronteiras, e em África o mesmo princípio foi adoptado pela OUA, muitos dos conflitos actuais identificam-se pela exigência da soberania renascentista, pela exigência do regresso dos territórios à unidade antiga, pela recuperação de parte da população. O direito à guerra é invocado em inteira coincidência com o conceito clássico anterior à Carta da ONU e ao Concílio Vaticano II, com o grave risco de evolução para sociedade de guerra.

A crónica das tensões no antigo império soviético dá a maior contribuição para esta rubrica e são casos como os do Tadjikistão,

Kazakistão, Moldávia, Crimeia, e aquele que mais persistentemente ocupa as atenções da informação, que é a Tchetchénia.

Os tchetchenios têm uma identidade milenária e, desde a segunda metade do século XVIII, quando foram conquistados pelo império russo, não deixaram de ciclicamente se revoltar contra o domínio imposto.

Foram um dos chamados povos *castigados* pela ditadura estaliniana, que os acusou de deslealdade colectiva, pelo que, em menos de uma semana, em 1944, foram deportados 520.000 homens, mulheres e crianças para fora do território próprio.

Desde então, entre transigências e rivalidades internas, e flutuações da política moscovita, permaneceram dentro da estrutura federal, até que, depois do golpe de 19 de Agosto de 1991, e do fim da regência de Gorbachev, proclamaram uma independência frágil, de modo que a intervenção das tropas soviéticas transformou a capital Grozny num dos símbolos da violência gratuita desta época.

Talvez valha a pena saber que os russos, para intervirem, invocaram o facto de que a Tchetchénia era uma "área sem lei", onde o comércio de armas era intolerável, e as máfias se alimentavam do contrabando. Com ou sem autenticidade, foi do conceito da intervenção humanitária que se aproximaram.

8. No sentido oposto deste revivalismo da soberania absoluta como modelo ideológico sem apoio nos factos da capacidade específica e da interdependência mundial, a acção terrorista tornou-se transnacional, e passou da metodologia limitada pela luta revolucionária independentista, ou descolonizadora, como foi na Argélia, no Norte de Angola, no Quénia, no Cambodja, na América Latina, na África do Sul, para uma polivalência que analisa a debilidade do sistema mundial, para agir e fragilizar as capacidades internacionais de intervenção.

A cobertura ideológica inicial dos movimentos terroristas foi procurada no próprio idiário conflituoso das Nações Unidas, sendo embora discutível a aplicação aos casos concretos: a *Acção Directa* de filiação maoista-anarquista, que agiu entre 1979 e 1987, queria derrubar a ordem capitalista em França; o African National Congress – ANC, pretendia liquidar o apartheid na África do Sul, apelando à protecção marxista e à violência em 1960, para depois Mandela emergir como um dos grandes conciliadores deste século; o Al-Fatah, fundado por Yasser Arafat em 1958, serviu a estratégia da OLP para a libertação da Palestina; as Brigadas Vermelhas, fundadas em Milão em 1970, pretenderam igualmente destruir a ordem capitalista na Itália, e têm, entre as suas acções mais espectaculares, o assassinato de Aldo Moro que emocionou o mundo; a ETA, desde 1959 que, em nome da libertação do País Basco, cerca de um milhão de habitantes repartidos entre os territórios da Espanha e da França, matou dezenas de políticos e militares, e abalou a credibilidade do Estado espanhol; o Irish Republican Army, agindo nos seis condados do Ulster que ficaram separados da Irlanda (Eire), continua a impedir uma solução pacífica do longo conflito; o Grupo Baader-Meinhof, desencadeou na Alemanha, entre 1968 e 1980, uma série de assaltos, raptos e mortes, em nome dos invocados ideais da extrema-esquerda; no Peru, o Sendero Luminoso, de origem comunista, sustentou entre 1970 e 1992, uma luta contra a estrutura burguesa do Estado em nome do marxismo; no Sri Lanka, a minoria Tamil do norte e leste do país, luta pela independência usando os Tigres da Libertação, responsáveis por numerosas mortes selvagens de civis, e dezenas de atentados terroristas em Colombo.

A interdependência mundial inspira a prática desses actos em centros distintos do conflito originário, atingindo as grandes potências em Nova Yorque, em Londres, em Paris, em Roma.

Deste modo, a mesma interdependência tende para que os países ameaçados assumam que a *sociedade civil mundial está em perigo e* dão mostras de encarar o terrorismo como uma *ameaça global* à qual é necessário responder com uma *aliança global*.

É assim que, em Março deste ano de 1996, se reuniram em Taba, no Egipto, os lideres das principais potências, recebendo o Presidente Clinton dos EUA, e o Presidente Yeltsin da Rússia, ambos em vésperas de serem submetidos ao julgamento do eleitorado, para acertarem uma resposta supranacional ao desafio: um desafio que tem por efeito principal procurado o de quebrar a relação de confiança entre a população e os governos, e portanto de dissolver a autoridade pela eficaz manobra de generalizar a desobediência.

9. O diário dos conflitos e tensões em que aparecem a Geórgia, o Ruanda, o Yemen, a Tchetchénia, a Bósnia, a Irlanda do Norte, a Palestina e Israel, Angola, Moçambique, Afeganistão, Sri Lanka,

Somália, Cachemira, tem uma referência valorativa na ONU, admitida como a única fonte de legitimidade vigente, um recuo nos planos de contingência com a maior expressão nos conflitos do Iraque e da Bósnia, e uma reconhecida falta de ordem mundial.

Os planos de contingência não pode dizer-se que tenham conduzido a resultados espectaculares, ficando sempre a impressão de que foi mais conseguida uma pausa do que uma pacificação.

Na Bósnia-Herzegovina o processo internacional já poderá dizer--se eficaz se conseguir obstar uma sociedade de guerra, porque tudo indica a instalação de uma economia em degradação, com pilhagens, expropriações violentas, mercado negro, acrescendo a limpeza étnica.

Na Argélia, ponto de referência para a inquietação europeia sobre o corredor do Norte de África, não se pode dizer que foi possível estabelecer uma estratégia de intervenção, depois de cerca de quatro anos de guerra civil, desde 1991, com um passivo estimado de 30.000 mortos.

Na América Central, depois de as guerrilhas terem causado 250.000 mortos na década de oitenta, conseguiu-se uma desmilitarização das guerrilhas, com resultados na Nicarágua e El Salvador, com apaziguamento na Guatemala, parecendo haver alguma mudança de espírito dos Contra da Nicarágua, da Frente Farabundo Marti de Libertação Nacional do Salvador, e com redução das tropas governamentais.

A percepção que entretanto parece tornar-se dominante, derivada certamente da experiência da mundialização dos teatros estratégicos comprovada por duas guerras, a de 1914-1918 e a de 1939-1945, é a da necessidade de instaurar um modelo de segurança colectiva, que ultrapasse a experiência de meio século de bipolarismo. O regresso à ONU, o reencontro com a legitimidade, o apelo a este valor para fundamentar os planos de contingência, estão a ter expressão na reformulação do direito-dever de intervenção humanitária.

A própria NATO, a organização subsistente ao redor da superpotência sobrante, se vê obrigada a reflectir sobre um novo perfil: acrescentou ao objectivo da defesa colectiva, o apoio logístico e militar nas operações de manutenção da paz; lançou pontes para substituir o conflito pela cooperação a leste, com o Conselho de Cooperação NorteAtlântico de 1991, e com o partenariado para a Paz de 1994; a OSCE reforma-se para se assumir como organismo regional nos termos do Capítulo VIII da Carta da ONU; a UEO é chamada ao activo:

finalmente reconheceu-se que a ameaça de holocausto está a ser substituida por riscos económicos, ecológicos, sociais, e por conflitos étnicos, guerras civis, reivindicações territoriais.

Em síntese, de tudo parece resultar que o maior risco vem da indefinição da hierarquia das potências, com os EUA a reverem o conceito estratégico nacional; com a Rússia a hesitar entre reconstituir um conceito de império, ou instituir uma categoria diferente de estrangeiro próximo, e um comportamento de paz fria; com a China a medir a tolerância do único interlocutor que parece reconhecer como igual para um diálogo; com os vencidos de 45, a Alemanha e o Japão, perfilados para ocupar um lugar igual entre as superpotências.

O conflito da indefinição é o que apresenta o maior desafio à racionalização da segurança – talvez formalmente expressa na necessidade de reformular a concepção e função do Conselho de Segurança, numa ONU depois logicamente reformada a partir desse ponto. No entretanto, o passivo dos povos tratados como mudos, ou considerados dispensáveis, a pluralidade das leituras dos tratados gerais e da Declaração Universal dos Direitos do Homem, a luta pelo traçado de zonas de influência, continuam a fazer alastrar o passivo da implosão da ordem dos Pactos Militares, passivo que ocupa todo o espaço que se pensou reservado aos dividendos da paz.

Bibliografia

Dean Acheson, *Present at the creation, my years in the State Department,* N.Y., 1969.
Hoffman, *Janus and Minerva,* Bouider, 1987.
Hans Kelsen, *La idea de derecho natural y otros ensaios,* Buenos Aires, 1946.
Hans Kelsen, *The law of the United Nations,* N.Y., 1955.
Hans Kohn, *Nationalism, its meaning and history,* Princeton, 1955.
J. Renninger (org.), *The future role of the United Nations in an interdependent world,* N.Y., 1989.
Jessup, *Transnational Law,* Londres, 1956.
L. Laïdi, *L'Ordre mondial relaché. Sens et puissance après la guerre froide,* Paris, 1992.
Paul Kennedy, *Preparing* for *the twenty-first century,* N.Y., 1993.
Pierre Lelouche, *Le nouveau monde: de l'ordre d'Yalta au disordre des nations,* Paris, 1992.
Samuel Huntington, *The clash of civilizations?* in "Foreign Affairs", 1993.
Wilfred Jenks, *El derecho comun de la humanidad,* Madrid, 1968.

CAPÍTULO IV

The United Nations at a Crossroads

Diogo Freitas do Amaral
Presidente da 50.ª Assembleia Geral das Nações Unidas
Professor Catedrático da Faculdade de Direito
da Universidade Nova de Lisboa

Your Excellency The Chancellor of the University of Berkeley,
Distinguished Dean of International and Area Studies,
Distinguished Faculty,
Ladies and Gentlemen,
Class of 96: ([1])

I am very honoured to be present here today as you graduate from this fine school. Before I begin, allow me to congratulate you all warmly on your achievements and wish you well on your next endeavours. Although I am now a University Professor, believe me when I say that I can still remember the overwhelming feelings of joy and relief which you must, no doubt, feel today. By this I do not mean that there is no pleasure in the pursuit of knowledge. On the contrary. As Montesquieu claimed, there is no depressive mood wich a few hours of study will not cure.

You, who are students of international affairs, will be able to appreciate the happy coincidence in that the Class of '96 is graduating in the year that the United Nations celebrates its fiftieth anniversary.

It is about the United Nations that I am going to speak to you today. I wish to bring to your attention this organisation which I believe has played a crucial role in the second half of the twentieth century and must, including through your own endeavours, continue to do so in the new millennium.

The United Nations is at a crossroads. Established fifty years after a devastating World War, the United Nations is today evaluating

---

([1]) Conferência feita em 19 de Maio de 1996, na Universidade de Berkeley, Califórnia, na sessão de encerramento do curso de Relações Internacionais, na qualidade de Presidente da 50.ª Assembleia Geral da ONU.

its past and looking towards its future. And in the future, as in the past, what the United Nations will be is intimately linked to the reality of international relations.

We all know the constraining effect the Cold War had on the United Nations and on the assumption of its mandate in the maintenance of international peace and security. But even during those paralysing years of bipolar competition, the United Nations nevertheless succeeded in making crucial contributions to the advancement of humanity. Human rights, for example, and decolonization, and disarmament, and the primacy of International Law, and world health, and the protection of children, and the preservation of the international cultural heritage, and later on the protection of the environment, or the promotion of sustainable development, have been the priorities and best achivements of the United Nations.

Meanwhile, the world has changed. Many historians sustain that the world has never changed so much as in the second half of the twentieth century.

The number of countries has been multiplied by more than three: the United Nations had 51 members in 1945; it has 185 members today.

Both in developed and developing countries rural societies have given way to industrial societies. As Eric Hobsbawm puts it, "for 80 per cent of humanity the Middle Ages ended suddenly in the 1950s". It was "the death of the peasantry". From more than 90 percent, the population working in agriculture came down to less than 10 per cent in developed countries, to less than 50 per cent in developing countries.

And to quote the same author, "when the land empties the cities fill up. The world of the second half of the twentieth century became urbanized as never before. By the mid-1980s, 42 per cent of its population were urban". And both in developing and developed countries "the multi-million city mushroomed".

From these huge structural changes many others arose as a direct consequence: food, health, environment, housing, transport, public utilities, increase in education, women at work, computer revolution, etc., etc.

The picture and the scenario have completely changed in less than half a century.

And in 1989 a Democratic Revolution took place: first in Berlin where the wall fell, then in the Soviet Union where communism ended, and later in many other parts of the world where democracy won over dictatorship, freedom won over oppression, and free elections and free speech became increasingly the pillars of a new political model for the planet.

Also in international relations the fundamentals changed dramatically: the end of the Cold War, the end of East-West confrontation, the end of the global nuclear threat.

Out of all these spectacular changes which no one had predicted and which almost no one believed they would witness in their lifetime, an extraordinary explosion of hope broke out.

A new era of world affairs was announced. Optimism abounded over the possibilities of a multilateral approach to international relations and particularly of implementing a system of collective security centered on the United Nations. The Organization's intervention in conflicts around the globe increased significantly. The success of the Gulf War raised expectations to unprecedented levels. A "new world order", an "era of everlasting peace", the "end of history" were announced: there were many prophets and many utopias. But more rapidly than we could have expected, the cold realities of our imperfect world shook us out of any such illusions. The Bosnian and other conflicts dealt a strong blow to these hopes. Today, insecurity, fear and pessimism have to a large extent replaced the previous hopeful visions.

In this scenario, the United Nations, the highest symbol of multilateralism, has been subjected to increasing criticism. The so-called failures of Somalia, Rwanda and Bosnia are regularly called up by detractors of the United Nations as examples of its incapacity to solve conflicts. They believe the United Nations is merely a bloated bureaucracy which costs too much and does too little. Criticism of the United Nations ranges widely: from the serious, which seek to increase the Organization's efficiency and effectiveness, to the incredulous, such as "black helicopters" which are supposedly preparing to take over the United States.

Let us be serious about the United Nations.

The United Nations has no army. The only troops of the United Nations – the "blue helmets" – are peace-keeping forces, created by the Security Council and voluntarily supplied by willing member countries. No single United Nations peace-keeper has been deployed without the positive vote of the United States, who could always, in any case, exercise their right of veto.

The bureaucracy of the United Nations is not huge: to deal with all the great problems of the world we employ 4.8 thousand people. The Swedish capital of Stockholm, to deal with the local problems of a city of one million, has 60 thousand municipal employees.

The bureaucracy is not to blame for the lengthy and slow pace of decision-making in the United Nations. The length and slowness of action comes directly from the delegations of Member States who are long in discussions and slow in deliberations.

And the costs? Are the costs too high? Is the United Nations too expensive? I dare say: no, definitely no.

The regular budget of the United Nations – excluding peace-keeping operations, but including New York Headquarters, plus delegations in Geneva, Nairobi, Vienna and five Regional Commissions on the five continents – is 1.3 billion US dollars a year. This is about 4 per cent of New York City's regular annual budget, and nearly one-fourth of Tokyo's Fire Department...

The total cost of all United Nations peace-keeping operations in 1995 was 3 billion US dollars. This is the equivalent of 1.1 per cent of the United States' military budget, and less than 0.3 per cent of the worldwide military spending...

So we can conclude, based on very strong evidence and beyond all reasonable doubt, that the United Nations is not guilty of excessive and unreasonable spending.

But let us go even deeper and investigate whether some members of the United States Congress are right when they say that the United States is paying too much to the United Nations and receiving too little. I wish to state here very clearly that, in my opinion, this is simply not true: the United States' contribution to the United Nations regular budget is 25 per cent, but the United States' part in the world's gross national product is 27 per cent; so the United States' contribution is lower, not higher, than it should be in principle. On the other hand, of the 396 million US dollars in procurements approved by the United Nations in New York in 1995, American companies got 47 per cent of the business, against a 25 per cent assessed annual contribution of the United States. And for every dollar that the United States contributed in 1995 to the UNDP, American companies got back more than two dollars in UNDP procurement orders.

So, you see, the critics of the United Nations are wrong. They are grossly misinformed. I would like to ask you, who are about to embark on your professional life, to help the United Nations and explain the correct figures and facts, setting the record straight.

Some people in the United States Congress believe the United Nations needs reforming, which I think is correct. But they believe it so strongly that they have withheld payment of the United States' contributions to the Organization and in so doing have precipitated a serious financial crisis. I think we must not forget that it is the duty of all Member States, from the biggest to the smallest, from the most powerful to the weakest, to pay their annual assessments in full, on time and without conditions. We all hope, at the United Nations, that the United States will begin soon to pay, as promised, their arrears and their regular annual contributions.

In an increased climate of doubt as to the value of multilateralism, and as a result of the strong will of Member States in the United Nations, the reform of the Organization has been seriously addressed by all delegations. Five Working Groups are currently seized with various aspects of adapting the United Nations to the new international realities: improving the capacity of the organization in the field of peace-keeping and conflict resolution; increasing its responsiveness to the challenges of economic and social development; securing a sound financial basis for the United Nations; enlarging the Security Council; and strengthening and revitalizing the overall structure of the United Nations system as a whole.

This process of reform is being undertaken because the United Nations has a future. This was resoundingly and unequivocally affirmed by the World's leaders meeting last October in New York on the occasion of the 50th anniversary of the United Nations. This universal forum continues to be the principal frame of reference for our international relations; it continues to set important standards for social, economic and civil conduct; it continues to be a unifying assembly of the World's nations; and, now and in the future, it must continue to be the catalyst for the further progress of humanity.

The new challenges to international security and prosperity require a multilateral approach through close international cooperation. Increased local and regional conflict, humanitarian disasters, environmental deterioration, economic pressures and social change all call for a global effort in their solution since they are problems which cross the borders of individual states.

The United Nations has a primary role to play in the maintenance of peace and security. Through the decisions of the Security Council, the United Nations can help to prevent and mediate conflicts, establish peace-keeping operations and begin the difficult task of post-conflict peace-building. Even without an army of its own, the United Nations and regional organizations can shoulder the tasks of bringing conflicts under control and thereby lessen the overall cost to the international community, both in material and human terms.

But the greater focus of the work of the United Nations system is on economic and social development. Eighty per cent of the work of the Organization is devoted to helping developing countries build the capacity to help themselves. This includes promoting and protecting democracy and human rights; saving children from starvation and disease; providing relief assistance to refugees and disaster victims; countering global crime, drugs and terrorism; and assisting countries devastated by war and the long-term threat of land-mines.

The United Nations will also continue to be crucial in the erection of international legal structures that promote the primacy of international law. However, for the primacy of international law to prevail it is necessary, indeed indispensable, for all states which are members of the United Nations, to accept as soon as possible the jurisdiction of the International Court of Justice. Taht it should still be legally accepted to refuse the Court's jurisdiction strikes me as an anachronism left over from the days of unlimited state sovereignty, which is inconsistent with the prevailing principale of the primacy of international law.

Ladies and Gentlemen,
The United Nations has reached a unique and critical moment in its history. In the new world of international relations, where dialogue and cooperation have an opportunity to prevail, greater than at any other time in the past, we must ensure that the United Nations is well equipped and more efficient to face the challenges of this hopeful state

of human history. But it is up to the states themselves to make the United Nations work for the international community. After all, the organization is no more than the sum of its Members. Its successes are the successes of its Member States; and its failures are the failures of the Member States. Should we let the United Nations end up being shaped by the uncertainty and unpredictability so characteristic of our times?

I don't think we should.

Because the United Nations is very important and we do now have the opportunity to contribute decisively to cross the threshold of this new era of hope.

I will be honest with you.

Were the United Nations an organization dedicated to promoting war, regional conflicts, ethnic persecution, genocide, violation of human rights, enlarging the differences between North and South, forget about the children, and the poor, and the sick, ignore democracy and support dictatorship around the world -were these to be the main goals of the United Nations, then I would understand perfectly well and could join my voice to those who attack the United Nations, who criticize its goals and achievements, who accuse its leaders, members and officers of doing a bad job.

But can democracies criticize the United Nations for promoting democracy? Can peace-lovers criticize the United National for working for peace? Can welfare states criticize the United Nations for aiding the poor, the sick, the needy? Can freedom-levers criticize the United Nations for promoting human rights? Can true believers in the equality of all human beings criticize the United Nations for fighting racism and ethnic persecution or for having fought apartheid?

Where are our priorities? Do we want to build a world for the rich and powerful, or do we want to build a civilization of love, caring for those most in need? Do we want to promote egotism or do we want to serve our brothers who suffer and cry for help? Do we live for promoting self-interest or do we work for a better world for everyone? Do we care for ourselves only or do we care for our neighbor?

The world has become a global village. All human beings have become our neighbors. Do we want to help them, or do we want to let them die in war, in political repression or in extreme poverty?

The United Nations is a more serious matter than it seems when you first hear about it. I warmly invite you all to acknowledge that our attitude towards the United Nations has much less to do with money, or good administration, or modernization than with our own concept of people, life, morals and justice.

If we consider ourselves true humanists and if our main concern is with everything human, then we must draw from it the inevitable conclusion that the United Nations is worth our praise – and we must support its humanitarian activities with all our heart and soul. Othervise, it will succumb at the hands of its enemies and for lack of support from its friends.

CAPÍTULO V

Introdução Breve ao Direito Diplomático

Wladimir Brito
Professor Auxiliar do Departamento Autónomo
de Direito da Universidade do Brasil

1.1. **Introdução**

Tal como acontece com as demais relações entre Estados e entre estes e outros sujeitos do Direito Internacional, as relações diplomáticas também se encontram submetidas a um conjunto de regras e princípios jurídicos, quer de natureza Convencional, quer costumeira. É claro que estas regras e princípios têm na sua base os princípios da soberania e da igualdade entre os Estados que são, em última análise, os marcos em cujos limites elas se desenvolvem e em que tais relações são estabelecidas.

Na verdade, as relações diplomáticas implicam, sob um ponto de vista jurídico, a criação de mecanismos geradores do concurso de competências entre Estados – e outros sujeitos do Direito Internacional – num mesmo território, o que não deixa de atingir, de certo modo, "*à la limite*" o poder soberano – **a soberania** – do Estado sobre o seu território. De facto, a instalação de um serviço público de um Estado no território de outro, subtraído completamente à jurisdição deste último, não deixa de ser um fenómeno contrário à ideia da soberania, e, em consequência, algo que gera problemas relativos ao pleno exercício do poder soberano de um Estado sobre o seu território. Por essa razão, a questão das relações diplomáticas implica necessariamente a conciliação do princípio da soberania territorial com as exigências das relações internacionais ou, por outras palavras, com a criação e o reforço de relações amigáveis e de cooperação entre os sujeitos do direito internacional, o que só através do estabelecimento de relações diplomáticas pode ser plena e satisfatoriamente realizada.

Pelo exposto, poderemos ver que no mundo actual é irrealista defender uma concepção absoluta da soberania, hoje completamente ultrapassada.

Relativamente ao princípio da igualdade, a questão que, hoje, as relações diplomáticas levantam, de forma crescentemente preocupante, num mundo constituído por Estados com distintos regimes políticos, sociais e económicos, com dimensões territoriais desiguais e com diferentes influências na cena político-económica e militar internacional, numa palavra, de Estados fortes e fracos, é a de tais relações serem transformadas e utilizadas como instrumentos de pressão dos Estados (ou blocos) fortes sobre os Estados fracos.

A estes problemas a sociedade internacional procurou dar resposta com o estabelecimento de um conjunto de regras e princípios vectores das relações internacionais, as quais embora não sejam suficientes para solucionar todo esse complexo problemático, são, contudo, um passo importantíssimo para a resolução pacífica dos conflitos internacionais.

Finalmente, importa dizer aqui que a proliferação e diversidade dos sujeitos do direito internacional, decorrentes não só da emergência de novos Estados na sociedade internacional, mas também da multiplicação das organizações internacionais, tornam, ainda, mais complexa todos os problemas que as relações diplomáticas colocam na actualidade.

Não é aqui possível tratar em profundidade todas essas questões, cujo estudo interessa para uma melhor compreensão da evolução das relações diplomáticas. Contudo, iremos abordar aqui sumariamente algumas dessas questões

1.2. Evolução Histórica das Missões Diplomáticas Permanentes [1]

1.2.1. *Na antiguidade*

Como sabemos já, nas civilizações antigas e até ao final da Idade Média, não existiam missões diplomáticas permanentes e a figura de

---

[1] Importa esclarecer que a **Missão Diplomática Permanente é um serviço público do Estado de envio** instalado de forma permanente no território do Estado receptor, com o objectivo de assegurar as relações diplomáticas entre os dois sujeitos do Direito Internacional

Sob o ponto de vista do direito (administrativo) interno e do direito internacional a missão permanente é um serviço (periférico) externo do Estado, que tem como função não só representar o Estado de envio junto do Estado receptor como, ainda, defender ou proteger os seus interesses colectivos e promover as relações – económicas, políticas culturais, científicas e outras – entre os dois Estados.

embaixador permanente era totalmente desconhecida. Nesse período os representantes dos "Estados" não permaneciam por muito tempo em território estrangeiro dado que se limitavam a executar as missões de que eram encarregados, regressando, de imediato, aos seus "Estados" de origem. As embaixadas tinham, assim, um carácter temporário, mesmo quando se prolongavam por algum tempo.

É claro que a intensificação das actividades diplomáticas em certos períodos e entre certos povos levou a que os respectivos poderes políticos sentissem a necessidade de elaborar certas regras jurídicas – todas de carácter costumeiro – relativas às relações diplomáticas e ao tratamento dos enviados especiais (diplomatas). Assim aconteceu, como já tivemos a oportunidade de frisar, em várias nações da Antiguidade [2].

1.2.2. Na Idade Média

Contudo, no início da Idade Moderna, com a grande actividade diplomática dos Estados Italianos começa a institucionalizar-se a figura dos embaixadores residentes, institucionalização que, na opinião de CALVET DE MAGALHÃES é inaugurada pelo Senhor de Milão, Giangaleazo Visconti, *"que durante mais de sete anos, ou seja, de Maio de 1425 a Julho de 1432, manteve um embaixador residente*

Esse serviço público é constituído não só pelo local da missão, seus bens e arquivos, como ainda, por um conjunto de pessoal, que são os membros da missão e os membros do pessoal da missão e que, no direito interno, regra geral [1], são agentes administrativos – funcionários ou não – do Estado de envio.

Para o direito internacional, esse pessoal, desde que tenha a qualidade de diplomata, é Agente Diplomático e goza de imunidades e privilégios, que também são extensivos ao próprio local da missão, seus bens e arquivos e aos familiares dos Agentes Diplomáticos.

Faz-se notar que relativamente ao pessoal diplomático, o Direito Internacional não faz depender a sua qualificação como Agentes Diplomáticos do facto de serem ou não considerados pelo direito interno dos Estados de envio como Agentes Administrativos desse Estado. Para o Direito Internacional basta que sejam membros do pessoal da missão com a qualidade de diplomatas para que lhes seja atribuída a categoria de Agentes Diplomáticos.

[2] Cfr. WLADIMIR BRITO, *Direito Internacional Público – Parte Histórica e Fontes*, ed. CECRI, Braga, 1994.

junto da corte de Sagismundo (1368-1437), rei da Hungria e imperador do Santo Império Romano" [3].

A partir de então (Século XV) os diversos Estados Italianos – Veneza, Nápoles, Milão – passam a trocar embaixadores permanentes ou residentes, acontecendo até que a Santa Sé passa a receber tais diplomatas [4].

Contudo, se é certo que a partir dessa época toda a Europa começa a adoptar a instituição dos embaixadores residentes e a conceder imunidades aos Agentes Diplomáticos, estabelecendo, assim um costume internacional relativo às relações e imunidades diplomáticas, cujas regras e princípios se mantém fiéis à sua origem costumeira até ao Congresso de Viena de 1815, não é menos certo que só a partir deste Congresso se começa a manifestar a intenção de produzir direito escrito das relações diplomáticas.

1.2.3. Século XIX [5]

De facto, só no Congresso de Viena (1815) é que se manifesta a intenção de substituir tais normas costumeiras por um direito escrito.

Contudo, a monarquia europeia reunida em Viena não conseguiu senão compilar num único texto as questões relativas à *categoria* e à *hierarquia* dos Agentes Diplomáticos, para efeitos de honras e precedências [6], o que é já, sem dúvida, um prenúncio e importante passo no sentido da codificação do Direito Diplomático.

---

[3] JOSÉ CALVET DE MAGALHÃES, *Manual Diplomático – Direito Diplomático e Prática Diplomática* – Ed. do Ministério dos Negócios Estrangeiros, Lisboa, 1985, pág. 21 e seg.s.

[4] Para maior desenvolvimento confronte JOSÉ CALVET DE MAGALHÃES, ob. cit., p. 21 e ss. Cfr. ainda PAUL REUTER, *Institution International*, Ed. PUF, Paris, 1956, p. 35-40.

[5] Cfr. GEORGES BOUSQUET, *Agents Diplomatiques et Consulaire*, Paris, 1985, p. 1 e 9.

[6] Para maior desenvolvimento, cfr. GERHARD VON GLAHN, *Law Among Nation*, (5ª ed.), Collier MacMillan Publishors, London, 1986. Ver, ainda, GEORGES BOUSQUET, *Agents Diplomatique et Consulaire*, Paris, 1983, p. 1 e 9, onde se faz um breve resumo da evolução histórica das relações diplomáticas francesas até aos finais do século XIX.

Surge, assim, nesse Congresso, o Regulamento de Viena, que veio mais tarde, em 1818, a ser completado com o Protocolo de Aix--la-Chapelle.

1.2.4. Século XX: os períodos essenciais [7]

Neste século a questão da codificação do Direito Diplomático entra na ordem do dia para ser tratada em quatro fases essenciais:
1 – A primeira que recobre os anos de 1927-1930;
2 – A segunda que se inicia em 1930 e acaba a 1954;
3 – A terceira que compreende os anos de 1954 a 1961;
4 – E a última que abrange o período compreendido entre 1961 e 1975.

1) *De 1927 a 1930*

Até 1927 a codificação possível foi a de Viena de 1815-1818. Em 1927, o Comité de Peritos da S.D.N. para a Codificação do Direito Internacional considerava que a questão dos privilégios e imunidades diplomáticas estava suficientemente madura ("sufficiently ripe"), para ser regulada, e que era inadmissível deixar perpetuar esta questão. Contudo, a Assembleia da S.D.N. rejeitava as conclusões do Comité, por entender que a conclusão de um Acordo Universal seria prejudicial, recusando-se, assim, a incluir esta questão no programa de codificação de 1930.

Entretanto, em 1928, em Havana, (VI Conferência dos Estados Americanos) foi adoptada por doze Estados Americanos, uma Convenção sobre os Agentes Diplomáticos, a qual foi ratificada pelos referidos Estados, e somente assinada pelos Estados Unidos da América do Norte, que a não ratificou com o fundamento de nela não estarem incluídas normas relativas à garantia de asilo diplomático.

Apesar de ter um carácter estritamente regional esta Convenção não deixa de ser um passo importante na Codificação do Direito Diplomático.

---

[7] Cfr. PHILIPPE CAHIER, *Droit Diplomatique*, citado, p. 14 e ss., para uma visão mais completa desta fase.

2) *De 1930 a 1954*

Os incidentes da guerra fria e as frequentes violações das regras relativas às relações diplomáticas, levou a que a ONU repensasse a questão das relações diplomáticas e que, em 1952, a Assembleia Geral votasse um Resolução [R-685 (VII), de 5 de Dezembro] na qual solicitava à Comissão de Direito Internacional (C.D.I.) a dar prioridade ao estudo da codificação das relações e imunidades diplomáticas.

Isto depois de a mesma Assembleia Geral, em 1949, ter rejeitado conceder prioridade a esta questão, que a C.D.I. tinha incluído nos seus quarenta tópicos de Codificação.

De qualquer forma, em 1954, a C.D.I. iniciou os seus estudos sobre as relações e imunidades diplomáticas, de que vai sair, em 1959, uma proposta ou projecto de Convenção.

3) *De 1954 a 1961*

Em 1959, a Assembleia Geral delibera convocar uma Conferência de Codificação que se deveria reunir em Viena, em homenagem ao Congresso de Viena de 1815, para tratar da questão da Codificação do Direito Diplomático, votando a Resolução 1450 (XIV), de 7 de Dezembro.

Reunida em Neue Hafburg, de 2 de Março a 14 de Abril de 1961, com a presença de oitenta e um Estados e de vários observadores, a Conferência adoptou várias resoluções e preparou os seguintes instrumentos:

– Convenção de Viena sobre as Relações Diplomáticas;
– Protocolo Adicional Relativo à Aquisição de Nacionalidade;
– Protocolo Relativo à Resolução Obrigatória dos Conflitos.

A 18 de Abril de 1961, a Conferência votou por unanimidade a Convenção de Viena sobre as Relações Diplomáticas, que foi assinada por setenta e cinco Estados.

Apesar de a Convenção – com 53 artigos e dois protocolos – ser o produto de um compromisso nos termos dos quais o Regime Costumeiro existente não deveria ser subvertido e de no parágrafo final do seu preâmbulo se afirmar que as regras costumeiras continuariam a reger as questões não reguladas expressamente na Convenção, esta não deixou de adoptar novas e inéditas soluções com o objectivo de responder não só às aspirações dos novos Estados, como também às transformações técnicas, nomeadamente no campo das telecomunicações.

4) *de 1961 a 1975*

Em 1969, a Convenção foi completada com uma outra Convenção sobre as Missões especiais – Convenção de Nova Yorque sobre as Missões Especiais, de 16 de Dezembro de 1969. A Convenção surge, assim, como um corpo coerente de normas e, nessa medida, como um verdadeiro Código do Direito Diplomático.

Finalmente, em 1975, a importante questão da representação dos Estados nas suas relações com as Organizações Internacionais foi regulada pela Convenção de Viena, do mesmo ano, que veio a resolver em parte, o delicado problema do direito de legação "passivo" das Organizações Internacionais.

Do exposto resulta que o direito das relações diplomáticas aparece como um dos mais antigos ramos do Direito Internacional formalmente codificados e consequentemente, como regras do direito internacional mais firmemente estabelecidas.

1.3. Direito de Legação

A doutrina é unânime em definir o direito de legação como a faculdade ou o poder de enviar e de receber missões diplomáticas.

Esse direito assume, portanto, uma dupla dimensão, a saber: uma traduz-se no direito de legação passivo e outra no direito de legação activo.

Por direito de legação passivo entende-se a faculdade ou o poder de receber missões diplomáticas de Estados estrangeiros, e por direito de legação activo a faculdade ou o poder de enviar missões diplomáticas para Estados estrangeiros.

Este conceito de direito de legação e especialmente o de direito de legação passivo enfermam, em nossa opinião, de uma enorme incorrecção técnico-jurídica.

De facto, a doutrina defende este conceito dizendo que não existe obrigação de legação passiva no sentido de um Estado não ter o direito de exigir a um outro que este receba os seus representantes[8], e que este fundamento decorre do art. 2.º da Convenção de Viena sobre as Relações Diplomáticas, segundo o qual *"o estabelecimento de*

---

[8] Cfr. NGUYEN QUOC DINH, *Droit International Public*, Paris, 1987, p. 665.

relações diplomáticas entre os Estados e o envio de missões diplomáticas permanentes faz-se por mútuo consenso".

Contudo, essa mesma doutrina esquece que do mútuo consenso nascem direitos e obrigações recíprocas entre os sujeitos do Direito Internacional, que devem ser respeitadas pelas partes, sob pena de se pôr em crise aquele consenso.

É claro que quer aqueles direitos, quer aquelas obrigações não são perfeitos, dado que, como sabemos já, nenhum sujeito do Direito Internacional – máxime os Estados – podem impôr a outro ou outros o dever de receber no seu território missões diplomáticas e, em consequência, o incumprimento das obrigações não acarreta sanções coercivamente aplicáveis. Apesar dessas imperfeições, tais direitos e obrigações não perdem a sua natureza de direitos e obrigações.

Assim, estabelecido o mútuo consenso relativo ao envio e recepção de missões diplomáticas, após se ter acordado o estabelecimento de relações diplomáticas, os sujeitos do Direito Internacional – os Estados e as Organizações Internacionais, a Santa Sé e outros com capacidade jurídico-internacional para o efeito – ficam, por esse facto, vinculados aos direitos e obrigações decorrentes daquele consenso, ou seja, ao direito de enviar e de instalar no território do Estado estrangeiro as suas missões e de exigir a observância das normas da Convenção de Viena, bem como ao dever ou à obrigação de receber e de permitir a instalação no seu território de missões diplomáticas estrangeiras.

É claro que, aquele direito e esta obrigação são, regra geral, condicionados pelo respeito das regras reguladoras das relações diplomáticas ou, se quisermos ser mais precisos, o exercício daquele direito e o cumprimento daquela obrigação ficam condicionados ao respeito recíproco não só do acordo consensualmente celebrado, como das normas e princípios da Convenção de Viena de 1961.

Deste modo, o Estado receptor só fica obrigado a receber a missão se o Estado de envio também assumir a obrigação de receber a missão daquele outro Estado, (receber a missão, sublinhe-se, e não este ou aquele Agente Diplomático, pois pode perfeitamente aceitar receber no seu território o serviço público negando a concessão do agrément a este ou àquele agente diplomático[9].

---

[9] Tal recusa, embora possa pôr em crise as relações diplomáticas, não implica necessariamente o incumprimento da obrigação de receber a Missão.

Tudo isto para dizer que não podemos concordar com a expressão (infeliz, a nosso ver) de direito de legação passivo, dado que do que se trata é de uma verdadeira obrigação – embora imperfeita – de legação.

Assim, somos de opinião que deve distinguir-se o direito da obrigação de legação e, em conformidade, defini-los diversamente, pelo que se deverá dizer que o **direito de legação** é a faculdade de enviar para o território de Estado estrangeiro missões diplomáticas, e que a **obrigação de legação** é o dever de receber missões diplomáticas.

É que na verdade não conhecemos qualquer figura jurídica de "direito passivo" e só o Direito Internacional decidiu instituí-la e adoptá-la, consagrando-a incorrectamente, com o fundamento de não ser possível obrigar nenhum Estado a receber missões diplomáticas. Esquece-se, deste modo, que em sede do Direito Internacional a **imperfeição dos direitos e deveres é ainda a regra** que dificulta a plena efectivação prática das suas normas na maior parte dos casos e que a soberania não pode ser hoje assumida como uma soberania absoluta que gerou, e gera, a inexistência de outras obrigações para os Estados que não sejam aquelas por eles assumidas voluntariamente, tanto mais que aqui os Estados, por mútuo consenso, assumem tais obrigações.

Por outro lado, no caso de legação, é preciso não perder de vista que os Estados, por mútuo consenso, assumem a obrigação de receber missões, a qual terá de ser cumprida, pois só assim se respeita os princípios jurídico-internacionais fundamentais, nomeadamente o da *pacta sunt servanda* e o da *boa-fé*.

Por todas estas razões, entendemos que, apesar de a praxe internacionalista e a própria doutrina terem consagrado as expressões direito de legação activa e passiva, torna-se necessário um maior rigor técnico e, nessa medida, a adopção das expressões direito e obrigação de legação.

1.4. Conceito e Fontes do Direito Diplomático

1.4.1. *Conceito*

A doutrina tem apresentado diversos conceitos de Direito Diplomático, mas todos eles têm de comum o facto de, em última análise, considerarem que esse direito tem por objecto as relações exteriores dos Estados.

Assim, para NASCIMENTO E SILVA o Direito Diplomático "*é simplesmente a parte do Direito Internacional Público, devidamente desenvolvida, que trata do agente diplomático*"[10], enquanto que para PHILIPPE CAHIER tal direito regula as relações entre os órgãos dos sujeitos do direito internacional encarregados das relações exteriores desses sujeitos [11].

Quanto a nós, entendemos que o conceito de Direito Diplomático deve revelar toda a dimensão do seu objecto, que, em nossa opinião, não recobre apenas os Agentes Diplomáticos, nem a mera relação entre os órgãos dos sujeitos do direito internacional encarregados das suas relações exteriores como defendem aqueles prestigiados internacionalistas.

Assim, para nós, o **Direito Diplomático** *é um conjunto de regras e princípios jurídicos reguladores das relações pacíficas entre os sujeitos do direito internacional – maxime Estados e Organizações Internacionais –, bem como das formas e garantias jurídicas de representação e defesa dos interesses destes sujeitos no exterior.*

1.4.2. *Fontes do Direito Diplomático*

Por fonte de direito entende-se os **modos de formação** e **revelação** do direito.

Certamente que o Direito Diplomático tem, tal como qualquer direito, as suas fontes, as quais deverão ser explicitadas, para que se possa compreender as formas de que se reveste este direito.

Como teremos a oportunidade de ver ao longo deste estudo, o Direito Diplomático encontra-se ligado a **duas ordens jurídicas**, a saber: a **internacional** e a **nacional**.

Na verdade esse direito dirige-se aos sujeitos do Direito Internacional – maxime Estados, Organizações Internacionais – nas suas relações internacionais, para os obrigar a adoptar certos comportamen-

---

[10] NASCIMENTO E SILVA, *Direito Diplomático*, in Boletim da Sociedade Brasileira de Direito Internacional, Ano 7, Janeiro-Dezembro de 1951, n.º 13 e 14, p. 79.
[11] PHILPPE CAHIER, *Droit Diplomatique*, Paris, 1964, p. 5/6.

tos, e, por outro, dirige-se a esses mesmos sujeitos para, internamente, adaptarem as suas legislações às regras do Direito Internacional.

No primeiro caso, o Direito Diplomático surge como Regras Gerais válidas para os sujeitos do Direito Internacional, enquanto que no segundo as regras daquele direito são especiais, diz-nos PHILIPPE CAHIER.

Em qualquer dos casos, o Direito Diplomático tem as suas fontes, os seus modos específicos de se revelar. Estas são as seguintes:

    a) **O costume**;
    b) **Os Tratados: bilaterais e multilaterais;**
    c) **As leis internas dos Estados e das Organizações Internacionais;**
    d) **A jurisprudência;**
    e) **A doutrina.**

A) O COSTUME

Conhecemos já o conceito de costume e que, no âmbito do Direito Internacional, este tem exercido um importante papel. Por outro lado, também sabemos que durante séculos e, ainda agora, o costume foi e, em certa medida, continua a ser a principal fonte do Direito Internacional, pelas razões já explicadas noutro lugar [12].

No que se refere ao Direito Diplomático, este foi sendo criado, ao longo dos séculos, pela prática reiterada e uniforme dos Estados, que tacitamente foram aceitando, por acordo, as regras desse direito. Assim se formou o Direito Diplomático tradicional, todo ele emergente e assente em regras costumeiras que foram sendo aceites pelos Estados e que tinham na sua base um princípio que nenhum Estado punha em causa: o **princípio da reciprocidade**.

É claro que, tal como acontece em todo o Direito Internacional, a tendência é a de o costume ceder lugar ao direito escrito – convencional – que não só o fixa, codificando-o, como introduz inovações importantes. É isto que tem vindo a acontecer com o Direito Diplomático, em especial desde 1961, com a sua codificação da Convenção de Viena de 1961.

Desta crescente dominância do direito escrito sobre o costumeiro

---

[12] Cfr. WLADIMIR BRITO, *Direito Internacional – Parte Histórica e Fontes.*

não resulta necessariamente que o costume deixe de ser uma fonte do Direito Diplomático. Na verdade, ainda hoje, apesar da predominância dos Tratados, o costume continua a exercer um importante papel no campo do Direito Diplomático, regulando várias relações jurídico--diplomáticas entre os sujeitos do Direito Internacional, o que se explica não só pela sua flexibilidade e maleabilidade que lhe permitem adaptar-se às novas circunstâncias, como ainda, pelo facto de o próprio direito escrito produzir novos costumes crescentemente aceites pela comunidade internacional como Regras de direito.

Assim se explica que as relações diplomáticas entre os Estados que não são partes na Convenção de Viena de 61 e noutras Convenções relativas às relações diplomáticas – Convenção de New York de 69 e a Convenção de Viena 75 – continuem a ser reguladas pelo direito costumeiro.

Mesmo para os Estados partes nessas Convenções o costume continua a ser fonte das normas que regulam algumas das suas relações, nomeadamente aquelas que não estão expressamente previstas nas disposições dessas convenções – cfr. os Preâmbulos da Convenção de Viena de 61 e da Convenção de New York de 69.

B) OS TRATADOS

No Direito Diplomático a importância dos Tratados tem crescido com a persistente Codificação desse direito, assumindo, assim, um papel de relevo que o torna hoje outra importante fonte daquele Direito.

De facto, o Direito Diplomático assenta em diversos tratados bilaterais e multilaterais que estabelecem os diversos conjuntos de regras jurídicas reguladoras das relações jurídico-diplomáticas entre os sujeitos do Direito Internacional. Torna-se, contudo, pertinente distinguir aqui os Tratados bilaterais dos multilaterais.

1) Tratados bilaterais

Estes Tratados tem normalmente por objecto o estabelecimento das relações diplomáticas e a instituição de missões diplomáticas entre os sujeitos do Direito Internacional com capacidade jurídico--internacional para o efeito, bem como a alteração da categoria das missões.

Para além desse objecto, podem ainda os sujeitos de Direito Internacional acordar por Tratados bilaterais diversas outras questões relativas às suas relações diplomáticas. Assim, por exemplo, o artigo 47.º da Convenção de Viena, permite que os Estados, por convénio, concedam reciprocamente um tratamento mais favorável do que o estipulado na Convenção, enquanto que os artigos 17.º e 41.º permitem que por acordo entre os Estados se estabeleça qual o Departamento do Estado receptor que deverá receber a notificação relativa à ordem de prevalência dos membros do pessoal diplomático e com que Departamento do Estado receptor deverão ser tratados os assuntos oficiais.

Faz-se notar que, regra geral, nos tratados bilaterais verifica-se a tendência de muitas questões serem regulamentadas por remissão para os princípios e regras do Direito Internacional comummente aceites pelas nações, o que significa o reenvio da regulamentação dessas questões ou para o direito comum ou para o direito convencional aceite pela generalidade das nações, ou seja para os Tratados multilaterais.

2) Tratados multilaterais

Estes tratados que são as mais importantes fontes do Direito Diplomático tem como objecto, regra geral, codificar o costume relativo àquele Direito, embora normalmente com inovações. Por outro lado, podem estabelecer tratamento especial para as missões dos Estados partes.

Escusado será dizer que a elaboração e a celebração destes Tratados, regra geral, são mais complexas e difíceis do que a dos Tratados bilaterais, não só devido à maior amplitude do seu objecto, como ainda por neles participar um maior número de Estados, cada um com os seus interesses específicos.

Regra geral, a elaboração destes Tratados é precedida de diversos projectos elaborados por especialistas ou por Comissões, nomeadamente, pela Comissão de Direito Internacional, projectos que depois são apresentados aos Estados para estudo e propostas de modificação, as quais são posteriormente analisadas pela Comissão para efeitos de as adoptar ou não no projecto final.

De qualquer forma, uma vez celebrado o Tratado este passa a ser fonte do Direito Diplomático.

C) LEIS INTERNAS

As leis internas são também uma importante fonte do Direito Diplomático, pois, na verdade, através delas são reguladas um conjunto de questões relativas àquele direito.

Com efeito, a legislação interna dos Estados e das Organizações Internacionais não só executam as normas jurídico-internacionais – como por exemplo, adaptando a estas normas a ordem jurídica interna – como, ainda, integram as lacunas existentes no Direito Diplomático, ampliam ou restringem o campo de aplicação desse direito – como acontece com a concessão de tratamento especial aos diplomatas, mais ou menos favorável do que o previsto no Direito Diplomático –, desde que não contrarie ou viole o conteúdo deste Direito.

Regra geral, as leis internas visam garantir e salvaguardar o princípio da reciprocidade, pedra angular do Direito Diplomático, que todos os sujeitos do Direito Internacional procuram respeitar e fazer respeitar por corresponder aos seus interesses.

Acontece, contudo, que a legislação interna, na generalidade dos casos, trata as questões relativas ao Direito Diplomático de forma dispersa e assistemática. De facto, tais questões tanto são reguladas por vezes no Código Penal, como nos Códigos de Processo Penal e Civil, outras vezes na legislação fiscal e aduaneira, etc., o que torna mais difícil o estudo do estatuto jurídico (interno) dos diplomatas.

Sendo certo que a legislação interna de cada Estado é sob o ponto de vista jurídico-internacional um acto jurídico unilateral, podemos dizer que as leis internas são fontes indirectas do Direito Diplomático.

D) A JURISPRUDÊNCIA

As decisões dos tribunais, quer nacionais quer internacionais, são uma fonte do Direito Diplomático na medida em que não só auxiliam a interpretação das regras jurídicas desse Direito, como podem contribuir para integrar as lacunas nele existentes e para reconhecer a existência de Costumes relativos às relações diplomáticas ou favorecer a própria criação dessas regras.

E) A DOUTRINA

A doutrina exerceu um importante papel na criação e no aperfeiçoamento do Direito Internacional.

Até ao século XVIII era a doutrina que esclarecia o sentido das normas jurídicas relativas às relações diplomáticas e revelava quais as normas que deviam ser aplicadas.

Para além disso, a doutrina, tem exercido um importante papel na Codificação do Direito Diplomático. Sendo certo que modernamente a doutrina não é propriamente uma fonte de revelação e de criação do Direito Diplomático, não é menos certo que ainda hoje desempenha um papel importantíssimo no campo desse direito precisamente porque ainda continua a influenciar grandemente o "legislador" internacional, quando este decide codificar ou produzir qualquer tipo de Tratado sobre questões relativas às relações diplomáticas.

CAPÍTULO VI

A Sociedade Civil e a Idéia de Estado – o Estado da Civilização Cibernética

Miguel Reale
Professor emérito da Universidade de São Paulo
Da Academia Brasileira de Letras
Presidente do Instituto Brasileiro de Filosofia
Presidente honorário do Instituto de Filosofia
Luso-Brasileira

Dois séculos de deturpação do conceito de sociedade civil – Consequências dos desvios teóricos de Hegel e Marx – Correlação essencial entre sociedade civil e Estado – O sentido realista do capitalismo em contraste com a ideologia socialista – Consequências sociais do impacto tecnológico – O Estado próprio da civilização cibernética – As aporias da globalidade e o destino do Estado Nacional – Um novo conceito de democracia participativa resultante das comunicações electrónicas – Sociedade civil e comunidade.

I. Embora pareça exagero, qualquer previsão plausível sobre o futuro da sociedade e do Estado no próximo milénio pressupõe, além da análise das revolucionárias transformações actuais resultantes da informática e da cibernética, uma sondagem histórica até os efeitos imediatos da Revolução Francesa de 1789.

A bem ver, ponto essencial de partida da história política contemporânea é representado pela "Declaração dos direitos do homem e do cidadão", na qual foi reconhecido o valor autónomo do indivíduo perante o Estado, sendo fixados os pilares de uma nova ordem jurídica, desde o Direito Constitucional ao Administrativo, do Direito Civil ao Penal. Como penso ter demonstrado em meu livro *Nova fase do Direito Moderno*, pode-se dizer que é só então que ou surgem ou se consolidam os diversos ramos da Ciência Jurídica actual, sendo superadas as estruturas ainda vinculadas à antiga codificação mandada redigir pelo imperador Justiniano no sexto século de nossa era.

Desse modo, estamos perante pouco mais de dois séculos de história, durante os quais a humanidade viveu, no mundo ocidental, uma sucessão de guerras e conflitos até culminar na hecatombe da Segunda Guerra Mundial, sempre na tentativa vã de realizar os ideais de liberdade, igualdade e fraternidade proclamados no fim do século XVIII.

Ora, um dos protagonistas máximos dos novos tempos foi Napoleão Bonaparte, cuja actuação político-militar importou na projecção de duas ideias básicas, a de "nação" e a de "administração", entendida esta como um ordenamento de natureza técnica. Nacionalismo e burocracia iriam exercer uma influência decisiva no envolver dos acontecimentos.

O certo é que, frustradas as tentativas de retorno às tradições monárquicas, o drama político dos países europeus, que continuaram a ser o centro da cultura ocidental, teve como alvo principal a fixação das directrizes essenciais à organização do Estado de base nacional, como um conjunto definido de direitos e deveres capaz de atender às exigências individualistas da burguesia e da economia capitalista que lhe era própria, já às voltas com as reivindicações do nascente proletariado.

Pois bem, é nesse quadro geral que se situam as figuras pinaculares de Hegel e de Marx, um continuador do outro. A meu ver, é na relação hegeliano-marxista, pelo menos do ponto de vista da teoria política, que devemos buscar as raízes do conflito ideológico que, esboçado apenas nas últimas décadas do século passado, iria constituir o núcleo central das tragédias económico-culturais que atormentaram o século XX, sem dúvida alguma o mais violento e sangrento da história.

Se invoco os nomes de Hegel e de Marx é porque é na passagem do primeiro ao segundo que ocorre o grande sacrifício da *sociedade civil*, convertida em mero instrumento do *Estado*, através das mais imprevistas e paradoxais elocubrações desses dois pensadores oitocentistas, um morto em 1831 e o outro em 1883.

O curioso é que devemos a Hegel as mais belas páginas sobre a estrutura e os característicos da *sociedade civil*, que ele não concebe mais como simples contraposição ao "estado de natureza", à maneira dos jusnaturalistas mas antes como o estágio social gerado pelas relações de trabalho, quando surgem as primeiras regras de composição de interesses conflitantes preparando o advento do Estado. O surpreendente, todavia, é que, ao prosseguir no estudo do desenvolvimento do que ele denomina "espírito objectivo" ou, em palavras mais simples, da actividade social ou cultural, acaba proclamando que o ponto culminante desta é representado pelo *Estado*, no qual e pelo qual o homem se realiza em sua plenitude [1]. Estava lançada, assim, a semente do

---

[1] Sobre a ideia hegeliana de "sociedade civil", v. NORBERTO BOBBIO, *Estudos sobre Hegel*, tradução de Luiz Sergio Henriques e Carlos Nelson Coutinho, São Paulo, 1995, págs. 179 e segs. No *Dicionário de Política*, 6.ª ed., da trad. brasileira, BOBBIO dedica especial verbete à evolução do conceito de sociedade civil.

estatismo que, conjugado com outros factores das mais variadas espécies, redundaria no *totalitarismo*. Muitas explicações têm sido dadas à estatocracia hegeliana, inclusive talvez por julgar a preeminência do Estado uma "conditio sine qua non" da unificação da nação alemã, mas se trata, evidentemente, de assunto complexo que não se compadece com a natureza e a extensão do presente escrito. Nem se deve esquecer que o totalitarismo nazista foi o resultado do acasalamento do Estado com um único partido, confundindo-se ambos com os quadros rígidos da Administração. A redução da Administração a um partido único é um dos característicos do Estado totalitário, no qual sociedade civil e Estado se fundem, reduzindo o indivíduo a seu instrumento.

Ora, não menos surpreendente é o destino da ideia de sociedade civil no pensamento de Marx. Leitor profundo de Hegel, ele não somente compreendeu o relevante alcance de seu conceito de sociedade civil como, a partir dele, deu, por assim dizer, sentido de socialidade à filosofia, partindo do homem integrado concretamente nas relações sociais e não mais de um abstrato *eu* que pensa, na linha do *cogito* iniciada por Descartes.

O que sempre me intrigou no pensamento de Marx, não me deixando fascinar pelo marxismo, que, no dizer de Raymond Aron, representou o "ópio dos intelectuais" no decorrer de nosso século, foi o abandono quase que imediato da ideia de sociedade civil em virtude do impacto ideológico que o levou a redigir o *Manifesto Comunista*, em 1848, exigindo a "ditadura do proletariado" como fase de passagem para uma democracia social, cujos estrutura e lineamentos essenciais ele jamais revelou. É que na dialéctica marxista – na qual a *Ideia* de Hegel se converte em *Matéria*, dando origem ao "Materialismo histórico" – a sociedade civil deixa de ser um valor autónomo, passando a ser uma promessa do Estado dominado pela classe proletária. O resultado dessa alteração só podia dar no *Estado totalitário soviético*, que Lenin concebeu e Stalin levou às mais trágicas consequências. Também neste caso o partido único acabou se confundindo com a *Nomenklatura* administrativa...

No plano das ideias políticas, por conseguinte, quer na linha de Hegel, quer na de Marx, o que prevaleceu foi o *primado do Estado* – o que explica o apogeu do *totalitarismo* no século XX, não faltando sequer o sintomático aperto de mão de Hitler e de Stalin em um momento crítico do 2.° conflito universal...

Ocorre, porém, que, apesar das pressões ideológicas totalitárias, a sociedade civil continuou a obedecer às suas leis imanentes, tendo a liberdade individual como seu fulcro e fundamento, com o superamento, de um lado, do egoismo do capitalismo selvagem – com o qual erroneamente muitos a confundiam – e, de outro lado, com a destruição das duas expressões hediondas do totalitarismo.

Após a derrocada do socialismo real e da queda do Muro de Berlim, refulge novamente a ideia da sociedade civil, liberta dos guantes do Estado, ainda que este não deva nem possa desaparecer. A reconquista do autêntico sentido de sociedade civil é a grande missão política do próximo milénio, a fim de ser dado ao indivíduo o que é do indivíduo e ao Estado o que é do Estado, assim na ordem interna como na internacional.

Antes, porém, de arriscar quaisquer prognósticos sobre tão fascinante assunto, não será demais insistir sobre a correlação essencial existente entre a forma como se concebe a sociedade civil e a imagem do Estado com o papel que lhe é *atribuido em todos os domínios da actividade humana.*

II. Cumpre, desde logo, salientar que a concepção do Estado não pode ser o resultado de um raciocínio puramente abstracto, como, por exemplo, o de Platão, ou, em polo oposto, o dos anarquistas. Como bem o advertiu Aristóteles, a ideia da "polis", isto é, do Estado-urbano próprio da civilização grega, não podia deixar de se apoiar em dados da experiência, sendo para ele dado fundamental o facto de ser o homem "um animal político", ou seja, dotado de natural inclinação a viver pacificamente associado, o que somente seria possível, a seu ver, com a obediência à virtude da justiça distributiva, consistente em dar a cada um o que é seu.

Pode-se dizer que, a partir dessa compreensão essencial de Aristóteles, a ideia do Estado, de uma forma ou de outra, passou a depender de como se concebem o homem e seu destino. Na Idade Média, por exemplo, o Estado foi modelado segundo a dominante visão transcendente ou religiosa da existência humana, sendo o Estado visto como entidade subordinada aos mandamentos da Igreja.

Quando, na Idade Moderna, o homem passou a ser entendido como o ente em função do qual a sociedade deve ser ordenada, na medida da razão (Descartes) ou da experiência (Bacon), o Estado foi concebido como o resultado de um contrato entre os indivíduos, assumindo o "contratualismo individualista" as mais diferentes feições de conformidade com as variáveis doutrinas sobre a natureza humana, até culminar na solução racionalista da Revolução Francesa, e no pragmático ordenamento constitucional norte americano, os dois legados políticos fundamentais do século XVIII.

O certo é que, em ambas as direcções, predomina a ideia de que o Estado existe em razão do indivíduo, cuja autonomia ou liberdade deve ser sempre preservada contra as interferências estatais, princípio este que está na raiz do Estado de Direito.

Não obstante as valiosas antecipações feitas por Hobbes, Locke, ou Roussau, creio que posso afirmar que o foi somente no século passado que o fulcro da organização estatal deixou de ser o indivíduo isoladamente considerado para ser o "indivíduo situado na sociedade civil", com o superamento definitivo do contratualismo ainda vigente na filosofia de Kant, embora de maneira transcendental e abstracta, ou seja, sem cunho histórico.

A ideia de "sociedade civil", conforme já lembrei, assume configuração diversa e fecunda na filosofia política de Hegel, herdada por Karl Marx, tendo tido já a oportunidade de mostrar, como, paradoxalmente, ela acabou sendo distorcida por esses dois pensadores, superada que foi pela ideia hegeliana do Estado todo poderoso, bem como pela ideologia marxista da ditadura do proletariado, podendo ser apontados esses dois desvios como as fontes do totalitarismo, nas versões hitlerista e soviética.

É que tanto Hegel como Marx, após terem intuido o valor fundamental do conceito de "sociedade civil", deixaram-se dominar por aspirações abstractas, desligadas da experiência. Verdade seja dita que no caso de Marx esse divórcio com a experiência foi parcial, porquanto a sua dominante compreensão da sociedade civil em termos de conflito de interesses e de classes correspondia à sociedade capitalista de seu tempo, ao chamado "capitalismo selvagem", no qual prevalecia de maneira absoluta o fim do lucro, segundo uma ética de resultados materiais, com total desprezo dos direitos dos trabalhadores, meros instrumentos do processo económico. Seu erro, e erro de consequências funestas, foi transformar a luta de classes de sua época em lei de caracter universal, aplicável a todos os tempos, apontando a socialização dos meios de produção como a única solução compatível com os interesses do proletariado.

Por tais motivos, se, de um lado, o socialismo marxista contribuiu para o reconhecimento dos direitos sociais dos trabalhadores, – o que me parece tolice contestar – de outro lado, em virtude da pregada "ditadura do proletariado", abriu campo a Lenin e a Stalin para a instauração de uma das duas mais hediondas experiências totalitárias, com sacrifício tanto do indivíduo como da sociedade civil.

Parece-me, em suma, fora de dúvida, que o totalitarismo foi a resultante da deformação da ideia de sociedade civil, devido ao predomínio de opções abstractas, que a desvincularam do Processo histórico, sujeitando-a por inteiro ao arbítrio do Estado.

Temos assim a prova de que a ideia de Estado deve ter como base a experiência histórica, sem prejuízo do que denomino "invariantes axiológicas", isto é de certos valores que transcendem a história, ainda que dela emergentes, como é o caso do valor da pessoa humana e seu inseparável princípio fundante da liberdade [2].

Foi a fidelidade à ideia nuclear de livre iniciativa (uma das prerrogativas do indivíduo como tal) que – apesar de inegáveis atentados iniciais aos interesses da maioria, excluida dos benefícios da produção e circulação das riquezas – possibilitou o superamento do capitalismo selvagem, alargando-se cada vez mais a participação dos menos abonados aos bens resultantes da livre actividade económica, até o ponto de, nos países mais desenvolvidos, a maior parte do proletariado se converter em classe média.

Em contraste com esse êxito da economia capitalista, devido a uma visão realista da sociedade civil, os socialistas perseveraram no sonho de constitui-la segundo modelos abstractos de igualdade, os quais redundaram, ao contrário, na implantação do Estado totalitário nas mãos de uma privilegiada burocracia civil e militar, o que não Podia senão levar à derrocada do chamado "socialismo real", com o esfacelamento do Império soviético.

Cabe ainda ponderar que o experiencialismo que presidiu a evolução da sociedade capitalista somente será plenamente entendido se remontarmos à fundação da "ciência económica" por Adam Smith,

---

[2] Sobre a necessidade da ordem político-jurídica se basear em "invariantes axiológicas", v. meu livro *Paradigmas da cultura contemporânea*, Ed. Saraiva, 1996.

na mesma época em que ocorreram a Revolução Francesa e a Independência norteamericana. Felizmente, Adam Smith não era apenas um economista, mas sim um grande pensador, a quem devemos a instauração do liberalismo clássico com base numa compreensão realista da sociedade civil, completada logo depois por David Ricardo, que, com o seu conceito utilitarista de *valor* como base da economia, deu início a um longo processo de desvinculação da axiologia (teoria dos valores) de suas matrizes metafísicas.

Com o liberalismo retomava-se a linha realista de Aristóteles, mas enriquecida de um sentido operacional ou pragmático, o qual constitui uma das notas essenciais da modernidade. É em razão desse novo paradigma que surge a *técnica* como elemento dinamizador da sociedade civil, influindo cada vez mais em seu desenvolvimento, com natural repercussão na idéia de Estado. Ninguém ignora o crescente poder dos processos tecnológicos em todos os quadrantes da atividade humana, condicionando, entre outras, as soluções políticas. Devemos mesmo perguntar, ante os gigantescos mecanismos da civilização cibernética e a inegável crise atual do capitalismo, se não estamos correndo o risco de um novo totalitarismo de fonte tecnológica, assunto que por sua magnitude exige estudo especial, que nos permitirá situar em novos termos o sempre candente confronto entre o experiencialismo capitalista e a ideologia socialista.

III. Positivado que a reforma do Estado depende do conhecimento que se tem da sociedade civil, ao invés de ficarmos contrapondo superados clichês políticos, devemos partir de um estudo objectivo dos múltiplos factores científicos, tecnológicos, económicos, financeiros ou, mais amplamente, *culturais* que vêm dando nova feição à comunidade humana na quina do próximo milénio.

Não há dúvida que na raiz das profundas modificações havidas há o facto científico-tecnológico que deu lugar ao aparecimento da chamada "civilização cibernética", fruto da revolução operada no plano da comunicação tanto das ideias como dos interesses, aproximando ou contrapondo os povos (o fundamentalismo está aí, como exemplo de resultado negativo) por cima das fronteiras nacionais, em virtude das assombrosas transmissões electrónicas que já se tornaram de uso comum.

A primeira consequência dessa transmutação de valores nos

meios de comunicação é a cada vez mais enaltecida "globalidade", vista como expressão de uma nova era da pacífica comunhão das gentes. Não há quem não deseje ver realizado o sonho de Kant, que viu na paz universal o pleno adimplemento dos imperativos éticos, que dignificam o ser humano, mas não devemos nos deixar levar por fáceis entusiasmos. O perigo, a meu ver, é o de uma globalização massificadora que redunde no sacrifício dos valores inestimáveis de cada cultura nacional, a comecar pelos linguísticos até a sua própria "forma de vida", consubstanciada em sua tradição literária e artística, em suas crenças e usos e costumes. Nada seria mais melancólico e vazio do que uma unidade resultante do "totalitarismo tecnológico", no qual o antigo comando prepotente dos "donos do poder político" é substituido pelo frio "poder dos donos das máquinas". Globalidade, sim, mas poliédrica e diversificada, com sincrónica complementaridade de concepções e vozes distintas, respeitada a originalidade das fontes étnicas e históricas que enriquecem a experiência geral da humanidade sobre a face da Terra. A globalidade, se eticamente concebida, não importa em abdicação e renunciação por parte dos indivíduos e colectividades, numa uniformidade modelada segundo cálculos de maior rendimento tecnológico.

A essa luz, não podemos aceitar, por exemplo, a afirmação peremptória do filósofo do neopragmatismo, Richard Rorty, sobre "a derrocada da Nação-Estado como unidade socioeconómica, derrocada esta que é uma consequência inevitável (*sic*) da globalização da economia". Cabe-nos perguntar até que ponto essa assertiva não corresponde ao "desideratum" dos países que dominam a globalidade, aos que a modelam segundo as linhas de seus próprios interesses. Na realidade, já tivemos dura experiência do que pode significar para as nações em desenvolvimento – como o México, a Argentina e o Brasil – a brusca retirada dos recursos financeiros nelas aplicados com finalidade puramente especulativa, valendo-se do vertiginoso poder da informática global.

Ante tais previsíveis abusos, e para salvaguarda dos já apontados valores da "identidade nacional", parece-me precipitado o anúncio do naufrágio do "Estado Nacional", devendo-se antes pensar em sua adequação aos novos tempos, menos como agente de produção do que como agente mediador, para equilíbrio dos interesses nacionais com os alienígenas, sem nacionalismo fátuo, mas também sem internacionalismo marcado pelo servilismo e a abdicação. O problema é deveras delicado e complexo, porque se trata de realizar um "balanceamento de valores", no qual, penso eu, não há como excluir o papel do novo Estado como lugar de interseção de interesses nacionais e internacionais.

Mas não são apenas as vantagens e os riscos da "globalidade económica" que desafiam os cultores da Ciência Política, pois a revolução tecnológica, com a crescente automação ou "robotização" que vai substituindo o sempre reivindicante trabalho humano pela produção passiva da máquina, põe em crise o capitalismo, que parecia triunfante após o soçobro do "socialismo real", estando o mundo todo ameaçado pelo gigantesco problema do desemprego, para o qual até agora não se encontrou solução eficaz.

Tudo indica, porém que, sendo o progresso tecnológico irreversível, a única via será a da revisão das relações do trabalho, a qual somente será possível graças ao alto entendimento dos sindicatos dos empresários e dos trabalhadores, com a participação harmonizadora do Estado Nacional, cuja morte tão apressadamente se anuncia. Cumpre valer-nos dos êxitos da mecanização para diminuir as horas de trabalho, reconhecendo também "o direito de não trabalhar", ao qual me refiro em meu livro "Estudos de Filosofia e Ciência do Direito" (Saraiva, 1978) o que exigirá nova formação ética e intelectual para a fruição do ócio, a fim de que este não descambe para o tédio ou as tentações do álcool e da droga.

A grande novidade é que, nesse como nos demais casos, o Estado Nacional não poderá atentar e atender tão somente aos interesses do povo que representa, porquanto a globalidade económica o impede de assim agir. Sem um acordo de base internacional será impossível superar os fantasmas do desemprego, do terrorismo e do narcotráfico. Ademais não devemos olvidar que a vantagem representada pelo domínio dos últimos modelos mecânicos pode ser contrabalançada pelo pagamento de ínfimos salários impostos a milhões de trabalhadores, como se dá na China comunista, saindo prejudicados, em ambos os casos, os países menos desenvolvidos.

É considerando todas essas conjunturas que nos cabe cuidar de novas fórmulas ou modelos políticos, jurídicos e económicos, os quais só poderemos alcançar se superarmos rígidas e renitentes contraposições novecentistas entre liberalismo e socialismo, ou, mais genericamente, entre razões de liberdade e razões de igualdade, cuja complementaridade deve constituir o fundamento ético de mais justa distribuição da riqueza.

Por fim, a necessidade de acordos internacionais também se põe para o superamento de outra ameaça, e, não menor, que caberá ao novo milénio afrontar, que é o risco da destruição da natureza pela abusiva exploração dos processos tecnológicos, até agora obedientes à nunca saciada fome de crescentes lucros, exigidos por gigantescas coligações económico-financeiras que constituem verdadeiros Estados dentro do Estado. Sem ofensa à soberania de cada povo (e é tolice escarnecer o conceito de soberania, tão do gosto dos países ultra-soberanos...) é mister colocar a grave questão da salvação do meio ambiente em termos universais, impondo-se o reconhecimento de sacrifícios e compensações recíprocos.

É claro que os aqui lembrados não representam todos os factores que operam na modelagem da nova sociedade civil e, por via de consequência, na elaboração de um novo ordenamento jurídico-político; mas os exemplos dados nos autorizam a pensar que o início do novo milénio será marcado pelo desejo de compor antigos e novos valores e ideias, sem as contraposições e os contrastes que assinalaram a violenta centúria que se finda, sem perder de vista que as soluções nacionais e internacionais deverão sempre ter como fulcro referencial o valor da pessoa humana, valor-fonte de todos os valores. É prevenindo-nos contra os males da xenofobia, do corporativismo e de disfarçados imperialismos, que nos será, outrossim, possível passar do Estado de Direito para o Estado da Justiça Social.

IV. Ademais, as profundas alterações na estrutura e no desenvolvimento da sociedade civil, sobretudo em virtude da celeridade da comunicação electrónica, não podiam deixar de pôr na ordem do dia o problema da representação política, um dos esteios do regime democrático.

Intuido na longínqua *Magna Carta de 1215*, o sistema representativo se consolidou numa época em que homens e notícias dependiam da velocidade dos cavalos, de tal modo que, dada a inviabilidade da democracia directa, não houve outro remédio senão delegar a certo número de representantes o poder-dever de legislar e de fiscalizar as autoridades governamentais. É claro que, nos limites do presente estudo, não posso sequer esboçar a história do regime representativo depois do aparecimento das ferrovias, do automóvel ou das aeronaves, com a invenção do telégrafo, do telefone ou do fax, nem tampouco resumir as mil teorias jurídico-políticas que tentaram explicar a natureza especial do "mandato" conferido a deputados ou senadores.

Abstração feita das controversias em torno desses magnos assuntos, não será erróneo afirmar que a convicção geral dos eleitores, ao escolherem seus candidatos, é a de lhes estarem confiando a missão de agirem em consonância com as ideias e os interesses que motivaram seu voto.

Ora, numa sociedade marcada cada vez mais pela fragmentação das ideias e dos interesses, em confronto paradoxal com a não menos avassaladora pressão uniformizante da midia sobre a opinião pública, compreende-se o *estado de perplexidade e de indecisão* que reina nos Parlamentos, assim como nos partidos políticos, notadamente nos países, como o Brasil, onde eles não correspondem a distintas directrizes doutrinarias ou programáticas. Assim sendo, os cultores de Ciência Política ou de Direito Constitucional, que não podem desprezar os dados da experiência, ao envés de apenas criticarem o fisiologismo corporativista que mina as agremiações partidárias e as Casas da Lei (e por que não o Governo ou o Judiciário?) devem, ao contrário, em função das novas conjunturas, indagar de novos paradigmas capazes de assegurar sentido transpessoal ou nacional as deliberações do Congresso, baseadas no estudo especializado das múltiplas questões submetidas à sua decisão.

Não concordo com desconsolados doutrinadores alienígenas que, ante o quadro acima traçado, concluem pela morte dos Parlamentos como órgão legislativo, proclamando que a iniciativa e até mesmo a feitura das leis deve caber tão somente ao chefe do Poder Executivo – ponto de vista já defendido por Augusto Comte e acolhido no Brasil pelos seguidores de Julio de Castilho – sob a alegação de só ele ser dotado de corpos estáveis de colaboradores especializados nos diversos campos da ciência e tecnologia reclamados pelos problemas intrincados do mundo contemporâneo num contexto de relações nacionais e globais. Tarefa primordial do Congresso seria a de fiscalização e controle do governo, exercendo funções legislativas apenas de caracter supletivo ou correctivo.

Não compartilho desse entendimento, que, a meu ver, teria como desfecho a morte da democracia indirecta, abrindo caminho para a instauração de um novo totalitarismo de base tecnocrática.

Penso, ao contrário, que devemos mudar o enfoque dominante na configuração do Parlamento como um órgão destinado a legislar e a fiscalizar a Administração, decidindo sobre tudo de per si, como "representante exclusivo e soberano da vontade popular". Parece-me que devemos partir da observação de que os actuais poderosos meios de comunicação nos permitem configurar um novo modelo de democracia que, sem prejuízo da palavra final do Parlamento, pressuponha a co-participação, na elaboração das leis, das organizações não governamentais (ONGs), desde que de forma explícita e transparente, tal como, de resto, já se esboçou quando a CGT e a CUT interferiram na discussão do projecto de emenda constitucional da Previdência Social. Teríamos, desse modo, uma democracia participativa e plural.

Por outro lado, se é certo que o Congresso não dispõe dos conhecimentos técnicos exigidos para o adequado e pleno exercício da função legislativa, mais uma vez caberia às ONGs oferecer-lhes os instrumentos tecnológicos existentes nas diversas categorias sociais interessadas, com exame objectivo das propostas governamentais.

Dir-se-á que isto não é senão uma nova configuração do tão malsinado *lobby*, que, no entanto, Jeremias Bentham, com a sua fina percepção pragmática, na época da Revolução Francesa, já considerava natural e inevitável, desde que exercido abertamente e sem dolo. O que nos cabe, pois, é converter uma situação de facto – não raro secretamente ilícita – em um normal processo de co-participação legislativa, sujeita ao pronunciamento final do Poder Legislativo. Para tanto não haverá sequer necessidade de revisão constitucional, bastando a mudança de mentalidade dos legisladores.

Em complemento às directrizes supra indicadas, resta a apreciação dos desvios legislativos decorrentes do "corporativismo" actuante nos Parlamentos, como "expressão de interesses de grupos ou categorias sociais", no bojo ou à margem dos partidos, frequentemente em conflito com o bem comum da Nação.

Nesse ponto, estou convencido de que somente uma reforma constitucional corajosa poderá suprimir ou pelo menos neutralizar essa ameaça constante, estabelecendo o "voto distrital misto", expressão imprópria mas já consagrada, visando a assegurar duas opções para o eleitor, que poderá escolher um candidato de sua preferência pessoal nos limites de seu distrito eleitoral, dando outro voto a uma das listas oferecidas à sua consideração pelos partidos políticos, lista essa formada por candidatos que, de conformidade com o resolvido pelas convenções, são considerados mais aptos a exercer seu mandato em sintonia com o programa partidário, acima, pois, de interesses fisiológicos e grupalistas.

V. Como remate final a esta tentativa de intuir os possíveis contornos do Direito Constitucional, próprio da civilização cibernética, acrescento que nada me parece mais útil à compreensão dos avatares da ideia de "sociedade civil" do que o seu confronto com a idéia de "comunidade", que tem exercido verdadeiro fascínio sobre os pensadores políticos, sobretudo sobre os ideólogos, que chegam a contrapô-la àquela, caracterizando-a por uma forte coesão baseada no consenso espontâneo dos indivíduos.

É claro que ambos os conceitos constituem distintas expressões da convivência humana ao longo da multimilenar história da organização política dos povos, não segundo um desenvolvimento progressivo, mas com avanços e recuos, assinalando períodos de estagnação e fases de acelerado rítmo.

Não falta, é claro, os que empregam as duas mencionadas expressões como sinónimas, mas, de maneira geral, poder-se-ia dizer que a palavra comunidade achega-se mais ao ideal do povo organizado de maneira espontânea através de sucessivas decisões colectivas que se convertem em usos e costumes, das quais o Estado seria mero reflexo, prevalecendo, desse modo, o *social* sobre o *político*. Quando se leva esse ideal até suas últimas consequências chegamos ao anarquismo, que é a teoria segundo a qual a humanidade somente poderá realizar a plenitude de seus valores intelectuais e éticos quando não houver mais dominantes e dominados, ou seja, com o total superamento dos conceitos de *poder* ou de *autoridade*, fonte de todos os males. Uma posição intermédia é ocupada pelos anarco-liberais, que se conformam com a presença de um Estado mínimo, reduzido a exercer apenas as funções insusceptíveis de serem transferidas aos indivíduos, segundo um leque variegado de concepções ditadas tanto por conjunturas históricas como por pendores de natureza pessoal.

No fundo, no "ideal comunitário", que está na raiz das doutrinas socialistas ou comunistas, lateja a esperança do auto-governo popular, fruto da "liberdade igual e colectiva", e não de um acordo entre liberdades distintas, expressões de cada ser pessoal em sua singularidade existencial. Ora, o realismo político repele tanto a ideia utópica dos seres humanos iguais como a possibilidade de existir uma sociedade com abstração do poder, razão pela qual não considera o Estado um "mal necessário", mas o concebe antes como uma instituição, cujo papel e atribuições não podem ser configurados de maneira absoluta, mas sim em função de mutações históricas de caracter estrutural ou conjuntural. Como já tive ocasião de assinalar, a sobrevivência do capitalismo, com todas as alterações que nele ocorreram e continuam a ocorrer, deve-se ao facto de não ser ele um "sistema de opções ou aspirações ideológicas abstratas", mas sim a expressão de uma exigência conatural ao ser humano, que é o desejo de "ser alguém" e de "ter algo" como próprio, no seio de uma "sociedade civil", isto é, de uma sociedade que resulte do mútuo entendimento dos que compõem a comunidade, vista ao mesmo tempo sob aspecto subjectivo e intersubjectivo, em função dos valores da *pessoa* e da *justiça*, entendida esta sobretudo como *equidade*.

Não é fácil superar a sedução utópica de uma comunidade espontaneamente constituida segundo "liberdades iguais", sendo, hoje em dia, comprovados os riscos do "comunalismo" que tanto pode redundar no totalitarismo hitlerista baseado na "comunhão do sangue" quanto no hediondo totalitarismo soviético, alicerçado numa pregada "comunhão proletária".

Para demonstrar quanto é difícil ascender à "sociedade civil" bastará lembrar que a Alemanha, talvez o povo mais culto da Terra, precisou de duas guerras universais para poder alcançar a solução política firmada na Carta de Bonn, o que permitiu alterar a face político-social da Europa.

Como serão a sociedade civil e o Estado na civilização cibernética? À beira de um novo milénio, há sempre a tentação de formular vaticínios, mas o que talvez se possa adiantar é que o mundo da informática poderá ser o de uma democracia participativa, na qual às ONGs competirá um papel fundamental, de tal modo que nos será possível achegar ao ideal de uma democracia directa, embebendo-se cada vez mais a sociedade civil da "autodeterminação" que tem alimentado o sonho comunitário. Tudo dependerá, porém, de uma nova mentalidade política que não se perca no "totalitarismo tecnológico", tão do gosto das corporações e das nações que hoje são os privilegiados donos das máquinas e os senhores da tecnologia.

É a razão pela qual não aceito sem reservas a ideia de "globalidade" como signo dos novos tempos, preferindo falar em "co-participação universal", na qual deverá ser reconhecida não apenas a necessidade dos Estados Nacionais, como mediadores dos acordos internacionais, mas também para cobrar o imprescindível retorno, em termos económicos, dos valores ecológicos de que os países subdesenvolvidos são detentores, com as suas portentosas reservas de água potável e de florestas, cuja riqueza não se reduz, sabidamente, ao fornecimento de celulose, oferecendo infinitos recursos à biodiversidade reclamada pela espécie humana.

Não endeusemos, pois, o "discurso comunicativo" como algo válido de per si, mas cuidemos também de seu conteúdo humanístico, valendo-nos dos processos cibernéticos para que possa efetivamente haver mais igualdade entre os indivíduos e os povos, constítuíndo-se o poder legítimo do Estado mediante novas formas de representação política cada vez mais em consonância e sintonia com as efectivas aspirações individuais e colectivas.

CAPÍTULO VII

Panorâmica do Direito Administrativo

Maria Clara Calheiros
Assistente do Departamento Autónomo de Direito
da Universidade do Minho

SUMÁRIO: 1. O conceito de Direito Administrativo; 2. O Direito Administrativo e o Estado de Direito; 3. O Direito Administrativo e o *Rule of Law*; 4. Do Direito Administrativo em Portugal; 5. Novos desafios.

1. O conceito de Direito Administrativo

O processo de especialização do Direito conduziu ao surgimento de novos ramos de Direito como forma da responder quer à crescente complexidade dos velhos problemas das sociedades humanas, quer a alguns novos que foram surgindo. Afigura-se-nos assim que, na compreensão de cada ramo do Direito, há que começar por analisar quais os problemas a que vem dar resposta particular e, por outro lado, quais os traços gerais e fundamentação do conjunto de soluções em que consiste, em última análise, esse mesmo ramo de direito. É que, mesmo quando os problemas humanos parecem em tudo idênticos, as soluções que cada sociedade organizada encontra para aqueles não têm por que ser as mesmas, e normalmente não o são. É, pois, normal que se advirta, desde já, o leitor de que qualquer conceito que se possa fornecer de um certo ramo de Direito vale apenas para o ordenamento e realidade jurídicos em que o autor em causa se situe. Neste âmbito, o Direito Administrativo [1] não é excepção, e talvez também por causa disso aliás se discuta ainda o seu conceito [2].

---

[1] O processo de especialização também se verifica hoje no interior do próprio Direito Administrativo. Assim, ao lado do Direito Administrativo geral, encontramos ramos especiais nos domínios militar, cultural, social, económico e financeiro. Note-se que o próprio Direito Fiscal se destacou, como ramo autónomo, do Direito Administrativo, onde se encontram as suas raízes.

[2] Vide a este propósito MARCELLO CAETANO, *Princípios Fundamentais do Direito Administrativo,* Almedina, Coimbra, 1996, pág. 17 e 18.

Ainda assim, sem pretender fornecer um conceito universal de Direito Administrativo, poder-se-á afirmar que neste cabem duas componentes essenciais, ressaltadas pela maior parte dos autores[3]: uma primeira que diz respeito à determinação da organização da Administração Pública (aí se compreendendo todas as entidades públicas territoriais ou outras constituídas por lei para exercerem funções próprias daquelas, ou que delas recebam delegação ou concessão[4]), na realização dos interesses colectivos relacionados com a Justiça, a Segurança e o Bem-Estar das pessoas; uma segunda, que consiste na regulação das relações que, no domínio daquelas actividades e do exercício do seu poder de autoridade, a Administração estabelece com outrém[5].

Convém salientar que na base da consciencialização da necessidade de criar regras próprias para a regulamentação das relações entre Administração Pública e particulares está a percepção de que aquela visa o interesse geral, que devem sobrepor-se aos interesses particulares, e que se necessita por isso de *imperium*, também deve estar submetida a vinculações e restrições especiais[6]. Por outro lado, a autonomia do Direito Administrativo no contexto das ciências jurídicas materiais deve muito ao aparecimento de uma Administração Pública como realidade autónoma dentro do Estado e, paralelamente, à criação de tribunais administrativos cujo labor foi essencial na determinação dos conceitos e princípios conformadores daquele ramo do Direito[7].

2. O Direito Administrativo e o Estado de Direito

O Direito Administrativo encontra-se intrinsecamente associado ao princípio do Estado de Direito e ao Princípio da Separação de Poderes. O que quer dizer que, na determinação dos traços gerais carac-

---

[3] *Vide*, por todos, QUEIRO, Afonso Rodrigues, *Lições de Direito Administrativo,* Coimbra, 1976, Vol. I, pág. 115.

[4] Uma das questões importantes para a compreensão é precisamente a percepção dos conceitos material e formal de Administração Pública.

[5] Cfr. MARCELLO CAETANO, *op.cit.*, pág. 40, 41.

[6] Cfr. FREITAS DO AMARAL, entrada Direito Administrativo, in "Polis – Encicopédia Verbo da Sociedade e do Estado", Verbo, 1ª ed., Lisboa, Vol.II, pág. 351.

[7] Cfr. SOUSA, António Francisco de, *Fundamentos históricos de Direito Administrativo,* i- editores, Lisboa, 1995, pág. 194 e ss.

terizadores deste ramo do Direito, estes princípios são uma peça chave. Eis, pois, a razão de ser da vinculação da Administração Pública aos princípios da legalidade e da judicialidade, que determinam a sua subordinação à lei e a sindicância da legalidade dos seus actos pelos tribunais [8]. Porém, esta ligação do Direito Administrativo aos princípios atrás referidos não se repercute apenas ao nível da sua conformação, mas também se encontra na origem da concepção moderna daquele [9].

Para que se compreenda a forma decisiva como a consagração do princípio da separação de poderes contribuiu para o surgimento do Direito Administrativo, mostra-se necessário que antes se esclareçam alguns aspectos sobre o entendimento daquele princípio constitucional.

MONTESQUIEU introduziu no conceito da separação de poderes a ideia de um equilíbrio (ou coordenação) necessário entre todos eles, ou seja, de inexistência de um poder preponderante. Todavia, a história e a prática demonstram que esse equilíbrio não existiu nunca [10]. Dito de outra forma, é possível verificar a existência de oscilações cíclicas no "peso" relativo de cada um dos poderes – judicial, executivo e legislativo – e, consequentemente, a afirmação de um deles como preponderante.

Ora, na França da Revolução Francesa, cujo Droit Administratif viria a influenciar decisivamente os sistemas jurídicos da Europa Continental, existia uma profunda desconfiança face aos juízes. O que de resto era inteiramente compreensível. Bastará recordar que o cargo de juiz se podia vender – o que logicamente obstava à verificação de garantias mínimas de isenção e competência – e que, por outro lado, os tribunais lideraram a oposição à Revolução, em França. Citamos, a propósito, FREITAS DO AMARAL [11]: "[...] foi preciso criar tribunais

---

[8] Cfr. GARCIA, Maria da Glória, entrada *Direito Administrativo, in* "Polis – Enciclopédia Verbo da Sociedade e do Estado", Verbo, 2.ª ed., Lisboa, Vol. II, pág. 311.

[9] Falamos aqui de Direito Administrativo moderno, uma vez que há quem vislumbre já na administração da corte régia, no que toca à gestão dos bens e direitos régios, e na própria administração das cidades (a que se atribui foral), um "embrião da Administração Pública". Sobre estas raízes históricas profundas do Direito Administrativo, *vide*, GARCIA, Maria da Glória, *op. cit.*, pág. 315.

[10] Há mesmo quem afirme que o princípio da separação de poderes se pode perspectivar como mito, cfr. CUNHA, Paulo Ferreira da, *Pensar o Direito,* Almedina, Coimbra, I Vol., pág. 233 e ss.

[11] *In op. cit.*, pág. 350. Sobre o Direito Administrativo como direito de origem

administrativos, diferentes dos tribunais comuns, a fim de resolverem os litígios entre a Administração e os particulares: porque os revolucionários temiam que, se essas questões ficassem entregues aos tribunais comuns, como em Inglaterra, estes, que eram o bastião da reacção, se servissem de todos os pretextos para impedir o alastramento das ideias revolucionárias."

Assim, a consagração do princípio da separação dos poderes no contexto apontado não se veio a traduzir no estabelecimento de um efectivo equilíbrio entre eles. De facto, o papel de poder preponderante foi historica e alternativamente desempenhado pelos poderes legislativo e executivo, em detrimento do poder judicial. Como afirma LAUBADERE [12], sobre as razões que estiveram na origem da criação da jurisdição administrativa, "ce ne sont pas des considèrations juridiques et téchniques, mais des raisons politiques et constitutionnelles d'indépendence de l'administration à l'égard des juridictions ordinaires." Mais tarde, curiosamente, coube aos Tribunais Administrativos o papel de, paulatinamente, ir lançando as bases do que viria a ser um novo ramo do Direito.

Em suma, resta concluir que se aceitarmos o pressuposto da verificação de um inevitável desequilíbrio entre os vários poderes na prática, ainda que a teoria afirme a inexistência de um poder preponderante, o modo de entender a relação entre a Administração Pública e o Direito terá de ser necessariamente distinta no mundo anglo-saxónico [13]. Quanto mais não seja, porque se verifica aí que o poder judicial desempenha uma efectiva função de criação do Direito, por via autónoma, mas também dispõe de ampla discricionariedade no que

---

jurisprudencial, vide ainda LAUBADERE, VENEZIA e GAUDEMET, Droit Administratif, L.G.D.J., 14.ª ed., Paris, 1992, pág. 22 e 38. Estes autores referem que embora pudessemos ser levados a concluir que a existência dos tribunais administrativos se justificaria pela necessidade de aplicar um Direito especial, foi pelo contrário a existência destes que deu origem e impulso ao desenvolvimento deste novo ramo do Direito.

[12] In op. cit., pág. 39.

[13] Cfr. CUNHA, Paulo Ferreira da, Pensar o Direito, op. cit. pág. 254. O autor afirma existir uma oscilação pendular da predominância do poder, nos EUA, entre Congresso e Juizes, referindo que já alguém designara o sistema americano como "ditadura de toga". Já no caso da Grã-Bretanha, inclina-se para a verificação da predominância do poder legislativo. A nosso ver, mercê do sistema de Common Law, os tribunais britânicos disputam claramente essa predominância ao parlamento.

toca à interpretação da lei. Tal é o objecto da análise que efectuaremos, de seguida. Como salienta LAUBADERE, se nos países anglo-saxónicos, onde consagra também o princípio da separação de poderes, não se considerou necessária a criação de uma jurisdição administrativa, então resta concluir, como faz este autor, que "le principe de la séparation des pouvoirs est susceptible, en la matière, d'interprétations variables. [14]"

3. O Direito Administrativo e o *Rule of Law*

É erro comum a que nos habituaram os tradutores – *"traduttore, traditore"* – entender-se a expressão Estado de Direito como equivalente de *Rule of Law*. Ora, elas não correspondem, em absoluto, ao mesmo conceito jurídico [15]. A relação que atrás deixamos demonstrada entre a criação do Direito Administrativo e o conceito de Estado de Direito, não se verifica da mesma forma no mundo jurídico anglo-saxónico com o princípio do *Rule of Law,* e isto mesmo justifica, a nosso ver, em grande medida, as dificuldades de afirmação que aí defrontou o ramo do Direito que temos vindo a analisar. É claro que não esquecemos a importância determinante de factores político-sociais, desde logo o ínfimo peso que a administração pública deteve na sociedade britânica até quase ao dealbar do século XX. MARCELLO CAETANO lembra que a administração pública britânica estava reduzida praticamente a "polícia vigilante das liberdades individuais e delas garante" [16]. Os primeiros serviços públicos estavam a cargo das entidades locais, mas estas não possuiam estatuto jurídico que as distinguisse do cidadão, encontrando-se da mesma forma submetidas à *Common Law*.

De qualquer forma, as razões para esta aparente diferente forma de resposta ao problema da regulamentação do cuidar da coisa publica

---

[14] *In op. cit.,* pág. 39.

[15] Seguimos aqui a opinião de PAREIRA MENAUT, Antonio Carlos, *Rule of Law y Estado de Derecho,* no prelo.

[16] MARCELLO CAETANO, *op. cit.,* pág. 28 e 29. Este autor refere que, somente a partir da lei de saúde pública de 1875, na Grã-Bretanha, se começou a compreender a necessidade do estabelecimento de um regime jurídico à parte para as actividades públicas.

parecem-nos, como dissemos atrás, mais profundas. Radicam, a nosso ver num diferente entendimento do Direito, em geral, e da relação entre o Estado e o Direito, em particular. Com efeito, ao contrário do que se passa no Estado de Direito, o *Rule of Law* pressupõe a ideia de que o Direito não é criação do Estado, mas antes um seu *a priori*, pelo que naturalmente, à semlhança de qualquer cidadão, aquele está-lhe subordinado.

Contudo, é certo que o crescimento exponencial do papel da Administração no mundo anglo-saxónixo não poderia deixar de ter um impacto significativo sobre o sistema jurídico. Daí que se fale frequentemente na necessidade de "desregulamentar", ainda que esta tendência não tenha logrado atingir impacto real sobre o *status quo* imperante. Autores há que consideram hoje o Direito Administrativo como a parte do Direito que cresce mais depressa, se bem que nem sempre isso seja aparente. O desenvolvimento crescente dos poderes e actividades da Administração Pública, aos vários níveis, criou a consciência da necessidade de estabelecimento de formas de controlo ao nível interno (pela criação de hierarquias) e externo.

Nos Estados Unidos, em 1944, fez-se aprovar a primeira versão de uma Lei de Procedimento Administrativo. Mas, se bem que o Congresso Americano, com o poder de ditar leis, representa a forma mais evidente de controlo externo sobre as agências federais americans, cabe aos tribunais uma poderosa palavra sobre as actividades da administração pública. Aliás, grande parte do Direito Administrativo norte-americano é de criação jurisprudencial [17].

Também na Grã-Bretanha se foi desenvolvendo um direito de natureza substantiva disciplinando a actividade da Administração Pública e, por outro lado, um direito procedimental.

No entanto, se é certo que se verifica esta tendência de aproximação [18] que acabamos de referir, há uma diferença digna de registo na forma como se entende o relacionamento da Administração Pública

---

[17] Cfr. FRIEDMAN, Lawrence, *Introducción al Derecho Norteamericano*, trad. espanhola de Joan Grau, Bosch, Zaragoza, 1988, pág. 138 e ss..

[18] Esta tendência de aproximação também funciona no sentido inverso. Exemplo disso é a descentralização administrativa e uma nova visão do Direito Administrativo como direito especial, e já não como direito exorbitante. Cfr. GARCIA, Maria da Glória, *op.cit.*, pág. 324.

com o Direito nos sistemas jurídicos da família anglo-saxónica. É que aí a regra é a da subordinação da Administração Pública ao Direito Privado e aos tribunais judiciais, exactamente como acontece com os cidadãos e pessoas colectivas em geral. Assim, se um particular entender demandar a Administração Pública deverá recorrer aos mesmos tribunais que apreciariam o seu pedido caso ele se dirigisse contra, por exemplo, um seu vizinho [19].

Não se quer com isto dizer que o Direito Administrativo e o *Rule of Law* são incompatíveis. Muito pelo contrário, é hoje claro que o Direito Administrativo é um ramo de direito necessário, já que não se pode hoje conceber o Estado sem Administração, a qual deve deter certos direitos, poderes e deveres que se impõem aos direitos dos cidadãos [20]. Historicamente, o que se verificou no mundo jurídico anglo-saxónico não foi a rejeição do "império da lei", mas sim do "império da lei especial" [21]. Assim, o que importa é reter que a solução anglo-saxónica da submissão dos actos do Estado à lei comum é uma alternativa, historicamente comprovada, à solução francesa.

4. Do Direito Administrativo em Portugal

O Direito Administrativo moderno surge em Portugal com o Estado Liberal, embora como atrás se referiu ele tivesse já raízes históricas mais profundas. Nesta época a Administração Pública sofre uma reestruturação, a que não é alheia os ventos de mudança que chegam de França e pela nova realidade socio-económica. De resto, o modelo francês teve forte impacto por toda a Europa e Portugal não

---

[19] A este respeito, *vide* FREITAS DO AMARAL, *op.cit.*, pág. 350. De uma forma bastante elucidativa, diz este autor: "A existência deste sistema em Inglaterra levou um célebre estudioso do Direito constitucional e administrativo inglês, o Prof. Dicey, a escrever, numa obra fundamental que publicou em 1885: "Em Inglaterra não há Direito Administrativo." E isto, precisamente, porque não se verificava aquela segunda condição (que acima se referiu) para que exista D. A. [Direito Administrativo] – a de que as normas jurídicas aplicáveis à Administração Pública sejam distintas das que se aplicam à generalidade dos cidadãos e das empresas particulares."

[20] Cfr. YARDLEY, David, *Constitucional and Administrative Law,* Butterworths, 8.ª ed., Londres, 1995, pág. 101

[21] As expressões que citamos são de GARRIDO FALLA, Fernando, *Tratado de Derecho Administrativo,* Tecnos, 11.ª ed., 1989, parte geral, vol. I, pág. 80.

foi excepção[22]. Paralelamente, todo este período histórico é dominado por uma oscilação da supremacia de poderes, que vai favorecendo alternadamente o poder legislativo[23] e executivo.

Um novo ciclo histórico se inicia com a Constituição de 1933, claramente anti-parlamentarista e anti-liberal. O carácter anti-democrático do Estado Novo viria, como seria de esperar, prejudicar tolhe a expressão plena em Portugal dos avanços registados ao nível do Direito Administrativo lá fora. No entanto, será em Outubro de 1933 que o Supremo Tribunal Administrativo receberá a sua configuração moderna, a que se segue o Código Administrativo de 1936. O modelo adoptado é ainda, e sempre, o francês, mas com as limitações colocadas pelo regime ditatorial.

Ainda assim, algumas das reflexões que se vão fazendo pela Europa sobre o Direito Administrativo vão chegando à doutrina portuguesa, que as veicula. Ter-se-ia, contudo, de esperar pela revolução de Abril de 1974, para que o modo de entender a Administração e o seu relacionamento com os particulares e, consequentemente, o Direito Administrativo fosse diferente. Inserido num novo contexto constitucional, expurgado em 1982 e 1989 das referências ideológicas revolucionárias[24], este ramo do Direito ressente-se profundamente da instauração de um Estado Social. Assim, não só se regista um aumento significativo das estruturas do Estado, determinando que o poder executivo assuma maior preponderância na balança dos poderes, como também se cria uma relação de grande interdependência entre a sociedade e o Estado[25]. Naturalmente, houve que proceder à revisão do ordenamento jurídico-administrativo, sendo digno de especial nota a entrada em vigor em 1992 do primeiro Código de Procedimento Administrativo. Este continha duas inovações particularmente significativas dos novos tempos que se viviam: a consagração do direito de audiência de interessados e a presunção positiva de deferimento tácito (ainda que persista para muitos casos a presunção negativa)[26].

---

[22] Cfr. SOUSA, António Francisco de, *op. cit.*, 1995, pág. 188 e ss.
[23] Como é o caso da Constituição de 1822. Sobre a existência de poderes preponderantes *vide* CUNHA, Paulo Ferreira da, *op. cit.*, pág. 254 e ss..
[24] Cfr. CUNHA, Paulo Ferreira da, *op. cit.*, pág. 255.
[25] Cfr. SOUSA, António Francisco, *op.cit.*, pág. 194 e ss.
[26] Cfr. SOUSA, António Francisco, *op.cit.*, pág. 394 e ss..

Esta aproximação do Direito Administrativo à sociedade não se fica por aqui. Fala-se hoje de uma juridificação da actividade administrativa, com a importação pelo Direito Administrativo de institutos de direito privado, com as devidas adaptações. Exemplos emblemáticos são o acto e o contrato administrativos (com ligação evidente ao negócio jurídico) e a responsabilidade civil [27].

5. Novos desafios

Todos hoje reconhecemos que o peso da Administração Pública na vida de cada cidadão é por vezes insuportável. Curiosamente, à medida que aquela se foi desenvolvendo instalou-se, progressivamente, um sentimento de maior afastamento entre a Administração e o particular. A máquina administrativa é simultaneamente cada vez mais tentacular e impessoal. Neste sentido, o Direito Administrativo tem apontado a boa direcção, instituindo a obrigatoriedade de uma maior participação dos cidadãos no procedimento administrativo e nos processos de formação das decisões que lhe respeitem. Todavia, ainda existe um largo caminho a percorrer. Todos sabemos que o crescimento desmesurado e desordenado do Sistema jurídico longe de potenciar, enfraquece o nível médio de cultura jurídica. E de nada vale instituir direitos que o desconhecimento ou o temor reverencial impede os cidadãos de os utilizar.

Fora do plano estritamente interno, há a salientar a existência de novos e interessantes desafios. À medida que a integração dos países da União Europeia se vai estendendo e aprofundando a diferentes níveis, com a impossibilidade de reter nos moldes clássicos o conceito de soberania dos países, ganha sentido pensar-se num Direito Constitucional Europeu e também, logicamente, num Direito Administrativo Europeu [28]. Recentemente, o Prof. FAUSTO QUADROS, falando acerca

---

[27] Cfr. SOUSA, António Francisco, *op. cit.*, pág. 194.
[28] Aqui entendido, no sentido que o Prof. FAUSTO QUADROS (*in A nova dimensão do Direito Administrativo*, Almedina, Coimbra, 1999, pág. 22) soube precisar, de Direito Administrativo Comunitário. Ou seja, não interessa aqui a perspectiva do Direito Comparado, de aproximação dos direitos nacionais, nem o conceito de Direito Administrativo Europeu que o liga às fontes do Direito Comunitário com natureza

da "visão dinâmica" do Direito Administrativo Europeu, referiu-se à importância da penetração deste no Direito Administrativo estadual, determinando a sua "comunitarização": "O que, em bom rigor se pretende significar neste caso é que o Direito Comunitário, num movimento vertical, de cima para baixo, e ancorado no princípio do seu primado sobre o Direito interno, tal como a jurisprudência comunitária o construiu, penetra directamente no Direito Administrativo estadual, introduzindo neste alterações que os órgãos nacionais de criação e aplicação do Direito ainda não quiseram ou, porventura, até rejeitam."[29] E esta conformação do Direito Administrativo estadual pelo Direito Comunitário parece repercutir-se particularmente na protecção dos direitos fundamentais. Mas, o que importa sobretudo reter da opinião deste autor é o facto de ele expressar a opinião de que o Direito Administrativo Europeu "leva ao nascimento de um **novo** Direito Administrativo português".[30]

MARCELLO CAETANO, *Princípios Fundamentais do Direito Administrativo,* Almedina, Colimbra, 1996
SOUSA, António Francisco de, *Fundamentos Históricos de Direito Administrativo,* I – Editores, Lda., Lisboa, 1995
GARCIA, Maria da Glória Ferreira Pinto Dias, *Da Justiça Administrativa em Portugal,* Universidade Católica Portuguesa, Lisboa, 1994
FRIEDMAN, Lawrence M., *Introducción al Derecho Norteamericano,* Librería Bosh, Zaragoza, 1988
The Rule of Law: NOMOS XXXVI, New York University, Ian Shapiro, Nova Iorque, 1994

---

administrativa, nem como Direito Procedimental da Comunidade Europeia, nem disciplina do relacionamento dos órgãos comunitários com a Administração Pública dos Estados membros.
[29] Cfr., *op. cit.,* pág. 26.
[30] *Ibidem,* pág. 50. O sublinhado está conforme ao original.

CAPÍTULO VIII

A Administração Pública e o Direito

António Cândido de Oliveira
Professor Associado
da Universidade do Minho

1. A Administração Pública aparece-nos na linguagem corrente, ora como uma organização, ora como uma actividade.

Como organização, temos diante de nós uma estrutura gigantesca de limites mal definidos que inclui desde logo o Governo como órgão superior da Administração Pública (o Governo é também um órgão político); os diversos ministérios com as suas direcções gerais, repartições e secções divididas e espalhadas por todo o território nacional; os institutos públicos (num total de várias centenas, não sendo possível dar um número exacto por não existir disponível em nenhum documento ou fonte de informação) que são pessoas jurídicas a cumprir tarefas específicas de administração, muitos deles com uma organização que também cobre, através de delegações, todo o país, colocados na superintendência (tutela) dos ministérios; as autarquias locais (freguesias e municípios) com os seus orgãos e serviços próprios; as regiões autónomas (Açores e Madeira) que desempenham também – ainda que não exclusivamente, pois é-lhe confiado, p. ex., poder legislativo regional – uma actividade administrativa. Não interessa, por agora, saber se entram também na Administração Pública outras organizações e dar desta uma visão completa. Entraríamos numa zona periférica que coloca problemas sérios que atormentam os estudiosos. Basta, por agora, dizer que esta organização ocupa mais de meio milhão (cerca de 600.000) de trabalhadores, tendo a grande maioria o estatuto de funcionários públicos e estando sujeitos, por isso, ao regime do Direito da Função Pública a que se juntam altos dirigentes, uns nomeados (Ministros, Directores-Gerais, Presidentes de institutos públicos, etc.) e outros eleitos (Presidentes das Câmaras Municipais, Reitores das Universidades, etc).

Como actividade, a administração pública faz essencialmente duas coisas que, por comodidade, separamos mas que frequentemente andam entrelaçadas: ora limita a actividade dos particulares de modo a garantir nomeadamente a ordem e a segurança públicas e assim vemos a Administração Pública a elaborar regulamentos e aplicá-los a casos concretos; ora atribui-lhes certas vantagens frequentemente sob a forma de prestações (cuidados de saúde, educação, transporte, distribuição de água, energia eléctrica, etc.). À primeira desta actividades damos correntemente o nome de Administração "agressiva" pela intervenção que faz na vida dos particulares e à segunda o de Administração "prestadora" por se traduzir na prestação de bens e serviços aos cidadãos. A estas formas de actividade acresce hoje no Estado "pós-social" uma outra, conformadora da realidade social, em que a Administração actua através de planos, directivas e outras decisões que, dirigidas em primeira linha a um destinatário, acabam por ter efeitos sobre muitos outros, surgindo aquilo a que se tem chamado, pela sua atenção à preparação do futuro, Administração "prospectiva", "planificadora" ou também de "infra-estruturas".

2. A Administração Pública não nos surge, por outro lado, como algo isolado, mas dentro de uma estrutura que ajuda a compreendê-la melhor. Essa estrutura é a do Estado de Direito dos nossos dias, cabendo-lhe dentro dela o exercício da função administrativa. Não quer isto dizer que a Administração Pública só surja dentro do Estado de Direito. Ela aparece em qualquer tipo de Estado, só que a análise dentro deste tipo específico tem a vantagem de a compreender melhor e de fornecer elementos para a compreender também noutros contextos.

Mas o que vem a ser a função administrativa?

Uma resposta por vezes dada é a de que não é a função legislativa, nem a política, nem a jurisdicional, sendo estas as restantes funções do Estado. Teríamos assim uma aproximação residual, mas de qualquer modo útil.

Neste contexto, a Legislação – ou a função legislativa – seria a actividade de elaboração de leis, entendidas estas como as regras fundamentais da convivência dos cidadãos e estaria essencialmente a cargo de uma assembleia representativa dos cidadãos (entre nós a Assembleia da República). De notar, no entanto que em certos países – e muito particularmente no nosso – também o Governo participa da função legislativa através de decretos-leis, ainda que estejam, neste caso, previstos mecanismos que conferem à Assembleia da República um papel primordial. Assim só esta tem o poder de legislar sobre certas matérias (reserva absoluta de legislação), só por autorização dela o Governo poder aprovar decretos-leis sobre outras matérias (reserva relativa) e tem por fim o poder de submeter a apreciação a regulação por decretos-leis das restantes matérias, salvo a que respeita à organização e funcionamento do Governo. De referir também que, em certos Estados organizados federalmente ou com forte autonomia territorial, o poder legislativo pode ser atribuido a órgãos representativos de Estados federados ou, como acontece entre nós, das Regiões Autónomas.

Por sua vez, a Política – ou a função política – seria a actividade de definição de grandes rumos da orientação do país a cargo de órgãos superiores da organização do Estado nomeadamente o Presidente da República, a Assembleia da República e o Governo. Também aqui o poder político poderá ser exercido por outros órgãos superiores no caso dos Estados federados ou dotados de forte autonomia regional. Poderá ainda falar-se, com alguma boa vontade, de uma função política a nível local. Característica geral é a de que ela incumbe normalmente a órgãos dotados de uma legitimidade especial proveniente, em regra, de eleições. Nestas discutem-se orientações políticas e os órgãos eleitos têm o dever de as pôr em prática.

Ainda a Jurisdição – ou função jurisdicional – seria a actividade de composição dos conflitos entre os cidadãos ou entre os cidadãos e o Estado através de órgãos independentes, os Tribunais.

Para a Administração Pública – ou função administrativa – ficaria tudo o resto. Mas o que vem a ser então esse resto?

Não seria Legislação – ou poder legislativo – pois não lhe cabe estabelecer as regras fundamentais da convivência dos cidadãos, mas apenas executá-las ainda que lhe caiba elaborar também normas ainda que secundárias (os regulamentos). Não seria Jurisidição – ou poder jurisdicional – pois não lhe cabe dirimir as questões decorrentes da conflitualidade da vida quotidiana e que reclamam um juízo independente e imparcial feito pelos Tribunais e isto ainda que tenha de decidir casos concretos, mas neste caso actua em vista do interesse público que lhe cabe prosseguir e, nesse sentido, numa posição de parte. Não seria Política – ou poder político – pois cabe-lhe executar e não definir os rumos fundamentais da vida do país a vários níveis.

Não se pense porém que esse resto seja de importância secundária. Seria um grave erro assim pensar quando hoje se fala, inclusivé, para caracterizar o Estado dos nossos dias de Estado-Administrador. O resto acaba por ser uma constante, imensa e intensa actividade de elaborar regulamentos, de aplicar estes e as leis a casos concretos, deferindo ou indeferindo pedidos feitos aos milhares pelos cidadãos e cominando coimas; é também prestar serviços e planear nos mais diversos campos da actividade económica social e cultural. A Administração Pública tem a parte de leão da actividade do Estado que pode ser medida pelo número de pessoas ao seu serviço e pela parte que lhe cabe dos dinheiros do Orçamento. Num caso e noutro (pessoas e dinheiro) cabem-lhe percentagens muito superiores a 90%.

3. Referir a importância que tem a Administração Pública na vida dos nossos dias é colocar logo o problema da sua relação com o Direito e isto porque tendo aquela tão grande poder torna-se imprescindível que não abuse dele, que não o utilize arbitrariamente. Um esforço constante tem sido feito para submeter a Administração Pública ao Direito e evitar que pratique o arbítrio. O esquema escolhido para tal foi a submissão da Administração Pública à lei através do princípio da legalidade. Segundo este princípio, na versão que dele temos hoje, a Administração Pública não pode actuar senão de acordo com a lei e, mais amplamente, de acordo com os princípios que regem um Estado de Direito. Não pode fazer algo que a lei proíba, por um lado, e só pode fazer algo que a lei de um modo mais ou menos explícito lhe encomende, por outro. O conjunto das regras que regulam a organização, a actividade e o funcionamento da Administração Pública constitui o Direito Administrativo.

4. A submissão da Administração Pública ao Direito e mais particularmente à lei constituiu um processo feito ao longo do tempo com particular relevo para o período subsequente às revoluções liberais na Europa em fins do século XVIII e princípios do século XIX. Uma primeira preocupação foi impedir que a Administração Pública, através da sua actuação, violasse os direitos fundamentais dos cidadãos, direitos tidos essencialmente como espaços de liberdade perante o Estado, face ao Estado (p. ex., privação ou limitação da propriedade, prisão, liberdade de opinião, etc), outra mais complicada foi a de estabelecer regras para a actução da Administração Pública no domínio da actividade de prestação.

Se a submissão da Administração Pública ao Estado se compreendia facilmente nos casos em que esta, através de uma actividade de limitação punha em causa a liberdade dos cidadãos já não se compreendia tão facilmente que a actividade da Administração Pública fosse necessariamente regulada pelo Direito nos casos em que esta oferecia prestações aos cidadãos. Aqui não tirava ou reduzia, mas dava. Prestava cuidados de saúde, educação, organizava e assegurava transportes, abastecimento de água, energia eléctrica. Não estava aqui em causa, dizia-se, a liberdade dos cidadãos. Mas também neste domínio se sentiu rapidamente a necessidade da presença do Direito e de uma forma muito particular. Não para atrapalhar a actividade da Administração Pública necessitada de poder actuar com suficiente largueza para conseguir de modo eficaz cumprir as missões que assim lhe eram atribuídas, mas para assegurar que certos princípios nucleares fossem respeitados. Por exemplo, a não discriminação de qualquer cidadão no acesso aos bens assim oferecidos. Acresce que a prestação de serviços está frequentemente ligada com direitos fundamentais dos cidadãos, os chamados direitos de segunda geração (direitos a prestações por parte do Estado) e que não pode ser a Administração Pública a decidir as prestações que satisfaz ou deixa de satisfazer. Estamos num domínio onde são dispendidos largos milhões de contos e sobre o modo de os dispender é, desde logo, o Parlamento, através da Lei do Orçamento, quem tem uma palavra a dizer. E, depois, as tarefas em concreto da Administração Pública têm de ser definidas pelo poder legislativo com a legitimidade que o voto popular lhe confere, não podendo ser a Administração Pública, que não possui tal legitimidade, a tomar decisões nesse ambito. Por aqui se pode ver também mais uma vez como aspecto a realçar a subordinação da Administração Pública à Legislação. Ainda aqui o princípio da legalidade.

Sobre a profunda relação da Administração Pública com o Direito é preciso ter ainda em conta que é da natureza de um Estado de Direito que nenhum dos poderes que o compõem esteja acima do Direito e assim tal deverá suceder com a Administração Pública enquanto integrada no segundo poder do Estado.

CAPÍTULO IX

Introdução ao Direito Penal:
Particular alusão ao crime e à sanção *

Mário Ferreira Monte
Docente Universitário

---

* O presente trabalho não passa de um bosquejo ao direito penal. Com efeito, nele nada inventamos. Limitamo-nos praticamente a sublinhar algumas nótulas, baseadas sobretudo em ilustres Autores – dos quais destacamos os nossos Mestres, com quem também aprendemos os primeiros conceitos de direito penal, e a quem incessantemente recorremos –, bem como em modestos trabalhos por nós já realizados anteriormente. Não há, por isso, qualquer pretensão de apresentar aqui um trabalho de fôlego, de investigação científica, inovador. Houve, isso sim, uma preocupação de elaborar um texto simples, de fácil compreensão, onde se coteja um conjunto de conceitos básicos de direito penal, com um estilo e uma linguagem tão adequados quanto possível a um Manual de Introdução ao Estudo do Direito.

"Mas o direito penal não quer fazer dos homens sábios, artistas, heróis ou santos."
EDUARDO CORREIA, *Direito Criminal*,
I, Coimbra, 1971.

1. Noção, caracterização e função do Direito Penal.

1.1. O direito penal – ou direito criminal, como também é conhecido[1] – consiste no conjunto de normas jurídicas que estabelecem os factos considerados criminosos – os crimes – e as respectivas consequências jurídicas – as penas e as medidas de segurança.

O direito penal diz, assim, o crime e a sanção (de natureza penal). Numa primeira aproximação, formal, dogmática[2], necessariamente, o crime será toda a acção típica, ilícita e culposa. É, de resto, assim que geralmente vem enunciado nos vários códigos penais[3]. Certo, no entanto, é que, numa acepção mais material, porque teleológico-funcional, o crime será a negação de bens jurídicos, ou seja, de valores ou interesses considerados vitais ou de tal importância, cuja vio-

---

[1] A expressão direito criminal é preferida por alguns Autores, justamente por abarcar uma realidade mais ampla do que a sugerida pela expressão direito penal. É ver a explicação de EDUARDO CORREIA, *Direito Criminal I*, Almedina, 1971, p. 1: "Desde o momento, pois, em que ao lado das penas surgem reacções criminais de outro tipo (medidas de segurança, correcção, tratamento, etc.), a expressão «direito penal» (…) torna-se demasiado estreita para abarcar totalmente o objecto deste ramo de direito". Por outro lado, conclui E. CORREIA: "O crime é o elemento central da nossa disciplina e daí a conveniência de ser ele raiz da sua designação".

Convenhamos que não é muito importante a relevância da distinção, imputável esta à noção de pena ou de crime, porquanto, como explica FIGUEIREDO DIAS, *Direito Penal. Questões Fundamentais. A Doutrina Geral do Crime*, F.D.U.C., 1996, p. 6, "podem considerar-se **equivalentes**, na sua exactidão (em todo o caso só) aproximada, os designativos "direito penal" e "direito criminal". De um ponto de vista formal – continua – é todavia de *preferir o primeiro designativo* ao segundo: quer porque se chama Código Penal o diploma legislativo em que o respectivo direito se contém, quer porque é "Direito Penal" o nome escolar oficial da nossa disciplina".

[2] Cfr. TERESA P. BELEZA, *Direito Penal*, 1.º vol. AAFDL, 1985, p. 21.

[3] Na verdade, é da soma de vários elementos, descritos nos Códigos Penais, tais como o nosso, que se pode enunciar o crime como um facto típico, ilícito e culposo. Cfr. os artigos 1.º, 10.º, 13.º e ss. do C.P., entre outros.

lação implique a utilização de todo um arsenal de sanções com vista a (prevenir e) reprimir tal tipo de conduta.

Advinha-se, por isso, que a função nobre do direito penal vem a ser a de garantir protecção aos bens jurídicos[4]. Mas para melhor compreendermos tal asserção impõe-se a caracterização do direito penal.

1.2. Nesse sentido é usual dizer-se que o direito penal é um ramo de direito público, autónomo e gerador de ilicitude[5].

As normas jurídicas que constituem o direito penal regulamentam, *prima facie*, relações jurídicas entre o Estado e particulares e não entre estes. Pese embora o facto de vulgarmente os factos criminosos serem cometidos entre particulares, havendo mesmo uma série de tipos legais de crime que só o podem ser quando intervenham particulares[6] – o infractor e a vítima, *qua tale* –, donde é de destacar o grosso de crimes contra as pessoas, o certo é que tal relação não contende apenas com interesses particulares, da esfera jurídica de cada contendente. O facto criminoso atinge bens jurídico-criminais, bens esses que repousam em toda a comunidade, por serem essenciais para a convivência. Logo, ao serem violados tais bens jurídicos, é toda

---

[4] O que não significa, como aludem alguns Autores, que o Direito Penal não possa cumprir outras funções. São, nesse sentido, expressivas as palavras de CLAUS ROXIN, *Problemas Fundamentais de Direito Penal*, Vega, p. 270, ao entender que, para além da protecção de bens jurídicos, é necessário "o cumprimento das prestações de carácter jurídico de que dependa o indivíduo no quadro da assistência social por parte do Estado" e, para tal, o direito penal tanto pode ter como função a protecção de bens jurídicos, como a garantia das prestações públicas necessárias para o desenvolvimento da personalidade do Homem.

[5] Cfr. E. CORREIA, *op. cit.*, p.10 e ss.

[6] É interessante, mesmo, analisar certos e determinados tipos legais de crime, alguns clássicos, quanto à possibilidade de serem cometidos contra pessoas colectivas, como o Estado. Exemplo disso é, entre outros, o crime de burla. Quer as raízes romanísticas do crime de burla, quer os seus desenvolvimentos subsequentes, até à actualidade, apontaram que aquele crime não podia ser cometido contra uma pessoa colectiva, até pelo facto de ser este conceito muito recente – vide a explicação do Supremo Tribunal de Justiça, quanto a esta questão, na nossa anotação sobre "O Chamado «Crime de Facturas Falsas»: o Problema da Punição por Crime de Burla e/ou por Crime de Fraude Fiscal", in *Scientia Ivridica*, Junho-Dezembro, Tomo XLV, n.ºs 262/264, 1996, p. 363. Ora, actualmente, tal como defendemos naquela anotação, e para onde remetemos, é possível e até necessário considerar a hipótese de o crime de burla poder ser cometido contra pessoas colectivas, entre as quais o Estado.

a comunidade que é afectada. Quem representa os interesses de toda a comunidade num Estado de direito é, obviamente, o próprio Estado. Daí ser este o titular do *ius puniendi*[7].

Por isso se diz o direito penal como ramo de direito público, justamente por se tratar de uma relação entre Estado e particular, uma "tão nítida relação de supra e infra-ordenação entre o Estado soberano, dotado do *ius puniendi*, e o particular submetido ao império daquele", nas palavras de FIGUEIREDO DIAS[8].

E, consequentemente, o direito penal vem a estar cunhado com a característica da autonomia. Na verdade, a aceitar-se que o direito penal pudesse funcionar como direito sancionador da violação de normas extracriminais, geradoras de ilicitude, se assim fosse, o direito penal mais não seria do que um direito meramente subsidiário, destituído de autonomia.

Porém, as coisas não se passam dessa forma. Cada norma penal – referimo-nos obviamente àquelas que estabelecem os crimes –, para além de outros elementos, contêm uma previsão e uma estatuição[9]. Como previsão, geralmente, uma conduta ilícita; como estatuição uma sanção a essa conduta. É o direito penal que diz o anti-jurídico, que

---

[7] A este propósito é curioso notar-se que, mesmo em termos jurídico-processuais, o facto de o direito penal ser público tem efeitos importantes. Assim, o nosso processo penal é de estrutura acusatória integrada pelo princípio da investigação – cfr. F. DIAS, *Direito Processual Penal*, lições coligidas por MARIA J. ANTUNES, F.D.U.C., 1988-9, p. 51 –, cabendo ao Ministério Público investigar a existência de indícios de crime e proceder à acusação, estando mesmo vinculado pelo princípio da legalidade, em que – salvo algumas excepções, nos casos de crimes semi-públicos e particulares, a coberto de espaços de oportunidade e consenso – o M.P. não pode deixar de acusar se tiver reunido os indícios suficientes para isso.

Ora, o M.P. age como representante do Estado, da comunidade e mesmo da vítima. Contrariamente ao processo civil em que, regra geral, o ofendido tem que intentar acção, constituindo-se autor, no processo penal, geralmente, uma vez apresentada queixa ou recolhida a notícia pelo M.P., este é que prossegue criminalmente, independentemente da intervenção do ofendido, ou seja, ainda que este se constitua assistente.

Tudo isto se passa assim porque o M.P. está ali como representante dos interesses de toda a comunidade, porque efectivamente são esses que estão em causa, e não como defensor dos interesses do ofendido – ainda que, obviamente, também ao ofendido interesse a resolução do problema.

[8] Cfr. F. DIAS, *op. cit.*, (n. 1), p. 17.
[9] Cfr. T. BELEZA, *op. cit.*, p. 19.

enuncia os valores jurídico-criminais – os bens jurídicos – dignos de tutela penal, e que estipula as respectivas sanções, sem apelo a outras normas jurídicas de outros ramos de Direito.

Não se nega que o direito penal possa dar efectividade às normas extra-criminais, até porque aquele é a *ultima ratio* do sistema jurídico, visto no seu todo. Ou seja, não se nega que também o direito penal contribua para a efectividade dessas normas, ameaçando com todo o seu aparato de sanções as condutas violadoras dessas normas.

Mas, contrariamente a certas teorias, como a de BINDING [10] – *teoria das normas* – em que tudo parece apontar – concluímos – no sentido de deslocar o momento, há pouco apresentado, da previsão para fora do direito penal, momento esse que seria necessária e cronologicamente anterior, gerador da ilicitude, pertencente a outros ramos do direito, cabendo ao direito penal apenas sancionar as condutas violadoras de tais normas, actualmente é doutrina dominante a de que ao direito penal cabem os dois momentos – o de prever e o de estatuir – independentemente de ter como referência outras normas extra-criminais – onde ressaltará a ideia de *ultima ratio* – ou não.

E com isto já tocámos numa outra característica do direito penal: o ser criador de ilicitude.

Na verdade, é o direito penal que enuncia, de forma autónoma – ainda que o possa fazer, e quase sempre o deva fazer, por referência à Constituição [11] –, os tipos legais de crime, o mesmo é dizer, todas as condutas violadoras de bens jurídico-criminais. Não um qualquer valor ou bem jurídico, mas apenas os bens jurídico-criminais. Numa palavra, a função nobre do direito penal – como já referimos – é a de proteger os bens jurídico-penais, o que tudo nos remete para a noção de bem jurídico.

---

[10] BINDING, *Die Normen und ihre Uebertretung I*, p. 58 e ss.. Cfr., ainda, E. CORREIA, *op. cit.*, p. 11 e F. DIAS, *op. cit.*, (n. 1), p. 19.

[11] O problema da relação da Constituição com o direito penal, embora não seja de fácil resolução, permite-nos defender que aquela deve ser o referente para o direito penal, mas isso não significa que todos os valores constitucionais devam ser criminalizados, nem que não possam existir bens jurídico-criminais que não tenham necessariamente consagração na Constituição. Nesse sentido vai FARIA COSTA, *O Perigo em Direito Penal*, Coimbra Editora, 1992, p. 189, ao referir que "não há coincidência entre os valores protegidos pela ordem constitucional e os que o direito penal protege" e que "ao legislador constitucional, em sede de criminalização, é-lhe vedado, em princípio, uma imposição de facere para com o legislador ordinário".

O entendimento actual [12] do conceito de bem jurídico passa por perspectivas essencialmente político-criminais, com referências acentuadas à Constituição, umas vezes estritamente jurídico-constitucionais, outras sociológicas ou sociais [13].

Na verdade, tudo passa pela referência a uma instância formalizadora, onde repousa a constelação dos fins do ordenamento e do próprio Estado, que é a Constituição [14]. Seria assim a Constituição a definir os fins, para a prossecução dos quais caberá ao direito penal proteger os bens jurídicos a eles ligados.

A essa tendência, estritamente jurídico-constitucional, para a qual a Contituição seria o enunciado ou a orientação para o direito penal, ligam-se tendências sociológicas ou sociais, funcionalistas ou interaccionistas, mas longe de dogmáticas ou até garantistas, para as quais a noção de danosidade social é o fulcro, " na medida em que os bens jurídicos visam o pressuposto para a convivência e para a auto-realização na vida social. O bem jurídico estaria assim dentro da sociedade (democrática) mas não definido concretamente" – nomes como JÄGER, AMELUNG, HASSEMER, MUÑOZ CONDE, MIR PUIG, etc., são os impulsionadores desta tendência.

Temos para nós que "a Constituição deve funcionar, pelo menos, como o referente axiológico-normativo que sirva para definir político--criminalmente os trilhos por onde passará a intervenção do direito penal" [15].

É aí, na Constituição, que estão os valores, ligados inevitavelmente ao Homem, tidos como valiosos e invioláveis. Logo, se o direito penal tem como função proteger bens jurídicos (valiosos, necessariamente), a Constituição terá que ser o ponto cardeal de maior relevo. Mas também é verdade que a própria Constituição se deve servir de certos critérios para definir o que se deve entender por valor

---

[12] Vide MÁRIO MONTE, *Da Protecção Penal do Consumidor. O Problema da (Des)criminalização no Incitamento ao Consumo*, Almedina, 1996, p. 275.

[13] *Idem*, p. 274.

[14] Cfr. F. DIAS, *op. cit.*, (n. 1), p. 57 e ss.

[15] M. MONTE, *op. cit.*, (n. 12), p. 276. Nesse sentido, também, FRANCESCO ANTOLISEI, *Manuale de Diritto Penal, Parte Generale*, 12ª ed., aggiornata e integrata, a cura de Luigi Conti, Giuffré Editora, 1991, p. 5, e CHARLES W. THOMAS e DONNA M. BISHOP, *Criminal Law Understanding Basic Principles,* vol. 8, Law and Criminal Justice Series, Sage Publications, London, 1987, p. 88 e ss.

inviolável. Esses critérios, essas referências estão obviamente fora da Constituição. Estão "quer no Homem, quer na sociedade e, portanto, no Homem enquanto ser social"[16]. E, nessa perspectiva, os bens jurídicos hão-de ser, assim, os valores ou interesses juridicamente tutelados que, ligados ao Homem, enquanto ser sociável, tornam possível a convivência[17].

O que significa, por isso, que nem todas as condutas causadoras de constrangimentos ou perturbações na sociedade são *ipso iure* consideradas criminosas. Hipóteses como certas condutas imorais, meramente ideológicas ou ofensivas de valores de mera ordenação social, apesar do seu relevo, por si só, não podem ser tuteladas criminalmente, porque, ademais, não conformam verdadeiros bens jurídico--criminais[18]. Assim, condutas vulgar e socialmente consideradas imorais, como o adultério e a prostituição (e em boa parte o aborto) nem por isso são tuteladas penalmente. Também a defesa de um certo credo religioso, ainda que para a maioria possa parecer socialmente reprovável, desde que não utilize métodos ilícitos ou que em consequência não pratique actos ilícitos – a burla, por ex. – se não por mais, até pelo direito à liberdade de religião, não pode ser tutelado penalmente. O mesmo se diga das condutas que põem em causa apenas valores de mera ordenação social, integrando aquilo a que se chama ilícito de mera ordenação social – às vezes de difícil distinção com o direito penal –, condutas essas que também são punidas com sanções próprias e de natureza extra-penal.

1.3. *O direito penal como ciência ou a ciência do direito penal no mundo das ciências jurídicas.*

1.3.1. O direito penal, ou aquilo a que nos referimos quando falamos no *ius poenale*[19], é a expressão acabada e geralmente utilizada de uma forma tão lata quanto o necessário para aí caberem uma

---

[16] M. MONTE, *op. cit.*, (n. 12), p. 277.
[17] *Idem*, p. 277.
[18] Cfr. F. DIAS, *op. cit.*, (n. 1), p. 64 e ss., em quem também nos inspiramos relativamente aos exemplos que apontamos no texto.
[19] *Ius poenale*, no sentido objectivo, por oposição ao *ius puniendi*, no sentido subjectivo – sobre a distinção, vide E. CORREIA, *op. cit.*, p. 1.

série de ciências, ou, talvez melhor, de disciplinas que auxiliam ou, *rectius*, contribuem para o combate ao crime.

Assim, quer se fale em "enciclopédia das ciências criminais"[20], quer se fale em "ciência conjunta do direito penal"[21], o certo é que, para além do corpo de normas jurídico-penais positivado, geralmente tido como a chamada dogmática do direito penal, ciências existem, muito próximas dessa dogmática, que com ela formam a ciência do direito penal – falamos da política criminal e da criminologia [22] – e outras existem – ou meras disciplinas existem – que, ainda que fora desse triângulo, mas necessariamente ao lado e inevitavelmente com ele imbricado – falamos da história, da filosofia penal, do direito penal de execução, do direito de mera ordenação social, etc. –, prestam um contributo sempre recorrente na prossecução da função do direito penal.

Impõe-se, por isso, uma análise tão breve quanto possível da caracterização, localização e função dessas ciências e/ou disciplinas.

À política criminal caberá fornecer ao direito penal, *rectius*, à dogmática jurídico-penal, os fins político-criminais a atingir pelo próprio direito penal. A política criminal define o conjunto de soluções – fins – a atingir para os problemas que constituem a causa dos crimes. Digamos que não se limita a efectuar recomendações ao legislador, indicando-lhe o sentido a seguir para a irradicação do crime, mas fornecendo-lhe verdadeiras valorações de natureza político-criminal, verdadeiros critérios que conformarão a lei, a dogmática jurídico--penal [23].

A política criminal, atenta à função do direito penal – de proteger os bens jurídico-penais –, concede todo o tipo de valorações, de recomendações, de indicações, com vista a evitar o crime – de forma preventiva – e a reprimi-lo – de forma, obviamente, repressiva. Além, por isso, das indicações fornecidas pelo resultado da aplicação das normas

---

[20] Sobre a "enciclopédia das Ciências Criminais", terminologicamente tributária de JIMENEZ DE ASÚA, vide F. DIAS, *op. cit.*, (n. 1), p. 23.

[21] Para maiores desenvolvimentos sobre a ciência conjunta ou global do direito penal, vide F. DIAS, *op. cit.* (n. 1), p. 23 e ss.

[22] Sobre a relação entre o direito penal, a política criminal e a criminologia, veja-se, por todos, F. DIAS e C. ANDRADE, *Criminologia. O Homem Delinquente e a Sociedade Criminógena*. Coimbra Editora, 1984, p. 96 e ss..

[23] Cfr. F. DIAS, *op. cit.* (n. 1), p. 29.

penais, além dos próprios princípios e da função do direito penal, inultrapassáveis, a política criminal deve atender a outras referências. Deve atender, nomeadamente, àquele que é o referente axiológico-normativo do direito penal – a Constituição –, como aos estudos fornecidos pela criminologia.

Na verdade, se a própria Constituição estabelece os "grandes" fins a atingir, é o expoente axilógico-normativo máximo, caberá à política criminal efectuar a sua leitura e fornecer à dogmática jurídico-penal as indicações em conformidade com tal leitura.

Mas também, necessariamente, terá que mergulhar na própria realidade, no pulsar da vida e colher daí todos os elementos necessários. Claro está que essa tarefa é levada a cabo por uma outra ciência – a criminologia.

A criminologia, com efeito, estuda as causas do crime [24], testando os resultados da aplicação das normas penais, na tentativa de irradiação do crime [25]. O estudo dessas causas, o conhecimento dessas causas, servirão à política criminal como elementos de indispensável consideração para estabelecer as soluções para a sua eliminação. Soluções essas que passarão a ser vazadas nas normas jurídicas, quer no sentido da criminalização, quer no sentido da descriminalização, conforme se afigure mais adequado para a prossecução da protecção de bens jurídico-penais.

1.3.2. Partindo da premissa desse ilustre sábio – GUSTAV RADBRUCH –, de que a atitude da Filosofia do direito é a "atitude valorativa (*bewertend*) que considera o direito como um valor de cultura"[26], concluindo, com STAMMLER, que a "Filosofia do direito será, portanto, como contemplação valorativa do direito, a «teoria do di-

---

[24] Cfr. E. CORREIA, *op. cit.*, p. 3.

[25] É evidente que a definição de Criminologia não se pode reduzir à enunciada no texto, nem tão pouco aquela pode ser vista apenas como a ciência que se ocupa do estudo empírico da criminalidade. Para um maior aprofundamento e, sobretudo, sobre a dificuldade de se definir exactamente criminologia, veja-se WINFRIED HASSEMER e FRANCISCO MUÑOZ CONDE, *Introducción a la Criminología y al Derecho Penal*, Tirant lo Blanch, Valencia, 1989, p. 16 e ss.

[26] GUSTAV RADBRUCH, *Filosofia do Direito*, tradução e prefácio de CABRAL DE MONCADA, 6ª ed. revista e acrescida, Arménio Amado – Editor, Sucessor – Coimbra, 1979, p. 46.

reito»"[27], partindo de tal premissa, dizíamos, podemos advogar para o direito penal uma disciplina que sobre ele versa mas que dele se autonomiza: a Filosofia penal. Ou seja, a Filosofia penal está para o direito penal como a Filosofia do direito está para todo o Direito.

Só que relativamente à ciência jurídico-penal, a filosofia penal encontra terreno fértil para o seu desenvolvimento. Com efeito, o direito penal tem uma ressonância ética profunda, está orientado teleologicamente para atingir a paz jurídica comunitária, tutelando os bens jurídico-criminais, assim definidos axiologicamente como correspondendo aos valores mais importantes e indispensáveis para a vida, considerações por si só tão profundas que requerem necessariamente um estudo dos modos de ser fenomenólogicos do direito penal.

A Filosofia penal visa assim descobrir, através das normas do direito penal, aquilo que funda o *quid* penal e os seus fins. Fá-lo estudando as relações entre o facto criminoso e as respectivas sanções, nos seus fundamentos (axiológico-normativos) e fins, sob os ângulos gnoseológico, estético e axiológico.

Socorrendo-nos de STAMATIOS TZITZIS, a Filosofia penal tem uma "acepção epistemológica (a definição e o uso dos conceitos criminais e penais) que supõe uma metafísica: a exigência de um saber penal que procure explicar e basear os princípios e as preexistências do ser penal em relação àquilo que lhe é próprio (antes de outras considerações sociológicas, políticas, etc.)"[28]. Mas, para além disso, a Filosofia penal "visa – seguindo ainda S. TZITZIS – um exame crítico do conhecimento que leva ao universo do crime e da pena (aspecto gnoseológico)" – nesse sentido constitui uma teoria da acção, não sem que estude "os fenómenos criminais na ordem sócio-política (aspecto praxeológico)"[29].

1.3.3. Temos analisado o direito penal na sua feição substantiva. Porém, a aplicação das normas penais é de vital importância para a prossecução dos objectivos a que as mesmas se prestam. Daí ser

---

[27] *Idem*, p. 47.
[28] STAMATIOS TZITZIS, *La Philosofie Pènale*, PUF, 1995, p. 6. Existe também tradução para português, elaborada por Mário Ferreira Monte, sob o título *Filosofia Penal*, colecção *Ivus Commvne*, n.º 1, Legis Editora, 1999.
[29] *Idem*, p. 6.

indispensável para o direito penal – como sucede com outros ramos do direito – um conjunto de normas adjectivas, processuais que permita a aplicação daquelas normas. Esse conjunto de normas é, *grosso modo,* o direito processual penal.

O direito processual penal integra-se, assim, também, naquilo a que se pode chamar direito penal *lato sensu*, preenchendo a maior fatia das normas adjectivas, instrumentais, ao lado do direito penal executivo, ou seja, o direito que visa executar as penas e as medidas de segurança.

De acordo com F. DIAS ao "direito processual penal cabe a regulamentação jurídica do modo de realização prática do poder punitivo estadual, nomeadamente através da investigação e da valoração judicial do comportamento do acusado do cometimento de um crime e da eventual aplicação de uma pena ou medida de segurança"[30].

Esta noção, com a qual concordamos inteiramente, para além de definir o direito processual penal, tem a virtude de pôr em evidência uma nota peculiar do direito processual penal que, curiosamente, por sua vez, contribui para cunhar o direito penal de direito público: o facto de estar intimamente ligado ao direito penal enquanto *ius puniendi*.

É que o *ius puniendi* – direito penal em sentido subjectivo – para além de consistir no "poder punitivo do Estado"[31], manifesta-se quando é o Estado que chama a si a iniciativa de investigar se terá havido indícios de crime e se deve ou não acusar o suspeito, justamente através do Ministério Público, e ainda de punir e executar a punição. Certo que no acto de punir, o Estado *stricto sensu* está limitado pelo princípio da divisão de poderes e, aí, o poder judicial que cabe ao juiz é independente e autónomo do poder político. Mas visto o poder judicial no Estado *lato sensu*, não há dúvidas que é o Estado que convoca a si o direito de punir, pela mão do juiz[32].

Tudo isso ganha relevo na aplicação das normas processuais.

O direito processual penal tem com o direito penal *stricto sensu* uma "relação mútua de complementaridade funcional"[33]. Quer isto

---

[30] F. DIAS, *op. cit.* (n. 7), p. 4.
[31] F. DIAS, *op. cit.* (n. 7), p. 9.
[32] Daí a afirmação de E. CORREIA, *op. cit.* p. 10: "O Estado é hoje o titular *único* do «jus puniendi»(…)".
[33] F. DIAS, *op. cit.* (n. 7), p. 5.

significar que o direito penal carece em absoluto, para se concretizar, de normas processuais que visam a investigação do crime – a subsunção dos factos aos comandos legais – e a aplicação de sanções ao culpado – ou seja, a aplicação das sanções estatuídas pelo direito penal numa certa e determinada situação concreta.

Esta relação de complementaridade permite-nos afirmar uma certa interdependência nos princípios e nos propósitos, de tal sorte que, por vezes, é até difícil distinguir o direito penal do direito processual penal.

Assim, por um lado, não só os grandes princípios e fins do direito penal são aplicáveis ao direito processual penal – havendo uma "conformação teleológica fundamental"[34] do direito penal sobre o direito processual penal – como certos institutos, certas normas são de difícil concatenação.

Quanto ao primeiro caso, se o artigo 71.º do CP (determinação da medida da pena) obriga à determinação de um conjunto de factores para a determinação da medida de pena, em sede processual, o art. 368.º do CPP obriga, na averiguação da culpabilidade, à análise de elementos que estão necessariamente conformados por aquele preceito anteriormente enunciado.

Quanto ao segundo caso, é muito discutível saber se a questão da prescrição do procedimento criminal, a queixa e a acusação particular, a natureza pública, semi-pública ou particular dos crimes, são de direito penal ou de direito processual penal ou até mista[35].

Certo é, contudo, que apesar dessa relação, estamos em presença de ramos de direito autónomos mas pertencentes ao direito penal em sentido amplo. A provar essa autonomia estão os princípios e as finalidades do direito processual penal.

Contrariamente aos dogmas do positivismo jurídico, cuja panaceia seria a da aplicação lógico-dedutiva das normas, hoje, ao falar-se em finalidades do processo penal, tem-se em vista muito mais do que isso. Espera-se, efectivamente, que o julgador se possa servir de um conjunto de normas – jurídico-processuais – em relação imanente com as normas substantivas vocacionadas para a resolução concreta dos

---

[34] Idem, p. 6.
[35] Outros exemplos podem encontrar-se, nomeadamente, em F. DIAS, op. cit., (n. 7), p. 6 e ss. e 11 e ss.

problemas, mas em relação com toda a ordem jurídica, de maneira a que o juiz ao aplicá-las se socorra, afinal, de um "*critério de valor*"[36], um critério axiológico-jurídico, indispensável para a interpretação (teleológica) das normas criadas e orientadas para a resolução dos problemas concretos.

O juiz não precisa de "inventar". Mas também não será um mero aplicador – através do método lógico-dedutivo – das normas aos factos. As normas jurídicas, produzidas com referências axiológico-jurídicas, com apoio, por isso, nos valores fundamentais e determinantes, permitem uma interpretação e uma aplicação das mesmas, prosseguindo certos fins jurídicos – numa palavra as finalidades –, logrando-se assim a solução dos problemas.

As finalidades[37] são quatro: a) a realização da justiça e a descoberta da verdade material; b) a protecção dos direitos fundamentais das pessoas; c) o restabelecimento da paz jurídica; d) e a "concordância prática" entre as anteriores finalidades, como finalidade imanente às restantes.

Que a finalidade suprema de processo penal seja a realização da justiça, parece-nos algo de indiscutível evidência. Mas o que é de ressaltar nesta finalidade é o facto de a mesma ter como corolário a descoberta da verdade material e, *grosso modo*, visar-se uma justiça material e não apenas formal.

Tal finalidade caracteriza profundamente o direito processual e permite distingui-lo de outros ramos do direito, nomeadamente de outros ramos instrumentais, tal como o direito processual civil, onde o que se salienta é a prossecução de uma justiça é certo, mas formal.

Ganham, assim, expressão, no processo penal, princípios como o da "investigação", o da "livre apreciação da prova", o do "*in dubio pro reo*", etc.. Não cabe aqui explicá-los, *brevitatis causa*, mas sempre se poderá, numa expressão ainda que inacabada, referir que no processo penal quase tudo é admitido, desde que com vista à descoberta da verdade material. É certo que nem tudo; limites existem que impedem que o processo penal fique à mercê dos impulsos dos seus intervenientes, com sacrifício dos direitos fundamentais das pessoas. E, entre esses limites, conta-se, logo, a segunda finalidade do processo penal, que, se

---

[36] F. DIAS, *op. cit.* (n. 7), p. 20.
[37] Seguimos de perto a exposição de F. DIAS, *op. cit.* (n. 7), p. 20 e ss.

tem aquele sentido negativo, tem também o sentido positivo de se lograr em cada caso decisivo a protecção dos direitos fundamentais das pessoas.

O *ius puniendi*, encabeçado pelo Estado, não pode tornar-se numa espécie de *ius vitae et necis*, num poder absoluto. Tem que necessariamente contar com limites próprios do Estado de Direito (democrático), nomeadamente com os direitos fundamentais, invioláveis, em nome dos quais, ademais – e ainda que possa parecer um paradoxo –, é admissível a sua restrição – veja-se o artigo 18.º da Constituição.

E, assim, a descoberta da verdade material não legitima certas formas de obtenção dessa verdade, como, por exemplo, todos os métodos proibidos de obtenção de prova descritos no artigo 126.º do CPP, como a actuação dos agentes provocadores em certos termos, mesmo sendo órgãos de polícia, como a confissão obtida sem liberdade e sem reservas, como a presunção de culpa, como a aplicação de medidas de coacção sem o respeito por requisitos que garantem a defesa de direitos fundamentais do arguido, etc..

Outra finalidade é o restabelecimento da paz jurídica. Decorre, aliás, do próprio artigo 40.º do C.P. português: "A aplicação de penas e de medidas de segurança visa a protecção de bens jurídicos e a reintegração do agente na sociedade". Afinal tal norma visa a paz jurídica comunitária. Os bens jurídicos são essenciais para a vida em comunidade, uma vida que se pretende pacífica, por ordem a possibilitar a autorealização de cada membro. Se é praticado um crime, há necessidade de, através de imperativos de prevenção geral positiva ou de integração e de prevenção especial, através da reintegração do agente, *restabelecer* aquela paz jurídica comunitária.

Se isso se consegue, por um lado, através do direito penal substantivo, por outro é indispensável a sua viabilização através de normas processuais adequadas, teleologicamente orientadas para esse objectivo – daí ser essa uma das finalidades do processo penal.

A prossecução das várias finalidades implica entre as mesmas, dada a sua relação delimitativa, alguns conflitos de aplicação, a serem resolvidos através do princípio jurídico-constituicional da proporcionalidade[38], de acordo com o qual se visa a concordância prática

---

[38] Sobre o princípio jurídico-constitucional da proporcionalidade, vide, entre outros, VIEIRA DE ANDRADE, *Os Direitos Fundamentais na Constituição Portuguesa de 1976*, Almedina, Coimbra, 1987, p. 223. É claro que aquele princípio, se vale como

das várias finalidades, "optimizando-se os ganhos e minimizando-se as perdas axiológicas funcionais", tal como defende F. DIAS[39], mas tendo como ponto norteador o princípio da dignidade humana, inviolável e em razão do qual são admissíveis algumas limitações daquelas finalidades.

1.3.4. Uma distinção dogmática que urge fazer é entre direito penal de justiça geral, clássico ou comum e direito penal especial, acessório ou secundário.

A sua relação que não é de supra infra-ordenação, ou seja, não significa que por ser secundário é de menor importância, mas determina-se pela especialidade de um em relação ao outro[40]. Assim, o direito penal de justiça, geral, clássico ou comum abrange os tipos legais de crime clássicos, que durante muito tempo caracterizavam o direito penal e que, hodiernamente, figuram na parte especial dos códigos penais. Geralmente, visam proteger bens jurídicos tradicionalmente, ou, melhor dito, classicamente protegidos pelo direito penal, como é o caso dos crimes contra as pessoas, grande parte dos crimes patrimoniais e contra o Estado.

Ora, a par desses bens jurídicos foi surgindo, com o evoluir da sociedade, um número diverso de bens jurídicos, considerados novos face aos tradicionais, a impor uma tutela especial, fora do código penal. Esse direito penal denomina-se especial, por oposição ao geral, em regra por referência aos direitos sociais e económicos consagrados na Constituição e não aos direitos, liberdades e garantias que constituem a referência do direito penal clássico ou de justiça.

Foi, no dizer de F. DIAS, o interesse em "pôr o aparato das sanções criminais ao serviço dos mais diversos fins de política social" que implicou o "aparecimento, ao lado do direito penal tradicional, de um abundante direito penal *extravagante acessório ou secundário*"[41].

---

critério norteador, não pode, contudo, no que respeita à concordância prática das finalidades do processo penal, ser aplicado sem alusão ao princípio da dignidade da pessoa humana, igualmente fundamental.

[39] F. DIAS, *op. cit.*, (n. 7), p. 24 e ss.
[40] Cfr. F. DIAS, "Para uma Dogmática do Direito Penal Secundário", in *R.L.J.*, n.º 3714, p. 265 e ss. e, mais recentemente, o seu *Direito Penal...*, *op. cit.*, (n. 1), p. 58.
[41] F. DIAS, *op. cit.*, (n. 40), p. 265.

Adentro deste direito penal especial cabem vários subtipos de direitos, a saber, o direito penal económico (*stricto sensu*), o direito penal tributário, o direito penal do ambiente, o direito penal do consumo, o direito penal militar, o direito penal das sociedades comerciais, o direito penal bancário, o direito penal laboral, o direito penal de combate à droga, o direito penal da informação, etc.[42].

Aqui cabe, como se vê, um vastíssimo leque de bens jurídicos novos, impostos justamente pelo devir do Estado de Direito Social[43].

Mas não se pense que o direito penal especial se impõe apenas pela novidade dos bens jurídicos em relação àqueles que são tradicionalmente tutelados pelo direito penal clássico.

Impõe-se também pela sua especificidade no tratamento a dar à tutela dos bens jurídicos. Como se colhe dos ensinamentos de F. DIAS e COSTA ANDRADE, é possível verificar no direito penal secundário, o que o distingue do direito penal de justiça, uma "relação de co-determinação recíproca entre o *bem jurídico* e a conduta típica"[44]. E isso porque "no direito penal secundário muitas vezes só a partir da consideração do comportamento proibido é possível identificar e recortar em definitivo o bem jurídico"[45]. Por isso, já dissemos antes, que são "pequenas diferenças que, em sede de política criminal, ditam soluções semelhantes (ou diferentes) para o direito penal clássico ou de justiça e para o direito penal secundário, mas soluções perfeitamente justificáveis (...)"[46]. Prova disso é, de resto, a análise que SILVA DIAS faz, referindo-se ao direito penal fiscal: "o interesse protegido pelas normas penais fiscais não é um *prius*, que sirva ao legislador de instrumento crítico da matéria que a regula e do

---

[42] Seguimos, neste particular aspecto, o esquema proposto por MIGUEL P. MACHADO, "Sigilo Bancário e Direito Penal. Dois Tópicos: Caracterização de Tipos Legais de Crimes e Significado da Extensão às Contra-ordenações", in *Sigilo Bancário*, Instituto de Direito Bancário, Edições Cosmos, p. 76.

[43] Veja-se, ainda, a variedade imensa de infracções susceptíveis de integrar o direito penal secundário (direito penal económico *lato sensu*), em MIGUEL BAJO FERNANDEZ, *Manual de Derecho Penal (Parte especial). Delitos Patrimoniales y Economicos*, Editorial Ceura, 1987, p. 394 e ss.

[44] F. DIAS e C. ANDRADE, "O Crime de Fraude Fiscal no Novo Direito Penal Tributário Português", in *Revista Portuguesa de Ciência Criminal*, Ano VI, Fasc. 1.º, Janeiro/Março, 1996, p. 80 e ss.

[45] *Ibidem*.

[46] Cfr. M. MONTE, *op. cit.*, (n. 6), p. 376.

modo de regulação, mas de um *posterius*, com uma função meramente interpretativa e classificatória dos tipos, construído a partir das várias figuras dogmáticas e político-criminais, que o legislador tem à disposição"[47].

1.3.5. Se a distinção entre o direito penal de justiça e o direito penal secundário nem sempre é fácil, a verdade é que se passarmos a outros direitos complementares do direito penal, como é o caso do direito de mera ordenação ou do direito das contravenções, então os problemas de distinção aumentam.

Na verdade, até na designação existem algumas dificuldades, sobretudo se tivermos em conta que o direito penal secundário é também considerado direito penal administrativo económico.

Com efeito[48], uma das primeiras tentativas de distinguir o direito penal do direito de mera ordenação social foi encetada por J. GOLDSCHMIDT e E. WOLF[49], justamente entre direito penal de justiça e direito penal administrativo, como sendo este o direito de mera ordenação social – tratava-se então de uma distinção qualitativa,

---

[47] SILVA DIAS, "O Novo Direito Penal Fiscal Não Aduaneiro (Decreto-Lei n.º 20-A/90, de 15 de Janeiro). Considerações Dogmáticas e Político-criminais", in *Fisco*, Julho, 1990, p. 29.

[48] Seguimos aqui, muito de perto, tanto no texto como nas respectivas notas, os nossos modestos estudos levados a cabo no nosso *Da Protecção Penal do Consumidor...*, op. cit., (n. 12), p. 50 e ss., aos quais efectuamos agora algumas alterações que melhor se adequam ao presente trabalho, quer quanto ao conteúdo, quer, sobretudo, quanto ao estilo.

[49] Já antes haviam sido tentadas outras distinções, também qualitativas, nomeadamente por ANSELM e FEUERBACH, dentro da chamada Teoria do Direito penal de polícia do final do séc. XVIII e princípios do séc. XIX, distinção essa qualitativa entre direito criminal e direito penal de polícia, segundo a qual os direitos dos cidadãos e do Estado seriam tutelados pelo direito penal, fundamentando, assim, o conceito de crime em sentido estrito, enquanto que ao direito penal de polícia caberia sancionar acções que, embora não antijurídicas porque ainda dentro do espaço de liberdade do cidadão, violariam, contudo, o espaço delimitado pelo Estado – veja-se a análise detalhada de tal doutrina por COSTA ANDRADE, "Contributo para o Conceito de Contra-ordenação (A Experiência Alemã)", in *R.D.E.*, Anos VI/VII, 1980-81, p. 91 e ss. É claro, no entanto, como melhor se compreenderá de seguida no texto, que esta distinção, embora qualitativa, não resolve o problema da distinção entre direito criminal e direito de mera ordenação social e daí afirmarmos no texto que esta distinção foi encetada por J. GOLDSCHMIDT e E. WOLF.

assente num critério teleológico, ligado aos fins do Estado, através do qual ao direito penal cabia a protecção de "interesses ou bens jurídicos essenciais da vida na sociedade", enquanto que ao "direito de mera ordenação social" – no seu dizer, direito penal administrativo – "caberia a defesa de uma certa ordenação destinada a promover o bem estar social, que ficaria a cargo da administração"[50].

Terminologicamente houve, depois, após a II[a] Guerra Mundial, a evolução para direito penal de ordem (*Ordnungsstrafrecht*), ligado ao domínio económico, denominação essa que ficou a dever-se a E. SCHMIDT[51]. Este autor proporia uma distinção a partir do conteúdo material da ilicitude, tomando como base o conceito de bem jurídico, defendendo que o crime traduzia a agressão de bens jurídicos (individuais ou colectivos), enquanto que as contra-ordenações lesavam apenas meros interesses da administração[52].

A partir daí estavam lançadas as bases para uma discussão em torno da distinção qualitativa ou quantitativa entre direito penal e direito de mera ordenação social.

Seguindo de perto a síntese proposta por COSTA ANDRADE[53], os defensores da distinção qualitativa, na senda de E. SCHMIDT, optariam por um ou outro critério, a saber: "o do bem jurídico (em que os crimes lesariam ou poriam em perigo bens jurídicos, contrariamente às contra-ordenações, que se esgotariam numa mera desobediência ou na frustração de interesses encabeçados nas autoridades administrativas ou, então, em última análise, integrariam crimes de perigo abstracto); ou, ainda, o critério da ressonância ético-jurídica (segundo o qual o crime teria ressonância ética, enquanto que a contra-ordenação seria eticamente neutra ou indiferente), actualmente defendido por vários autores, entre os quais EDUARDO CORREIA"[54].

---

[50] Cfr. M. MONTE, *op. cit.*, (n. 12), p. 51; C. ANDRADE, *op. cit.*, p. 93 e ss.; E. CORREIA, "Direito Penal e Direito de Mera Ordenação Social", in separata do vol. XLIX, do *B.F.D.U.C.*, 1973, p. 12 e ss. e *op. cit.*, (n. 1), p. 215 e ss.

[51] Veja-se, desenvolvidamente, sobre a doutrina de E. B. SCHMIDT, MATTES, *Problemas de Derecho Penal Administrativo. Historia y Derecho Comparado*, Madrid, Editoriales de Derecho Reunidas, 1974, p. 229.

[52] E. B. SCHMIDT, *Das Neue Westdeutsche Wirtschaftsstrafrecht*, Tübingen, Mohr, 1950, p. 21 e ss., e, quanto à sua análise crítica, veja-se C. ANDRADE, *op. cit.*, p. 104.

[53] C. ANDRADE, *op. cit.*, p. 109.

[54] E. CORREIA, *op. cit.*, (n. 50), em especial p. 14 e ss., concluindo desta forma:

Por sua vez, os defensores da distinção quantitativa, entre os quais se destaca JESCHECK[55], punham em destaque o grau ou *quantum* de gravidade das infracções, de tal modo que, embora fossem socialmente intoleráveis, umas revelariam menor gravidade penal, constituindo o ilícito de mera ordenação social, o que vale por dizer que, embora aludindo também ao conceito de bem jurídico, não atenderiam à sua natureza, se bem que à maior ou menor relevância daquele.

Qualquer das perspectivas não é isenta de críticas. Por isso apareceram "teorias mais ou menos eclécticas", propondo a superação de tais distinções, defendendo que ambas as distinções se situam "no mesmo plano pré-ou trans-jurídico". E, assim sendo, em vez disso se devia – como propõe C. ANDRADE[56] – partir simplesmente "da existência, ao lado do direito penal, de um ordenamento jurídico sancionatório, o direito das contra-ordenações". Efectivamente, para C. ANDRADE, a essência do direito de mera ordenação social devia ser procurada na "sua redução eidética, como experiência jurídica claramente referenciada, pondo entre parênteses as suas raízes históricas e doutrinais"[57].

Também no sentido de repudiar tal tipo de distinção vai F. COSTA: "determinarmo-nos exclusivamente por um critério quantitativo ou qualitativo é, em boa verdade, submissão a uma utensilagem nominalista"[58]. Para F. COSTA, efectivamente, "o que sempre tem estado

---

"A esta luz, uma coisa será o direito criminal, *outra* coisa o direito relativo à violação de uma certa ordenação social, a cujas infracções correspondem reacções de natureza própria. Este é, assim, um *aliud* que, qualitativamente, se diferencia daquele, na medida em que o respectivo ilícito e as reacções que lhe cabem não são *directamente* fundamentáveis num plano ético-jurídico, não estando, portanto, sujeitas aos princípios e corolários do direito criminal".

[55] Assim acontece quer no seu "Das Deutsche Whitschaftsstrafrecht", in *JZ*, 1959, p. 461, onde claramente rejeita a ideia de que as contra-ordenações possam ser ético-socialmente indiferentes, quer mais recentemente no seu *Tratado de Derecho Penal*, vol. I, Barcelona, 1981, p. 80 e ss. – onde critica a distinção qualitativa, defendendo que "o que claramente distingue a infracção administrativa do facto punível é a **falta desse alto grau de reprovação** da atitude interna do autor, que por si só justifica o desvalor ético-social da pena propriamente dita".

[56] C. ANDRADE, *op. cit.*, p. 116.
[57] *Idem*, p. 116.
[58] F. COSTA, *op. cit.*, (n. 11), p. 370.

em discussão, independentemente das épocas e contextos económicos, culturais e sociais, é (...) a tentativa de encontrar um critério material distintivo entre o direito penal e aquela outra realidade normativa (o primitivo direito de polícia; as contravenções; e o moderno direito de mera ordenação social) que, ao longo dos tempos, por um efeito de contágio – talvez salutar –, nunca o abandonou"[59].

Razão têm, assim, autores como E. CORREIA, quando afirma que "o direito de mera ordenação social é um *aliud*, uma coisa diferente do direito penal"[60]. Importa, por isso, ver em que consistem essas diferenças mais significativas. Análise essa que nos permitirá conhecer melhor as duas realidades[61].

Tais diferenças manifestam-se, à cabeça, no domínio das sanções, uma vez que ao crime correspondem penas ou medidas de segurança, enquanto que às contra-ordenações corresponde a coima. É certo que a coima, assim como a multa, é uma sanção pecuniária; mas, a verdade é que a multa é, contrariamente à coima, uma sanção eminentemente criminal, com todas as consequências que daí advêm[62].

Diferença importante – importância que, todavia, se vem esbatendo – reside no facto de no direito penal vigorar, por regra, o princípio *societas delinquere non potest*, enquanto que no direito de mera ordenação social se parte do oposto. Na verdade, enquanto que a consagração da responsabilização das pessoas colectivas é uma regra no

---

[59] FARIA COSTA, "A Importância da Recorrência no Pensamento Jurídico. Um Exemplo: a Distinção Entre o Ilícito Penal e o Ilícito de Mera Ordenação Social", in *R.D.E.*, Ano IX, n.ºˢ 1-2, Janeiro/Dezembro, 1983, p. 46.
[60] E. CORREIA, *op. cit.*, (n. 50), p. 15 e ss.
[61] Disso nos dão conta, também, FIGUEIREDO DIAS e COSTA ANDRADE, "Problemática Geral das Infracções Antieconómicas", in *BMJ*, n.º 262, Janeiro, 1977, p. 37.
[62] A opção, assim, por um termo diferente da multa, justifica-se plenamente, de molde a que não se confundam ambas as sanções que, apesar de pecuniárias, são efectivamente diferentes, senão mais porque a coima – no dizer de FIGUEIREDO DIAS, "O Movimento da Descriminalização e o Ilícito de Mera Ordenação Social", in *Jornadas de Direito Criminal*, Centro de Estudos Judiciários, s/d, p. 333 – "representa um mal que de nenhum modo se liga à personalidade ética do agente e à sua atitude interna, antes serve como mera "admonição", como mandato ou especial advertência conducente à observância de certas proibições ou imposições legislativas". Veja-se, ainda, no mesmo sentido, LOPES ROCHA e OUTROS, *Contra-ordenações, Notas e Comentários ao Decreto-Lei n.º 433/82, de 27 de Outubro*, 1ª ed., 1985, p. 114 e ss.

ilícito de mera ordenação social, prevista, ademais, no art. 7.º do DL n.º 433/82, de 27 de Outubro, com a redacção do DL n.º 356/89, de 17 de Outubro, e do DL n.º 244/95, de 14 de Setembro, no direito penal só excepcionalmente se admite tal tipo de responsabilidade, como preceitua o art. 11.º do C.P..

Também ao nível do processo, uma vez que ao crime corresponde o processo penal (judicial), enquanto que à contra-ordenação corresponde um processo administrativo, com possibilidade de recurso aos tribunais judiciais. Ainda no que respeita à promoção processual e à aplicação das sanções, existem diferenças, já que no crime segue--se uma estrutura cuja direcção do inquérito cabe ao Ministério Público e, no restante processo, ao Juiz, enquanto que nas contra-ordenações, geralmente, a instrução está entregue a entidades administrativas, a quem cabe a decisão final.

Finalmente, a natureza das tipificações nos crimes é geralmente apertada e rígida enquanto que nas contra-ordenações é mais aberta [63].

2. Crime e sanção – os fins das penas [64].

2.1. Se perguntássemos ao mais comum dos mortais o que entende por crime, por mais respostas que obtivéssemos, de uma coisa

---

[63] Veja-se F. DIAS e C. ANDRADE, *op. cit.*, (n. 61), p. 37. Sobre a tipificação aberta ou apertada nos crimes (e nas contra-ordenações, obviamente), veja-se, por todos, CLAUS ROXIN, *Teoría del Tipo Penal. Tipos Abiertos y Elementos del Deber Jurídico*, Ed. Depalma: Buenos Aires, 1979, especialmente p. 262 e ss.

[64] Importa reter que as sanções criminais ou reacções criminais não se cifram apenas nas penas. Para além destas e com cada vez maior importância temos as medidas de segurança. Sendo também consequências jurídicas do crime, as medidas de segurança dão resposta a um tipo de delinquência, com contornos e características tão peculiares que a pena por si só não só não resolve o problema que nos é posto, como se pode mostrar desaconselhável. No dizer de JESÚS-MARIA SILVA SÁNCHEZ, *El Nuevo Código Penal: Cinco Cuestiones Fundamentales*, J.M. Bosch Editor, Barcelona, 1997, p. 28 – obra que contém um capítulo sobre esta matéria que se recomenda – "nas medidas de segurança o pressuposto vem dado pela perigosidade, manifestada na comissão do facto antijurídico por um sujeito inculpável, que expressa uma necessidade preventivo-especial, e não, pelo contrário, preventivo-geral, de resposta", de tal forma que as medidas de segurança têm indiscutivelmente – pese embora todas as classificações possíveis, de aqui não curaremos por manifesta falta de espaço e de tempo – um objectivo terapêutico.

estamos certos: a referência ao homicídio, ou, numa linguagem mais corrente, os crimes de sangue, ou, mais amplamente, os crimes contra as pessoas, seria inevitável.

De facto, a ligação do crime aos crimes contra as pessoas é lugar comum. A realidade, porém, é muito mais complexa. A definição de crime abrange muito mais do que essa realidade empírica, vulgarizada e assaz plebeia, porque não dizer sensacionalista e mediática. Nesse conceito cabem situações muito distintas e, por vezes, de difícil justificação.

E não se trata apenas de uma necessidade jurídico-dogmática, inscrita nas preocupações da dogmática jurídico-penal, mas de algo que condiciona toda a ciência penal conjunta. Com efeito, a definição de crime é dialéctica ao ponto de ter implicações em termos de política criminal – pois que esta terá que conhecer previamente o seu objecto para também o poder moldar e recriar –, terá implicações sobretudo ao nível da função do direito penal, uma vez que a condiciona, já que esta consiste em suma – por mais ou menos que se acrescente – no combate ao crime, logo tendo implicações na criminologia, uma vez que esta terá que estudar as causas do crime, o que se, por um lado, pressupõe a sua definição, por outro lado poderá condicioná-la, se os seus resultados apontarem à política criminal esse sentido.

Claro está que tudo parece simplificado com a cómoda – às vezes nem tanto – leitura dos tipos legais de crime, positivados – passe-se a redundância. Mas isso, desde já, seria aderir a concepções que se têm por ultrapassadas, como a pugnada pela perspectiva positivista--legalista, para quem o crime seria "tudo aquilo que o legislador legitimamente considerar como tal"[65].

Tal concepção formal, além de não resolver coisa alguma, atira--nos para a questão óbvia de saber como é que o legislador há-de definir o crime. E perguntar isso é perguntar afinal como se define crime. E se se pensa que a sua definição é fácil, basta atentar nas várias tentativas quase sempre abandonadas por se revelarem insuficientes[66].

Assim, desde uma perspectiva sociológica, propondo noções

---

[65] F. DIAS, *op. cit.*, (n. 1), p. 43.
[66] Sobre o desenvolvimento das mesmos, veja-se F. DIAS, *op. cit.*, (n. 1), p. 43 e ss.

sociológicas de crime, por apelo à ideia de danosidade social, até à perspectiva moral e social, quando imputa ao direito penal a tutela da virtude ou da moral, como se aquele se pudesse substituir à divindade e à consciência de cada um, esquecendo o "pluralismo ético--social das sociedades contemporâneas"[67], sempre foram ensaiadas definições que, se tiveram o mérito de contribuir para a discussão de muitos problemas e para o atingir de soluções, não foram suficientes para lograr êxito.

Tudo hoje parece orientar-se para uma noção material de crime que passe pela função de tutela subsidiária de bens jurídicos, funcional e racional, que pressuponha a definição de uma outra realidade que é a de bem jurídico, que o relacione com o sistema jurídico-constitucional, uma noção material de crime donde se excluam "puras violações morais", "proposições (ou imposições de fins) meramente ideológicas" e a "violação de valores de mera ordenação social"[68].

Neste particular aspecto é de anotar – quer tendo como base a perspectiva moral social enunciada, quer tomando como assente que "puras violações morais" não são sancionadas pelo direito penal – que, se hoje é claro que a relação entre o Direito e a Moral passa por total autonomia, facilmente explicável se nos ativermos às normas penais, nunca é despiciendo reafirmá-lo. Com efeito, bem se pode concordar com HENRI BATIFFOL[69], ao afirmar que "o legislador estabelece e menciona regras que não coincidem senão parcialmente com as regras morais ou que até podem eventualmente contradizê-las".

Uma coisa, de facto, é o conjunto de "regras estabelecidas e sancionadas pela autoridade pública" – o Direito, portanto –, outra coisa é o conjunto de "regras admitidas pela consciência individual" – a Moral[70].

São duas realidades distintas e autónomas, admitindo-se que em muitos domínios se soreponham na respectiva tutela, não sendo, contudo, concebível que o Direito tenha a pretensão de se fazer substituir

---

[67] F. DIAS, op. cit., (n. 1), p. 51.
[68] Tal é o sentido apontado por F. DIAS, op. cit., (n. 1), p. 52 e ss., para além de que faz alusão à definição social de crime.
[69] HENRI BATIFFOL, A Filosofia do Direito, Editorial Notícias, s/d., p. 112.
[70] Ibidem.

à consciência individual – ou, num plano puramente religioso, ao poder da divina providência –, nem que a moral inspire o direito ao ponto de este ter que sancionar todas as condutas imorais. Pretender, por isso, o conjúgio do Direito e da Moral é esquecer a essência de ambos.

2.2. Dito isto, importa passar agora à sanção e, dentro desta, salientar os fins das penas, até para estabelecer a verdadeira ligação com a função do direito penal. A questão é aliás tanto mais importante quanto é certo que as sanções penais, ou, *summo rigore,* as reacções criminais, têm hoje uma importância e uma amplitude que não tiveram noutros tempos. O conceito restritivo de pena – abrangendo, *grosso modo,* a pena de prisão e a pena de multa, como as mais comuns – está hoje largamente ultrapassado, para dar lugar a um outro conceito, mais adequado ao novo paradigma jurídico-penal, qual seja, o de reacções criminais ou de consequências jurídicas do crime [71]. Ainda assim, não é de estranhar o lugar privilegiado que à pena tem sido dado, implicando mesmo que constitua o objecto do direito penal [72]. Tal posição é sobretudo interessante se se tiver em conta o peso histórico da institucionalização da pena.

Quando se fala dos "fins das penas" não pode deixar de se equacionar a sua relação com a função do direito penal, pois que, para além de uma vertente preventiva, antes mesmo do cometimento do crime, o direito penal tem uma função essencialmente preventivo-repressiva. Isso assim é pela aplicação das penas. Estas, com efeito, são preventivas e repressivas. Pois, se reprimem o crime pela simples punição, previnem outros crimes, porquanto pretende-se que a função do direito penal seja efectivada: evitar – pela protecção – a violação – futura – dos bens jurídicos.

O modo como isso é alcançado, os postulados jurídico-filosóficos, têm variado de época para época, sendo, contudo, certo, como é

---

[71] Por isso, nesse sentido, continua actual a tese apontada por GIUSEPPE BETIOL, *Direito Penal, Parte Geral,* Tomo IV, Colecção Coimbra Editora, 1977, tradução do original *Diritto Penale,* p. 111, segundo a qual "*a pena é a consequência Jurídica do crime, isto é, a sanção prevista para a violação de um preceito penal*".

[72] Veja-se, nesse sentido, PAULO FERREIRA DA CUNHA, *Arqueologias Jurídicas,* Lello Editores, 1996, p. 49, onde é possível, com muita clareza, verificar a importância da pena ao longo dos tempos.

consabido, que tudo se vem a reconduzir a duas teorias, uma das quais subdividida, embora em todas se surpreendam vários desenvolvimentos.

Assim, simplificando, de um lado estão os que entendem que a pena serve para castigar, reprimir, retribuir, expiar, reparar, compensar, etc. – são as teorias absolutas, ético-retributistas ou etiológicas, para quem a pena é instrumento de retribuição.

Do outro lado estão os que vêem a pena como um instrumento útil pra evitar o crime, quer actuando sobre a sociedade em geral – prevenção geral –, quer actuando sobre o criminoso – prevenção especial – estando, nesse caso, perante as doutrinas relativas, utilitárias ou finalistas da prevenção (geral ou especial).

Desde logo, quanto ao facto criminoso, uma posição as separa: para as doutrinas retributistas o facto criminoso é pressuposto e medida da punição, enquanto que para as doutrinas preventivas é apenas pressuposto.

O que se pretende, pois, nas teorias etiológicas é determinar a espécie e medir a gravidade do delito – em seguida bastaria estabelecer a proporção entre o desvalor do crime e o desvalor da pena, de tal modo que o desvalor desta para o infractor há-de ser proporcional ao desvalor do crime. Indubitavelmente ligada ao princípio de Talião "olho por olho, dente por dente", arrancando de autores militantes do pensamento pitagórico, como Eurípedes e Pindaro [73]. Em Portugal, tais doutrinas tiveram eco, nomeadamente na reforma de 1884 (do C.P.), ao considerar a reparação como finalidade da pena (*rectior*, da responsabilidade penal), assim como em 1954 [74].

Ao fazer-se ligar a pena ao facto criminoso, avalia-se sobretudo a culpa do agente, pelo que esta teoria parte sempre do princípio de que o agente podia e devia ter agido de outra maneira [75], só assim podendo ser censurado, pressuposto esse que dá o flanco a várias críticas.

Do outro lado estão as teorias da prevenção, assentes sobretudo, *prima facie*, numa ideia de ameaça.

---

[73] Cfr. E. CORREIA, *op. cit.*, (n. 1), p. 42 e ss.
[74] *Idem*, p. 118.
[75] Cfr. CONDE MONTEIRO, "A Finalidade Preventivo-Geral-Integrativo-Secundária no Actual Código Penal (ou uma Reflexão Acerca do Significado Preventivo Geral do artigo 40.º do Código Penal)", in *Scientia Ivridica*, Janeiro/Junho, Tomo XLV, n.º 259/261, 1996, p. 144.

Assim, para as doutrinas da prevenção geral, altamente tributárias de FEUERBACH[76], a ideia central é a de que se deve prevenir violações futuras em toda a sociedade. Tal teoria que assentou não na culpa, nem concebeu o crime como medida da pena, mas apenas como pressuposto, arranca do chamado "*poder apetitivo* dos homens"[77]. Sintetizando, se alguém comete um crime "é porque com ele visa a satisfação de uma certa necessidade", logo o que se devia fazer com as penas é, num primeiro momento, ameaçar o potencial criminoso, de molde a demovê-lo do seu intento, mas no caso de vir a prosseguir, então, deve proceder-se à execução da pena prevista, não como expiação, mas como intimidação para a generalidade.

Tratar-se-ia, pois, de uma perspectiva negativa, intimidativa, contrariamente ao que sucede hoje, em que a prevenção geral pode e deve ser antes positiva ou de integração – como veremos.

A sua origem remonta à antiga Grécia. Homens como Platão contribuíram decisivamente para a mesma e, em Portugal, teve eco, nomeadamente, no Código de 1852 (na senda do código napoleónico de 1810)[78].

Já para as doutrinas da prevenção especial, a ideia básica residia na prevenção de violações futuras em relação ao delinquente. O momento decisivo da pena seria o da sua execução e não o da sua ameaça. Nesse caso, o que importaria seria a correcção do indivíduo.

A culpa, para estas doutrinas, é importante, mas não como medida. A culpa roça feições de perigosidade, pelo que as penas devem ter como finalidade afastar a perigosidade[79] – tal só seria possível se as sanções não fossem fixas, devendo, ao invés, variar com o tipo de delinquente e não com a gravidade ou a espécie do delito.

A teoria da prevenção especial teve, sobretudo, o mérito de lançar para a discussão a questão dos ininputáveis, a quem se devia aplicar medidas de segurança.

Foi justamente um contemporâneo de FEUERBACH – GROLMAN[80] – quem teve o mérito de salientar esta teoria, transferindo o momento decisivo da pena da ameaça para a execução. Em Portugal,

---

[76] Cfr. E. CORREIA, *op. cit.*, (n. 1), p. 47.
[77] *Ibidem*.
[78] *Idem*, p. 106 e ss.
[79] *Idem*, p. 50.
[80] *Idem*, p. 49.

encontrou acolhimento, nomeadamente, na Lei de 1 de Abril de 1882, com a consagração de medidas de segurança – ou seja, de penas no Código Penal e de medidas de segurança na referida lei, dualidade essa que viria a ser reafirmada pela Lei de 20 de Julho de 1912[81].

A partir das teorias acabadas de referir, houve posteriormente desenvolvimentos, sobretudo no domínio das teorias preventivas, sendo de destacar, nomeadamente, as teorias mistas da prevenção integral, onde tiveram assento nomes como V. LISZT ou EXNER[82].

O actual paradigma jurídico-penal português aponta no sentido das teorias utilitárias, mas com um cariz diferente do exposto, principalmente no que respeita à prevenção geral.

Com efeito, se atendermos, nomeadamente, ao artigo 40.° do CP – expressão positivada da doutrina dominante em Portugal, sendo de destacar como um dos seus mais dignos representantes FIGUEIREDO DIAS – facilmente constatamos existirem duas finalidades, ou, pelo menos, dois momentos cruciais nos fins das penas: a prevenção geral positiva ou de integração – aquilo a que F. DIAS designa como ponto de partida – e a prevenção especial, positiva ou de socialização – como ponto de chegada, pois[83].

Reza o referido artigo 40.°: "A aplicação das penas e de medidas de segurança visa a protecção de bens jurídicos (...)". Se nos abstrairmos da previsão de penas e medidas de segurança – corolário lógico das teorias da prevenção especial –, visa a pena, desde logo, a protecção de bens jurídicos.

Há que referir que a opção do legislador só revela uma certa linha de inteligibilidade, que de outro modo não se conceberia, porquanto sendo função do direito penal conceder tutela aos bens jurídico-penais, lógico será que as penas contribuam para a prossecução dessa função.

Mas não só por ser lógico terá o legislador caminhado nesse sentido. Se assim fosse, diríamos que desde que se inteligiu ser a função do direito penal aquela, também teria sido apontada como finalidade da pena a preventiva geral, positiva ou de integração. O percurso histórico, contudo, demonstra que tal não é verdade. E a prová-lo,

---

[81] Idem, p 70.
[82] Sobre as mesmas, veja-se E. CORREIA, op. cit., (n. 1), p. 52 e ss..
[83] F. DIAS, op. cit., (n. 1), p. 115 e ss.

legalmente, está o facto de o artigo 40.° só ter sido inscrito no nosso direito (positivo) em 1995, quando é sabido que aquela função do direito penal já lhe é imputável há bem mais tempo [84].

O que significa que para além de lógica aquela opção tem na sua base postulados filosóficos importantes, quiçá, por razões de política criminal, que a justificam.

E o problema é tanto mais importante que na verdade põe em relevo um outro muito mais candente: o da necessidade do direito penal – necessidade essa que, do modo como o legislador português actuou, nos parece inquestionavelmente justificada. Apraz-nos, de resto, citar F. DIAS: "Por isso se pode dizer, sem exagero, que a questão dos fins das penas constitui, no fundo, a *questão do destino* do direito penal" [85].

E nem se pense que há qualquer exagero; porque, se não, que dizer das teorias abolicionistas do direito penal?

Sim, na verdade, não é por acaso que autores como RADBRUCH[86] questionam seriamente o interesse do direito (penal), reivindicando a sua substituição por coisa melhor. Autores existem mesmo que chegam ao radicalismo de não só defender a extinção do direito penal, como de todo o Direito, e até dos Juristas – é o caso de RAMON CAPELA[87], para quem o direito não satisfaz por que não responde às necessidades actuais, ademais por ser ideológico.

---

[84] Aliás, é de anotar que a actual versão do CP vem clarificar aquele sentido, apontado no texto, que, como se sabe, não coincide inteiramente com o que se depreendia da versão de 82. Nesse sentido, vide, entre outros, C. MONTEIRO, *op. cit.*, p. 152, ao afirmar que a "anterior redacção indiciava a presença duma concepção ético-retributiva, agora definitivamente ultrapassada".

[85] *Idem*, p. 75.

[86] Cfr. RUDBRUCH, *Filosofia do Direito*[3], II, p. 102.

[87] RAMON CAPELLA, *Sobre a Extinção do Direito e a Supressão dos Juristas*, Perspectiva Jurídica, Centelha, Coimbra, 1977, p. 9. Aquele Autor não tem dúvidas quanto à sua tese (*op. cit.*, p. 55): "Talvez já não seja preciso, neste momento, dizer que o barco da tradicional faculdade de direito mete mais água da que é possível fazer baldear pela tripulação impecavelmente formada na coberta. Também a mete o barco da teoria. Aqui, mais do que nunca, é necessário inventar. Nem só de normas legais vive o jurista, pois o aparelho produtivo e administrativo exige dele novas actuações. E nem só de normas pode viver se, nalgum *dies irae*, tiver de teorizar ou apetrechar um novo aparelho que se liquide a si mesmo, cujos instrumentos de controlo estejam sob o domínio das firmes mãos do poder popular".

E se não fossem suficientes tais vozes, bastaria cotejar L. HULSMAN, no seu *Peines Perdues*, para, na senda de EDWIN SCHUR, sobre a "radical non-intervention", constatar a sua proposta de substituição do direito penal na sua feição autoritária, repressiva, estadual e centralista, por um sistema de respostas sociais às situações-problema, expressão mais adequada, segundo aquele autor, para designar aquilo a que hoje se chama crime [88].

JUAN DEL ROSAL [89] faz-nos uma análise detalhada sobre o estado de crise do Direito. Aí é possível descortinar que, embora não advogando a abolição do Direito, como faz HULSMAN, elenca vários factores concorrentes para esse estado de crise: "a) desarmonização da ordem jurídica, traduzida na produção de leis sem atender primordialmente ao Ser humano; b) a certeza do Direito ou, *rectius*, a incerteza provocada por uma linguagem ambígua e concedendo efeitos retroactivos, quebrando, assim, os postulados essenciais do Direito; c) o predomínio do aspecto finalista sobre a justiça; d) o desequilíbrio entre os elementos do Direito, isto é, a concessão de um maior pendor sobre a *utilitas* do que sobre a *justiça* e a *segurança jurídica*; e) a actividade ordenancista do Estado; f) o reforço e a ampliação do sistema de sanções; g) o relançamento do aspecto dogmático do Direito; h) a declinação da ideia de justiça; i) o divórcio entre a moral e o Direito; j) o tecnicismo da linguagem jurídica. Consequentemente, estes factores de crise viriam a ter reflexos no direito penal, descortinando-se aqui, também, alguns aspectos dessa crise: a) o esquecimento da realidade espiritual do delinquente em prol de um direito penal, convertido num simples instrumento de protecção, com a consequente aplicação de sanções preventivas e um forte atendimento ao mero perigo; b) o rompimento com o dogma *nullum crimen sine lege*; c) a orientação finalista ditada pelo relativismo histórico, sem atender à ideia de justiça; d) a utilidade como chave da ordem penal; e) a inflação das normas penais, em consequência da sua penetração em todos os sectores da vida; f) a excessiva crença de que a pena cumpre, essencialmente, uma função de intimidação e exemplificação para a comu-

---

[88] Cfr. LOUK HULSMAN e J. BERNART DE CELIS, *Peines Perdues. Le Système Pénal en Question*. Paris, Centurion, 1982, p. 109 e ss.

[89] JUAN DEL ROSAL, *Cosas de Derecho Penal*, Universidad Complutense, Madrid, 1973, p. 26 e ss.

nidade política; g) a existência de uma certa "Elefantíases" da dogmática do direito penal; h) a submissão ao realismo político; I) a carência da dimensão humana do direito penal; j) o excessivo formalismo"[90]. Convém, por último, salientar que muitos destes factores de crise – a obrigar a uma reflexão crítico-construtiva e não abolicionista – buscam o seu fundamento – segundo JUAN DEL ROSAL[91] – numa "serie de fenómenos recientes" e em que " la evolución industrial ha alterado las bases sociológicas del Occidente, y en la sociedad de masas de nuestro tiempo se observaron no pocos síntomas de lo que Ripert llama «declinación del Derecho»"[92].

Ora, como se vê, a questão dos fins das penas vem a ganhar, até pela importância das considerações daqueles autores, que não pela bondade das soluções, alguma acuidade.

Bem andou, assim, o legislador português ao passar para o direito positivo aquilo a que bem se poderia chamar uma concepção puramente doutrinária. Doutrinária ou não, o certo é que a questão, pela sua importância, justifica a sua prescrição legal. Em boa parte o direito é também o que diz a lei – se não sempre a "law in action", pelo menos a "law in books".

E se alguma censura houvesse ou permanecesse, nada melhor do que citar palavras de quem esteve na génese do C.P.: "É ao legislador democraticamente legitimado – e legitimado em exclusivo: cf. art. 168.º – 1 a) da CRP –, é dizer, à Assembleia da República que compete justamente vazar proposições de política criminal no *modus* da validade jurídica!"[93-94].

---

[90] Cfr. M. MONTE, *op. cit.*, (n. 12), p. 258, n. 343, donde transcrevemos a síntese e tradução daqueles factores.

[91] J. DEL ROSAL, *op. cit.*, p. 25.

[92] Sobre o estado de crise do direito penal, sobretudo na Grã-Bretanha, veja-se MICHAEL CAVADINO e JAMES DIGNAN, *The Penal System. An Introduction*. Sage publications, London, 1992, p. 4 e ss.

[93] F. DIAS, *op. cit.*, p. 122.

[94] É de salientar que o artigo 40.º foi assumido como sendo "um artigo caracterizador da Reforma" do CP – Cfr. *Código Penal. Actas e Projecto da Comissão de Revisão*, Ministério da Justiça, 1993, p. 459. E ali se pode ler – *op. cit.*, p. 460 – que – são palavras de F. DIAS – "esta é uma norma que dirime questões em princípio estranhas ao legislador, o que até se pode conceder, o que não é admissível é o falhanço total do regime sancionatório do Código Penal nestes anos de aplicação".

À parte esta questão – porque resolvida –, voltemos então ao actual entendimento sobre os fins das penas.

Volvendo à análise do artigo 40.º, com a aplicação de penas e medidas de segurança visa-se a protecção de bens jurídicos, o mesmo é dizer que se responde a exigências de prevenção geral positiva ou de integração. Não já a prevenção geral negativa ou de intimidação – no sentido de que a pena serviria de exemplo para os demais –, mas com o sentido de reforçar a confiança dos demais na normas protectoras de bens jurídicos, sempre que as mesmas sejam violadas.

Como afirma F. DIAS a tutela dos bens jurídicos terá um "significado *prospectivo,* correctamente traduzido pela necessidade de tutela da *confiança* (de que falava já *Beleza dos Santos*) e das expectativas da comunidade na manutenção da vigência da norma violada"[95]. Ou seja, se são as normas jurídico-penais que em concreto – autonomia do Direito penal – tutelam os bens jurídicos, a violação das mesmas significa, *prima facie*, a "falência" da sua força. É normal, *rectior*, seria normal que qualquer cidadão duvidasse do valor de uma norma que é violada. Logo, aparece como preocupação dominante restabelecer a confiança nas normas. O meio através do qual se opera o restabelecimento da confiança é justamente o da aplicação das penas. As penas visam assim proteger os bens jurídicos, esses que contidos nas normas são violados. Esta finalidade está intimamente ligada a uma das finalidades do direito processual penal que é a do restabelecimento da paz jurídica comunitária.

Para além da prevenção geral de integração ou positiva, ainda resulta do artigo 40.º uma finalidade inerente a exigências de prevenção especial positiva de socialização e até negativa: "a reintegração do agente na sociedade".

Na verdade, não só no facto de se prever a existência de medidas de segurança, ao lado das penas – duplicidade claramente enformada pelas teorias da prevenção especial –, mas sobretudo por se afirmar claramente a necessidade de reintegração do agente, se visa a prevenção especial.

Com efeito, um ordenamento que se preocupasse unicamente com o restabelecimento da paz jurídica comunitária, sem procurar, em concreto, recuperar os agentes do crime, de forma a que assim se

---

[95] F. DIAS, *op. cit.,* (n. 1), p. 115.

evitem outras violações futuras, tornar-se-ia inglório – e isto sem qualquer doxomania. Daí que, a par com a repressão em prol daquela paz jurídica comunitária, se deva fazer um esforço de ressocialização do agente.

Esta finalidade, contudo, deve ser alcançada depois de se fixar o chamado "ponto óptimo" e dentro do "ponto ainda comunitariamente suportável de medida da tutela dos bens jurídicos"[96], o que, como se vê, significará, que deve ser alcançada na medida em que esteja assegurada a tutela dos bens jurídicos ou a "defesa do ordenamento jurídico"[97], tutela essa sem a qual, por muito que se pretenda a reintegração do agente, não permitirá ao direito penal cumprir a sua função.

Importante, como adverte F. DIAS, é que, para além da tentativa de reintegração, ficam sempre abertas portas para a "intimidação individual ou de indispensável segurança individual (inocuização)"[98], nos casos em que a pena não cumpre a finalidade de prevenção especial positiva ou de socialização.

E nem se diga que com isto se passa a punir etiologicamente. Na verdade, o que continua em causa é a prevenção especial, embora negativa, uma vez que a culpa apenas surge como limite inultrapassável e não como fundamento da pena. Não se pune como expiação. Pune-se para atingir aquelas finalidades enunciadas e, no caso dos incorrigíveis, para que não voltem a cometer crimes, numa palavra, como intimidação individual.

3. Breve reflexão conclusiva

Impõe-se agora uma breve reflexão conclusiva. Mais do que breve, brevíssima reflexão, assim imposta pela percepção de que as linhas que aqui deixamos escritas, mais não são do que um pequeno contributo para a compreensão de conceitos e ideias preliminares atinentes ao mundo do direito penal.

Mas um contributo a pensar sobretudo nos alunos que pela primeira vez mergulham nesta que é uma das ciências mais inte-

---
[96] *Idem*, p. 117.
[97] *Ibidem*.
[98] *Idem*, p. 119.

ressantes para um permanente diálogo intelectual, onde cada porta que se abre nunca é totalmente encerrada, onde por muito que se discuta há-de parecer sempre insuficiente, e onde, apesar disso, lidamos com questões de uma transcendental carga axiológico-normativa.

É o devir histórico que há-de ter a generosidade de ratificar muitas das posições que cientificamente são tomadas, em prol de uma mais perfeita plétora de normas tendentes a garantir o mais normal e são funcionamento dos meios necessários à protecção dos bens jurídicos, protecção essa indispensável para uma desejável e saudável convivência.

Tudo isso com a convicção de que qualquer solução preconizada há-de contar sempre com um infindável número de obstáculos, quantas vezes a lançar discussões inacabadas, ao nível dos princípios [99]. Porém, como partilhamos de um certo positivismo antropológico e reconhecemos no direito penal meio ainda necessário e adequado para lograr aqueles intentos – recusando assim a aderir a qualquer teoria abolicionista –, acreditamos que cada contributo dado para a compreensão desta temática é sempre indispensável.

---

[99] Será exemplo disso a sempre presente discussão em torno de questões como a necessidade da pena de morte ou a viabilização da eutanásia.

TÍTULO III

Do Direito Privado

CAPÍTULO I

Grandes linhas da Parte Geral do Código Civil *

Nuno de Oliveira
Assistente Estagiário do Departamento Autónomo
de Direito da Universidade do Minho

* Redigido em Maio de 1996.

A parte geral do Código Civil compreende dois títulos. O primeiro trata da determinação das fontes do direito e da interpretação e aplicação das leis. A determinação das fontes do direito e das regras de interpretação das leis supõe reflexões de ordem metodológica e jurídico-constitucional.[1] A disciplina da aplicação da lei no tempo é objecto do direito intertemporal; o regime da aplicação da lei no espaço é matéria de direito internacional privado (cfr. arts. 14.º-65.º). O segundo título contém as normas aplicáveis à generalidade das relações jurídicas de direito privado. O presente estudo cingir-se-á a este último tema.

1. A NOÇÃO DE RELAÇÃO JURÍDICA.

I. O sistema externo do Código Civil (em coerência com a sistematização germânica) arranca do conceito de relação jurídica. A parte geral contém normas aplicáveis (em princípio) à generalidade das relações jurídicas civis. As quatro partes especiais (direito das obrigações, direito das coisas, direito da família e direito das sucessões), a disciplina de cada um dos tipos fundamentais de relações jurídicas privadas. O critério da distinção entre o direito das obrigações e o direito das coisas é a estrutura da relação: se os direitos obrigacionais são direitos relativos (vinculantes de pessoas determinadas), os direitos reais são direitos absolutos (*erga omnes*). Já o critério da autonomia dos direitos familiares e dos direitos sucessórios é "a especificidade da instituição – família ou sucessão *causa mortis* – que atrai ao mesmo círculo relações heterogéneas".[2]

---

[1] A única observação que a este propósito se impõe é esta: o art. 2.º do Código Civil (já amputado da sua parte final pelo Acórdão do Tribunal Constitucional n.º 810/ /93) será revogado pelo DL n.º 329-A/95, de 12/12 (na sequência da eliminação dos assentos em processo civil), mal este diploma entre em vigor.

[2] Orlando de Carvalho, *Para uma Teoria da Relação Jurídica Civil. I. A*

II. *A relação jurídica fundamental (Larenz)*. As relações entre os homens podem assentar na força ou no respeito mútuo: no reconhecimento da dignidade e da liberdade do outro. O fundamento ético do direito exige que as relações entre os homens se fundamentem no princípio do respeito.[3] "Todo o homem tem uma pretensão jurídica ao respeito dos seus semelhantes e, reciprocamente, está obrigado a respeitar os demais" (Kant).[4]

A relação jurídica fundamental coenvolve, precisamente: a) o direito de cada homem a ser respeitado como pessoa; b) o dever de reciprocamente respeitar todos os outros como pessoas. Pelo que aqui (e só aqui) o conteúdo do direito (a ser respeitado) e do dever (de respeitar) é coincidente.[5]

Esta relação jurídica fundamental é assim chamada por estar na base de todas as demais relações.[6] De um lado, surge como modelo estrutural: supõe a existência de direitos e deveres jurídicos entre pessoas. De outro, emerge como modelo ético: o conteúdo de toda e qualquer relação jurídica deve ser compatível com o sentido do dever de respeito.[7]

III. *A relação jurídica civil: noção, estrutura e elementos (remissão)*. Em sentido amplo, relação jurídica é toda a relação da vida social disciplinada pelo direito (e, por isso, produtiva de efeitos jurídicos). Em sentido estrito, relação jurídica é apenas a relação da vida real disciplinada pelo direito mediante a atribuição a uma pessoa de um direito subjectivo e a correspondente imposição a outra de um dever jurídico ou de uma sujeição.[8]

Teoria Geral da Relação Jurídica – Seu Sentido e Limites, Centelha, Coimbra, 1981, p. 55-56.

[3] Karl Larenz, *Derecho Justo. Fundamentos de Etica Juridica*, trad. cast. de Luis Díez Picazo, Civitas, Madrid, 1985, p. 55 ss.

[4] *Apud* K. Larenz, *op. cit.* (n. 3), p. 56.

[5] Heinrich Ewald Hoerster, *A Parte Geral do Código Civil Português. Teoria Geral do Direito Civil*, Livraria Almedina, Coimbra, 1992, p. 153-156.

[6] K. Larenz, *op. cit.* (n. 3), p. 55.

[7] Para maiores desenvolvimentos, H. E. Hoerster, *op. cit.* (n. 5), p. 156.

[8] Manuel de Andrade, *Teoria Geral da Relação Jurídica*, vol. I, reimpr., Livraria Almedina, Coimbra, 1964, p. 2. H. E. Hoerster, *op. cit.* (n. 5), p. 53-54 e 160, apresenta uma outra perspectiva de análise: a lei tipifica as relações jurídicas admissíveis; a própria autonomia privada deve exercer-se juridicamente, *i. e*, por intermédio dos tipos negociais que a ordem jurídica reconhece; logo, todas as relações *jurídicas* estão

O direito subjectivo em sentido amplo é o poder jurídico (atribuído pela ordem jurídica a uma pessoa): a) de livremente exigir ou pretender de outrem um comportamento positivo (acção) ou negativo (omissão); ou b) de, por um acto livre de vontade, só de per si ou integrado por um acto de uma autoridade pública, produzir efeitos jurídicos que inelutavelmente se impõem a outra pessoa (contraparte ou adversário). [9] A primeira parte da noção (alínea a)) refere-se aos direitos subjectivos em sentido estrito; a segunda (alínea b)), aos direitos potestativos. Os direitos potestativos são constitutivos, modificativos ou extintivos de relações jurídicas (cfr. p. ex., e respectivamente, os arts. 1550.º, 1568.º e 1569.º do Código Civil).

O direito subjectivo *lato sensu* é um instrumento de protecção de interesses do respectivo titular; no entanto, o exercício do direito não está rigorosamente funcionalizado: o direito subjectivo não tem de ser usado para proteger o interesse que a lei teve em vista ao atribuí-lo. Pelo que só em casos-limite (de manifesta discordância entre o direito subjectivo e a sua função económico-social: cfr. art. 334.º) é sindicável a desconformidade entre direito e interesse (pela via do abuso do direito).

Diverso é o caso dos poderes-deveres ou poderes funcionais (p. ex. poder paternal). Estes têm de ser exercidos em conformidade com o interesse identificado pela lei; e tal interesse é transportado, não pelo titular do direito, mas por outrem (retomando o exemplo indicado: o poder paternal deve ser exercido, não no interesse dos pais, mas sim no dos filhos).

O correlato do direito subjectivo é um dever jurídico – de adoptar um determinado comportamento positivo (de *facere*) ou negativo (de *non facere*). O sujeito activo dispõe de um conjunto de providências coercitivas ao seu dispor para reagir contra o não cumprimento do sujeito passivo. Mas este tem a possibilidade de não cumprir.

Já o correlato do direito potestativo é a sujeição – "a situação de necessidade inelutável, em que está constituído o adversário do titular de um direito potestativo, de suportar na sua esfera jurídica as conse-

---

abstractamente (enquanto tipos) previstas na lei. A relação jurídica em sentido estrito será, em consequência, "a relação da vida social disciplinada pelo direito, mas só quando esta relação apresenta uma *determinada* fisionomia típica" (p. 160).

[9] Carlos Alberto da Mota Pinto, *Teoria Geral do Direito Civil*, 3ª ed., Coimbra Editora, Coimbra, 1985, p. 169.

quências constitutivas, modificativas ou extintivas do exercício daquele direito". [10] E, aqui, o sujeito passivo não tem a possibilidade de não cumprir. P. ex.: O proprietário de um prédio encravado exerce o seu direito potestativo de constituição de uma servidão predial (art. 1550.º). O proprietário do prédio confinante não pode obstar à constituição da servidão predial (à realização do efeito para que tende o direito subjectivo). Pode, é certo, impedir ou dificultar a passagem pelo seu prédio. Só que, aí, não viola o direito potestativo à constituição da servidão: infringe apenas o direito subjectivo de servidão.

Os elementos da relação jurídica são quatro: os sujeitos (pessoas em sentido jurídico), o objecto, o facto jurídico e a garantia. O respectivo estudo será desenvolvido adiante.

IV. *A crítica ao sistema: a) a incoerência de critérios; b) a desumanização do direito civil; c) o individualismo*. O sistema externo do Código Civil (e, essencialmente, a respectiva parte geral) são submetidos a uma severa crítica por determinados sectores da doutrina (nacional e estrangeira).

Por um lado, censura-se a incoerência dos critérios de sistematização adoptados. O elemento fundante da distinção entre o direito das obrigações e o direito das coisas é distinto do que preside à separação do direito da família e do direito das sucessões (cfr. *supra.*, I, 1). "Esta mistura de um critério estrutural (…) com um critério institucional não pode dizer-se que obedeça a uma lógica sem névoas". [11]

Por outro, critica-se o anti-humanismo da sistematização. A utilização do conceito de relação jurídica como base impede a referência imediata à dignidade do homem e impõe a dissolução do indivíduo na categoria abstracta dos sujeitos da relação jurídica (colocando-o a par das pessoas colectivas). Ora, a personalidade jurídica das pessoas singulares é uma exigência ética, ao passo que a personalidade jurídica das pessoas colectivas é um mero expediente de carácter técnico. A "eliminação do tradicional livro *Das pessoas*, com que abriam os sistemas jurídicos latinos, em favor de uma 'parte geral' em que as pessoas se reconduzem a um mero elemento da relação jurídica civil concorre para uma reificação ou desumanização do jurídico cujas

---

[10] C. A. da Mota Pinto, *op. cit.* (n. 9), p. 177.
[11] Orlando de Carvalho, *op. cit.* (n. 2), p. 56.

sequelas, como a última história nos mostra, dificilmente tranquilizam qualquer boa consciência".[12]

Finalmente, e em sentido até certo ponto divergente do que inspira a objecção anterior, ataca-se o individualismo implícito na concepção de direito subjectivo. "A relação jurídica depende, como facilmente decorre até da sua própria definição, da ideia de direito subjectivo, e de direito subjectivo numa perspectiva individualista (...). Os pressupostos filosóficos e políticos desta visão estão longe de ser inocentes (...)".[13] A noção de direito subjectivo conta a história "na perspectiva do titular do direito. O que é, por certo, uma manifestação inconsciente da ancestral e inveterada possessividade e individualismo desta teorização".[14]

As objecções avançadas não parecem suficientes para justificar o abandono da sistematização germânica. a) A protecção da personalidade humana depende das soluções concretamente consagradas: do sistema interno (do conjunto de princípios inspiradores e ordenadores das regras de direito), e não do sistema externo. Pois não se duvida da possibilidade de alcançar uma tutela eficaz da personalidade no quadro do sistema germânico.[15] b) A figura da relação jurídica é (apesar de imperfeita) apta a captar "a dimensão social típica de toda a ordem jurídica, (...) o acento comunitário e o profundo sentido de solidariedade humana que, no plano do Direito, constituem marca irreversível da nossa época".[16]

Sem que isto implique o esquecimento das debilidades que esta sistematização efectivamente tem. Em primeiro lugar, não constitui a única ordenação logicamente possível da matéria civilística. É uma ordenação

---

[12] Orlando de Carvalho, *op. cit.* (n. 2), p. 60.

[13] Paulo Ferreira da Cunha, *Princípios de Direito*, Rés, Porto, s/d., p. 495.

[14] Paulo Ferreira da Cunha, *op. cit.* (n. 13), p. 497.

[15] C. A. da Mota Pinto, *op. cit.* (n. 9), p. 22-23. A evolução do direito civil português demonstra-o: o Código Civil de 1867 abre com uma parte dirigida à disciplina da capacidade civil e com uma disposição em que claramente se afirma: "Só o homem é susceptível de direitos e obrigações. Nisto consiste a sua capacidade jurídica ou a sua personalidade" (art. 1.º). Não obstante esta sistematização "humanista", a protecção dos direitos de personalidade aí consagrada é menor que a plasmada no actual Código. Cfr. os arts. 359.º ss. do Código de 1867 e os arts. 70.º ss. do Código de 1966.

[16] João de Matos Antunes Varela, *Das Obrigações em Geral*, vol. I, 7ª ed., Livraria Almedina, Coimbra, 1991, p. 45-46 (n. 1).

[17] C. A. da Mota Pinto, *op. cit.* (n. 9), p. 23.

historicamente situada e contingente. E a sua exacta compreensão supõe a referência ao contexto ideológico-cultural em que surge e se afirma. Em segundo lugar, a parte geral não consagra soluções aplicáveis, sem mais, a todas as relações jurídico-privadas. P. ex.: O regime do negócio jurídico constante da parte geral vale (e com excepções) para os negócios patrimoniais *inter vivos*; mas não vale integralmente para os negócios pessoais (casamento, adopção, ...) ou *mortis causa* (testamento).[17]

2. OS SUJEITOS.

Os sujeitos são as pessoas (em sentido jurídico) entre as quais se estabelece a relação jurídica.

Questão que muito tem perturbado a doutrina é a de saber se são possíveis direitos (e deveres) sem sujeito. P. ex.: a) no caso de atribuição de bens por doação ou sucessão *mortis causa* a nascituro (concebido ou não concebido) (arts. 952.º e 2033.º); b) no período da herança jacente: *i. e.*, no espaço de tempo que decorre entre a morte do *de cujus* e a aceitação pelos sucessores (art. 2050.º); c) na situação dos bens afectados a uma fundação no lapso temporal compreendido entre a eficácia do acto de instituição e o reconhecimento;... A qualificação das situações indicadas como casos de direitos sem sujeito ou de estados de vinculação dos bens com vista ao surgimento futuro de um titular de um direito sobre estes é discutida. Por uma questão de rigor lógico-conceitual, a segunda tese é (em nosso entender) preferível.[18]

2.1. *As pessoas singulares.*

I. *A personalidade jurídica. O início da personalidade jurídica. O termo da personalidade jurídica. A ausência.* A personalidade jurídica consiste na aptidão para ser titular autónomo de relações jurídicas.[19] Adquire-se no momento do nascimento completo e com vida (art. 66.º/1)[20] e cessa com a morte (art. 68.º/1).

---

[18] Manuel de Andrade, *op. cit.* (n. 8), p. 34-35, e C. A. da Mota Pinto, *op. cit.* (n. 9), p. 194-196.

[19] C. A. da Mota Pinto, *op. cit.* (n. 9), p. 191.

[20] Os direitos que a lei reconhece aos nascituros (cfr. *supra*, 2) dependem do nascimento (art. 66.º/2).

O direito civil português consagra uma presunção de comoriência: "Quando certo efeito jurídico depender da sobrevivência de uma pessoa a outra, presume-se, em caso de dúvida, que uma e outra faleceram ao mesmo tempo" (art. 68.º/2). O que tem reflexos, designadamente, em matéria sucessória: se pai e filho morrem no mesmo acidente, não há qualquer transmissão de bens *mortis causa* entre ambos.

Qual o tratamento dispensado aos casos de desaparecimento? Há que distinguir duas situações. a) Se uma pessoa desaparece em circunstâncias que não permitam duvidar da sua morte (p. ex., em caso de naufrágio), tem-se por falecida, ainda que o cadáver não seja encontrado (art. 68.º/3). b) Contudo, se alguém simplesmente desaparece, sem dar notícias ("sem que dele se saiba parte"), deparamos com um caso de *ausência*. Ora, nestas situações, o ordenamento jurídico prevê um conjunto de meios tendentes a evitar os prejuízos decorrentes da falta de administração dos bens do ausente (arts. 89.º ss.).

a) O primeiro mecanismo é a curadoria provisória (arts. 89.º--98.º).

Os pressupostos da sua instauração são três: a) o desaparecimento de alguém sem notícias; b) a falta de representante legal ou voluntário (procurador) – ou o não exercício, por parte deste, das suas funções (art. 89.º/2); c) a necessidade de prover acerca da administração dos bens de quem desapareceu (art. 89.º/1). A legitimidade para a requerer cabe ao Ministério Público e a todo e qualquer interessado (art. 91.º).

A curadoria deve ser deferida ao cônjuge do ausente, a algum ou alguns dos herdeiros presumidos ou a algum ou alguns dos interessados na conservação dos bens (art. 92.º/1). O curador assume o estatuto de simples administrador (art. 94.º – cfr. ainda arts. 93.º e 95.º).

A curadoria provisória termina nos casos previstos no art. 98.º.

A presunção em que o legislador se baseia é a da possibilidade de regresso do ausente.

b) O decurso do tempo, sem que do ausente haja novas, suscita dúvidas acerca do fundamento de tal presunção. Por isso, em face da rarefacção das esperanças de regresso, a lei civil prevê duas outras situações: a curadoria definitiva e a morte presumida.

Os pressupostos da justificação da ausência (dirigida à instauração da curadoria definitiva) são estes: a) se o ausente não tiver deixado representante legal ou procurador, o decurso de dois anos sem se saber nada a seu respeito; ou b) no caso contrário, o decurso de cinco anos (art. 99.°). A legitimidade para a solicitar cabe ao Ministério Público ou a qualquer dos interessados referidos no art. 100.°.

Concluída a justificação da ausência, abrem-se os testamentos (art. 101.°) e entregam-se os bens aos legatários (art. 102.°) e aos herdeiros (art. 103.°) do ausente. Uns e outros são havidos como curadores definitivos (art. 104.°). Pelo que não podem dispor dos bens (cfr. art. 94.°/3, por remissão do art. 110.°).

A curadoria definitiva termina nas situações indicadas no art. 112.°.

c) Enquanto na curadoria definitiva o legislador exprime sérias *dúvidas* acerca do regresso, na declaração de morte presumida manifesta já uma *convicção* de falecimento.

A regra geral é a da possibilidade de requerer a morte presumida logo que decorram dez anos sobre a data das últimas notícias (art. 114.°/1).

Os desvios a esta regra são dois: a) caso o ausente seja menor, "a declaração de morte presumida não será proferida antes de haverem decorrido cinco anos sobre a data em que o ausente, se fosse vivo, atingiria a maioridade" (art. 114.°/2)[21]; b) caso o ausente tenha entretanto completado oitenta anos, a declaração de morte presumida pode ser requerida desde que passem cinco anos sobre a data das últimas notícias (art. 114.°/1).[22]

A legitimidade para requerer a declaração de morte presumida cabe apenas aos interessados mencionados no art. 100.° (art. 114.°/1).

E tal declaração tem, por via de regra, os mesmos efeitos que a morte (art. 115.°).[23] Os sucessores são tratados como proprietários dos bens (pelo que não há lugar à prestação de caução – art. 117.°).[24]

---

[21] A declaração de morte presumida não pode ser proferida antes da data em que o ausente completaria vinte e três anos (cfr. art. 122.°).

[22] "Pouco importa que o ausente tenha primeiro completado esta idade, ou que, primeiro, tenham decorrido os cinco anos. Logo que se verifiquem as duas condições está preenchido o condicionalismo legal" (Fernando Andrade Pires de Lima-João de Matos Antunes Varela, *Código Civil Anotado*, vol. I, 4ª ed., Coimbra Editora, Coimbra, 1987, anotação ao art. 114.°). Deste modo, se, p. ex., A. tiver desaparecido em 1989 e tiver completado oitenta anos em 1995, a declaração de morte presumida pode ser requerida logo em 1995: já estão preenchidos os dois requisitos previstos na lei.

[23] Cfr., porém, o disposto nos arts. 115.° *in fine* e 116.°.

[24] C. A. da Mota Pinto, *op. cit.* (n. 9), p. 264.

Os efeitos da declaração de morte presumida só terminam "se o ausente regressar ou dele houver notícias" (art. 119.º).

II. *A capacidade jurídica: a) capacidade de gozo; b) capacidade de exercício. As incapacidades: a) menoridade; b) interdição; c) inabilitação.* A capacidade jurídica (ou capacidade de gozo de direitos) é a qualidade ou condição de quem pode ser sujeito de relações jurídicas (art. 67.º – cfr. ainda art. 69.º). É certo que as noções de personalidade jurídica e de personalidade jurídica se assemelham; e, no entanto, não se confundem: a personalidade jurídica é insusceptível de limitação; ao invés, a capacidade jurídica é mais ampla ou mais restrita.

A capacidade de agir ou capacidade de exercício "é a idoneidade para actuar juridicamente, exercendo direitos ou cumprindo deveres, adquirindo direitos ou assumindo obrigações, *por acto próprio e exclusivo* ou mediante um *representante voluntário ou procurador*, isto é, um representante escolhido pelo próprio representado".[25]

Da transposição destas noções para o domínio do negócio jurídico emergem as ideias de capacidade negocial de gozo e de capacidade negocial de exercício.

A incapacidade negocial de gozo provoca a nulidade dos negócios jurídicos e é insuprível; a incapacidade negocial de exercício provoca (em regra) a anulabilidade do negócio e é suprível através dos institutos da tutela e da assistência.

As incapacidades negociais de gozo surgem em relação a actos de natureza estritamente pessoal. O incapaz não dispõe das qualidades necessárias para os celebrar; e nenhuma outra pessoa está em condições de os substituir. Os casos previstos entre nós são essencialmente três: a) a incapacidade nupcial decorrente de impedimento dirimente [26]; b) a incapacidade para perfilhar dos menores de dezasseis anos, dos interditos por anomalia psíquica e dos notoriamente dementes no momento da perfilhação (art. 1850.º); c) a incapacidade de testar dos menores não-emancipados e dos interditos por anomalia psíquica (art. 2189.º). Em desvio à regra geral, o casamento celebrado

---

[25] C. A. da Mota Pinto, *op. cit.* (n. 9), p. 214.
[26] H. E. Hoerster, *op. cit.* (n. 5), p 316, reconduz a incapacidade negocial de gozo existente em relação ao casamento aos impedimentos dirimentes absolutos (art. 1601.º); C. A. da Mota Pinto, *op. cit.* (n. 9), p. 217, inclui aí, ainda, os impedimentos dirimentes relativos (art. 1602.º).

com impedimento dirimente e a perfilhação por incapaz são anuláveis (arts. 1631.°-a) e 1861.°); em confirmação da regra, o testamento celebrado por incapaz é nulo (art. 2190.°).

As incapacidades negociais de exercício (pormenorizadamente disciplinadas pelo Código Civil) são, sobretudo, estas: a) a menoridade; b) a interdição; e c) a inabilitação.

A incapacidade de exercício decorrente da menoridade atinge todos aqueles que têm menos de dezoito anos de idade (arts. 122.° e 123.°). Os actos do menor (fora dos casos excepcionais previstos no art. 127.° ou em outras disposições legais) são anuláveis (art. 125.°). Exceptua-se o caso de dolo do menor (art. 126.°-cfr. art. 253.°).[27] A menoridade é suprível: a) pelo poder paternal; e b) subsidiariamente, pela tutela (arts. 123.°, 1877.° ss. e 1927.° ss.). A incapacidade em causa termina quando o menor atingir dezoito anos ou for emancipado (pelo casamento) (arts. 129.° e 132.°).

A interdição pode alcançar todos aqueles que por anomalia psíquica, surdez-mudez ou cegueira se mostrem incapazes de governar a sua pessoa e os seus bens (art. 138.°). Os actos do interdito são anuláveis (arts. 148.° e 149.°).[28] A incapacidade é suprível pela tutela (arts. 124.°, por remissão do art. 139.°, e 143.°-146.°). A interdição é levantada (a requerimento do próprio interdito ou das pessoas mencionadas no art. 141.°/1) quando cessar a causa que a determinou (art. 151.°).

A inabilitação é susceptível de afectar: a) os indivíduos cuja anomalia psíquica, surdez-mudez ou cegueira, embora de carácter permanente, não seja de tal modo grave que justifique a interdição; b) os indivíduos que, pela sua habitual prodigalidade ou pelo abuso de bebidas alcoólicas ou estupefacientes, se mostrem incapazes de reger convenientemente o seu património (art. 152.°). A prodigalidade traduz-se

---

[27] F. A. Pires de Lima-J. M. Antunes Varela, *op. cit.* (n. 22), anotação ao art. 126.°, e H. E. Hoerster, *op. cit.* (n. 5), p. 330-331, concluem que: a) os herdeiros do menor (cfr. art. 125.°/1-c)) estão impedidos de invocar a anulabilidade do negócio (por serem continuadores do *de cujus*); mas b) os representantes legais do menor (cfr. art. 125.°/1-a)) não o estão. C. A. da Mota Pinto, *op. cit.* (n. 9), p. 224, pelo contrário, entende que os representantes do menor estão também inibidos de invocar a anulabilidade: "O especial merecimento da tutela da contraparte, que está na base da preclusão do direito de anular, implica que todos os legitimados sejam impedidos de exercer o direito de anulação".

[28] Em relação aos actos praticados antes de anunciada a propositura da acção é aplicável o regime da incapacidade acidental (arts. 150.° e 257.°).

na "tendência para a dissipação, para malbaratar o próprio património, gastando-o em despesas *desproporcionadas*, ao mesmo tempo que *improdutivas e injustificáveis* ".[29] Os actos de disposição de bens entre vivos (e os demais actos especificados na sentença: art. 153.º) do inabilitado são anuláveis (arts. 148.º, 149.º e 150.º, por remissão do art. 156.º). A incapacidade do inabilitado é suprível pelo intituto da assistência. Em caso de representação (e é a representação que está em causa na menoridade e na interdição), "é admitida a agir em lugar do incapaz uma outra pessoa, designada não pelo próprio incapaz, mas por lei ou por certa entidade (pública ou mesmo particular) nos termos da lei. Essa outra pessoa vem a ser o representante legal do incapaz".[30] Em caso de assistência, "o incapaz pode agir ele mesmo. Simplesmente, para poder realizar validamente os respectivos negócios, é-lhe necessário o consentimento de certa outra pessoa ou entidade. Onde funciona a assistência, a entidade a quem ela compete não pode concluir ela mesma, só por si, os respectivos negócios, sendo essencial que o incapaz delibere realizá-los".[31] Ora, o art. 153.º expressamente declara: "Os inabilitados são *assistidos* por um curador, a cuja *autorização* estão sujeitos os actos de disposição de bens entre vivos e todos aqueles que, em atenção às circunstâncias de cada caso, forem especificados na sentença". Em princípio, a inabilitação é levantada quando quando cessar a causa que a determinou (art. 151.º, por remissão do art. 156.º). Excluem-se os casos de inabilitação por prodigalidade, abuso de bebidas alcoólicas ou estupefacientes: nesses casos, o levantamento da incapacidade pressupõe (ainda) que tenham decorrido cinco anos sobre a sentença que decretou a interdição ou desatendeu um pedido anterior (art. 155.º). Com esta norma, "pre-

---

[29] Manuel de Andrade, *Teoria Geral da Relação Jurídica*, vol. II, 4ª reimpr., Livraria Almedina, Coimbra, 1974, p. 98. "Há que ter em conta, não propriamente a entidade ou volume das despesas, mas a sua proporção com as posses de quem as faz. Daí ser costume dizer-se que não é pródigo quem não gasta do capital, mas só do rendimento. Por outro lado deve olhar-se à finalidade dessas despesas. Elas só envolverão prodigalidade quando feitas em aplicações frívolas e socialmente ou eticamente reprovadas (FERRARA). Um homem de ciência ou inventor que arruina a sua fortuna, ou de qualquer modo compromete gravemente a sua situação patrimonial, para levar a bom termo as investigações a que se dedica, nem por isso pode qualificar-se de pródigo" (*op.* e *loc. cits.*).

[30] Manuel de Andrade, *op. cit.* (n. 29), p. 71.

[31] Manuel de Andrade, *op. cit.* (n. 29), p. 71-72.

tende-se sujeitar o inabilitado a um período de prova, para evitar o risco de dissimulação ou fingimento, acerca da sua regeneração". [32]

As incapacidades derivam de uma "qualidade minguante" da própria pessoa [33] – e destinam-se a proteger os interesses do incapaz. Pelo que as situações previstas nos arts. 1682.º-1684.º do Código Civil devem qualificar-se como ilegitimidades (e não como autênticas incapacidades).

III. *Os direitos de personalidade*. A protecção da dignidade do homem reclama o reconhecimento de personalidade e capacidade jurídicas ao indivíduo (art. 26.º da Constituição da República-CRP). Mas não se satisfaz com isso. Exige ainda a consagração de um conjunto de direitos destinados a proteger a integridade e o desenvolvimento das qualidades físicas e morais do indivíduo.

O art. 70.º consagra um direito geral de personalidade (em cujo âmbito de protecção se enquadram o direito à vida, à liberdade física e moral, à honra, ...) [34]; os arts. 72.º ss., direitos especiais.

O direito ao nome (e ao pseudónimo: art. 74.º) desdobra-se nos direitos: a) de usar o nome; b) de exigir que os outros o usem nas relações com o respectivo titular; c) de se opor a que os outros ilicitamente o usem (art. 72.º).

O direito à não divulgação de cartas-missivas confidenciais (e de memórias familiares e outros escritos confidenciais: art. 77.º) abrange as faculdades: a) de exigir do destinatário que guarde reserva sobre o seu conteúdo (art. 75.º/1); b) de não permitir a respectiva publicação (art. 76.º); c) de exigir a restituição da carta (após a morte do respectivo destinatário: art. 75.º/2).

O direito à imagem reflecte-se na proibição de expor, reproduzir ou lançar no mercado o retrato de uma pessoa, sem o seu consentimento (art. 79.º/1). Ressalvam-se as hipóteses previstas no art. 79.º/2.

Finalmente, o direito à intimidade da vida privada (art. 80.º) visa "defender contra quaisquer violações a paz, o resguardo, a tranquilidade duma esfera íntima de vida; em suma, não se trata da tutela da honra, mas do direito de estar só (...) (*right to be alone*)". [35]

---

[32] C. A. da Mota Pinto, *op. cit.* (n. 9), p. 239.
[33] H. E. Hoerster, *op. cit.* (n. 5), p. 348.
[34] Sobre este ponto, v. Rabindranath Capelo de Sousa, *O Direito Geral de Personalidade*, Coimbra Editora, Coimbra, 1995.
[35] C. A. da Mota Pinto, *op. cit.* (n. 9), p. 209.

O recurso ao direito geral de personalidade supõe a inadequação ou insuficiência dos direitos especiais.

A limitação dos direitos de personalidade (única forma de restrição admissível, em face da inalienabilidade e irrenunciabilidade que os caracterizam) exige o consentimento (cfr. art. 340.°). O consentimento presume-se em caso de lesão conforme aos interesses e à vontade presumível do lesado (art. 340.°/3).

A violação dos princípios da ordem pública implica a nulidade da limitação voluntária (art. 81.°/1 – em desvio ao art. 340.°/2, a violação dos bons costumes não é mencionada). [36-36a]

Mesmo a limitação voluntária válida é sempre revogável (ainda que com obrigação de indemnizar os prejuízos causados às legítimas expectativas da outra parte) (art. 81.°/2).

A protecção decorrente dos arts. 70.° ss. dirige-se (i) contra qualquer ofensa ou ameaça de ofensa (ii) ilícita (iii) à personalidade física ou moral (art. 70.°/1). Não se exige a culpa do agressor.

Os instrumentos pelos quais se concretiza esta protecção abrangem: a) a responsabilidade civil; e b) "as providências adequadas às circunstâncias do caso, com o fim de evitar a consumação da ameaça ou atenuar os efeitos da ofensa já cometida" (art. 70.°/2). [37]

---

[36] A ordem pública é integrada por princípios jurídicos gerais (deduzidos de um sistema de normas imperativas). Os bons costumes, por seu turno, proíbem a prática de actos contrários à moral pública. E esta é "o conjunto das regras éticas aceites pelas pessoas honestas, correctas, de boa fé, num dado ambiente e num certo momento" (C. A. da Mota Pinto, *op. cit.* (n. 9), p. 552). A imoralidade pode residir na essência do acto ou na relação que se cria entre este e a prestação da contraparte (p. ex.: dádiva feita a um juiz para que profira uma sentença justa) (F. A. Pires de Lima-J. M. Antunes Varela, *op. cit.* (n. 22), anotação ao art. 280.°.

[36a] Para uma crítica desta solução, v. Paulo Ferreira da Cunha, *op. cit.* (n. 13), p. 502-503.

[37] Curiosa (e controversa) é a espécie versada pelo Acórdão do Supremo Tribunal de Justiça de 24 de Outubro de 1995 (in *Colectânea de Jurisprudência-Acórdãos do Supremo Tribunal de Justiça*, ano III (1995), tomo III). A autora alegava violação do seu direito à integridade física, ao repouso, à tranquilidade e ao sono pelo ruído produzido por uma discoteca *e pelas habituais rixas, discussões, palavrões escabrosos e ruídos estridentes dos escapes dos veículos motorizados dos empregados e clientes que a frequentam*. O STJ concluiu que o ruído produzido pela discoteca estava dentro dos limites legais e não perturbava os direitos de personalidade da autora. Em contrapartida, entendeu que as rixas, discussões e demais ruídos mencionados os ofendiam. Pelo que condenou a sociedade proprietária da discoteca a encerrá-la (até

Os direitos de personalidade gozam de protecção mesmo depois da morte do respectivo titular (art. 71.º/1).[38]

2.2. *As pessoas colectivas.*

I. *A noção. Os elementos: substrato e reconhecimento.* As pessoas colectivas "são organizações constituídas por um agrupamento de pessoas ou por um complexo patrimonial (massa de bens), tendo em vista a prossecução dum interesse comum determinado, e às quais a ordem jurídica atribui a qualidade de sujeitos de direito, isto é, reconhece como centros autónomos de relações jurídicas".[39] Não constitui uma ficção, mas uma realidade; não uma realidade natural, mas uma realidade jurídica: a ordem jurídica atribui personalidade a uma organização de pessoas ou de bens, em ordem a facilitar a prossecução de determinados interesses comuns ou colectivos (assumidos por uma pluralidade de indivíduos) e duradouros (de longa duração: porventura, excedendo os limites da vida humana).

Os elementos constitutivos das pessoas colectivas são dois: o substrato e o reconhecimento.

O substrato "é o conjunto de elementos da realidade extrajurídica, elevado à qualidade de sujeito jurídico pelo reconhecimento".[40] Integram-no quatro subelementos.

O primeiro é o elemento pessoal ou patrimonial. O elemento pessoal domina as corporações. Consiste no conjunto de indivíduos que se associam para prosseguir fins comuns. O elemento patrimonial domina as fundações. É "a massa de bens que, nas fundações, aparece constituída e dedicada pelo fundador à realização do escopo fundacional" (dotação).[41] É certo que, quer nas corporações, quer nas fun-

---

que "garanta a presença permanente de agentes da PSP junto da discoteca, ou, em alternativa, os mesmos efeitos dissuasórios, através, por exemplo, de serviço de segurança próprio") e a indemnizar a autora.

[38] A questão de saber se o art. 71.º/1 consagra ou não um desvio em relação à regra do art. 68ª é extremamente controversa: v., em sentidos divergentes, F. A. Pires de Lima-J. M. Antunes Varela, *op. cit.* (n. 22), anotação ao art. 71.º; C. A. da Mota Pinto, *op. cit.* (n. 9), p. 203; e H. E. Hoerster, *op. cit.* (n. 5), p. 259 e 261-262.

[39] Manuel de Andrade, *op. cit.* (n. 8), p. 45.
[40] C. A. da Mota Pinto, *op. cit.* (n. 9), p. 270.
[41] Manuel de Andrade, *op. cit.* (n. 8), p. 57.

dações, há pessoas e bens materiais. Só que, nas corporações, só o elemento pessoal é decisivo: a) é possível a existência de corporações sem património; b) quando este existe, está subordinado ao elemento pessoal. Enquanto que o oposto sucede nas fundações: a) a actividade dos administradores está ao serviço da afectação patrimonial do fundador; b) o fundador e os beneficiários estão, respectivamente, aquém e além da fundação.[42]

Em segundo lugar, surge o elemento teleológico: o fim (comum ou colectivo) prosseguido pela pessoa colectiva. Os requisitos de legitimidade do fim estão indicados no art. 280.° (por remissão do art. 158.°-A): determinabilidade, possibilidade física e jurídica, conformidade com a lei, a ordem pública e os bons costumes.

Em terceiro lugar, emerge o elemento intencional: o intuito de criar uma nova pessoa colectiva (*animus personificandi*).

Em quarto e último lugar, o elemento organizatório: a organização unificadora da pluralidade de pessoas e da massa de bens. O que pressupõe a definição de regras e a criação de órgãos (deliberativos e executivos).

O reconhecimento é "a atribuição de personalidade jurídica ao substrato".[43] Pode assumir duas modalidades: o reconhecimento normativo (condicionado ou incondicionado) e o reconhecimento por concessão.

No sistema do reconhecimento normativo, a personalidade jurídica constitui um mero efeito da lei.

Se a lei atribuir personalidade jurídica a todo o substrato completo da pessoa colectiva, sem mais, há um reconhecimento normativo incondicionado (sistema da livre constituição das pessoas colectivas). Se, ao contrário, a lei exigir a verificação de determinados pressupostos ou requisitos, para além dos que caracterizam o substrato, estamos perante um reconhecimento normativo condicionado.

Já no sistema do reconhecimento individual ou por concessão, a personalidade jurídica advém de um acto individual e discricionário de uma autoridade pública.

O reconhecimento normativo incondicionado não existe entre nós. O reconhecimento normativo condicionado vigora para as asso-

---

[42] C. A. da Mota Pinto, *op. cit.* (n. 9), p. 272.
[43] Manuel de Andrade, *op. cit.* (n. 8), p. 63.

ciações (art. 158.°/1-em consonância com o art. 46.° da CRP) e para as sociedades comerciais (e civis sob forma comercial: arts. 1.°/4 e 5.° do Código das Sociedades Comerciais-CSC –, aprovado pelo DL n.° 262/86, de 2/9). O reconhecimento individual ou por concessão, para as fundações (art. 158.°/2).

A capacidade jurídica das pessoas colectivas abrange todos os direitos e obrigações: a) necessários ou convenientes para a prossecução dos seus fins (princípio da especialidade do fim); b) que não sejam inseparáveis da personalidade singular; c) que não sejam vedados por lei (art. 160.°-confirmado pelo art. 6.° CSC).

O acto que infrinja estes limites é nulo. Primeiro, por ser essa a consequência normal da incapacidade de gozo de direitos. Segundo, por ser essa a solução imposta pelo art. 294.°.

A responsabilidade civil extracontratual das pessoas colectivas é regulada pelo art. 500.° (por remissão do art. 165.°); já a responsabilidade contratual é disciplinada pelo art. 800.°.[44]

II. *A classificação das pessoas colectivas*. A doutrina distingue: a) as corporações e as fundações; b) as pessoas colectivas de direito privado e as pessoas colectivas de direito público.

O critério da distinção entre corporações e fundações é a composição do substrato. As corporações são colectividades de pessoas. As fundações, massas de bens. A instituição das fundações decorre de um negócio jurídico unilateral: entre vivos ou *mortis causa* (testamento) (art. 185.°).

O critério da distinção entre pessoas colectivas de direito privado e pessoas colectivas de direito público é, em extremo, controvertido. De acordo com Manuel de Andrade (seguido por Mota Pinto), "são *de direito público* as pessoas colectivas que disfrutam, em maior ou menor extensão, o chamado *jus imperii*, correspondendo-lhes, portanto quaisquer *direitos de poder público*, quaisquer *funções próprias da autoridade estadual*; são de *direito privado* todas as outras".[45] Porém,

---

[44] Cfr. Mota Pinto, *op. cit.* (n. 9), p. 320.
[45] Manuel de Andrade, *op. cit.* (n. 8), p. 72. "Mas em que consiste o *imperium*, o poder público, a autoridade estadual? *Grosso modo*, na possibilidade de, por via normativa ou através de determinações concretas, emitir *comandos vinculativos* (juridicamente eficazes), executáveis pela força, sendo caso disso, contra aqueles a quem são dirigidos (destinatários)" (*op. e loc. cits.*).

para Heinrich Hoerster, "são pessoas colectivas de direito público aquelas cujo substrato e personalidade forem criados por um acto do poder público (uma lei especial, visando o caso concreto, ou um acto administrativo); são pessoas colectivas de direito privado aquelas cujo substrato for criado por um acto da autonomia privada (sendo o reconhecimento, como não pode deixar de ser, sempre sujeito a interesses públicos, gerais). Decisivo é, assim, o acto criador do substrato".[46-47]

A área problemática compreende as pessoas colectivas que foram criadas por acto de autonomia privada e dispõem de poderes públicos (p. ex.: sociedades de interesse colectivo – sociedades concessionárias, empresas que exerçam actividades em regime de exclusivo ou de privilégio não conferido por lei geral, ... – e pessoas colectivas de utilidade pública). A figura do exercício privado de funções públicas parece-nos, em tais casos, admissível. Do que decorre a necessidade de corrigir – ou mesmo abandonar – o critério do *ius imperii*.[48]

O recurso ao critério da natureza do acto criador do substrato é útil (e, porventura, necessário). A questão de saber se tem ou não valor decisivo é ponto que deixaremos, por ora, em aberto.[48a]

Em função da finalidade prosseguida pelas pessoas colectivas de direito privado, há que distinguir:

a) as pessoas colectivas de direito privado e utilidade pública – que se propõem um fim de interesse público (ainda que, em simultâneo, se dirijam à satisfação de um interesse dos associados ou do próprio fundador);

b) as pessoas colectivas de direito privado e utilidade particular – que visam um mero interesse particular.

---

[46] H. E. Hoerster, *op. cit.* (n. 5), p. 369-370.

[47] Para a indicação de um critério complexo, combinando diversas pistas, v., por todos, Diogo Freitas do Amaral, *Curso de Direito Administrativo*, vol. I, 2.ª ed., Livraria Almedina, Coimbra, 1994, p. 583 ss.

[48] É o próprio Manuel de Andrade que o reconhece: "os publicistas modernos admitem a figura do '*exercício privado de funções públicas*'. Ora, a estar certa esta orientação, talvez que a titularidade do *ius imperii* deixe de ser um sintoma infalível do carácter público de uma pessoa colectiva" (*op. cit.* (n. 8), p. 73, n. 2).

[48a] Não deixa de nos suscitar dúvidas, p. ex., a qualificação das sociedades de capitais (exclusivamente) públicos. No sentido de as enquadrar entre as pessoas colectivas de direito privado, v. Marcelo Rebelo de Sousa, *Lições de Direito Administrativo*, Lisboa, 1994/95, p. 364 e 492 ss.

As pessoas colectivas de direito privado e utilidade pública abrangem:

(i) pessoas colectivas de fim desinteressado ou altruístico (categoria que abrange praticamente todas as fundações e um grande número de associações) – i.e.: aquelas que em que se prossegue um interesse alheio (cuja satisfação importa à comunidade);

(ii) pessoas colectivas de fim interessado ou egoístico – i.e.: aquelas em que "o escopo visado interessa de modo egoístico aos próprios associados, mas é tal que ao mesmo tempo interessa à comunidade".[49] Na hipótese de este objectivo assumir natureza não-económica (desporto, cultura, recreio, ...), encontramo-nos perante uma pessoa colectiva de fim ideal. No caso, porém, de consistir na obtenção de vantagens patrimoniais para os associados, sem envolver propriamente a obtenção de lucros e a respectiva repartição, estamos em face de uma pessoa colectiva de fim económico não lucrativo (exs.: sindicatos, associações patronais, ...).

As pessoas colectivas de direito privado e utilidade particular reconduzem-se (em consequência) às que prosseguem um escopo económico lucrativo: a obtenção de lucros (valores patrimoniais) para os distribuir pelos respectivos membros (exs.: sociedades – arts. 980.º ss do Cód. Civ. e Cód. Soc. Com. –; agrupamentos complementares de empresas – L. n.º 4/73, de 4/6 e DL n.º 430/73, de 25/8 –; e agrupamentos europeus de interesse económico-Regulamento (CEE) n.º 2137/85 do Conselho, de 25/7).[50]

O Código Civil menciona as associações (arts. 167.º ss.), as fundações (arts. 185.º ss.) e as sociedades (arts. 980.º ss. e Cód. Soc. Com.). A classificação indicada não tem na sua base um critério unitário: por um lado, invoca a distinção entre corporações (que abrangem as associações e as sociedades) e fundações; por outro, refere-se à contraposição entre pessoas colectivas de direito privado e utilidade pública (que integram as associações e as fundações) e pessoas colectivas de direito privado e utilidade particular.

As sociedades são civis ou comerciais. As sociedades comerciais são "aquelas que tenham por objecto a prática de actos de comércio

---

[49] Manuel de Andrade, *op. cit.* (n. 8), p. 78.
[50] A classificação exposta segue de perto Manuel de Andrade, *op. cit.* (n. 8), p. 77 ss.

e adoptem o tipo de sociedade em nome colectivo, de sociedade por quotas, de sociedade em comandita simples ou de sociedade em comandita por acções" (art. 1.º/2 do Cód. Soc. Com.). As sociedades civis, aquelas "que tenham exclusivamente por objecto a prática de actos não comerciais" (art. 1.º/4 do Cód. Soc. Com.).

As sociedades comerciais adquirem personalidade jurídica no momento do registo definitivo do contrato (art. 5.º Cód. Soc. Com.). As sociedades civis sob forma comercial (i.e.: as sociedades civis que adoptem um dos tipos referidos no art. 1.º/2 do Cód. Soc. Com. – cfr. art. 1.º/4), também. Já as sociedades civis sob forma civil não têm (em regra) personalidade jurídica.[51]

Por último, os arts. 195.º – 201.º abordam a matéria das associações sem personalidade jurídica e comissões especiais. Não estamos perante pessoas colectivas, dado que estas figuras não têm personalidade jurídica; mas deparamos com organizações de pessoas e de bens para a prossecução de interesses comuns, pelo que facilmente se compreende a respectiva subordinação a uma disciplina jurídica.

3. O OBJECTO.

I. *A noção de objecto. A interpretação do art. 202.º.* O objecto imediato da relação jurídica é integrado pelo direito subjectivo e pelo correspondente dever jurídico. O objecto mediato é o *quid* sobre o qual recaem os poderes do titular activo da relação jurídica considerada.[52] Noutras palavras: o objecto imediato é o direito subjectivo;

---

[51] C. A. da Mota Pinto, *op. cit.* (n. 9), p. 294-295.
[52] A noção apresentada (e que segue H. E. Hoerster, *op. cit.* (n. 5), p. 173 ss.) é tudo menos pacífica. Manuel de Andrade (*op. cit.* (n. 8), p. 187 ss.) e Mota Pinto (*op. cit.* (n. 9), p. 329 ss.) propõem: a) que se designe por conteúdo o objecto imediato da relação jurídica; b) que se trate por objecto imediato o *quid* sobre o qual incide o direito subjectivo; c) que se restrinja a expressão objecto mediato às obrigações de prestação de coisa certa e determinada (p. ex.: a obrigação de entregar um automóvel) – o objecto imediato seria a prestação (neste caso: a entrega); o objecto mediato, a coisa a prestar (nesta hipótese: o automóvel). Por último, Paulo Ferreira da Cunha (*op. cit.* (n. 13), p. 512) apresenta uma outra proposta de articulação terminológica. A questão em análise é essencialmente uma questão de palavras. Parece-nos que a distinção indicada em texto é mais adequada para enfrentar as opções assumidas pelo legislador civil.

o objecto mediato, o objecto do direito subjectivo. P. ex.: o objecto imediato do direito de propriedade é o poder jurídico do proprietário; o objecto mediato, a coisa sobre a qual esse poder incide.

O art. 202.º estabelece:

"1. Diz-se coisa tudo aquilo que pode ser objecto de relações jurídicas.

2. Consideram-se, porém, fora do comércio todas as coisas que não podem ser objecto de direitos privados (...)."

Mota Pinto critica-o por não ser possível uma equiparação completa entre os conceitos de *coisa* e de *objecto de direitos*: podem ser objecto (mediato) de direitos, para além das coisas, as pessoas, as prestações e os próprios direitos subjectivos.[53]

Heinrich Hoerster, por seu turno, interpreta-o do seguinte modo: o art. 202.º elabora um conceito de coisa em sentido jurídico; ora, o conceito de coisa em sentido jurídico equipara-se ao de objecto (mediato) de relações jurídicas; pelo que abrange coisas em sentido estrito (corpóreas e incorpóreas), prestações e direitos.[54]

As duas orientações convergem quanto ao essencial: a) o art. 202.º refere-se ao objecto mediato da relação jurídica; b) o conceito de objecto mediato é mais amplo que o conceito de coisa em sentido estrito.

E o que verdadeiramente importa é saber quais são os possíveis objectos de relações jurídicas.

a) As pessoas (?). A controvérsia existente gira em torno de saber se a pessoas só pode fazer parte da relação jurídica "conforme a sua condição de sujeito" (em consonância com a concepção kantiana da pessoa como fim em si) ou se, pelo contrário, nada obsta (nem no plano dos princípios éticos, nem no plano da articulação lógico-conceptual) à construção dos direitos sobre pessoas (p. ex.: poderes-deveres integrados nos institutos do poder paternal e do poder tutelar).

b) Os modos de ser ou manifestações da pessoa protegidos pelos direitos de personalidade.

c) As prestações. A prestação é o comportamento ou conduta que o sujeito passivo de uma relação obrigacional deve realizar.

d) As coisas em sentido estrito (corpórea e incorpóreas).

e) Os direitos subjectivos. A legislação civil prevê situações sus-

---

[53] C. A. da Mota Pinto, *op. cit.* (n. 9), p. 332.
[54] H. E. Hoerster, *op. cit.* (n. 5), p. 177 ss.

cep-tíveis de serem reconduzidas à categoria dos direitos sobre direitos: (i) o penhor de direitos (arts. 679.º ss); (ii) a hipoteca de um direito de superfície ou de usufruto (art. 688.º/1-c) e e)); (iv) o usufruto de direitos (arts. 1439.º, 1446.º, 1463.º, 1464.º, ...).[54a]

II. *A teoria das coisas.* Coisa em sentido estrito é o bem (ou ente) de carácter estático, desprovido de personalidade e não integrador do conteúdo necessário desta, susceptível de constituir objecto de relações jurídicas.[55] Ora, para serem objecto de relações jurídicas, as coisas devem apresentar três características: a) existência autónoma ou separada; b) possibilidade de apropriação exclusiva por alguém; c) aptidão para satisfazer interesses ou necessidades humanas.[56]

a) As coisas corpóreas e as coisas incorpóreas. As coisas corpóreas podem ser apreendidas pelos sentidos; as incorpóreas só podem ser percebidas pelo intelecto ou pelo espírito. P. ex.: o objecto do direito de autor é a concepção ideal da obra: a ideia criadora manifestada num romance, numa composição musical ou num quadro.

b) As coisas imóveis e as coisas móveis (arts. 204.º e 205.º). As coisas imóveis são as enumeradas no art. 204.º; as coisas móveis são todas as demais (art. 205.º). A distinção não assenta em qualquer elaboração conceitual; deriva de uma opção prática: "imóveis são aquelas coisas que o legislador pretende subordinar, em confronto com as restantes, a um regime jurídico mais rigoroso".[57]

c) As coisas simples e as coisas compostas (art. 206.º). As coisas simples são aquelas que, de acordo com um critério jurídico-económico, são consideradas como uma unidade (deste modo participando nas relações jurídicas – p. ex.: automóvel, computador, ...); as coisa compostas (ou universalidades de facto), "aquelas que resultam da reunião ou agregação de várias coisas simples (...), conservando estas a sua individualidade económica, não obstante o nexo que as envolve

---

[54a] Para uma análise desenvolvida do problema dos direitos sobre direitos, v. Orlando de Carvalho, *Direito das Coisas*, Centelha, Coimbra, 1977, p. 189 s. (n. 1) e 209 ss. (n. 5).

[55] C. A. da Mota Pinto, *op. cit.* (n. 9), p. 340.

[56] Manuel de Andrade, *op. cit.* (n. 8), p. 199 ss.; C. A. da Mota Pinto, *op. cit.* (n. 9), p. 340-341; e Manuel Henrique Mesquita, *Coisa*, in Enciclopédia Polis, vol. I, Verbo, Lisboa, 1983.

[57] M. Henrique Mesquita, *op. cit.* (n. 56).

(exs.: um rebanho, uma biblioteca, uma colecção de selos, de medalhas ou de moedas, etc.".[58]

d) As coisas fungíveis e as coisas não fungíveis (art. 207.º). As coisas fungíveis caracterizam-se por serem definidas pelo seu género, qualidade e quantidade (art. 207.º). O objecto da relação jurídica é uma determinada quantidade de coisas de determinado género (p. ex.: dez quilos de açúcar). As coisa infungíveis, por serem individualmente determinadas.

A distinção indicada vale quer para as coisas em sentido estrito, quer para as prestações (cfr. art. 828.º).

e) As coisas consumíveis e as coisas não consumíveis (art. 208.º). São consumíveis as coisas cujo *uso regular* importa a respectiva alienação ou oneração (art. 208.º); não consumíveis, as restantes. Ex.: um gelado é coisa consumível; um automóvel é coisa consumível para o vendedor profissional – mas é coisa não consumível para o utilizador.

f) As coisas divisíveis e as coisas indivisíveis (art. 209.º). Dizem-se divisíveis as coisas que podem ser fraccionadas sem: (i) alteração da sua substância, (ii) diminuição do valor ou (iii)prejuízo para o uso a que se destinam (art. 209.º); divisíveis, as que o não podem ser.

Esta distinção vigora quer para as coisas em sentido estrito, quer para as prestações (cfr. arts. 534.º ss.), quer para os direitos subjectivos.

g) As coisas principais e as coisas acessórias (art. 210.º). Chamam-se coisas principais "aquelas cuja existência ou sorte jurídica não está na dependência de outras coisas"[59]; designam-se coisas acessórias (ou pertenças) as coisas móveis que, não constituindo partes integrantes, estão afectadas por forma duradoura ao exercício ou ornamentação de uma outra (art. 210.º/1).

A grande dificuldade que aqui pode surgir reconduz-se à clara cisão entre partes integrantes (art. 204.º/3) e coisas acessórias (art. 210.º).

Questão esta com relevo prático: as partes integrantes acompanham a coisa nas suas transmissões; as coisas acessórias, não (art. 210.º/2).

O critério é este: as partes integrantes são coisas móveis *materialmente* ligadas a um prédio (p. ex.: antena parabólica;...); as coisas

---

[58] F. A. Pires de Lima-J. M. Antunes Varela, *op. cit.* (n. 22), anotação ao art. 206.º.

[59] Manuel de Andrade, *op. cit.* (n. 8), p. 265.

acessórias, coisas móveis *económico-juridicamente* afectadas à coisa principal (p. ex.: aparelho de televisão;…).

h) *As coisas presentes e as coisas futuras (art. 211.º)*. A noção de coisas futuras compreende: a) as coisas que ainda não existem (naturalisticamente futuras); e b) as coisas existentes que não estão em poder do disponente (só juridicamente futuras) (cfr. art. 211.º).

Os contratos reais *quoad effectum* (i.e: que projectam a sua eficácia constitutiva, modificativa ou extintiva de relações jurídicas no âmbito dos direitos reais) que versem sobre coisa futuras só produzem o seu efeito típico quando a coisa for adquirida pelo alienante (art. 408.º/2).

i) *Os frutos (arts. 212.º-215.º) e as benfeitorias (art. 216.º)*. Os frutos e as benfeitorias não constituem uma espécie de coisas.

O poder jurídico existente sobre uma coisa ou dirigido a uma coisa pretende a obtenção de vantagens económicas: e é aí que releva a noção de fruto. A conservação e o melhoramento da coisa supõem despesas: e é aí que surge a noção de benfeitoria.

Em direito, fruto de uma coisa é tudo aquilo o que ela produz periodicamente, sem prejuízo da sua substância (art. 212.º/1).

Os frutos naturais provêm directamente da coisa (p. ex.: os produzidos pelas árvores ou pelos animais – cfr. art. 212.º/3); os civis abrangem as rendas ou interesses que a coisa produz em consequência de uma relação jurídica (art. 212.º/2).

Por último, "consideram-se benfeitorias todas as despesas feitas para conservar ou melhorar a coisa" (art. 216.º).

III. *A teoria do património. Os patrimónios autónomos e colectivos*. O património não constitui um objecto (mediato) de relações jurídicas. Não há um direito único sobre o património; não há um tipo negocial adequado à alienação global do património.

Em que consiste, então, este?

Convém distinguir três noções.

Em sentido global ou complexivo, o património é o conjunto das *relações jurídicas* activas (direitos) e passivas (obrigações) *avaliáveis em dinheiro* de que uma pessoa é titular.[60] É neste sentido que a expressão é utilizada no art. 2030.º/2.

---

[60] Manuel de Andrade, *op. cit.* (n. 8), p. 205, e C. A. da Mota Pinto, *op. cit.* (n. 9), p. 342-343.

O património bruto é o conjunto das relações jurídicas activas (direitos) avaliáveis em dinheiro de que uma pessoa (em sentido jurídico) é titular (abstraindo das relações jurídicas passivas). É nesta acepção que o termo surge no art. 817.°.

E o património líquido é o saldo patrimonial (a diferença entre as relações jurídicas activas ou direitos e as relações jurídicas passivas ou obrigações).

Por via de regra, na esfera jurídica (i.e.: no conjunto de todas as relações jurídicas – patrimoniais ou não – de um determinado sujeito) de cada pessoa há um património.

Porém, há dois desvios a esta regra.

O primeiro é constituído pelo fenómeno da autonomia patrimonial. A mesma pessoa tem simultaneamente dois complexos patrimoniais: para lá do património geral, dispõe de um outro complexo de relações jurídicas avaliáveis em dinheiro, destacado daquele (como se pertencesse a outrem). O traço distintivo deste é a reponsabilidade por dívidas. O património autónomo é, por isso, "o conjunto patrimonial a que a ordem jurídica dá um tratamento *especial*, distinto do do restante património do titular, sob o ponto de vista da responsabilidade por dívidas"[61] – em termos tais que *só responde* e *responde só ele* por determinadas dívidas. O caso mais claro é constituído pela herança (arts. 2070.° e 2071.°).

O segundo é integrado pela figura do património comum ou colectivo. Duas ou mais pessoas são titulares de um mesmo complexo patrimonial. Este não está dividido por quotas ideais (como sucede na compropriedade: cfr. art. 1403.°): pelo contrário, pertence em bloco e só em bloco à colectividade. A *ratio essendi* do património colectivo é um determinado escopo. Ora, pelas dívidas surgidas na prossecução desse escopo, respondem: a) em primeiro lugar, os bens integrados no património colectivo; b) em segundo lugar, após o esgotamento da comunhão colectivística, os bens próprios de cada um dos respectivos membros, em regime de solidariedade. Exemplos: fundo comum das associações sem personalidade jurídica (art. 167.°) e herança indivisa (arts. 2097.° e 2101.°/2).[62]

---

[61] Manuel de Andrade, *op. cit.* (n. 8), p. 219.

[62] H. E. Hoerster, *op. cit.* (n. 5), p. 197 ss. O exemplo clássico da comunhão conjugal é hoje de enquadramento (ainda mais) discutível – em face da eliminação da moratória do art. 1696.°/1 (projectada pelo DL n.° 329-A/95, de 12/12).

As duas figuras são reconduzidas pelo art. 601.° à designação genérica de patrimónios separados.

4. O FACTO JURÍDICO.

I. *A noção (e a classificação) dos factos jurídicos.* Facto jurídico é todo o facto da vida real (*maxime*: social) produtivo de efeitos jurídicos.

A classsificação dos factos jurídicos alicerça-se em dois critérios básicos.

O primeiro é o da relevância da vontade – em função do qual se distinguem os factos jurídicos voluntários e involuntários; e, entre aqueles, os meros actos jurídicos e os negócios jurídicos. Os factos jurídicos voluntários "são acções humanas tratadas pelo direito enquanto manifestações de vontade"; os factos jurídicos involuntários "são estranhos a qualquer processo volitivo – ou porque resultam de causas de ordem natural ou porque a sua eventual voluntariedade não tem relevância jurídica"[63] (p. ex.: o decurso do tempo – cfr. arts. 296.° ss. – ou a morte).

Dentro dos factos jurídicos voluntários há que estabelecer uma distinção fundamental – entre actos jurídicos e negócios jurídicos. "Os *negócios jurídicos* são acções humanas (actos voluntários; mais precisamente – declarações de vontade) lícitas a que a ordem jurídica atribui efeitos dum modo geral concordantes com a vontade dos seus autores. Os efeitos do negócio jurídico são, *grosso modo*, aqueles mesmos que foram ou aparentavam ter sido queridos pelos seus autores, e a lei determina a produção desses efeitos por assim terem sido queridos (...)".[64] Para que exista um negócio jurídico é necessário que se reunam duas condições: a) a existência de uma declaração de vontade (dirigida à produção de efeitos jurídicos); b) a correspondência global entre a intenção do declarante e os efeitos determinados pela ordem jurídica. Exs. de negócios jurídicos: testamento (caso típico de negócio unilateral) e contrato (ou negócio jurídico bilateral).

"Os simples actos jurídicos são acções humanas lícitas lícitas cujos efeitos jurídicos, embora eventualmente – ou até normalmente –

---

[63] C. A da Mota Pinto, *op. cit.* (n. 9), p. 354.
[64] Manuel de Andrade, *op. cit.* (n. 29), p. 8.

concordantes com a vontade ds seus autores, não são todavia determinados pelo conteúdo desta vontade, mas directa e imperativamente pela lei, independentemente daquela eventual ou normal coincidência".[65] Exs.: fixação de domicílio voluntário (art. 82.º), interpelação ao devedor (art. 805.º/1), publicação de obra literária, ... Aos simples actos jurídicos são aplicáveis analogicamente as disposições relativas aos negócios jurídicos (art. 295.º).

O segundo critério de classificação distingue os factos voluntários lícitos e ilícitos. Os factos lícitos são conformes à ordem jurídica e por ela consentidos. Os factos ilícitos são contrários à ordem jurídica e por ela reprovados (através da aplicação de sanções ao respectivo autor).[66]

II. *A aquisição, modificação e extinção de direitos*. Os efeitos jurídicos produzidos reconduzem-se à aquisição, modificação e extinção de relações jurídicas – noutra óptica: à aquisição, modificação e extinção de direitos.

A aquisição de direitos é "o fenómeno pelo qual uma pessoa se torna titular de um direito".[67] As suas modalidades fundamentais abrangem a aquisição originária e a aquisição derivada.

Aquisição originária é aquela que não depende nem da existência, nem do conteúdo, nem da extensão de um direito anterior. Pode suceder que não exista nenhum direito anterior sobre o mesmo bem. É o que se verifica na ocupação de coisas móveis que nunca tiveram dono (art. 1318.º). Mas também pode acontecer que haja um direito anterior sobre o mesmo objecto. Nesta hipótese, o direito do adquirente não surge por causa do direito do anterior titular: surge apesar dele. É o que ocorre na usucapião (arts. 1287.º ss.).

Ao invés, aquisição derivada é aquela que se funda na existência de um direito anterior: "a existência anterior desse direito e a sua extinção ou limitação é que geram a aquisição do direito pelo novo titular, é que são a *causa* dessa aquisição".[68] Ex.: a aquisição de um direito através de contrato.

A modificação de direitos é "a alteração ou mudança de qualquer dos elementos desse direito, mantendo ele, porém, a sua identidade,

---

[65] Manuel de Andrade, *op. cit.* (n. 29), p. 8.
[66] C. A. da Mota Pinto, *op. cit.* (n. 8), p. 354.
[67] Manuel de Andrade, *op. cit.* (n. 29), p. 13.
[68] C. A. da Mota Pinto, *op. cit.* (n. 8), p. 360.

isto é, continuando a ser o mesmo direito, apesar da inovação sofrida".[69] Diz-se subjectiva se se refere ao sujeito ou sujeitos do direito modificado; objectiva, se se refere ao respectivo objecto ou conteúdo.

A extinção do direito "tem lugar quando um direito deixa de existir na esfera jurídica de uma pessoa".[70] Designa-se subjectiva se o direito subsiste, só mudando o seu titular; objectiva, se o direito em si desaparece.

III. *A aquisição de direitos (cont.): A aquisição originária e a aquisição derivada. O princípio* nemo plus iuris in alium transferre potest quam ipse habet. *As respectivas excepções.* A aquisição derivada depende da existência e da extensão do direito do anterior titular – ninguém pode transmitir um direito de que não dispõe: *nemo plus juris in alium transferre potest quam ipse habet*.

Em regra, o direito adquirido não pode ser mais amplo que o direito do transmitente. Exceptuam-se sobretudo três casos – em face da necessidade de proteger terceiros contra a aplicação rígida do princípio indicado.

a) O primeiro desvio decorre das regras de registo predial. Os actos relativos a bens imóveis ou a determinados bens móveis (aeronaves, navios, automóveis e quotas sociais) devem ser inscritos no registo correspondente. O registo não é (em princípio) condição de validade do acto; é apenas condição da respectiva oponibilidade a terceiros (cfr. art. 5.° do Código do Registo Predial). Ora, terceiros, para efeitos de registo, são todos aqueles que do mesmo autor ou transmitente adquirem direitos total ou parcialmente conflituantes sobre o mesmo objecto.[71] Pelo que "o direito inscrito em primeiro lugar prevalece sobre os que se lhe seguirem relativamente aos mesmos bens, por ordem da data dos registos e, dentro da mesma data, pelo número de ordem das apresentações correspondentes" (cfr. art. 6.°/1 Cód. Reg. Predial).

Por exemplo: Em Janeiro, A vende a B o prédio x. B não regista a sua aquisição.

Em Março, A vende o mesmo prédio a C, que regista imediatamente o acto.

---

[69] Manuel de Andrade, *op. cit.* (n. 29), p. 20.
[70] C. A. da Mota Pinto, *op. cit.* (n. 8), p. 360.
[71] A noção indicada é a proposta por Orlando de Carvalho, *Teoria Geral do Direito Civil – Sumários desenvolvidos para uso dos alunos do 2.° ano (1ª turma) do Curso Jurídico de 1980/81*, Centelha, Coimbra, 1981, p. 131.

Pelo que o prédio pertence a C.
Em esquema:

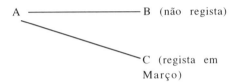

C adquire o prédio em Março (arts. 5.º e 6.º do Cód. Reg. Pred.).

b) O segundo desvio emerge do art. 291.º do Código Civil. A *ratio* da disposição é proteger a boa fé de terceiros em caso de invalidade (nulidade ou anulabilidade) do negócio jurídico.

A aplicação do art. 291.º supõe o preenchimento dos seguintes requisitos:

(i) O negócio jurídico viciado deve ser nulo ou anulável (art. 291.º/1). O art. 291.º não actua em caso de inexistência.

(ii) O negócio viciado deve respeitar a bens imóveis ou a bens móveis sujeitos a registo (art. 291.º/1).

(iii) A invalidade deve ser susceptível de prejudicar os direitos de terceiro (art. 291.º/1). Terceiros, para efeito da aplicação do art. 291.º, "são os que, integrando-se numa e mesma cadeia de transmissões, vêem a sua posição afectada por uma ou várias causas de invalidade anteriores ao acto em que foram intervenientes".[72] Com o que se excluem quer aqueles que participam em acto inválido, quer aqueles que não são prejudicados pela nulidade ou anulabilidade.

(iv) Os direitos de terceiro devem ter sido adquiridos a título oneroso (art. 291.º/1).

(v) Os direitos de terceiro devem ter sido adquiridos de boa fé (art. 291.º/1). A boa fé (em sentido subjectivo) consiste no desconhecimento, sem culpa, dos vícios do do negócio nulo ou anulável (art. 291.º/3).

(vi) A aquisição do direito deve estar registada (art. 291.º/1).

(vii) O registo da aquisição do direito deve ser anterior ao registo da acção de nulidade ou anulação (cfr. art. 3.º do Cód. Reg. Pred.) ou do acordo entre as partes acerca da invalidade do negócio (art. 291.º/1).

(viii) Por último, é necessário o decurso de, pelo menos, três anos desde a conclusão do negócio inválido (art. 291.º/2).

---

[72] Orlando de Carvalho, *op. cit.* (n. 71), p. 135.

Por exemplo: Em Janeiro de 1990, A vende a B o prédio y por escrito particular. O negócio é nulo, em consequência dos arts. 220.º e 875.º do Cód. Civ. e 80.º do Código do Notariado (aprovado pelo DL n.º 207/95, de 14/8).

Dois anos depois, pela forma legal, B vende o prédio a C, que desconhece sem culpa a invalidade do acto anterior e imediatamente regista a sua aquisição.

Em Janeiro de 1993, a invalidade existente no negócio A-B torna-se inoponível a C.

Em esquema:

```
A ─────────── B ─────────── C (regista
  venda do prédio   venda do prédio   em 92)
  y (escrito parti-  y (escritura pú-
  cular)             blica)
      1990               1992
```

C adquire o prédio em Janeiro de 1993: os três anos exigidos pelo art. 291.º/2 só então se cumprem.

c) O terceiro desvio deriva do art. 243.º do Cód. Civil. A *ratio* desta disposição é, ainda, a protecção da boa fé de terceiros.

A protecção geral do art. 291.º é completada pela protecção especial do art. 243.º (relevante apenas no caso de a invalidade do negócio derivar de simulação).

Para que funcione a protecção conferida pelo art. 243.º, importa que se conjuguem os seguintes elementos:

(i) O negócio jurídico viciado deve ser nulo por simulação (art. 243.º/1).

(ii) A invalidade deve ser susceptível de prejudicar os direitos de terceiro (art. 243.º/1). Terceiros, para o fim da aplicação do art. 243.º, são todos os "titulares de uma relação, jurídica ou praticamente afectada pelo negócio simulado e que não sejam os próprios simuladores ou os seus herdeiros (depois da morte do *de cujus*)".[73] Ora, há que dis-

---

[73] C. A. da Mota Pinto, *op. cit.* (n. 8), p. 481. Em sentido diverso, Orlando de Carvalho, *op. cit.* (n. 71), p. 135 ss., sustentando a relevância da noção indicada em relação ao art. 291.º em toda a área de tutela da boa fé – e, por isso, em face do art. 243.º.

tinguir os terceiros prejudicados pela invalidação e os terceiros que apenas deixam de lucrar pelo mesmo motivo (*maxime*: preferentes que pretendem beneficiar de simulação de preço, adquirindo o bem por um valor – valor declarado – mais baixo que aquele que corresponde à intenção dos contraentes). A solução mais razoável é aquela que entende que o art. 243.° só protege os terceiros prejudicados – e não os terceiros que deixam de lucrar em consequência da declaração de nulidade ou anulação do negócio simulado.[74]

(iii) O terceiro deve estar de boa fé (art. 243.°/1). A boa fé consiste na ignorância da simulação ao tempo em que foram constituídos os respectivos direitos (art. 243.°/2). Considera-se sempre de má-fé o terceiro que adquiriu o direito posteriormente ao registo da acção de simulação, quando a esta haja lugar (art. 243.°/3 – presunção *juris et de jure*).

Por fim, importa aludir a uma dificuldade suscitada pela letra do art. 243.°/1. A disposição considerada proíbe todo e qualquer interessado de invocar a nulidade proveniente da simulação ou apenas o veda aos simuladores? A exacta solução do problema supõe a referência à *ratio legis* do art. 243.°. Caso se entenda que o escopo da norma é sancionar os simuladores, parece que só estes estarão impedidos de invocar a nulidade.[74a] Caso se sustente que a disposição analisada visa a protecção de terceiros (como é opinião corrente), nenhum dos interessados a poderá arguir.[75]

Por exemplo: Em Março de 1996, A vende a B um quadro antigo. A venda é nula por simulação: nem A pretendia vender, nem B pretendia comprar, mas apenas obter o prestígio social dos coleccionadores de arte.

No mês seguinte, B vende o quadro a C, que ignora tudo o que anteriormente se passou.

A nulidade decorrente da simulação é, desde logo, inoponível a C.

---

[74] Neste sentido, C. A. da Mota Pinto, *op. cit.* (n. 8), p. 484 ss., e Orlando de Carvalho, *op. cit.* (n. 71), p. 135; pela solução oposta, H. E. Hoerster,*op. cit.* (n. 5), p. 538-539, e F. A. Pires de Lima-J. M. Antunes Varela, *op. cit.* (n. 22), anotação ao art. 243.°: "Não interessa que os terceiros sejam *prejudicados* com a declaração da nulidade ou sejam *beneficiados* com a manutenção do negócio".

[74a] Neste sentido, designadamente, H. E. Hoerster, *op. cit.* (n. 5), p. 538.

[75] Cfr., desenvolvidamente, Orlando de Carvalho, *op. cit.* (n. 71), p. 136-139.

Em esquema:

```
A ─────────── B ─────────── C
□
venda simulada    venda do quadro x
do quadro x
Mar. 96           Abril 96
(art. 240°/2)
```

C adquire o quadro em Abril de 1996.

d) A matéria exposta é susceptível de colocar dois problemas. O primeiro é o de saber qual a solução adequada em caso de conjugação dos presupostos dos arts. 243.° e 291.°. Orlando de Carvalho defende o recurso ao art. 291.°[76] – solução que nos suscita algumas dúvidas.

O segundo é o de determinar o tratamento adequado para as hipóteses em que o transmitente do direito está protegido pelos arts. 243.° ou 291.° e o adquirente não o está (p. ex., por carecer de boa fé). A resposta mais adequada é (ao que parece) a protecção do direito do adquirente, para melhor defesa da segurança do comércio jurídico e da posição do transmitente.

IV. *O negócio jurídico: noção e elementos*. A noção de negócio jurídico foi indicada anteriormente. Os elementos dos negócios jurídicos são, de acordo com uma orientação clássica, de três tipos: elementos essenciais, naturais e acidentais.

Os elementos essenciais de todo o negócio jurídico são as condições ou requisitos gerais necessários para a respectiva validade: capacidade das partes, declaração ou declarações de vontade e objecto possível (física e legalmente). Os elementos essenciais de cada tipo legal de negócio jurídico "são as cláusulas ou estipulações negociais (contidas na respectiva declaração ou declarações de vontade) que o caracterizam ou contradistinguem, que o estremam em face dos restantes – *maxime* em face dos tipos vizinhos".[77] P. ex.: na compra e venda, a transmissão da propriedade, a obrigação de entregar a coisa e a obrigação de pagar o preço (cfr. art. 879.°).

Os elementos naturais são os efeitos determinados por normas supletivas.

---

[76] Orlando de Carvalho, *op. cit.* (n. 71), p. 143.
[77] Manuel de Andrade, *op. cit.* (n. 29), p. 34.

E os elementos acidentais são as cláusulas ou estipulações negociais acessórias: nem caracterizam o tipo negocial em abstracto, nem reproduzem disposições supletivas, mas são indispensáveis para a produção dos efeitos jurídicos a que tendem (p. ex.: a condição, o termo e a cláusula modal, ...).

V. *Os elementos essenciais do negócio jurídico: a capacidade negocial (remissão)*. A capacidade negocial de gozo e de exercício foi abordada a propósito da teoria dos sujeitos da relação jurídica (cfr. *supra* 2-II).

VI. *Os elementos essenciais do negócio jurídico (cont.): a declaração negocial*.

a) Noção. A declaração negocial é "todo o comportamento de uma pessoa (em regra, palavras escritas ou faladas ou sinais) que, segundo os usos da vida, convenção dos interessados ou até, por vezes, segundo disposição legal, aparece como destinado (directa ou indirectamente) a exteriorizar um certo conteúdo de vontade negocial, ou em todo o caso o revela e traduz".[78]

A vontade negocial é a intenção de alcançar determinados efeitos práticos, com o ânimo de que sejam juridicamente tutelados e vinculantes.[79]

Os elementos constitutivos da declaração negocial são dois: a) o elemento externo – a declaração propriamente dita ou comportamento declarativo; b) o elemento interno – a vontade.

O elemento interno – vontade – decompõe-se em três subelementos: a vontade de acção, a vontade da declaração e a vontade negocial.

A vontade de acção consiste na consciência e intenção do comportamento declarativo. Pode faltar: é o que sucede nas hipóteses de actuação sob hipnose ou de coacção física.

A vontade da declaração ou vontade da relevância negocial da acção traduz-se em o declarante atribuir ao seu comportamento (voluntário) o sentido de uma declaração negocial. Também pode não existir: é o que ocorre no caso de alguém entrar num leilão e saudar um amigo que ali se encontra – gesto que, segundo os usos do local, constitui uma oferta de determinado valor.

---

[78] Manuel de Andrade, *op. cit.* (n. 29), p. 122.
[79] Manuel de Andrade, *op. cit.* (n. 29), p. 122, e C. A. da Mota Pinto, *op. cit.* (n. 9), p. 416.

A vontade negocial, vontade do conteúdo da declaração ou intenção do resultado é a intenção de celebrar um negócio jurídico de conteúdo correspondente ao sentido da declaração. E ainda aqui é possível um desvio da vontade negocial: o declarante pretende comprar um determinado prédio; declara pretender comprar o prédio X, convencido de que este é o nome do imóvel desejado; no entanto, este é chama-se Y.

b) Modalidades – aa) declaração expressa e tácita (art. 217.º); bb) declaração silente (art. 218.º). A declaração é expressa quando feita por palavras, escrito ou qualquer outro meio directo de manifestação da vontade; tácita, quando se deduz de factos que, com toda a probabilidade a revelam (factos concludentes) (art. 217.º/1). Não se exige que a declaração se extraia necessariamente dos factos concludentes; exige-se apenas "aquele grau de probabilidade que basta na prática para as pessoas prudentes tomarem as suas decisões".[80]

Distinto é o problema da relevância do silêncio como meio declarativo. Quer na declaração expressa, quer na declaração tácita há um comportamento do declarante. Ora, no silêncio, há uma total omissão: nada se diz, nada se faz. Prudentemente, o legislador opta pela seguinte solução:

"O silêncio (só) vale como declaração negocial, quando esse valor lhe seja atribuído por lei, uso ou convenção" (art. 218.º).[81]

c) Forma (arts. 219.º-223.º). A forma é o tipo de comportamento declarativo exigido para a validade e eficácia da declaração de vontade negocial – "é uma determinada *figuração exterior* prescrita para a respectiva declaração ou declarações de vontade (VON TUHR)".[82] Em termos práticos, a exigência de forma traduz-se na exigência de documento – com mais ou menos requisitos, com maior ou menor solenidade.

---

[80] Manuel de Andrade, *op. cit.* (n. 29), p. 132.

[81] Exemplo claro de relevância da disposição indicada é o envio de mercadorias a determinadas pessoas, com a indicação de que se estas não forem devolvidas até certa data se considerarão aceites (fenómeno relacionado com as novas técnicas de publicidade "agressiva"). Em consequência do art. 218.º: a) o destinatário não é obrigado a devolvê-las; b) deve apenas restituí-las quando o proponente as mande buscar; e c) conservá-las (*rectius*: abster-se de as deteriorar com dolo ou culpa grave) – cfr. C. A. da Mota Pinto, *op. cit.* (n. 9), p. 428.

[82] Manuel de Andrade, *op. cit.* (n. 28), p. 48. A exigência de declaração expressa não constitui um requisito de forma.

O princípio geral é o da liberdade de forma (art. 219.° do Código Civil). [83]

O primeiro (e mais importante) desvio a este princípio emerge da prescrição legal de determinada forma para o negócio jurídico (forma legal – art. 220.° Cód. Civ.) – para proteger as partes contra si mesmas (contra a sua irreflexão, contra a sua imprudência, ...) e/ou para promover a clareza e a segurança do comércio jurídico. A não observância da forma legal implica a nulidade do negócio (art. 220.° Cód. Civ.) – salvo se o documento for substituído por outro de valor superior ou a forma for exigida apenas para prova da declaração (formalidade *ad probationem*, e não *ad substantiam*: cfr. art. 364.°/1 e 2).

O segundo desvio decorre da faculdade (reconhecida às partes) de estipularem uma forma especial para a declaração (forma convencional – art. 223.° Cód. Civ.).

d) Perfeição (arts. 224.°-235.°). Os arts. 224.° ss. tratam dois problemas: a eficácia da declaração negocial e a formação do contrato.

– *A eficácia da declaração negocial.*

A declaração negocial receptícia (i.e.: com um destinatário) torna-se eficaz logo que chega ao seu poder ou é dele conhecida (art. 224.°/1). Basta que se verifique um dos dois pressupostos indicados: recepção (chegada ao poder do destinatário) ou conhecimento efectivo. [84]

O art. 224.°/2 introduz um desvio em relação ao critério da chegada ao poder: a declaração negocial receptícia que só não foi oportunamente recebida por culpa do destinatário (p. ex.: por este se recusar a receber a carta em que aquela se formula) é eficaz. Solução pela qual se pretende alcançar a protecção do declarante.

O art. 224.°/3 clarifica o sentido da chegada ao poder: "a declaração recebida pelo destinatário em condições de, sem culpa sua, não poder ser conhecida é ineficaz". Disposição pela qual se visa obter a protecção do declaratário: a chegada ao poder significa a recepção em condições que permitam o conhecimento. [85]

---

[83] O princípio da liberdade da forma abrange a faculdade de utilização da forma escrita quando esta não seja exigida por lei (art. 222.°).

[84] F. A. Pires de Lima-J. M. Antunes Varela, *op. cit.* (n. 22), anotação ao art. 224.°, e H. E. Hoerster, *op. cit.* (n. 5), p. 448 ss.

[85] V., essencialmente, H. E. Hoerster, *op. cit.* (n. 5), p. 450-451.

A declaração negocial não receptícia (i.e.: sem destinatário) torna-se eficaz "logo que a vontade do declarante se manifesta na forma adequada" (ex.: a instituição de uma fundação).

Por último, a declaração negocial dirigida a pessoa desconhecida ou cujo paradeiro seja ignorado pelo declarante feita mediante anúncio publicado num dos jornais da residência do declarante (art. 225.°) torna-se eficaz no momento da publicação (cfr. art. 224.°/1-2ª parte).[86]

A eficácia da declaração pode ser perturbada pela morte ou incapacidade do declarante ou pela perda do poder de disposição relativamente ao direito a que a declaração se refere. A questão é tratada pelo art. 226.°.

– *A conclusão do contrato.*

Os negócios jurídicos são unilaterais ou bilaterais (contratos). Os contratos são negócios jurídicos integrados por duas ou mais declarações de vontade, de sentidos opostos, mas convergentes, tendentes à produção de um resultado jurídico unitário. De sentidos opostos: um dos declarantes afirma, p. ex., "eu vendo"; o outro, "eu compro". Mas convergentes: as duas declarações convergem no sentido de operar a transmissão da propriedade.

O contrato é o tipo de negócio jurídico mais importante: e, por isso, o seu *iter formativo* está disciplinado logo nos arts. 227.° ss.

O art. 227.° estabelece o princípio da responsabilidade pela violação dos ditames da boa fé quer nos preliminares, quer na formação do contrato (respnsabilidade pré-contratual).

Ora bem: a conclusão de um contrato supõe a reunião de dois elementos – a proposta e a aceitação.

A proposta é a primeira declaração dirigida à conclusão de um contrato: é o acto pelo qual uma das partes propõe à outra ou outras a conclusão do contrato. Para que haja uma proposta contratual, necessário é que a declaração seja precisa (susceptível de ser aceite com um simples "sim"), envolva a vontade de o seu autor se vincular e decorra da consciência de se estar a emitir um autêntica declaração negocial. Pelo que se distingue do convite a contratar: manifestação de disponibilidade para entrar em negociações conducentes à conclusão de um contrato (em que falta algum dos requisitos exigidos para a proposta).[87]

---

[86] H. E. Hoerster, *op. cit.* (n. 5), p. 452.
[87] A distinção entre proposta contratual e mero convite a contratar é de grande

A aceitação é a segunda declaração: a anuência do destinatário da proposta.[88]

A conclusão do contrato ocorre no momento em que a aceitação se torna eficaz.

A proposta contratual é regulada nos arts. 228.º-231.º. O art. 228.º determina o prazo em que a proposta se mantém. O art. 229.º trata o caso de recepção tardia (i.e.: fora do prazo previsto no art. 228.º). E o art. 230.º consagra o princípio da irrevogabilidade da proposta: "A proposta de contrato é irrevogável depois de ser recebida pelo declaratário ou de ser dele conhecida". Exceptuam-se os casos de retractação prevista por estipulação das partes (art. 230.º/1) ou recebida pelo destinatário antes da proposta ou ao mesmo tempo que esta (art. 230.º/2).[89]

A aceitação é disciplinada pelos arts. 232.º-235.º. O art. 232.º define (em consonância com o princípio da liberdade contratual – art. 405.º) o âmbito do acordo de vontades: "O contrato não fica concluído

---

importância em múltiplas circunstâncias da vida quotidiana. Dois exemplos. a) A exposição de produtos em prateleiras de supermercado com indicação do preço. C. A. da Mota Pinto, *op. cit.* (n. 9), p. 443, qualifica-a como proposta contratual. H. E. Hoerster, *op. cit.* (n. 5), p. 457, como simples convite a contratar. O que tem grande interesse prático: se estivermos perante uma autêntica proposta contratual, o interessado tem a faculdade de adquirir o produto pelo preço indicado (mesmo que na caixa se alegue o termo da promoção determinante da redução dos preços, ou algo de semelhante) – em face do disposto nos arts. 228.º e 230.º; se estivermos em face de um mero convite a contratar, nada disso sucederá. b) A colocação de produtos ao dispor do público em máquinas automáticas de distribuição de bebidas em lata. Há quem sustente que essa colocação ao dispor constitui uma proposta contratual – pelo que a introdução da moeda corresponde à aceitação. A não entrega do produto (p. ex.: por se terem esgotado as unidades disponíveis), pelo menos quando não haja simultânea restituição da moeda, implica a responsabilidade contratual de quem explora o engenho (neste sentido, C. A. da Mota Pinto, *op.* e *loc. cits.*, e H. E. Hoerster, *op.* e *loc. cits.*). Há, por outro lado, quem defenda que a oferta de produtos nos termos indicados constitui um mero convite a contratar – deste modo se excluindo a responsabilidade contratual. E há, por último, quem entenda que nos encontramos perante uma proposta contratual subordinada à condição da existência dos produtos no distribuidor.

[88] Cfr., contudo, o disposto no art. 234.º: "Quando a proposta, a própria natureza ou circunstâncias do negócio ou os usos tornem dispensável a declaração de aceitação, tem-se o contrato por concluído logo que a conduta da outra parte mostre a intenção de aceitar a proposta".

[89] P. ex.: A envia a B uma proposta de venda de um automóvel antigo, por correio normal; no dia seguinte, arrepende-se e remete-lhe a retractação por "correio azul". A retractação chega ao poder de B antes da proposta: e, por isso, esta fica sem efeito.

enquanto as partes não houverem acordado em todas as cláusulas sobre as quais qualquer delas tenha julgado necessário o acordo". O art. 233.º introduz duas regras: a) a aceitação com modificações precisas equivale a uma nova proposta (salvo se outro sentido resultar da declaração); b) em todos os restantes casos, importa rejeição da proposta recebida. Finalmente, em simetria com o disposto no art. 230.º, o art. 235.º adopta o princípio da irrevogabilidade da aceitação. Ressalvam-se as hipóteses de revogação recebida ou conhecida pelo proponente antes da aceitação (art. 235.º/2).

e) Interpretação e integração (arts. 236.º-239.º). A interpretação do negócio jurídico consiste em "determinar o sentido com que ele há-de valer, se valer puder" – em saber quais os efeitos que tende a produzir em consequência da declaração ou declarações de vontade que o integram. [90]

Os arts 236.º-238.º tratam a matéria da interpretação da declaração negocial (não do negócio jurídico como um todo).

O art. 236.º/1 estabelece um princípio geral de importância decisiva: "A declaração negocial vale com o sentido que um declaratário normal (i.e.: medianamente instruído, diligente e sagaz), colocado na posição do declaratário real, possa deduzir do comportamento do declarante" (teoria da impressão do destinatário).

O princípio geral consagrado admite duas restrições.

A primeira emerge do art. 236.º/1 *in fine*: a declaração não vale com o sentido objectivo correspondente à impressão do destinatário "se este não puder razoavelmente contar com ele". É o que se verifica na clássica hipótese de A declarar que pretende comprar o 1.º andar de um prédio, entendendo por primeiro andar – de acordo com os usos da região – o rés do chão, enquanto B – em conformidade com o uso generalizado – julga que A se refere ao piso superior ao piso térreo.

O alcance da restrição constante do art. 236.º/1 *in fine* é muito reduzido: quem emite uma declaração negocial tem o "ónus indeclinável" de se exprimir de forma clara e compreensível para outrem – e, se o não cumpre, deve suportar o risco de incorrecto entendimento pelo declaratário. [91]

---

[90] Manuel de Andrade, *op. cit.* (n. 29), p. 305.
[91] C. A. da Mota Pinto, *op. cit.* (n. 9), p. 448, n. 1.

Quid juris em caso de divergência entre o sentido objectivo da declaração e um dos sentidos razoavelmente imputáveis ao declarante? A solução parece ser a nulidade do negócio.

A segunda restrição decorre do art. 236.°/2: "Sempre que o declaratário conheça a vontade real do declarante, é de acordo com ela que vale a declaração emitida".

A declaração negocial é interpretada de acordo com as regras do art. 236.° – e, no entanto, não se alcança uma solução inequívoca.

Os casos duvidosos devem ser resolvidos por aplicação do art. 237.° do Cód. Civ. (e, para os contratos de adesão, pelo art. 11.°/2 do DL n.° 446/85, de 25/10, alterado pelo DL n.° 220/95, de 31/8).

O art. 237.° do Código Civil consagra as seguintes orientações: a) em caso de dúvida sobre o sentido da declaração em negócio gratuito (i.e.: que importa atribuições patrimoniais para apenas uma das partes) vale o sentido menos gravoso para o disponente; b) em caso de dúvida sobre o sentido de negócio oneroso prevalece o sentido que conduzir ao maior equilíbrio das prestações.

O art. 11.°/2 do DL n.° 446/85 é aplicável apenas aos contratos de adesão (i.e.: aos contratos regulados por condições gerais, formuladas unilateralmente por uma das partes, em termos tais que ao outro contraente resta apenas a liberdade de celebrar ou não o contrato – por "cláusulas contratuais gerais elaboradas sem prévia negociação individual, que proponentes ou destinatários se limitem, repectivamente, a subscrever ou a aceitar" – cfr. art. 1.°/1 DL n.° 446/85). E dispõe que "na dúvida, prevalece o sentido mais favorável ao aderente".

As regras indicadas sofrem um desvio em relação aos negócios formais ou solenes (i.e.: nos negócios para os quais a lei exige a observância de uma determinada forma). Em regra, a declaração não pode valer com um sentido que não tenha um mínimo de correspondência no texto do respectivo documento, ainda que imperfeitamente expresso (art. 238.°/1). Exceptuam-se os casos em que se reunam cumulativamente duas condições: a) o sentido sem correspondência no texto do documento deve corresponder à vontade real das partes; b) as razões determinantes da forma do negócio não devem opor-se à validade desse sentido (art. 238.°/2).[92]

---

[92] As regras indicadas vigoram apenas para as declarações receptícias – dado suporem a existência de um destinatário. As declarações não receptícias estão submetidas,

A integração da declaração negocial consiste na "regulamentação das questões não previstas pelas partes, ao proverem à elaboração do ordenamento contratual das suas relações"[93] e está disciplinada no art. 239.º – em face do qual se exige o seguinte procedimento: a) em primeiro lugar, a busca de uma disposição supletiva relevante; b) na hipótese de inexistência de norma supletiva, a regulação do caso através da vontade hipotética ou conjectural das partes ("a vontade que as partes teriam tido se houvessem previsto o ponto omisso") – excepto quando esta contrariar os ditames da boa fé.

f) Vícios na formulação da vontade. A declaração negocial é integrada por dois elementos: a vontade (elemento interno) e a declaração propriamente dita (elemento externo). Normalmente, os dois elementos coincidem. Excepcionalmente, tal não se verifica: pelo que deparamos com uma divergência entre a vontade e a declaração – com um vício na formulação da vontade.

A divergência entre a vontade e a declaração pode ser intencional (consciente e voluntária) ou não-intencional (inconsciente e/ou involuntária).

– *Os casos de divergência intencional.*

(i) *A simulação* (arts. 240.º-243.º). A simulação consiste na divergência entre a declaração e a vontade real do declarante decorrente de acordo entre o declarante e o declaratário com o intuito de enganar terceiros (art. 240.º/1).

A principais modalidades de simulação são as seguintes. a) A simulação absoluta e a simulação relativa (cfr. art. 241.º). Na primeira, as partes fingem celebrar determinado negócio, mas na verdade não querem concluir negócio nenhum. Na segunda, as partes fingem celebrar um negócio jurídico com certo tipo e conteúdo (negócio simulado), mas de facto pretendem celebrar um negócio de tipo e/ou conteúdo diferente (negócio dissimulado) – p. ex.: finge-se uma venda para encobrir uma doação proibida pelos arts. 953.º e 2194.º. b) A simulação inocente e a simulação fraudulenta. Na simulação inocente, o intuito do declarante e do declaratário é enganar terceiros, sem os prejudicar. Na fraudulenta, há uma intenção de prejudicar terceiros ilicitamente ou de contornar

---

com frequência, a disposições especiais: v., para o testamento, o art. 2187.º do Código Civil. Cfr. H. E. Hoerster, *op. cit.* (n. 5), p. 509.

[93] C. A. da Mota Pinto, *op. cit.* (n. 9), p. 459.

qualquer disposição legal. c) Por fim, a simulação *relativa* pode ser subjectiva (se são simulados os sujeitos do negócio) ou objectiva (se incide sobre a natureza do negócio ou sobre o valor das prestações estipuladas pelas partes – caso mais frequente: declaração de um preço inferior ao real para evitar o pagamento de um elevado imposto).

O negócio simulado é nulo (art. 240.°/2).

Em caso de simulação relativa, porém, o negócio dissimulado não é prejudicado pela nulidade do negócio simulado (art. 241.°).

A nulidade do negócio simulado pode ser arguida: a) por quaisquer interessados (art. 286.°/1); b) pelos próprios simuladores entre si, mesmo que a simulação seja fraudulenta (art. 242.°/1 – mera concretização da regra do art. 286.°) [94]; c) pelos herdeiros legitimários que pretendam agir *em vida do autor da sucessão* contra os negócios por ele simuladamente feitos com o intuito de os prejudicar (art. 242.°/2).

Já foi abordada a protecção de terceiros de boa fé emergente do art. 243.°.

(ii) *A reserva mental* (art. 244.°). A reserva mental é a divergência entre a vontade e a declaração dirigida a enganar o declaratário (art. 244.°/2).

A reserva mental desconhecida do declaratário não prejudica a validade da declaração – para assegurar a protecção da confiança do destinatário (art. 244.°/1). A reserva mental conhecida do declaratário importa, pelo contrário, a nulidade da declaração – pois já não há qualquer confiança digna de tutela (art. 240.°/2, por remissão do art. 244.°/2).

(iii) *As declarações não sérias* (art. 245.°). A declaração não séria é a divergência entre a vontade e a declaração que não visa enganar ninguém, dado ser feita na expectativa de que a falta de seriedade não seja desconhecida do declaratário (art. 245.°/1). Exs.: declarações cénicas, didácticas ou típicas de jogos de sociedade.

A declaração não séria não produz qualquer efeito (art. 245.°/1). A única limitação a esta regra decorre do disposto no n.° 2 do mesmo artigo: "se (…) a declaração for feita em circunstâncias que induzam o destinatário a aceitar justificadamente a sua seriedade, tem ele o direito de ser indemnizado pelo prejuízo que sofrer".

– *Os casos de divergência não intencional.*

---

[94] O art. 394.°/2 proíbe os simuladores de recorrerem à prova testemunhal para demonstrarem a existência do acordo simulatório e do acto dissimulado.

(i) *A coacção física e a falta de consciência da declaração* (art. 246.º). O art. 246.º disciplina duas hipóteses distintas: o caso de coacção física (exemplo de falta de vontade de acção) e o caso de falta de consciência da declaração. A coacção física verifica-se sempre que o "declarante" é coagido pela força física a emitir a declaração – em termos tais que a respectiva liberdade é totalmente excluída (p. ex.: numa votação por levantados e sentados, um dos votantes é compelido por uma força física irresistível a permanecer sentado, quando pretendia levantar-se).

A coacção física implica a inexistência do negócio; a consequência da falta de consciência da declaração é mais difícil de determinar, propendendo alguns autores para a inexistência e outros para a nulidade.

Em todo o caso, a falta de consciência da declaração devida a culpa do declarante determina, a obrigação de indemnizar o declaratário (art. 246.º *in fine*).

(ii) *O erro-obstáculo* (arts. 247.º-249.º). Os arts. 247.º ss. tratam a hipótese de erro-obstáculo ou erro na declaração: outro caso de divergência não intencional entre a vontade e a declaração. A vontade forma-se sem erro; a declaração é, todavia, diferente da desejada. "Formou-se, sem erro, certa vontade, mas declarou-se outra. Pretende-se, por exemplo, comprar por 10, mas, por lapso, diz-se que se compra por 20".[95]

A declaração negocial é anulável desde que o declaratário conheça ou não deva ignorar a essencialidade, para o declarante, do elemento sobre que incidiu o erro (art. 247.º). Não se exige que o declaratário conheça ou deva conhecer o erro; só se requer que conheça ou deva conhecer a essencialidade do elemento sobre o qual este recaiu (no exemplo indicado: o negócio só será anulável se o declaratário souber que o declarante nunca faria a compra por 20).

A anulabilidade fundada em erro na declaração não procede, se o declaratário aceitar o negócio como o declarante o queria (art. 248.º).

Em desvio às regras expostas, o simples erro de cálculo ou de escrita, ostensivamente revelado pelo próprio contexto da declaração ou através das circunstâncias em que a declaração é feita, determina somente a respectiva rectificação (art. 250.º).

(iii) *O erro na transmissão da declaração* (art. 250.º).

---

[95] F. A. Pires de Lima-J. M. Antunes Varela, *op. cit.* (n. 22), anotação ao art. 247.º.

g) Vícios na formação da vontade. A declaração deve coincidir com a vontade – e esta deve formar-se *de um modo julgado normal e são*: com base num exacto conhecimento de causa e sem a intervenção de factores compulsórios externos.[96]

(i) *O erro-vício* (arts. 251.°-252.°). O erro-vício consiste "numa representação inexacta ou na ignorância de uma qualquer circunstância de facto ou de direito que foi determinante na decisão de efectuar o negócio. Se estivesse esclarecido acerca dessa circunstância – se tivesse exacto conhecimento da realidade – o declarante não teria realizado qualquer negócio ou não teria realizado o negócio nos termos em que o celebrou".[97]

O art. 251.° refere-se ao erro que atinja os motivos determinantes da vontade, quando se refira à pessoa do declaratário (p. ex.: contrata-se uma empregada na convicção incorrecta de esta saber cozinhar) ou ao objecto do negócio (p. ex.: compra-se uma casa julgando-se erradamente que esta tem garagem). O negócio é anulável nos termos do art. 247.°.

O art. 252.° refere-se ao erro que recaia sobre os motivos determinantes da vontade, mas não se refira à pessoa do declaratário nem ao objecto do negócio (p. ex: um funcionário arrenda uma casa em determinada localidade erradamente convencido de que para aí foi transferido). Em princípio, o erro só será causa de anulação se as partes tiverem reconhecido, por acordo, a essencialidade do motivo (art. 252.°/1). Exceptua-se o caso de erro sobre a base do negócio (art. 252.°/2) – de "erro bilateral sobre condições patentemente fundamentais do negócio jurídico" (Castro Mendes), que está sujeito ao regime dos arts. 437.°--439.°.

(ii) *O dolo* (arts. 253.°-254.°). O dolo supõe o preenchimento de três requisitos: "a) que o declarante esteja em erro; b) que o erro tenha sido provocado ou dissimulado pelo declaratário ou por terceiro; c) que o declaratário ou terceiro (deceptor) haja recorrido, para o efeito, a qualquer artifício, sugestão, embuste, etc.".[98] Importa ainda que o dolo seja ilícito (cfr. art. 253.°/2).

Em caso de dolo do declaratário, o declarante cuja vontade tenha sido viciada pode anular a declaração (ainda que haja dolo de ambas

---

[96] Manuel de Andrade, *op. cit.* (n. 29), p. 228.
[97] C. A. da Mota Pinto, *op. cit.* (n. 9), p. 506.
[98] F. A. Pires de Lima-J. M. Antunes Varela, *op. cit.* (n. 22), anotação ao art. 253.°.

as partes – dolo bilateral. art. 254.º/1). Em caso de dolo de terceiro, a declaração só é anulável: a) na totalidade, se o declaratário o conhecia ou devia conhecer; ou b) na parte relativa ao terceiro beneficiário, caso este tenha sido o autor do dolo, ou o conheça ou deva conhecer (art. 254.º/2).

(iii) *A coacção moral* (arts. 255.º-256.º). A coacção moral traduz-se no "receio de um mal de que o declarante foi ilicitamente ameaçado com o fim de obter dele a declaração" (art. 255.º/1).

Clara é a diferença entre a coacção física e a coacção moral: na coacção física, a vontade do declarante é completamente excluída; na coacção moral, a vontade do declarante existe, não obstante ter sido viciada pelo medo ou receio de um mal.

A ameaça pode respeitar à pessoa, à honra ou à fazando do declarante ou de terceiro (art. 255.º/2). Deve ser ilícita (art. 255.º/1): e a ilicitude pode resultar da natureza dos meios usados, do fim prosseguido ou da relação entre o fim e os meios utilizados. Do que decorre a irrelevância da ameaça lícita: desde logo, da ameaça de exercício normal de um direito (art. 255.º/3).

O simples temor reverencial (i.e.: o receio de desagradar às pessoas a quem se deve veneração e respeito) não constitui coacção (art. 255.º/3).

No caso de a coacção ter sido extorquida pelo declaratário, o negócio é, sem mais, anulável; na hipótese de a coacção provir de terceiro, o negócio só é anulável se for grave o mal e justificado o receio da sua consumação (art. 256.º).

(iv) *A incapacidade acidental* (art. 257.º). A incapacidade acidental envolve: a) a existência de uma situação tal que não permita ao declarante entender o sentido do seu comportamento ou exercer livremente a sua vontade (anomalia psíquica, embriaguez, uso de estupefacientes, ...); b) a notoriedade (cfr. art. 257.º/2) ou o conhecimento dessa situação pelo declaratário (art. 257.º/1).

h) Representação (arts. 258.º-269.º). A representação é a "prática de um acto jurídico em nome doutrem, para na esfera desse outrem se produzirem os respectivos efeitos".[99] A eficácia da representação exige ainda que o representante actue nos limites dos poderes

---
[99] C. A. da Mota Pinto, *op. cit.* (n. 9), p. 535.

que lhe competem (art. 258.º) ou que o acto seja ulteriormente ratificado pelo representado (cfr. art. 268.º).

A representação legal (figura referida a propósito da incapacidade dos interditos e dos menores) é imposta pelo ordenamento jurídico para suprir as insuficiências de determinadas pessoas. A representação voluntária é decidida pelo representado, através de um acto livre: a procuração (art. 262.º). É sobre esta última espécie de representação que se debruçam os arts. 262.º ss.

VII. *Os elementos essenciais do negócio jurídico: o objecto negocial* (arts. 280.º-284.º). O negócio será nulo sempre que o respectivo objecto se revele: a) física ou legalmente impossível; b) contrário à lei; c) contrário à ordem pública; d) ou ofensivo dos bons costumes (art. 280.º/1 e 2).[100]

Já o negócio jurídico em que só o fim é contrário à lei ou à ordem pública ou ofensivo dos bons costumes apenas será nulo quando o fim for comum a ambas as partes (art. 281.º). P. ex.: A arrenda uma casa para nela instalar as armas pertencentes a uma organização terrorista. O arrendamento não é ilícito; o fim que com ele se visa alcançar é que o é. Só se o proprietário da casa também pretender a instalação das armas é que o negócio será nulo.

VIII. *Os elementos acidentais do negócio jurídico.* As cláusulas acessórias típicas abordadas na parte geral do Código Civil são duas: a condição e o termo.

A condição é a cláusula acessória pela qual as partes subordinam à verificação de um evento *futuro* e *incerto* a produção dos efeitos do negócio jurídico (condição suspensiva) ou a sua resolução (condição resolutiva) (art. 270.º). E o termo, a cláusula acessória pela qual as partes subordinam à verificação de um evento *futuro*, mas *certo*, a produção dos efeitos do negócio (termo inicial ou suspensivo) ou a sua cessação (termo final ou resolutivo) (cfr. art. 278.º).

IX. *A nulidade e anulabilidade do negócio jurídico.* A consequência normal da violação de regra legal imperativa é a nulidade do negócio (art. 294.º).

A nulidade assume as seguintes características::

a) Pode ser invocada a todo o tempo (art. 286.º).

---

[100] As noções de ordem pública e bons costumes foram indicadas *supra*, nota 36.

b) Pode ser arguida por qualquer interessado (art. 286.º). Interessado é o "titular de qualquer relação cuja consistência, tanto jurídica, como prática, seja afectada pelo negócio". [101] Esta regra é confirmada para os credores pelo art. 605.º.

c) É insanável mediante confirmação (cfr. art. 288.º).

d) O tribunal pode declará-la oficiosamente (art. 286.º).

A anulabilidade tem outros traços nucleares:

a) Só pode ser invocada no prazo de um ano a contar da cessação do vício que lhe serve de fundamento (art. 287.º/1). P. ex.: a anulabilidade decorrente de coacção moral só pode ser arguida no ano subsequente à cessação da ameaça. – Cfr. porém o disposto no art. 287.º/2.

b) Só pode ser arguida pela pessoa em cujo interesse a lei a estabelece (art. 287.º/1).

c) É sanável mediante confirmação (expressa ou tácita: art. 288.º).

A declaração de nulidade e a anulação têm efeito retroactivo e geram o dever de restituir tudo o que tiver sido prestado – ou, se a restituição em espécie não for possível, do valor correspondente (arts. 289.º e 290.º).

Por último, como consequência do princípio da conservação do negócio jurídico, os arts. 292.º e 293.º prevêem a redução (relevante em caso de nulidade parcial) e a conversão (potencialmente actuante em caso de invalidade total do negócio), respectivamente.

5. A GARANTIA.

A garantia é analisada no subtítulo IV (com a epígrafe: "Do exercício e tutela dos direitos").

O art. 334.º estabelece os limites do exercício do direito subjectivo: o exercício do direito é ilegítimo (por abuso) quando o titular exceda manifestamente os limites impostos pela boa fé, pelos bons costumes ou pelo fim social ou económico desse direito.

Por seu turno, os arts. 335.º-340.º consagram causas de justificação de factos que, *prima facie*, se deveriam considerar como ilícitos – colisão de direitos (art. 335.º), acção directa e legítima defesa (arts. 336.º-338.º), estado de necessidade (art. 339.º) e consentimento (art. 340.º).

---

[101] F. A. Pires de Lima-J. M. Antunes Varela, *op. cit.* (n. 22), anotação ao art. 286.º.

A tutela do direito subjectivo é, em regra, tarefa dos tribunais e dos restantes poderes públicos. O que implica a proibição da autodefesa (art. 1.º do Código de Processo Civil) e a plenitude da garantia jurisdicional (arts. 2.º do Cód. Proc. Civil e 20.º da Constituição da República). Para a demonstração da existência e do alcance do direito perante os tribunais são necessárias provas (cfr. arts. 342.º ss.). E para a protecção efectiva deste é preciso que o ordenamento jurídico consagre um conjunto de providências coercitivas adequadas.

Em casos excepcionais, a lei admite a autotutela do direito subjectivo: e é precisamente isso o que ocorre nos casos de acção directa, legítima defesa e estado de necessidade.

A acção directa consiste no recurso à força com o objectivo de assegurar o próprio direito quando tal seja indispensável para evitar a inutilização prática desse direito, em face da impossibilidade de recorrer em tempo útil aos meios coercivos normais (art. 336.º/1). Não pode exceder os limites do necessário para evitar o prejuízo (art. 336.º/1), nem sacrificar interesses superiores aos que o agente visa realizar ou assegurar (art. 336.º/3).

A legítima defesa traduz-se no acto destinado a afastar qualquer agressão *actual* e *ilícita* contra a pessoa ou o património do agente ou de terceiro quando não seja possível recorrer aos meios normais e o prejuízo causado pelo acto não seja *manifestamente* superior ao que pode resultar da agressão (art. 337.º/1).

Para concluir, o estado de necessidade é a causa de exclusão da ilicitude das acções traduzidas na destruição ou danificação de coisa alheia com o fim de remover o perigo *actual* de um dano manifestamente superior, quer para o agente, quer para terceiro (art. 339.º).

CAPÍTULO II

Grandes linhas do Direito das Obrigações *

Nuno de Oliveira
Assistente Estagiário do Departamento
Autónomo de Direito da Universidade do Minho

---

* Redigido em Maio de 1996.

1. A NOÇÃO DE OBRIGAÇÃO

I. O homem é um ser de relação [1], unidade dialéctica de um eu pessoal e de um eu social [2]. A dimensão individual da pessoa humana postula a sua dignidade e liberdade; a respectiva dimensão social implica deveres de solidariedade e de corresponsabilidade. [3]

O direito das obrigações claramente revela a tensão entre a autonomia (patente, desde logo, no princípio da liberdade contratual) e a autorresponsabilidade do indivíduo.

Pois bem: para além de exigências éticas, estes dois elementos constituem o núcleo de uma organização político-económica assente no princípio capitalista (ainda que mitigado). [4] Da liberdade emerge a iniciativa individual; da responsabilidade, a segurança nas relações sociais. Pelo que facilmente se compreende a frase de Manuel de Andrade: "Através das obrigações, portanto, mais do que através de qualquer outra forma jurídica, é que se desenvolve e opera na vida real o importantíssimo fenómeno da cooperação económica entre os homens". [5] A compra e venda, o arrendamento ou a sociedade, p. ex., são fontes de vínculos obrigacionais de grande significado prático.

II. *A noção de obrigação (em sentido amplo e em sentido estrito)*. Demonstrada a importância da figura, necessário é expor a respectiva noção.

---

[1] Paulo Ferreira da Cunha, *Princípios de Direito,* Rés, Porto, s/d., p. 56.

[2] A. Castanheira Neves, *Justiça e Direito,* separata do Boletim da Faculdade de Direito da Universidade de Coimbra, Coimbra, 1976, p. 59 ss.

[3] A. Castanheira Neves, *op. cit.* (n. 2), p. 60-61.

[4] Para a análise da conexão entre o direito das obrigações e o sistema económico-social, v. Rui de Alarcão, *Direito das Obrigações,* policop., Coimbra, 1983, p. 19 ss., e Heinrich Ewald Hörster, *A Parte Geral do Código Civil Português-Teoria Geral do Direito Civil,* Livraria Almedina, Coimbra, 1992, p. 107 ss.

[5] Manuel de Andrade, *Teoria Geral das Obrigações,* 3ª ed., Livraria Almedina, Coimbra, 1966, p. 11.

Em sentido amplo, o termo *obrigação* abrange todos os deveres jurídicos, estados de sujeição e ónus.[6] Em sentido estrito ou técnico, porém, o termo *obrigação* designa, apenas, o "vínculo jurídico pelo qual uma pessoa fica adstrita para com outra à realização de uma prestação", que "deve corresponder a um interesse do credor digno de protecção legal" (cfr. arts. 397.º e 398.º/2 do Código Civil).[7]

III. *A estrutura da relação obrigacional: a relatividade.* A primeira nota caracterizadora do conceito de obrigação é a *relatividade*.

Nos direitos relativos, o vínculo jurídico estabelece-se entre pessoas determinadas (ao menos, na altura do cumprimento). Já nos direitos absolutos, o vínculo jurídico existente liga o sujeito activo a todos os demais indivíduos.

Se os direitos de personalidade e os direitos reais são direitos absolutos (oponíveis *erga omnes*), os direitos obrigacionais ou de crédito são relativos.

Porém, a clássica qualificação dos direitos de crédito como direitos relativos foi colocada em causa pela *teoria do efeito externo das obrigações*, em face da qual o terceiro, que impede o devedor de cumprir, deve ser responsabilizado perante o credor. A doutrina dominante, quer entre nós, quer no estrangeiro, pronuncia-se no sentido de não admitir tal efeito.[8]

IV. *O objecto da relação obrigacional: a prestação.* A segunda nota essencial consiste na referência à *prestação* como objecto da relação obrigacional. Adiante analisaremos o seu sentido.

V. Já as características da autonomia e da patrimonialidade suscitam alguns problemas.

---

[6] Para a respectiva definição,v. Manuel de Andrade, *op. cit.* (n. 5), p. 1-5.

[7] V., por todos, M. J. de Almeida Costa, *Direito das Obrigações*, 5.ª ed., Livraria Almedina, Coimbra, 1991, p. 47-49. As expressões *obrigação* e *direito de crédito* equivalem-se, dado que referem uma mesma realidade, embora de ângulos distintos: a primeira destaca o lado passivo da relação jurídica; a segunda, o lado activo.

[8] V., desenvolvidamente, Rui de Alarcão, *op. cit.*, (n. 4), p. 82-89.

VI. *A questão da autonomia.* Obrigações autónomas são aquelas que não assentam num vínculo jurídico preexistente (p. ex. as emergentes de um negócio unilateral) ou que pressupõem na sua constituição um simples vínculo de carácter genérico (p. ex. a obrigação de indemnizar fundada na violação de direitos absolutos – direitos de personalidade ou direitos reais); não autónomas são as que, estando integradas em relações de tipo diferente (direitos reais, de família ou sucessórios), pressupõem a existência de um vínculo especial entre as partes.

Por exemplo: a relação jurídica real de compropriedade determina a existência de uma obrigação: o dever de contribuir para a manutenção da coisa comum (art. 1411.°)[9].

O problema teórico da qualificação como obrigações em sentido técnico das obrigações não-autónomas suscita larga controvérsia. Mas é largamente consensual a determinação do regime ao qual se devem submeter: as obrigações não autónomas regem-se pela disciplina comum dos vínculos creditícios em tudo o que for compatível com a natureza das relações em que se fundam[10].

VI. *A questão da patrimonialidade.* A doutrina tradicional exigia que a prestação fosse avaliável em dinheiro (ou, pelo menos, correspondesse a um interesse do credor avaliável em dinheiro). Para o que invocava um argumento essencial: a execução do património do devedor (garantia geral das obrigações) só seria viável se a obrigação tivesse valor pecuniário.

Pela solução oposta se pronuncia a doutrina hoje dominante. Por um lado, há, para além da execução do património do devedor, outros meios de garantir o cumprimento: p. ex. a execução específica (arts. 828.° e 830.°) e a acção directa (art. 336.°). Por outro, em caso de não cumprimento, a agressão do património do inadimplente serve para compensar o credor dos danos sofridos. Finalmente, a função disciplinadora do direito exige-lhe que proteja interesse e valores não--patrimoniais[11].

---

[9] J.M. Antunes Varela, *Das Obrigações em geral*, vol. I, 7ª ed., Livraria Almedina, Coimbra, 1991, p. 69.

[10] F.A. Pires de Lima-J.M. Antunes Varela, *Código Civil Anotado*, vol. I, 4ª ed., Coimbra Editora, Coimbra, 1987, anotação ao art. 397.°; J.M. Antunes Varela, *op. cit.* (n.9), p. 70-72; e M.J. de Almeida Costa, *op. cit.* (n. 7), p. 80-82.

[11] J.M. Antunes Varela, *op. cit.* (n. 9), p. 102-107.

Sensível a este raciocínio, o art. 398.º/2 expressamente declara que "a prestação não necessita de ter valor pecuniário".

VII. *A função da relação obrigacional: a satisfação do interesse do credor*. A exacta compreensão do sentido e do alcance da obrigação supõe uma indagação (ainda que sumária) acerca da função por esta desempenhada. E esta analisa-se na satisfação do interesse do credor – que deve ser lícito, sério e razoável ("digno de protecção legal").

O interesse do credor influencia profundamente o regime da relação obrigacional: a) a constituição do vínculo supõe a existência de tal interesse (art. 398.º/2); b) a respectiva extinção ocorre sempre que o interesse do credor é satisfeito (ainda que por facto diverso da prestação do devedor – cfr. arts. 523.º e 767.º) ou desaparece; c) a impossibilidade (definitiva ou temporária, total ou parcial) e o cumprimento perfeito são apurados em função do interesse do credor (cfr. arts. 792.º, 793.º, 802.º e 809.º); d) o montante da indemnização depende da extensão do dano – e o dano concreto, do interesse do lesado (arts. 562.º e 566.º/2). [12]

2. A ESTRUTURA DA OBRIGAÇÃO

Os elementos essenciais da obrigação são três: sujeitos, objecto e vínculo (incluindo a garantia).

I. *Os sujeitos*. Os sujeitos da relação obrigacional são o *credor* e o *devedor*. O credor é o sujeito activo: tem o poder de exigir (ou pretender) e transporta o interesse juridicamente tutelado. O devedor é o sujeito passivo: suporta o dever de prestar.

a) O credor não tem de estar determinado "no momento em que a obrigação é constituída, mas tem de ser determinável, sob pena de ser nulo o negócio jurídico do qual a obrigação resultaria" (art. 511.º – obrigações de sujeito activo indeterminado).

Ao invés, o devedor tem de estar determinado. Pelo menos, esta é a opinião corrente.

---

[12] F.M. Pereira Coelho, *Obrigações-Sumários das Lições ao Curso de 1966--67*, policop., Coimbra, 1967, p. 7-11.

b) O sujeito pode ser único (individual) ou múltiplo (plural): quer do lado activo, quer do lado passivo, quer de um e outro lados, em simultâneo.

As obrigações plurais podem estar sujeitas ao regime da conjunção ou da solidariedade.

As obrigações conjuntas são aquelas em que o montante da prestação é fixado globalmente, mas em que a cada um dos sujeitos compete apenas uma parte do débito ou crédito comum.

As obrigações solidárias, aquelas em que cada um dos concredores pode exigir e receber a totalidade do crédito (no caso de solidariedade activa: arts. 528.º a 533.º) ou em que cada um dos condevedores responde pela totalidade do débito (na hipótese de solidariedade passiva: arts. 518.º a 527.º).

Se a solidariedade é activa, o credor que recebeu deve satisfazer aos outros a sua parte; se é passiva, o devedor que pagou tem o direito de exigir dos outros a parte que lhes compete (direito de regresso) [13].

Exemplo de pluralidade activa: A, B e C são credores (em partes iguais) de D, em obrigação pecuniária com o valor de 900 contos.

Valendo o regime da conjunção, A só pode exigir de D 300 contos.

Vigorando, inversamente, o regime da solidariedade, pode exigir-lhe logo os 900 contos.

Exemplo de pluralidade passiva (de devedores): A tem um crédito de 1000 contos sobre B e C.

Em face do regime da conjunção, A só pode reclamar de B 500 contos.

Já em caso de solidariedade, pode dirigir-se-lhe para que pague toda a dívida.

A conjunção constitui a regra: a solidariedade só existe quando resulte da lei ou da vontade das partes (art. 513.º).

c) Por fim, importa notar que a obrigação pode susistir, com todos os seus atributos essenciais, apesar de mudar um (ou de mudarem ambos) os sujeitos originários – p. ex. nos casos de cessão da posição contratual (arts. 424.º-427.º), cessão de créditos (arts. 577.º-588.º), sub-rogação (arts. 589.º-594.º) e transmissão singular de dívidas (arts. 595.º-600.º).

---

[13] Manuel de Andrade, *op. cit.* (n. 5), p. 111 ss., e J.M. Antunes Varela, *op. cit.* (n. 9), p. 743 ss.

II. *O objecto*. O objecto da relação creditícia é a *prestação*. E esta é "um procedimento ou conduta do devedor, é a 'cooperação' (BETTI) que o devedor promete ao credor"[14].

Tanto pode consistir numa prestação de facto como numa prestação de coisa.

A prestação de facto pode ser positiva ou negativa. A primeira traduz-se numa acção; a segunda, numa abstenção ou numa tolerância.

Por seu turno, a prestação de coisa supõe a distinção entre o objecto imediato da relação obrigacional (prestação propriamente dita) e o respectivo objecto mediato (coisa devida).

A este propósito, duas observações se impõem: a) o art. 399.º consagra a regra da admissibilidade de prestação de coisa futura (art. 211.º); b) o art. 408.º exprime o princípio da consensualidade: a constituição ou transferência de direitos reais sobre coisa determinada dá-se por mero efeito do contrato, salvo nos casos em que solução diversa decorre da lei ou de estipulação das partes (cláusula de reserva de propriedade – art. 409.º).

III. *O vínculo jurídico*. O vínculo jurídico é integrado: a) pelo poder de exigir ou pretender atribuído ao credor; b) pelo dever de prestar imposto ao devedor; c) pela garantia (traduzida sobretudo na acção creditória).

A acção creditória é o "conjunto de acções que estão ao serviço do direito de crédito, a série de providências que, no caso de incumprimento da obrigação pelo devedor ou mesmo antes dele, o credor pode solicitar ao tribunal em ordem à tutela do seu interesse"[15]. Compreende: a) uma providência cautelar – o arresto (arts. 619.º ss. do Código Civil e 402.º ss. do Código de Processo Civil[16]); b) uma acção de simples apreciação, destinada unicamente a obter a declaração da existência do direito do credor (art. 4.º/2-a) do Código de Processo); c) uma acção de condenação, dirigida a exigir a prestação de uma coisa ou de um facto, pressupondo ou prevendo a violação de um direito (art. 4.º/2-b) do Código de Processo); d) uma acção executiva

---

[14] F.M. Pereira Coelho, *op. cit.* (n. 12), p. 15.
[15] F.M. Pereira Coelho, *op. cit.* (n. 12), p. 40-41.
[16] A revisão do Código de Processo operada pelo DL n.º 329-A/95, de 12/12, transfere a disciplina do arresto para os arts. 406.º ss.

(v. art. 4.º/3 do mesmo Código). De notar que a acção de simples apreciação não tem interesse prático em relação aos direitos de crédito: o art. 662.º do Código de Processo permite ao credor requerer a condenação do devedor a satisfazer a prestação mesmo que a dívida não esteja vencida. "Podendo pedir o mais, o credor não irá certamente pedir o menos".[17]

A acção executiva é a que permite ao credor agredir o património do devedor para "obter coactivamente o objecto da prestação ou uma indemnização de perdas e danos"[18]. O património do devedor constitui, desta forma, a garantia geral das obrigações. Di-lo o art. 601.º do Código Civil: "Pelo cumprimento da obrigação respondem todos os bens do devedor susceptíveis de penhora" – exceptuados os casos de separação de patrimónios (art. 601.º, *in fine*) e de limitação da responsabilidade (arts. 602.º e 603.º). Confirma-o o art. 817.º: "Não sendo a obrigação voluntariamente cumprida, tem o credor o direito de exigir judicialmente o seu cumprimento e *de executar o património do devedor (...)*".

Para lá desta garantia geral, a obrigação pode ser protegida por *garantias especiais*: "meios destinados a reforçar, em benefício de determinado credor, a garantia *comum* dos credores, dada a todos eles, em pé de plena igualdade, pelo património do obrigado".[19] Estas podem ser pessoais ou reais.

Nas primeiras (garantias pessoais), "outra ou outras pessoas, além do devedor, ficam responsáveis com os seus parimónios, pelo cumprimento da obrigação". A "figura-tipo" é a fiança (arts. 627.º ss.).

Nas segundas (garantias reais), "o credor adquire o direito de se fazer pagar, de preferência a quaisquer outros credores, pelo valor ou pelos rendimentos de certos bens do devedor ou de terceiro, ainda que esses bens venham a ser posteriormente transferidos".[20] As garantias reais previstas na lei são cinco: consignação de rendimentos (arts. 656.º ss.), penhor (arts. 666.º ss.), hipoteca (arts. 686.º ss.), privilégios creditórios (arts. 733.º ss.) e direito de retenção (arts. 754.º ss.). As hipotecas legais, os privilégios creditórios e o direito de retenção re-

---

[17] F.M. Pereira Coelho, *op. cit.* (n. 12), p. 41 s.
[18] F.M. Pereira Coelho, *op. cit.* (n. 12), p. 39.
[19] J.M. Antunes Varela, *Das Obrigações em Geral*, vol. II, 5ª ed., Livraria Almedina, Coimbra, 1992, p. 469.
[20] M.J. de Almeida Costa, *op. cit.* (n. 7), p. 739 ss.

sultam directamente da lei: por isso se chamam garantias *legais*. As restantes derivam de negócio jurídico: por isso se designam garantias *convencionais*. Em lugar à parte surge a prestação de caução: na verdade, esta pode concretizar-se em garantias pessoais ou reais.

IV. *O vínculo jurídico (cont.): obrigações civis e obrigações naturais*. Os traços fundamentais da obrigação civil são, portanto, dois: a) se o devedor cumpre espontaneamente, o credor tem a faculdade de reter o que foi prestado (*soluti retentio* – art. 476.º/1, *a contrario sensu*); b) se o devedor não cumpre, o credor tem o direito de recorrer aos tribunais para exigir o cumprimento e/ou executar o património do devedor (art. 817.º).

Diverso é o regime das obrigações naturais (arts 402.º-404.º): a) se o devedor cumpre espontaneamente, o credor tem, também, a faculdade de reter a prestação (art. 403.º/1); mas b) se o devedor não cumpre, o credor não pode exigir judicialmente o cumprimento, muito embora este corresponda a um dever de justiça (art. 402.º).

A qualificação da obrigação natural como obrigação jurídica imperfeita ou como dever moral juridicamente relevante é controvertida. Propendemos para a primeira (e clássica) orientação.

Exemplos de obrigações naturais: as dívidas prescritas (art. 304.º//2) e as obrigações emergentes de jogo e aposta lícitos (art. 1245.º).

V. *O vínculo jurídico (concl.): relação obrigacional simples e relação obrigacional complexa*. A compreensão tradicional invoca uma imagem simplificada e estática da relação obrigacional, reduzindo-a a um poder de exigir ou pretender e a um dever de prestar. Com vista a corrigir tal imagem, propõe-se hoje um entendimento da obrigação como "organismo", "sistema" ou "processo", do qual emerge a ideia de *relação obrigacional complexa:* conjunto de todos os vínculos emergentes do mesmo facto jurídico e colocados ao serviço do mesmo fim – a satisfação do interesse do credor. Vínculos esses que abarcam direitos subjectivos, direitos potestativos, deveres laterais (de protecção ou de conduta) – porventura emergentes do princípio da boa fé –, excepções, ónus e expectativas, ...[21]

---

[21] C.A. da Mota Pinto, *Cessão da Posição Contratual*, Livraria Almedina, Coimbra, 1982, p. 281 ss., e Rui de Alarcão, *op. cit.* (n. 4), p. 60 ss.

3. OS PRINCIPIOS FUNDAMENTAIS DO DIREITO DAS OBRIGAÇÕES

A inteligibilidade do direito das obrigações supõe a determinação da *ratio essendi* das respectivas normas.

Não basta, no entanto, indagar, caso a caso, norma a norma, qual a intenção de cada regra; é preciso compreender as grandes ideias do legislador.

Essas grandes ideias chamam-se princípios jurídicos fundamentais.

A descoberta de tais princípios assume uma grande importância quer no plano teórico, quer no plano prático.

Em primeiro lugar, estes princípios constituem o ponto de encontro entre o direito positivo e os respectivos fundamentos legitimadores (necessariamente metapositivos). [22]

Em segundo lugar, embora não constituam, de per si, regras, "indicam a direcção em que está situada a regra a descobrir". [23]

O Código Civil prevê cinco fontes das obrigações: o contrato (arts. 405.° ss.), o negócio unilateral (arts. 457.° ss.), a gestão de negócios (arts. 464.° ss.), o enriquecimento sem causa (arts 473.° ss.) e a responsabilidade civil (arts. 483.° ss.). A nossa análise cingir-se-á à disciplina dos contratos e da responsabilidade, provavelmente os mais importantes factos constitutivos de vínculos obrigacionais.

3.1. *Princípios fundamentais da disciplina dos contratos.*

O negócio jurídico é uma declaração de vontade privada à qual a ordem jurídica associa consequências globalmente coincidentes com a vontade dos declarantes. [24]

---

[22] V., por todos, Paulo Ferreira da Cunha, *op. cit.* (n. 1): os princípios jurídicos fundamentais são aí tratados como "a parte visível do icebergue do Direito Natural" (p. 316) ou como "ditames gerais e estruturadores da própria Ordem Jurídica, com profunda componente jusnaturalística, informadores das concretas regras positivas, e por vezes aflorados em normas fundamentais (...) ou em cláusulas gerais e conceitos indeterminados" (p. 330).

[23] Karl Larenz, *Derecho Justo. Fundamentos de Etica Juridica.*, trad. em castelhano de Luis Díez-Picazo, Civitas, Madrid, 1985, p. 33.

[24] Manuel de Andrade, *Teoria Geral da Relação Jurídica*, vol.II, 4ª reimpr., Livraria Almedina, Coimbra, 1974, p. 25 ss., e H.E.Hörster, *op. cit.* (n. 4), p. 417 ss.

Se há uma única declaração de vontade, ou várias declarações de vontade paralelas (com o mesmo sentido), temos um negócio unilateral. Se, pelo contrário, há duas ou mais declarações de vontade, de sentidos opostos, mas convergentes, tendentes à produção de um resultado jurídico unitário, deparamos com um *contrato*.

Analisemos então os princípios fundamentais da disciplina dos contratos.

A. OS PRINCÍPIOS DA AUTODETERMINAÇÃO E AUTOVINCULAÇÃO

"A conclusão de um contrato é (...) um acto de autodeterminação através de uma autovinculação".[25]

É um acto de autodeterminação: coenvolve o exercício da liberdade própria e o reconhecimento da liberdade do outro. Exprime a ideia de que as relações entre os homens devem ser reguladas pelo contrato, não devem ser estruturadas por intermédio da decisão autoritária ou do uso da coacção.[26]

E é, também, um acto de autovinculação: já porque as partes concebem o pacto como vinculante, já porque compreendem que as relações entre os homens têm de se fundar na mútua confiança.

A ideia de autodeterminação projecta-se no princípio da autonomia privada; e este, no da liberdade contratual (art. 405.º). A ideia de autovinculação, por seu turno, espelha-se no princípio da força vinculativa do contrato (art. 406.º).

a) *O princípio da liberdade contratual.*

I. *O sentido da liberdade contratual.* O princípio da liberdade contratual, explicitamente estabelecido no art. 405.º, desdobra-se em três subprincípios: a) a liberdade de celebração do contrato; b) a liberdade de modelação do conteúdo do contrato; e c) a liberdade de escolha do outro contraente.

---

[25] K.Larenz, *op. cit.* (n. 23), p. 67.
[26] K.Larenz, *op. cit.* (n. 23), p. 67.

A *liberdade de celebração ou conclusão do contrato* significa que cada um pode optar por contratar ou não. Decorre da fórmula do art. 405.°/1: "as partes têm a *faculdade*".

A *liberdade de fixação ou modelação do conteúdo do contrato* traduz-se na possibilidade de optar entre: a) a conclusão de um contrato *típico* ou *nominado* (previsto e regulado na lei); b) a celebração de um contrato típico modificado pelo aditamento de cláusulas estipuladas pelas partes; c) a conclusão de um contrato *atípico* ou *inominado* (não previsto, nem regulado pela lei); e d) a celebração de um contrato *misto*, no qual se reunam "as regras de dois ou mais contratos, total ou parcialmente reguladou na lei" (art. 405.°/1 e 2).

Finalmente, a *liberdade de escolha do outro contraente* analisa-se na "faculdade de eleger livremente a pessoa com quem se pretende fechar o contrato, caso ela também esteja disposta a negociar connosco"[27].

II. *Os limites da liberdade contratual*. O princípio da liberdade contratual encontra, todavia, limites.

Desde logo, por virtude da tensão interna do princípio da autodeterminação. O exercício da liberdade supõe um mínimo de igualdade entre os homens que, em concreto, se relacionam. "A realização da autodeterminação através do contrato pressupõe que nenhuma das partes se encontre na necessidade de se vergar a tudo o que a outra lhe peça, por causa da sua inferioridade económica ou porque dependa inteiramente da outra".[28]

É para salvaguardar este mínimo de igualdade que se impõe o dever de contratar aos concessionários de serviços públicos, aos titulares de profissões de exercício condicionado (p. ex. médicos e advogados) e às empresas que disponham do monopólio de bens essenciais à vida das pessoas; e que se estabelece uma disciplina especial para os contratos de adesão (DL n.°. 446/85, de 25/10 – alterado pelo DL n.° 220/95, de 31/8).[29] e para a prestação de serviços públicos essenciais (L n.° 23/96, de 26 de Julho).

---

[27] J.M. Antunes Varela, *op. cit.* (n. 9), p. 242.
[28] K.Larenz, *op. cit.* (n. 23), p. 74.
[29] Os contratos de adesão são aqueles cujo conteúdo é integrado por condições gerais, fixadas unilateralmente por uma das partes, nada mais restando à contraparte ou adversário que a liberdade de contratar ou deixar de contratar. E esta é, muitas vezes, a "liberdade" de não satisfazer uma necessidade importante (p. ex., de adquirir

Por outra via, da autodeterminação não pode resultar o esmagamento do mínimo de liberdade essencial a uma existência digna.

E é para proteger este mínimo de liberdade que se proíbem as restrições excessivas ou desproporcionadas da liberdade (por contrárias à ordem pública e aos bons costumes: arts. 280.° e 340.°/2) – cfr. também arts. 1025.° e 1236.°).

Em aplicação desta regra, as vinculações contratuais perpétuas ou excessivamente longas devem considerar-se inadmissíveis.

Nos contratos de duração indeterminada ou ilimitada, deve, por isso, reconhecer-se a existência de uma faculdade de denúncia *ad nutum* ou *ad libitum*, contanto que exista um pré aviso e que este seja enviado com antecedência razoável.

Depois, há que analisar a tensão (externa) entre o princípio da liberdade contratual e os demais princípios informadores do direito civil (v. infra).

Por último, importa atender às restrições ao exercício da liberdade decorrentes de concretas opções político-sociais (atente-se no que ocorre em matéria de arrendamento).

b) *O princípio da força vinculativa dos contratos (pacta sunt servanda)*.

I. *O sentido da força vinculativa do contrato*. O princípio da força vinculativa dos contratos, implícito na própria ideia de pacto e expresso no art. 406.°, desdobra-se em dois planos.

No âmbito das relações entre as partes, a força vinculativa implica o *princípio da pontualidade* (art. 406.°/1-1ª parte) e o *princípio da estabilidade do contrato* (art. 406.°/1-2ª parte). O primeiro exige que o contrato seja cumprido ponto por ponto: "em todas as suas cláusulas, e não apenas no prazo estipulado".[30] O segundo postula a irretractabilidade ou irrevogabilidade do vínculo e a intangibilidade ou imodificabilidade do conteúdo contratual.

---

ou não determinados electrodomésticos, de beneficiar ou não do fornecimento de gás e electricidade, ...).

[30] M.J. de Almeida Costa, *op. cit.* (n. 7), p. 245.

Já no âmbito das relações com terceiros, vale o *princípio da relatividade* (art. 406.º/2 – refracção da natureza relativa dos direitos de crédito).

II. *Os limites da força vinculativa do contrato.* O princípio da força vinculativa depara, também ele, com fronteiras e limites.

Da ideia de autodeterminação decorre a revogabilidade do contrato por mútuo consentimento dos contraentes (art. 406.º/1).[31] Dos demais princípios jurídico-obrigacionais nascem aberturas (previstas na lei) para a resolução, denúncia e modificação do vínculo. Claro exemplo disso é a faculdade de resolução ou modificação do contrato por alteração anormal das circunstâncias (art. 437.º), imposta pelo princípio da boa fé.

B. O PRINCÍPIO DA EQUIVALÊNCIA DAS PRESTAÇÕES

A protecção da liberdade humana é momento essencial de uma concepção de direito ancorada na pessoa. O contrato é um instrumento ao serviço da autonomia individual. E a primeira dimensão da justiça contratual é precisamente esta: a justiça *pelo* contrato.

Em plano distinto se situa o problema da justiça *no* contrato: da determinação do preço justo de um bem, ou do salário justo para um trabalhador. Ora, a justiça no contrato revela-se, sobretudo, no equilíbrio das prestações.

O problema emerge, sobretudo, quando se estudam os contratos bilaterais e os contratos onerosos.

a) Pela invocação de um critério jurídico-estrutural, distinguem-se os contratos unilaterais e bilaterais.

Unilaterais são os contratos que geram obrigações para apenas uma das partes. Bilaterais, os que criam obrigações para ambas as partes, obrigações essas unidas por um vínculo de reciprocidade ou interdependência.

Esse vínculo (sinalagma) analisa-se em dois momentos: sinalagma genético e sinalagma funcional. O primeiro significa que a obri-

---

[31] H.E. Hörster, *op. cit.* (n. 4), p. 58, qualifica a faculdade de revogação por mútuo consenso como uma das dimensões da liberdade contratual.

gação assumida por uma das partes é a causa da obrigação assumida pela outra. O segundo revela que: a) as obrigações devem ser cumpridas em simultâneo; b) as vicissitudes que atingem a obrigação assumida por uma das partes afectam a obrigação assumida pela outra.

O principal instrumento usado para tutelar a posição dos sujeitos de um contrato bilateral ou sinalagmático é a excepção de não cumprimento: se não houver prazos diferentes para a respectiva realização, "cada um dos contraentes tem a faculdade de recusar a sua prestação enquanto o outro não efectuar a que lhe cabe ou não oferecer o seu cumprimento simultâneo" (art. 428.°).

A interdependência das obrigações decorrentes dos contratos bilaterais é assim explicada por Galvão Telles: "Durante muito tempo, esteve em voga uma concepção *subjectivista*, que via na conexão das obrigações o fruto da *vontade das partes*. Perante a inexecução de uma das obrigações, o devedor da outra estaria autorizado a não a cumprir porque isso fora tacitamente convencionado. Só a vontade dos contraentes poderia paralisar ou aniquilar o contrato. A teoria da autonomia da vontade, então reinante, como algo de superior à lei, predispunha os espíritos à aceitação deste ponto de vista, coerente com as suas premissas.

A verdade está antes numa concepção *objectivista*. O contrato sinalagmático é, ou deve ser, expressão da *justiça comutativa*. Se em caso de inexecução de uma das obrigações o devedor da outra pudesse, mesmo assim, ser compelido a cumpri-la, romper-se-ia o equilíbrio contratual e o contrato transformar-se-ia de instrumento de justiça em factor de iniquidade"[31a].

b) Pela referência ao significado económico e social do negócio, separam-se os contratos onerosos e os contratos gratuitos. "Diz-se *oneroso* o contrato em que a atribuição patrimonial efectuada por cada um dos contraentes tem por *correspectivo*, *compensação* ou *equivalente* a atribuição da mesma natureza proveniente do outro. (...) É gratuito o contrato em que, segundo a comum intenção dos contraentes, um deles proporciona uma vantagem patrimonial ao outro, sem qualquer *correspectivo* ou *contraprestação*".[32]

[31a] I. Galvão Telles, *Direito das Obrigações*, 6ª ed, Coimbra Editora, Coimbra, 1989, p. 453-454.

[32] J.M. Antunes Varela, *op. cit.* (n. 9), p. 386-387.

Logo se coloca um problema nuclear. A correspectividade ou equivalência deve ser apreciada subjectiva ou objectivamente? Deve ser aferida em função das representações dos contraentes ou de critérios axiológicos?

A ideia de autodeterminação exige que os critérios objectivos de equivalência só intervenham em casos-limite: em situações de manifesta injustiça ou de clamoroso desequilíbrio. Mas, nessa área, a respectiva actuação é imprescindível.

No ordenamento jurídico português, o princípio da equivalência das prestações (ou da justiça comutativa) subjaz à disciplina dos negócios usurários (art. 282.°). A anulabilidade (ou modificabilidade: art. 283.°) supõe o preenchimento cumulativo de dois requisitos: a) a exploração da "situação de necessidade, inexperiência, ligeireza, dependência, estado mental ou fraqueza de carácter de outrem" (elemento subjectivo); b) a obtenção, "para si ou para terceiro, (d)a promessa ou (d)a concessão de benefícios excessivos ou injustificados" (elemento objectivo). O alcance da regra atinge todo e qualquer negócio jurídico: e não apenas os contratos (onerosos ou não). O seu fundamento também não se reconduz plenamente ao princípio da equivalência das prestações: se para aí aponta o elemento objectivo, já o elemento subjectivo nos remete para o princípio da autodeterminação. Com o que mais uma vez se demonstra a ausência de uma pretensão de exclusividade dos princípios jurídicos.[33]

Para além desta disposição, o princípio da equivalência evidencia-se: a) na possibilidade de redução (oficiosa) da cláusula penal "manifestamente excessiva" (art. 812.°); b) na redução ou aumento proporcional do preço de coisas sujeitas a contagem, pesagem ou medição (art. 888.°/2); c) no direito à redução do preço em caso de venda de bens onerados ou de coisas defeituosas (arts. 911.° e 913.°); d) na proibição do pacto leonino (art. 994.°); e) na redução da renda ou aluguer em caso de privação ou diminuição do gozo da coisa locada (art. 1040.°); f) na proibição do mútuo usurário (art. 1146.°); g) no aumento do preço da empreitada em caso de alterações ao plano convencionado (arts. 1215.° e 1216.°); ...[34]

---

[33] C. Canaris, *op. cit.* (n. 22), p. 90-91.
[34] J.M. Antunes Varela, *op. cit.* (n. 9), p. 237-238.

Por último, em caso de insuficiência destas disposições, subsiste, como *ultima ratio*, a possibilidade de recurso às cláusulas de salvaguarda do direito civil português: a boa fé (arts. 227.º e 762.º) e o abuso do direito (art. 334.º).

C. O PRINCÍPIO DA PROTECÇÃO DA CONFIANÇA

A protecção da confiança gerada pelos comportamentos de outrem é, ao mesmo tempo, exigência ética e imperativo prático. No plano ético, trata-se de garantir juridicamente a autorresponsabilidade do homem. No plano prático, de proporcionar segurança ao tráfico jurídico. As duas dimensões são indissociáveis, e unitariamente contribuem para a paz jurídica e a cooperação entre os homens.

Logo as regras de interpretação e integração dos negócios jurídicos (arts. 236.º ss.) pretendem assegurar o declaratário da relevância do seu "horizonte de compreensão". [35]

Mas o núcleo essencial do princípio da protecção da confiança vem a traduzir-se no (sub)princípio da boa fé.

Liminarmente, é necessário distinguir a boa fé *subjectiva* e a boa fé *objectiva*. A boa fé subjectiva é um estado de espírito caracterizado pela convicção (errónea) de se actuar rectamente, sem prejudicar direitos de outrem. A boa fé objectiva é a regra de conduta com base na qual se proíbem comportamentos desleais (obrigação de lealdade) e se exige uma cooperação entre os contraentes para a satisfação dos interesses de ambos (obrigação de cooperação). Retomando uma formulação de Larenz: "O princípio da boa fé significa que todos devem guardar fidelidade à palavra dada e não frustrar ou abusar daquela confiança que constitui a base imprescindível das relações humanas". [36] O princípio da boa fé reporta-se a esta regra objectiva de conduta, da qual derivam a responsabilidade pré-contratual e a responsabilidade pós-contratual.

A responsabilidade pré-contratual (*culpa in contrahendo*) está prevista no art. 227.º. Pressupostos desta obrigação de indemnizar são:

---

[35] K.Larenz, *op. cit.* (n. 24), p. 91-93.
[36] Rui de Alarcão, *op. cit.* (n. 4), p. 108 ss. Para uma análise mais detalhada da matéria, consultar A. Menezes Cordeiro, *Da Boa Fé no Direito Civil*, 2 vols., Livraria Almedina, Coimbra, 1985.

a) a violação das regras da boa fé na fase preparatória ("preliminares") ou na fase decisória ("formação") do *iter* contratual; b) a culpa do agente. Como casos típicos de *culpa in contrahendo* indica a doutrina três casos: a) não conclusão do contrato por ruptura abusiva das negociações; b) celebração de um contrato inválido ou ineficaz; c) conclusão de um contrato válido e eficaz no termo de um processo negocial do qual surgiram danos a reparar.[37-38]

A responsabilidade pós-contratual (*culpa post factum finitum*) sustenta-se nos arts. 239.º e 762.º. O cumprimento dos deveres primários de prestação não extingue todas as relações entre as partes. Os deveres de lealdade e cooperação impõem que cada contraente se abstenha de colocar em perigo os interesses do outro, subjacentes ao contrato. (P. ex.: cessado o contrato de arrendamento, o proprietário deve permitir a afixação de um aviso em que se indique a nova morada do ex-inquilino; da violação deste dever nasce a responsabilidade – pós-contratual – do senhorio).[39]

As outras áreas em que o princípio se manifesta abrangem: a) a redução (e, eventualmente, a conversão) do negócio jurídico (arts. 292.º e 293.º); b) a criação de deveres laterais ou acessórios integradores do conteúdo da relação obrigacional complexa; c) a modificação ou resolução do contrato, por alteração anormal das circunstâncias (art. 437.º).

A invocação do princípio da boa fé (e dos critérios éticos que lhe subjazem) deve ser prudente. O apelo a esta cláusula não deve frustrar nem as opções fundamentais, nem as exigências de segurança do sistema, nem o específico sentido dos demais princípios estruturantes do direito das obrigações.

---

[37] M.J.de Almeida Costa, *op. cit.* (n. 7), p. 239, e *Responsabilidade Civil pela Ruptura das Negociações Preparatórias de um Contrato*, Coimbra Editora, Coimbra, 1984, p. 35-36.

[38] Controversa é a determinação dos danos indemnizáveis: v., em sentidos divergentes, M.J. de Almeida Costa, *op. cit.* (n. 37), e H.E. Hörster, *op. cit.* (n. 4), p. 474.

[39] M.J. de Almeida Costa, *op. cit.* (n. 7), p. 286-287.

D. O PRINCÍPIO DA PROTECÇÃO DA PARTE MAIS FRACA (?)

A introdução de uma lógica de igualdade material no direito privado leva à defesa de um princípio da protecção da parte mais fraca. No direito português tal princípio revelar-se-ia: a) na multiplicação de deveres contratuais e pré-contratuais de informação (v.g., em matéria de contratos de adesão, os arts. 5.° e 6.° do DL n.° 446/85, de 25/10); b) na introdução de direitos de revogação ou resolução a favor do consumidor (v.g., em caso de venda por domicílio ou por correspondência, os arts. 4.° e 11.° do DL n.° 272/87, de 3/7); c) na proibição da publicidade enganosa; ... [40].

Serão estas disposições suficientes para que se sustente o nascimento de um novo princípio jurídico-obrigacional? Ou constituirão reflexos da tensão interna da ideia de liberdade? Deve o direito privado assumir uma tarefa de nivelação social? Ou deve apenas assegurar aquele mínimo de igualdade sem o qual o contrato carece de sentido?[41]

3.2. *Princípios fundamentais da disciplina da responsabilidade civil*

O exercício da autonomia supõe a observância das limitações estabelecidas pela lei, com vista a "promover o reconhecimento e o respeito dos direitos e liberdades dos outros" e a "satisfazer as justas exigências da moral, da ordem pública e do bem-estar social, numa sociedade democrática" (art. 29.° da Declaração Universal dos Direitos do Homem).

Quando alguém atinge os direitos e liberdades dos outros, deve reparar os danos causados. Nisto se traduz a *responsabilidade civil*.

A violação de um direito absoluto (direito de personalidade ou direito real) dá origem à responsabilidade *extracontratual*. Já a violação de um direito de crédito gera a responsabilidade *contratual*.[42]

---

[40] V. J.Sinde Monteiro, *Responsabilidade por Conselhos,Recomendações ou Informações*, Livraria Almedina, Coimbra, 1989, p. 373-375.
[41] V. H.E. Hörster, *op. cit.* (n. 4), p. 56 ss.
[42] Como os direitos de crédito podem derivar de factos jurídicos não contratuais, as expressões responsabilidade contratual e responsabilidade extracontratual não

A primeira está regulada nos arts. 483.º ss.; a segunda, nos arts 798.º ss.; por fim, os arts 562.º ss. consagram um conjunto de disposições comuns às duas modalidades.

Há uma forte tendência para a aproximação dos dois regimes: a grande diferença reside na existência, em sede de responsabilidade contratual, de uma presunção de culpa do devedor no inadimplemento da obrigação (art. 799.º/1).

A análise subsequente incidirá apenas sobre a rsponsabilidade extra-contratual: nas suas três modalidades – responsabilidade por factos ilícitos (arts. 483.º ss.), responsabilidade pelo risco (arts. 499.º ss.) e responsabilidade por factos lícitos.

A. OS PRINCÍPIOS DA ILICITUDE E DA CULPA NA RESPONSABILIDADE SUBJECTIVA.

Os pressupostos da responsabilidade por factos ilícitos (ou responsabilidade subjectiva) são cinco: a) o facto; b) a ilicitude; c) o nexo de imputação do facto ao agente; d) o dano; e e) o nexo de causalidade entre o facto e o dano (art. 483.º).

I. O *facto* é uma conduta controlável pela vontade. A função deste pressuposto é, apenas, o de excluir, desde logo, os danos causados por razões de força maior ou pela actuação irresistível de circunstâncias fortuitas (p. ex. destruição de uma montra por pessoa contra ela empurrada pela violência de um furacão).[43]

II. A *ilicitude* decorre da violação de um direito absoluto de outrem ou de uma disposição legal destinada a proteger interesses alheios (art. 483.º/1). Para que se verifique a segunda modalidade de ilicitude (violação de disposições legais de protecção) necessário é que se cumulem três requisitos: a) que a lesão dos interesses do particular corresponda à violação de uma norma legal; b) que a tutela dos interesses particulares figure entre os fins da norma; c) que o dano se pro-

---

são rigorosas. Contudo, dada a larga tradição em seu favor e a exactidão meramente tendencial da linguagem (científica ou não), a respectiva manutenção é de defender.

[43] J.M. Antunes Varela, *op. cit.* (n. 9), p. 520.

duza no círculo de interesses que a lei visa tutelar (p. ex.: proibição de buzinar durante a noite).[44]

III. O *nexo de imputação do facto ao lesante* desdobra-se na imputabilidade e na culpa.

A imputabilidade consiste na capacidade natural de entender e querer (art. 488.°). A culpa traduz-se no juízo de censura, dirigido ao agente, por ter agido como agiu, quando podia e devia ter actuado de outra forma. Compreende o dolo e a mera culpa. Há dolo quando o lesante tem consciência e vontade de violar um dever e provocar um dano. Há mera culpa ou negligência quando o lesante não cumpre os deveres de cuidado e diligência adequados para evitar o prejuízo.

O critério de apreciação da culpa é a diligência de um bom pai de família (art. 487.°).

Quer o dolo, quer a mera culpa fundam a obrigação de indemnizar (art. 483.°/1). Porém, se a pretensão indemnizatória se funda na negligência do lesante, a reparação pode ser limitada equitativamente (art. 494.°).

Em regra, a culpa do agente deve ser provada pelo lesado; exceptuam-se os casos de presunção legal de culpa (v.g. arts. 491.°, 492.° e 493.°).

IV. O *dano* é o prejuízo sofrido pelo lesado. A obrigação de indemnização cobre os danos patrimoniais (avaliáveis em dinheiro) e os danos não-patrimoniais (art. 496.°). Os danos patrimoniais abrangem os danos emergentes ("prejuízos causados") e os lucros cessantes ("benefícios que o lesado deixou de obter em consequência da lesão": art. 564.°).

V. O *nexo de causalidade entre o facto e o dano* deve ser apreciado em função da teoria da causalidade adequada. Prescindindo de maiores desenvolvimentos, diremos que só deve ser tomado como causa de um dano o facto que, segundo a sua natureza geral, se revela apropriado para o provocar.[45] Ao invés, não deve ser tomado como causa de um dano o facto que só em consequência de circunstâncias extraordinárias dele se veio a tornar condição.

---

[44] A possibilidade de fundamentar uma pretensão indemnizatória no abuso do direito (art. 334ª) é discutida: a favor dessa possibilidade, J.M. Antunes Varela, *op. cit* (n. 9), p. 535 ss., M. J. de Almeida Costa, *op. cit.* (n. 7), p. 452 ss., e J. Sinde Monteiro, *op. cit.* (n. 40), p. 545 ss.; contra, H.E. Hörster, *op. cit.* (n. 4), p. 288.

[45] Manuel de Andrade, *op. cit.* (n. 5), p. 355.

VI. O efeito da responsabilidade civil reconduz-se ao dever de reconstituir a situação que existiria, se não se tivesse verificado a lesão (art. 562.º). Em regra, deve proceder-se à reconstituição natural; porém, quando esta não for possível, não reparar integralmente os danos ou for excessivamente onerosa para o devedor, a indemnização será fixada em dinheiro (art. 566.º).

A ilicitude e a culpa coenvolvem uma exigência ao homem livre: este tem o dever de exercer a sua liberdade dentro dos limites legais e em conformidade com os valores jurídicos.

B. O PRINCÍPIO DO RISCO NA RESPONSABILIDADE OBJECTIVA

Os pressupostos da responsabilidade objectiva são apenas três: a) o facto; b) o dano; e c) o nexo de causalidade entre o facto e o dano. Prescinde-se da ilicitude e da culpa.

O fundamento da responsabilidade objectiva é o princípio do risco. A complexidade da vida económica e o desenvolvimento tecnológico implicam o aparecimento de danos em situações onde não há culpa (p. ex. falha de travões de um automóvel) ou em que não é possível identificar os responsáveis (p. ex. libertação de substâncias poluentes por fábrica em que trabalham centenas de pessoas). Os prejuízos não devem ser suportados pelo lesado. A responsabilidade deve recair sobre quem desenvolve, em proveito próprio, uma actividade geradora de riscos para outrem. Nisto se analisa o *princípio do risco* (reflexo do dever de solidariedade).

O alcance da responsabilidade objectiva é limitado. Não vale como regra geral. Só actua nos casos expressamente previstos na lei (art. 483.º/2: v.g. arts 500.º, 501.º, 502.º e 503.º). [45a]

[45a] A adopção de uma cláusula geral de responsabilidade pelo risco não parece necessária, em face do ordenamento jurídico português. De facto, o art. 493.º/2 consagra uma presunção de culpa de quem causar danos a outrem no exercício de uma actividade perigosa ("por sua própria natureza ou pela natureza dos meios utilizados"), pela qual se pode alcançar uma adequada protecção daquela ideia de solidariedade.

C. PARA CONCLUIR ESTA ABORDAGEM DA DISCIPLINA DA RESPONSABILIDADE CIVIL, IMPORTA TRATAR A RESPONSABILIDADE POR FACTOS LICITOS.

A protecção de um interesse público ou de um interesse privado *qualificado* exige que uma conduta lesiva dos direitos ou interesses de terceiros seja considerada lícita. A defesa do interesse menos valorado no conflito apreciado pelo legislador impõe, no entanto, a indemnização ou compensação do lesado. Pelo que há aí autêntica responsabilidade por factos lícitos (cfr. arts. 339.°/3, 1347.°/2 e 3, 1348.°/2, 1349.°/3, ...).

4. A SISTEMATIZAÇÃO DO DIREITO DAS OBRIGAÇÕES NO CÓDIGO CIVIL

O modo de exposição das matérias adoptado pelo Código Civil é estruturado e coerente. O respectivo conhecimento é necessário para a descoberta da norma legal aplicável ao caso.

P. ex.: Sempre que surja um problema relativo ao contrato de empreitada, há que observar as seguintes regras:

1) Em primeiro lugar, importa procurar a disposição adequada entre os arts 1207.° ss. (regime específico do contrato de empreitada).

2) Se não se encontrar aí a norma aplicável, deve buscar-se a regra apropriada entre os arts. 405.° ss. (regime geral dos contratos).

3) Se, ainda aí não se descbrir a disposição em concreto relevante, devem analisar-se os arts. 207.° ss. (regime geral do negócio jurídico).

Só após a indagação exposta se poderá concluir pela existência de uma lacuna.

Ora, a organização do Livro II assenta numa distinção fundamental: o Título I ("Das obrigações em geral") consagra um conjunto de regras aplicáveis a todo e qualquer vínculo obrigacional; o Título II ("Dos contratos em especial") contém um núcleo de regras aplicáveis aos contratos *típicos* ou *nominados* aí previstos.

4.1. *Das obrigações em geral.*

I. *As fontes das obrigações.* Fonte da obrigação é o facto jurídico de onde promana o vínculo obrigacional.

As fontes das obrigações previstas no Código Civil são as cinco seguintes:

a) Contratos (arts. 405.° ss. – cfr. *supra* 3.1.). O Código disciplina desenvolvidamente duas figuras contratuais: o contrato-promessa (arts. 410.° ss.) e o pacto de preferência (arts. 414.° ss.).

O contrato-promessa é "a convenção pela qual alguém se obriga a celebrar certo contrato" (art. 410.°/1). Em caso de não-cumprimento deste, admite-se a execução específica: a obtenção de uma sentença que produza os efeitos da declaração negocial do faltoso (art. 830.°). E, na hipótese de o promitente fiel não querer ou não poder recorrer à execução específica, tem direito a uma indemnização calculada em conformidade com o art. 442.° (se houver sinal) ou com os arts. 798.° ss. (se não houver sinal).

O pacto de preferência é o contrato pelo qual alguém assume a obrigação de, em igualdade de circunstâncias, escolher determinada pessoa (a outra parte ou terceiro) como seu contraente, no caso de se decidir a celebrar determinado negócio.[46]

b) Negócios unilaterais (arts. 457.° ss. – cfr. *supra* 3.1.). O princípio geral é o de que o negócio jurídico unilateral só é fonte de obrigações nos casos em que a lei o permite (art. 457.°). Os negócios unilaterais previstos no Código Civil abrangem, designadamente: a) a promessa de pagamento e o reconhecimento de dívida (art. 458.°); b) a promessa pública (art. 459.°); ou c) a instituição de uma fundação (art. 185.°).

c) Gestão de negócios (arts. 464.° ss.) é a intervenção, não autorizada, de alguém na direcção de negócio alheio, feita no interesse e por conta do respectivo dono.[47] A expressão "negócio alheio" é usada como sinónimo de "assunto" ou "interesse" alheio, abrangendo quer negócios jurídicos, quer actos jurídicos não negociais, quer actos materiais.

---

[46] J.M. Antunes Varela, *op. cit.* (n. 9), p. 356. A noção indicada é mais ampla que a do art. 414.°: esta disposição "define o género (pacto de preferência) pela espécie (pacto de preferência tendo por objecto a compra e venda)" (F.M. Pereira Coelho, *op. cit.* (n. 12), p. 30). Cfr. art. 423.°.

[47] J.M. Antunes Varela, *op. cit.* (n. 9), p. 434.

d) Enriquecimento sem causa (arts. 473.º ss.) é a vantagem patrimonial obtida à custa de outrem, sem justificação adequada. A falta de causa justificativa decorre da inexistência de um acto ou facto susceptível de fundamentar a deslocação patrimonial, de acordo com os princípios do sistema jurídico.

Do enriquecimento sem causa decorre a obrigação de restituir (arts. 473.º ss.). Para se exercitar a acção de enriquecimento, necessário é que a lei não faculte ao empobrecido outro meio de ser indemnizado ou restituído (art. 474.º). Pelo que este instituto tem carácter subsidiário.

e) Responsabilidade civil (arts 483.º ss – cfr. *supra* 3.2.) é "a obrigação, imposta a uma pessoa, de reparar um prejuízo causado a outrem".[48]

II. *As modalidades das obrigações.* Quanto ao vínculo, distinguem-se as obrigações civis e as obrigações naturais (arts. 402.º ss.)

Quanto aos sujeitos, separam-se: a) as obrigações de sujeito determinado e as obrigações de sujeito (activo) indeterminado (art. 511.º); b) as obrigações singulares e as obrigações plurais (conjuntas e solidárias – arts. 512.º ss.).

Por último, e em relação ao objecto, importa mencionar as contraposições subsequentes:

a) Obrigações divisíveis e indivisíveis (arts. 534.º ss.). A obrigação divisível é aquela que tem por objecto uma prestação susceptível de fraccionamento sem prejuízo do seu valor proporcional; a indivisível, aquela que tem por objecto uma prestação que, pela sua natureza, por exigência da lei ou por estipulação das partes, não comporta fraccionamento, ainda que sejam vários os credores ou os devedores.[49] Para que haja uma obrigação divisível, necessário é que se preencham dois requisitos: a) que a prestação debitória possa ser repartida em fracções "qualitativamente homogéneas entre si e em relação ao todo"; b) que o valor de cada uma das prestações parciais seja proporcional ao valor do todo.[50]

A obrigação de prestação de coisa será indivisível se a coisa que constitui o seu objecto também o for (cfr. art. 209.º).

---

[48] Rui de Alarcão, *op. cit.* (n. 4), p. 207.
[49] J.M. Antunes Varela, *op. cit.* (n. 9), p. 804.
[50] J.M. Antunes Varela, *op. cit.* (n. 9), p. 806.

b) Obrigações específicas e obrigações genéricas. A obrigação específica é aquela cujo objecto é individual ou concretamente fixado (p. ex. a obrigação de entregar o prédio X da rua Y); genérica, aquela cujo objecto é apenas determinado pelo seu género e pela sua quantidade (p. ex. a obrigação de entrega de um quilo de açúcar).[51]

A concentração da obrigação genérica consiste na determinação do objecto da prestação debitória, dentro do género respectivo.[52] Decorre: a) de acordo das partes, pelo qual se atribui ao credor ou ao devedor a faculdade da escolha (em caso de falta de estipulação, a escolha cabe ao devedor – art. 539.°); b) da extinção parcial do género (art. 541.°)[53]; ou c) da entrega da coisa ao transportador ou expedidor, em caso de coisa que deva ser enviada para lugar diferente do lugar do cumprimento (cfr. art. 797.°).

c) Obrigações cumulativas e obrigações alternativas. A obrigação cumulativa é aquela que compreende duas ou mais prestações e em que o devedor só se exonera efectuando ambas, conjuntamente. A obrigação alternativa "é aquela que compreende duas ou mais prestações, mas em que o devedor se exonera efectuando aquela que, por escolha, vier a ser designada" (art. 543.°). A escolha pode ser efectuada pelo credor, pelo devedor ou por terceiro (arts. 400.°/1, 543.°/2 e 549.°).

De umas e outras se distinguem as obrigações com faculdade alternativa. A obrigação com faculdade alternativa *a parte debitoris* é aquela "que tem por objecto uma só prestação, mas em que o devedor tem a faculdade de se exonerar mediante a realização de uma outra, sem necessidade da aquiescência posterior do credor".[54] A admissibilidade e a utilidade de uma obrigação com faculdade alternativa *a parte creditoris* são controvertidas.

---

[51] J.M. Antunes Varela, *op. cit.* (n. 9), p. 816-817. A noção apresentada envolve uma correcção do art. 539.°: não basta a determinação do género, é necessária a indicação da quantidade. De facto, nas obrigações genéricas, "a prestação debitória será um dado *quantum* de certo género" (Manuel de Andrade, *op. cit.* (n. 5), p. 186).

[52] J.M. Antunes Varela, *op. cit.* (n. 9), p. 819.

[53] O art. 541.° deve ser interpretado habilmente: "Para que se dê a concentração, nem sempre será necessário que do género reste apenas uma das coisas nele compreendidas; basta que do género reste apenas uma quantidade igual ou inferior à que é devida" (J.M. Antunes Varela, *op. cit.* (n. 9), p. 821).

[54] J.M. Antunes Varela, *op. cit.* (n. 9), p. 840-841.

d) Obrigações pecuniárias (arts. 550.º ss.). A obrigação pecuniária é aquela que tem por objecto uma prestação em dinheiro e visa proporcionar ao credor o valor que as respectivas espécies possuem como tais.[55]

O Código distingue: a) obrigações de quantidade (arts. 550.º--551.º); b) obrigações de moeda específica (arts. 552.º-557.º); e c) obrigações em moeda estrangeira (art. 558.º).

A obrigação de quantidade é aquela em que se indica apenas a soma ou quantidade que deve ser paga (p. ex. cinco contos; duzentos mil escudos). A questão que imediatamente emerge é esta: as obrigações em causa devem ou não ser actualizadas em face da desvalorização da moeda e dos processos inflacionistas? A resposta consta do art. 550.º. Por um lado, as partes têm a faculdade de optar pelo regime que quiserem (cfr. art. 550.º *in fine*: "salvo estipulação em contrário"). Por outro, na falta de estipulação ou de disposição legal em contrário, afasta-se a actualização (art. 550.º – princípio nominalista). O cumprimento das obrigações pecuniárias deve ser feito em moeda corrente e pelo valor nominal que a moeda tiver ao tempo do cumprimento.

A obrigação em moeda específica é aquela que deve ser paga em moeda metálica (p. ex. dez libras em ouro) ou em valor da moeda metálica (p. ex. o valor correspondente a dez libras em ouro) (arts. 552.º ss.).

A obrigação em moeda estrangeira é aquela que deve ser paga em dólares, marcos, francos suíços, ... A estipulação do cumprimento em moeda estrangeira não impede o devedor de pagar em escudos, segundo o câmbio do dia do cumprimento e do lugar para este estabelecido (art. 558.º – norma supletiva).

e) Obrigações de juros. Os juros são "a compensação que o obrigado deve pela utilização temporária de certo capital, sendo o seu montante em regra previamente determinado como uma fracção do capital correspondente ao tempo da sua utilização".[56] A taxa de juro legal ou supletiva é hoje de 10% (cfr. art. 559.º/1). O anatocismo (vencimento de juros sobre os juros é (em regra) proibido (v., porém, o art. 560.º).

---

[55] J.M. Antunes Varela, *op. cit.* (n. 9), p. 844.
[56] J.M. Antunes Varela, *op. cit.* (n. 9), p. 867.

f) Obrigação de indemnizar (arts. 562.º ss.).
g) Obrigação de informação e de apresentação de coisas ou documentos (arts. 573.º ss).

III. *A garantia das obrigações.* A garantia geral das obrigações é o património do devedor (art. 601.º – cfr. *supra*, 2, III). A lei faculta ao credor quatro meios de conservação desta garantia: a) a declaração de nulidade (art. 605.º); b) a sub-rogação do credor ao devedor no exercício, contra terceiros, de direitos de conteúdo patrimonial (arts. 606.º-609.º); c) a impugnação pauliana (arts. 610.º-618.º); e d) o arresto (arts 619.º-622.º). Sobre as garantias especiais, cfr. supra 2-III.

IV. *O cumprimento e o não cumprimento das obrigações.* O cumprimento consiste na realização da prestação à qual o devedor está vinculado (art. 762.º). Está subordinado a três princípios: pontualidade, boa fé e integralidade (a prestação deve ser realizada por inteiro, e não por partes: art. 763.º).

O não cumprimento consiste na não realização da prestação debitória nos termos adequados: por impossibilidade de cumprimento (inviabilidade do comportamento exigível), por mora (atraso na efectivação da prestação) ou por cumprimento defeituoso.

A lei distingue liminarmente a impossibilidade de cumprimento e a mora não imputáveis ao devedor (arts. 790.º-797.º), a falta de cumprimento e a mora imputáveis ao devedor (arts. 798.º-812.º) e a mora do credor (arts. 813.º-816.º).

a) *Não cumprimento não imputável*

A impossibilidade superveniente (dado que a impossibilidade originária importa a nulidade da prestação: art. 401.º) não imputável ao devedor implica: a) a extinção da obrigação (arts. 790.º e 791.º); e b) eventualmente, o *commodum* de representação (art. 794.º): o direito, atibuído ao credor, de "exigir aquilo que, no património do devedor, representa o objecto originariamente devido".[57] (P. ex.: A tem o dever de entrgar a B um quadro de Mantegna. Ora, este é destruído num incêndio. Em consequência, A recebe 10 000 contos da companhia seguradora. B tem o direito de beneficiar de tal quantia.)

---

[57] Manuel de Andrade, *op. cit.* (n. 5), p. 423.

A mora ("impossibilidade temporária") não imputável ao devedor envolve: a) a exclusão da responsabilidade do devedor pelo não cumprimento pontual (art. 792.°/1); b) em caso de desaparecimento do interesse do credor, a conversão da mora em impossibilidade definitiva, e a consequente extinção da obrigação (art. 792.°/2).

Em caso de impossibilidade somente parcial de cumprimento, valem as seguintes regras: se subsistir o interesse do credor no cumprimento parcial, o devedor está obrigado a prestar o que for possível (art. 793.°/1); se desaparecer, *justificadamente*, tal interesse, o credor pode resolver o negócio (art. 793.°/2).

b) *Não cumprimento imputável ao devedor*

A falta de cumprimento (expressão que abrange quer a recusa do cumprimento, quer a impossibilidade definitiva imputável ao devedor) importa: a) o direito à indemnização (art. 801.°/1); e b) nos contratos bilaterais em que uma das prestações se torne inviável, o direito de resolução (art. 801.°/2).

A articulação entre os n.ºs 1 e 2 do art. 801.° exige as seguintes reflexões. O art. 801.°/1 refere-se ao dano *in contractu*. Neste caso, a indemnização pretende colocar o credor na situação em que estaria se o contrato tivesse sido cumprido. Distinto é o dano *in contrahendo*. Neste último caso, a indemnização tende a colocar o credor na situação em que estaria se o contrato não tivesse sido celebrado. O art. 801.°/2 permite a cumulação da resolução do contrato com o direito à indemnização. Pois bem: não parece admissível que alguém *resolva* o contrato e pretenda ser colocado na situação em que estaria se o contrato tivesse sido cumprido. Deste modo, o art. 801.°/2 refere-se à indemnização pelo dano *in contrahendo*.[58]

Por último, o credor goza do *commodum* de representação (art. 803.°/1). O valor da indemnização será deduzido deste *commodum* (art. 803.°/2).

A mora imputável ao devedor supõe o preenchimento dos seguintes requisitos: de um lado, a obrigação deve ser certa, líquida e exigível (art. 805.°/3); de outro, é necessário que o credor tenha interpelado o devedor para o cumprimento (salvo nos casos pre-

---

[58] J.M. Antunes Varela, *op. cit.* (n. 19), p. 110; F.M. Pereira Coelho, *op. cit.* (n. 12), p. 230; M.J. de Almeida Costa, *op. cit.* (n. 7), p. 891 (com indicação de ampla bibliografia sobre o assunto).

vistos no art. 805.°/2). A mora tem como consequências: a) o direito do credor à indemnização (art. 804.°/1); b) a inversão do regime do risco (cfr. arts. 796.° e 807.°). Em caso de obrigações pecuniárias, o direito à indemnização está sujeito a um regime especial. A lei presume *juris et de jure* a existência de danos moratórios e estipula a coincidência entre o montante da indemnização e os juros legais ou convencionais (art. 806.°/1 e 2). Exceptua-se o caso previsto no art. 806.°/3.

A mora pode ser convertida em não cumprimento definitivo: a) se o credor perder o interesse na prestação (art. 808.°/1 e 2); b) se o credor fixar um prazo razoável para o cumprimento e o devedor não efectuar a prestação devida (art. 808.°/1).

Em face do incumprimento do devedor, a lei prevê quatro formas de satisfação do credor: a) a execução específica; b) a sanção pecuniária compulsória; c) a acção de cumprimento; e d) a cessão de bens aos credores (arts. 817.° ss.).

c) *A mora do credor*

A mora do credor verifica-se "sempre que a obrigação não foi cumprida no momento próprio, porque o credor, *sem causa justificativa*, recusou a prestação que lhe foi regularmente oferecida ou não realizou os actos (de cooperação) de sua parte necessários ao cumprimento".[59] Os efeitos da *mora credendi* traduzem-se: a) na atenuação da responsabilidade do devedor (art. 814.°); b) na oneração da posição do credor em matéria de risco (art. 815.°); c) na responsabilidade do credor pelas maiores despesas que o devedor seja obrigado a fazer com o oferecimento infrutífero da prestação e a guarda e conservação do respectivo objecto (art. 816.°).

V. *As causas de extinção das obrigações para além do cumprimento*. O cumprimento é a forma *regular* de extinção da obrigação. Primeiro, por ser aquela que normalmente actua. Segundo, por ser a que alcança a satisfação do interesse do credor (e a realização do "programa de prestação": Heck).

Para além do cumprimento, há que ter em atenção outras formas de extinção do vínculo obrigacional (cfr. arts. 837.° ss.).

---

[59] J.M. Antunes Varela, *op. cit.* (n. 19), p. 159.

a) A *dação em cumprimento* consiste na realização de uma prestação diferente da devida, com a concordância do credor, para extinguir imediatamente a obrigação (arts. 837.° ss.).

b) A *consignação em depósito* traduz-se no depósito judicial da coisa devida, à ordem do credor, para liberar definitivamente o devedor do vínculo obrigacional (arts. 847.° ss.).

c) A *compensação* é "o meio de o devedor se livrar da obrigação, por extinção simultânea do crédito equivalente de que disponha sobre o credor" (arts. 857.° ss.).[60] P. ex.: A tem um crédito de 100 contos sobre B; e este, um crédito de igual valor sobre A. Para evitar pagamentos recíprocos, extinguem-se uma e outra dívidas.

d) A *novação* é "a *convenção* pela qual as partes extinguem uma obrigação, mediante a *criação* de uma nova obrigação *em lugar dela*".[61] A lei distingue e define a *novação objectiva* e a *novação subjectiva* (arts. 857.° e 858.°).

e) A *remissão* é o *contrato* pelo qual credor e devedor acordam em extinguir a dívida (arts. 863.° ss.). O "perdão" da dívida supõe, por isso, o assentimento do devedor.

f) Por último, a *confusão* consiste na extinção da relação obrigacional pela reunião na mesma pessoa das qualidades de credor e devedor na mesma obrigação (arts. 868.° ss.).

4.2. **Dos contratos em especial.**

O Código Civil menciona (e define) dezasseis contratos típicos ou nominados. Vamos indicá-los de seguida, dizendo alguma coisa a respeito dos mais importantes.

a) Compra e venda (arts. 874.° ss.).

"Compra e venda é o contrato pelo qual se transmite a propriedade de uma coisa, ou outro direito, mediante um preço" (art. 874.°).

A compra e venda tem três efeitos essenciais (art. 879.°). Em primeiro lugar, a compra e venda provoca a transmissão do direito (real) de propriedade (cfr. art. 408.°). Em segundo lugar, constitui duas

---

[60] J.M. Antunes Varela, *op. cit.* (n. 19), p. 195.
[61] J.M. Antunes Varela, *op. cit.* (n. 19), p. 228.

obrigações. Sobre o vendedor recai a obrigação de entregar a coisa; sobre o comprador, a de pagar o preço.

O primeiro efeito da compra e venda (al. a)) é, pois, de natureza real; os dois últimos, de natureza obrigacional (als. b) e c)).

O regime jurídico da compra e venda é supletivamente aplicável aos demais contratos onerosos pelos quais se alienam bens ou se estabelecem encargos sobre eles (art. 939.°).

b) *Doação* (arts. 940.° ss.).

"Doação é o contrato pelo qual uma pessoa, por espírito de liberalidade e à custa do seu património, dispõe gratuitamente de uma coisa ou de um direito, ou assume uma obrigação, em benefício do outro contraente" (art. 940.°).

O contrato de doação tem dois efeitos (art. 954.°). O primeiro é a transmissão da propriedade da coisa ou da titularidade do direito. "Sempre que incida sobre coisa determinada, a doação é um contrato de eficácia real (*quoad effectum*), no sentido de que a transferência da propriedade ou da titularidade do direito se verifica em consequência do próprio contrato (cfr. art. 408.°)"[62]. O segundo consiste, logicamente, na obrigação de entregar a coisa (al. b)) ou na assunção da obrigação que constitui o objecto do contrato (al. c)).

c) *Sociedade* (arts. 980.° ss.)

"Contrato de sociedade é aquele em que duas ou mais pessoas se obrigam a contribuir com bens e serviços para o exercício em comum de certa actividade económica, que não seja de mera fruição, a fim de repartirem os lucros resultantes dessa actividade" (art. 980.°).

Distinguem-se três tipos de sociedades: sociedades comerciais, sociedades civis sob forma comercial e sociedades civis sob forma civil.

As sociedades comerciais são aquelas que tomam por objecto a prática de actos de comércio e adoptem o tipo de sociedade em nome colectivo, de sociedade por quotas, de sociedade anónima, de sociedade em comandita simples ou de sociedade em comandita por acções (art. 1.°/2 do Código das Sociedades Comerciais – CSC – aprovado pelo DL n.° 262/86, de 2/9). As sociedades civis sob forma

---

[62] F.A. Pires de Lima-J.M. Antunes Varela, *Código Civil Anotado*, vol. II, 3ª ed., Coimbra Editora, Coimbra, 1986, anotação ao art. 954.°.

comercial, por sua vez, são aquelas que, tendo exclusivamente por objecto a prática de actos de comércio, adoptam um dos tipos referidos (art. 1.°/4 do CSC).

As sociedades civis sob forma comercial e as sociedades comerciais estão sujeitas, em primeira linha, ao Código das Sociedades Comerciais e só em segunda linha (na falta de disposição do Código das Sociedades Comerciais aplicável directamente ou por analogia) ao Código Civil (art. 2.° do CSC).

d) Locação (arts. 1022.° ss.).

"Locação é o contrato pelo qual uma das partes se compromete a prporcionar à outra o gozo temporário de uma coisa, *mediante retribuição*" (art. 1022.°).

A locação de bens imóveis diz-se arrendamento; a de bens móveis, aluguer (art. 1023.°). O regime do arrendamento rural consta hoje do DL n.° 385/88, de 25/10; o do arrendamento urbano, do DL n.° 321-B/90, de 15/10 (RAU).

e) Parceria pecuária (arts. 1121.° ss.).

f) Comodato (arts. 1129.° ss.).

"Comodato é o contrato *gratuito* pelo qual uma das partes entrega à outra certa coisa, móvel ou imóvel, para que se sirva dela, com a obrigação de a restituir" (art. 1129.°).

g) Mútuo (arts. 1142.° ss.).

"Mútuo é o contrato pelo qual uma das partes empresta à outra dinheiro ou outra coisa fungível, ficando a segunda obrigada a restituir outro tanto do mesmo género e qualidade" (art. 1142.°).

O DL n.° 163/95, de 13 de Julho, altera o art. 1143.° do Código Civil: o contrato de mútuo de valor superior a 3 mil contos (3 000 000$00) deve ser celebrado por escritura pública; o de valor superior a 200 contos, deve ser celebrado através de documento assinado pelo mutuário. A violação desta regra implica a nulidade do mútuo (cfr. art. 220.° do Código Civil).

h) Contrato de trabalho (arts 1152.° ss.).

"Contrato de trabalho é aquele pelo qual uma pessoa se obriga, mediante retribuição, a prestar a sua actividade intelectual ou manual a outra, sob autoridade e direcção desta" (art. 1152.°).

A legislação especial (art. ° 1153.°) em que se consagra a disciplina do contrato individual de trabalho é ainda o DL n.° 49 408, de 24/12/1969.

i) Prestação de serviço (arts. 1154.° ss.).

"Contrato de prestação de serviço é aquele em que uma das partes se obriga a prestar à outra certo *resultado* do seu trabalho intelectual ou manual, com ou sem retribuição" (art. 1154.°).

O mandato, o depósito e a empreitada conztituem modalidades do contrato de prestação de serviços (art. 1155.°).

j) Mandato (arts. 1157.° ss).

"Mandato é o contrato pelo qual uma das partes se obriga a praticar um ou mais actos jurídicos por conta da outra" (art. 1157.°).

Importa distinguir o mandato da representação (arts. 258.° ss.). As duas figuras podem estar associadas (mandato com representação: arts. 1178.° ss.), ou não (mandato sem representação. arts. 1180.° ss.).

l) Depósito (arts. 1185.° ss.).

"Depósito é o contrato pelo qual uma das partes entrega à outra uma coisa, móvel ou imóvel, para que a guarde, e a restitua quando for exigida" (art. 1185.°).

m) Empreitada (arts. 1207.° ss.).

"Empreitada é o contrato pelo qual uma das partes se obriga em relação à outra a realizar certa obra, mediante um preço" (art. 1207.°).

Questão que se pode colocar é a de saber se a noção de "obra" compreende a "obra intelectual" (p. ex., a produção de filmes para uma empresa de televisão), ou não. O Supremo Tribunal de Justiça, em Acórdão de 3 de Novembro de 1983, entendeu que "o contrato de empreitada pode ter por objecto uma obra eminentemente intelectual ou artístico".

n) Renda perpétua (arts. 1231.° ss.).
o) Renda vitalícia (arts. 1238.° ss.).
p) Jogo e aposta (arts. 1245.° ss.).
q) Transacção (arts. 1248.° ss.).

"Transacção é o contrato pelo qual as partes previnem ou terminam um litígio mediante recíprocas concessões" (art. 1248.°). A moderna tendência para a "consensualização da justiça" leva à proliferação destes contratos.

CAPÍTULO III

Direitos Reais

Luís Couto Gonçalves
Professor Auxiliar do Departamento
Autónomo de Direito da Universidade do Minho

I. FUNÇÃO, CONCEITO E CARACTERÍSTICAS DO DIREITO REAL

1 – FUNÇÃO

Os direitos reais constituem o ramo do direito civil que regula o domínio dos bens e disciplina a sua atribuição e utilização. A função dos direitos reais é, pois, uma função de estabilização das estruturas sociais de domínio sobre os bens. Nessa perspectiva tem um carácter mais estático em contraposição ao carácter mais dinâmico e operativo do direito das obrigações cuja função é a de regular os meios de acesso aos bens, os respectivos modos de aquisição e a cooperação negocial entre as pessoas [1].

2 – CONCEITO

A principal matéria dos direitos reais está regulada no livro III do Código Civil que não nos fornece o conceito de direito real. Tem sido a doutrina que tem procurado caracterizar estruturalmente esse conceito.

---

[1] Citando ORLANDO DE CARVALHO, *Direito das coisas,* Coimbra, 1977, (reprint, 1994) p. 14 "(...) há um direito do património que propicia e regula singelamente o acesso às coisas – que apenas regula o caminho para a sua directa utilização – e um direito do património que está no termo deste caminho, que regula esta directa utilização das coisas. O direito das obrigações é o primeiro desses direitos, pois se alguma utilização já consente dos bens – como nos contratos de locação e de empréstimo – é uma utilização tão somente indirecta, uma utilização derivada do compromisso do devedor e continuamente condicionada à prestação que ele prometeu".

As principais concepções são as seguintes [2]:

a) Concepção clássica ou realista: o direito real consiste num poder directo e imediato sobre uma coisa (*ius in re*).

Esta concepção deriva do direito romano e da contraposição entre a *actio in rem,* destinada ao reconhecimento de direitos que incidiam directa e imediatamente sobre as coisas e na qual o autor não tinha que indicar o nome do demandado, e a *actio in personam*, destinada ao cumprimento de uma obrigação e na qual devia figurar o nome do demandado.

b) Concepção personalista: o direito real é o vínculo entre o titular do direito e todas as outras pessoas impondo a estas um dever geral de abstenção – a obrigação passiva universal.

A concepção clássica começou a ser fortemente questionada no século passado. Na base da contestação estava a ideia de que não fazia sentido, à luz da revisão dos conceitos de relação jurídica e de direito subjectivo, operada pela Pandectística, que o direito real incidisse sobre uma coisa porque todo o direito subjectivo se devia traduzir num vínculo entre pessoas.

c) Concepção eclética ou mista: o direito real é o poder directo e imediato de um titular sobre uma coisa (elemento interno) que se impõe a uma generalidade dos membros da comunidade jurídica (elemento externo).

Para os defensores desta posição, que apresenta diversas formulações, o conceito de direito real não pode prescindir de nenhum dos dois elementos. O direito real terá pois um lado interno e um lado externo.

d) Concepção realista modificada ou crítica: o direito real é a relação jurídica de soberania entre o titular e a coisa subordinada a certo estatuto que fixa poderes, restrições e deveres.

---

[2] Sobre o tema vide, para maiores desenvolvimentos, CARVALHO FERNANDES, *Lições de direitos reais*, Quid Juris Ed., 1996, pp. 31 e ss; HENRIQUE MESQUITA, *Obrigações reais e ónus reais,* Almedina, 1990 (dissertação de doutoramento), pp. 41 e ss; MENEZES CORDEIRO, *Direitos reais,* Lex, Lisboa, 1993 (reprint), pp. 224 e ss; MOTA PINTO, *Direitos reais* (segundo os apontamentos de Álvaro Moreira e Carlos Fraga), Almedina, 1972, pp. 27 e ss; OLIVEIRA ASCENSÃO, *Direito civil-reais*, 5ª ed. Coimbra, 1993, pp 597 e ss; ORLANDO DE CARVALHO, ob. cit., pp. 93 e ss; PENHA GONÇALVES, *Curso de direitos reais*, 2ª ed., Lisboa, 1993, pp. 33 e ss.

Na nossa doutrina, é a posição defendida por HENRIQUE MESQUITA [3]. O autor entende que as teorias anteriores não são satisfatórias. A perspectiva clássica por se limitar a definir o direito real como um poder directo e imediato sobre uma coisa, mas não mencionando a matriz ou o fundamento jurídico desse poder [4], que é a relação de soberania estabelecida entre o titular do direito real e a coisa; a perspectiva personalista por desfocar o núcleo do direito real que é o domínio de uma pessoa sobre a coisa e não a eficácia "erga omnes"; e todas as perspectivas por abstrairem completamente dos deveres de conteúdo positivo que, amiúde, impendem sobre o titular do direito real [5]. O autor, apoiando-se na doutrina alemã, assenta a sua teoria na admissibilidade do conceito de relação jurídica real (pessoa-coisa), em contraposição ao conceito clássico de relação jurídica intersubjectiva (pessoa-pessoa) própria das obrigações [6].

3. CARACTERÍSTICAS

O direito real tem duas características fundamentais: é um direito absoluto ou eficaz "erga omnes" [7] e goza do poder de sequela. A eficácia absoluta dos direitos reais opõe-se à eficácia relativa das obrigações [8]. A sequela é o poder que o titular de qualquer direito real tem de

---

[3] Cfr. ob. cit., pp. 54 e ss.

[4] E nessa medida, ao não mencionar esse fundamento, a tornar difícil a distinção entre os direitos reais de gozo e os direitos pessoais de gozo (v.g. locação, comodato, parceria) – cfr. HENRIQUE MESQUITA, ob. cit., pp. 17 e ss (nota 17) e pp. 72 e ss.

[5] Vide os exemplos desses deveres de conteúdo positivo citados por HENRIQUE MESQUITA, ob. cit., pp. 11 e ss.

[6] Escreve o autor (ob. cit., p. 57): "Sem dúvida que o direito só se justifica porque há conflitos de interesses entre os homens. Mas daqui não decorre que esses conflitos apenas possam ser compostos ou solucionados através de relações intersubjectivas. A tutela dos interesses humanos, designadamente dos interesses de natureza patrimonial, pode ser alcançada não só pela via de *relações de cooperação*, mas também pela via da *ordenação directa dos bens* – da sua imediata subordinação aos sujeitos a quem a ordem jurídica reconhece, verificados certos pressupostos, legitimidade para deles tirar proveito ou para praticar actos que os tenham por objecto".

[7] Mas comporta excepções. Sobre o ponto vide HENRIQUE MESQUITA, ob. cit., pp. 64 e 65 (nota) e as notas 38 e 39, infra.

[8] Não olvidamos o delicado problema da eficácia externa das obrigações. No entanto, no nosso direito, a sua admissibilidade é muito restringida. A violação de um

seguir a coisa, sempre que ela se encontre sob o domínio de um terceiro, e actuar de modo a serem restabelecidos os poderes necessários ao exercício do seu direito.

II. O OBJECTO DO DIREITO REAL. A COISA: NOÇÃO E CARACTERÍSTICAS

O direito real incide sobre uma coisa. Na definição de ORLANDO DE CARVALHO, coisa é "toda a entidade do Mundo externo[9], sensível ou insensível, com a suficiente individualidade e economicidade para ter um estatuto autónomo de domínio"[10]. As coisas podem ser em sentido estrito ou em sentido amplo. Ao primeiro tipo pertencem as coisas corpóreas (pertencentes ao mundo físico, sensíveis ou não sensíveis) e as coisas incorpóreas (obras literárias, científicas ou artísticas[11], criações industriais e sinais distintivos)[12]. Ao segundo tipo pertence a figura dos direitos sobre direitos, com expressão legislativa nos casos do penhor de direitos (arts 679.° e ss do Código Civil)[13],

---

crédito alheio não é um facto ilícito gerador de responsabilidade nos termos do art. 483.° do Código Civil. O entendimento maioritário da doutrina é o de que só deve haver eficácia externa quando o terceiro agiu abusivamente. Seja qual for a concretização deste requisito e mesmo o alcance da teoria do efeito externo, o certo é que em relação ao direito real não subsistem dúvidas sobre a sua oponibilidade "erga omnes". Ou seja, enquanto no direito real a eficácia absoluta é uma característica natural, típica e incondicional, no direito de crédito poderá ser uma característica pontual, atípica e condicionada. Cfr., ainda, sobre o tema, v.g., HENRIQUE MESQUITA, idem, pp. 66 e ss (nota 53).

[9] Excluindo, pois, as pessoas, os bens incindíveis das pessoas (onde se incluem os direitos de personalidade) e as prestações, objecto do direito das obrigações.

[10] Para uma profunda justificação dos vários aspectos desta definição vide ORLANDO DE CARVALHO, ob. cit., pp. 179 e ss e respectivas notas. A definição de coisa não consta, todavia, desta obra. Trata-se de uma definição apresentada no decurso do magistério de ensino do citado autor.

[11] Protegidas pelo Código de Direito de Autor e dos Direitos Conexos, aprovado pelo Dec.-Lei 63/85 de 14/3, alterado pela Lei 45/85 de 17/9.

[12] As criações industriais abrangem as invenções, os modelos de utilidade e os modelos e desenhos industriais. Os sinais distintivos abrangem, fundamentalmente, as firmas, marcas, nomes e insígnias. Com a excepção das firmas todos os bens referidos são protegidos pelo Código da Propriedade Industrial, aprovado pelo Dec.-Lei 16/95, de 24/1.

[13] Daqui para diante todas as referências legais, sem indicações do diploma, reportam-se ao Código Civil.

hipoteca de direitos (art. 688.º n.º 1 als *c*), *d*) e *e*) e usufruto de direitos (art. 1439.º "in fine" e arts. 1463.º e ss.)[14].
Segundo a classificação legal (arts. 203.º e ss) há, ainda, coisas imóveis ou móveis, simples ou compostas, fungíveis ou não fungíveis, consumíveis ou não consumíveis, divisíveis ou indivisíveis, principais ou acessórias, presentes ou futuras.

A coisa para ser objecto do direito real deve ser *actual* – isto é, só há direito real em face de coisas presentes, que existam já e em poder do alienante – e *certa, determinada e autónoma* – isto é, não há direito real sobre coisas genéricas ou partes componentes, integrantes ou conexas[15]. Estas características ressaltam do disposto no art. 408.º n.º 2.

III. PRINCÍPIOS CONSTITUINTES DOS DIREITOS REAIS

a) Princípio da Tipicidade Taxativa

Os direitos reais apresentam-se em tipos característicos, na maior parte dos casos consagrados por uma longa tradição, acessíveis ao conhecimento da comunidade jurídica. Por outro lado, não podem constituir-se outros tipos para além dos existentes. É a chamada taxatividade dos direitos reais, prevista no art. 1306.º n.º 1 "in fine", cuja justificação decorre da eficácia absoluta do direito real. As restrições ao direito de propriedade em contravenção aos tipos legais existentes revestem natureza meramente obrigacional.

b) Princípio da Consensualidade

A constituição ou transmissão de direitos reais dá-se por mero efeito do contrato (princípio da consensualidade), de acordo com o que se estabelece no art. 408.º n.º 1. Diz-se, por essa razão, que o nosso sistema é um sistema de título em que a produção de efeitos reais se produz apenas com o acto pelo qual se estabelece a vontade de atribuir e de adquirir. Diferente é o sistema de modo, vigente na Alemanha, em que a produção dos mesmos efeitos implica, para além

---

[14] O fenómeno da coisificação de direitos não é pacífico na doutrina, mas é defendido, entre nós, com bons argumentos, por ORLANDO DE CARVALHO. Sobre este complexo problema e sua justificação vide este autor, ob. cit., pp. 199 e ss (nota 5).

[15] Sobre ambas as importantes características e algumas excepções que as mesmas comportam vide, ORLANDO DE CARVALHO, ob. cit., pp. 207 e ss e respectivas notas.

daquele acto, que reveste natureza meramente obrigacional, um outro acto pelo qual se realiza efectivamente essa atribuição e aquisição[16].

c) Princípio da Publicidade

Significa este princípio que a constituição de direitos reais deve reevestir notoriedade devendo ser acessível ao conhecimento das pessoas em geral. Não é, porém, um princípio absoluto. É válido, apenas, para os bens imóveis e alguns bens móveis (veículos, navios e aeronaves). Para satisfação do princípio da publicidade existe o registo predial para os bens imóveis[17] e o registo dos bens móveis, para os bens móveis indicados[18].

d) Princípio da Elasticidade

É um princípio válido, fundamentalmente, para o direito de propriedade[19]. A elasticidade significa que o direito de propriedade é concebido como uma "estrutura homogénea com tal força expansiva que lhe permite contrair-se e expandir-se"[20] permitindo a constituição dos direitos reais limitados. A regra de constituição de direitos reais é assim a aquisição derivada, constitutiva e restitutiva[21].

e) Princípio da Compatibilidade

Não podem incidir sobre a mesma coisa direitos reais incompatíveis entre si ou conflituantes com direitos reais anteriores. Isto significa, portanto, que só dentro dos limites estabelecidos pela lei será possível a concorrência simultânea de direitos sobre uma mesma coisa. E não faltam exemplos, no nosso direito, de concurso de direitos reais de gozo, de tipo diferente[22] ou do mesmo tipo[23], de

---

[16] Sobre o sistema germânico, vide a desenvolvida exposição de ORLANDO DE CARVALHO, ob. cit., pp. 253 e ss.

[17] Regulado pelo Código do Registo Predial, aprovado pelo Dec.-Lei n.º 224/84 de 6/7.

[18] Regulado pelo Código do Registo de Bens Móveis, aprovado pelo Dec.-Lei n.º 277/95, de 25/10.

[19] Embora também possa abranger o usufruto e o direito de superfície – cfr. ORLANDO DE CARVALHO, ob. cit., p. 226, nota 24.

[20] Estamos a citar ORLANDO DE CARVALHO, ob. cit., p. 226, nota 29.

[21] Para a análise mais cuidada a este importante princípio vide o autor, ob. e loc. cits na nota anterior.

[22] V.g., propriedade-usufruto; propriedade-uso e habitação; propriedade-direito de superfície; propriedade-servidão predial; usufruto-servidão predial.

[23] V.g., um prédio sujeito a duas servidões de conteúdo igual ou diferente ou a dois direitos de superfície de conteúdo diferente.

concurso de direitos reais de garantia[24], e de concurso de direitos reais de gozo e de garantia[25].

IV. DIREITOS REAIS EM ESPECIAL

Os direitos reais em especial são os seguintes:
a) posse;
b) propriedade;
c) direitos reais limitados de gozo: usufruto, uso e habitação, direito real de habitação periódica, direito de superfície e servidão predial.
d) direitos reais limitados de garantia: consignação de rendimentos, penhor, hipoteca, privilégios creditórios especiais e direito de retenção
e) direitos reais de aquisição.

1. POSSE

Segundo a definição do art. 1251.º "posse é o poder que se manifesta quando alguém actua por forma correspondente ao exercício do direito de propriedade ou de outro direito real". Trata-se, obviamente, do conceito de posse em sentido formal, que não deve confundir-se com o de posse em sentido causal que é inerente aos poderes do titular do direito de propriedade ou de outro direito real de gozo limitado.

Quanto à natureza jurídica qualificamos a posse como um direito real provisório, embora se trate de um aspecto controvertido na nossa doutrina[26].

---

[24] V.g., concurso de hipotecas (art. 713.º); concurso de privilégios creditórios (arts. 745.º e ss); privilégio imobiliário-hipoteca, privilégio imobiliário-consignação de rendimentos, privilégio imobiliário-direito de retenção (arts. 751.º e 759 n.º 2);

[25] V.g., propriedade-hipoteca, propriedade-penhor; usufruto-hipoteca, usufruto-penhor; direito de superfície-hipoteca.

[26] No sentido defendido no texto, HENRIQUE MESQUITA, *Direitos Reais,* Coimbra, 1967, pp. 84 e ss e MOTA PINTO, ob. cit., pp 214/215. Considerando tratar-se de um direito subjectivo não real, OLIVEIRA ASCENSÃO, ob. cit., pp. 128 e ss ou de um

Há duas concepções fundamentais de posse: a concepção objectiva, em que a posse consiste no exercício de um poder de facto sobre uma coisa ("corpus") e a concepção subjectiva em que a este elemento material acresce um elemento psicológico, a intenção de exercer sobre a coisa, como seu titular, o direito real correspondente aos actos materiais praticados ("animus").

A nossa lei acolheu a concepção subjectiva de posse [27] havendo lugar, por consequência, para a distinção entre o possuidor e o mero detentor ou possuidor precário em relação ao qual não se verifica o requisito do "animus possidendi" (cfr. arts. 1251.º e 1253.º).

A posse do direito de propriedade ou de outros direitos reais de gozo [28], sobre coisas corpóreas [29], mantida por certo tempo, faculta ao possuidor, por regra [30], a aquisição do direito correspondente à sua actuação. É a chamada usucapião regulada nos arts. 1287.º e ss.

2. PROPRIEDADE

O direito de propriedade confere ao seu titular, dentro dos limites legais, o aproveitamento máximo das vantagens que a coisa é susceptível de proporcionar (cfr. art. 1305.º). A propriedade é, no nosso sistema de domínio, a matriz dos outros direitos reais, porquanto transporta em si todas as potencialidades de utilização que possam

---

verdadeiro direito real de gozo, MENEZES CORDEIRO, ob. cit., pp. 609 e ss e PENHA GONÇALVES, ob. cit., pp. 247 e ss.

[27] É a posição da doutrina e jurisprudência dominantes. Com um entendimento muito próprio, de que o nosso direito consagra uma "inextricável natureza mista", embora dominantemente objectivista, cfr. MENEZES CORDEIRO, *"A posse: perspectivas dogmáticas actuais"*, Almedina, 1997, pp. 54 e ss.

[28] Não é inteiramente pacífico que só haja posse de direitos reais de gozo, como defendemos. OLIVEIRA ASCENSÃO, ob. cit., pp. 63 e ss. e MENEZES CORDEIRO, *"A posse: perspectivas dogmáticas actuais"*, cit., p. 71, aceitam que a posse se poessa estender a direitos reais de garantia.

[29] É o entendimento maioritário da doutrina a que aderimos. Afastamos, assim, do objecto da posse os bens incorpóreos puros (objectos do direito de autor e da propriedade industrial), reservando um tratamento especial para o caso "sui generis" do estabelecimento comercial. Vide, contudo, ORLANDO DE CARVALHO, ob. cit., pp. 194 e ss que admite a posse, inclusive, para as referidas coisas incorpóreas.

[30] É que não podem adquirir-se por usucapião as servidões prediais não aparentes e os direitos de uso e habitação – cfr. art. 1293.º.

estar ao alcance dos direitos reais limitados [31]. É por essa razão que entendemos mais conveniente, útil e coerente autonomizar o direito de propriedade no conjunto dos direitos reais de gozo.

Do art. 1303.º pode inferir-se que a propriedade não incide apenas sobre coisas corpóreas, mas também sobre coisas incorpóreas, embora se trate de uma propriedade especial [32].

3. DIREITOS REAIS LIMITADOS DE GOZO

São direitos que conferem ao seu titular o poder de praticar sobre a coisa determinados actos (de uso, fruição ou transformação).

3.1. *Usufruto*

O usufruto é o direito de gozar temporária e plenamente uma coisa ou direito alheio, sem alterar a sua forma e substância (art. 1439.º).

O usufruto caracteriza-se pela sua temporariedade, pessoalidade, plenitude do gozo e observância da forma e substância do objecto usufruído.

O usufruto pode incidir sobre coisas e direitos. Nos arts. 1463.º e ss indicam-se exemplos de usufruto de direitos.

O usufrutuário pode trespassar o direito a terceiro (cfr. art. 1444.º). No entanto, dada a característica essencial da pessoalidade do usufruto o trespasse só persiste enquanto o usufruto durar.

3.2. *Uso e Habitação*

O direito de uso consiste na faculdade de se servir de certa coisa alheia e haver os respectivos frutos, na medida das necessidades, quer

---

[31] Sobre este importante tema da concepção do direito de propriedade vide a profunda reflexão de ORLANDO DE CARVALHO, ob. cit., pp. 147 e ss.

[32] Não há, todavia, consenso na doutrina. OLIVEIRA ASCENSÃO, ob. cit., pp. 38 e ss. e MENEZES CORDEIRO, *"Direitos Reais"*, cit., pp. 191 e ss entendem que só os bens corpóreos podem ser objecto de direitos reais.

do titular, quer da sua família. Quando este direito se refere a casa de morada, chama-se direito de habitação (art.1484.º n.ºs 1 e 2).

São direitos de uso e fruição embora limitados pela medida das necessidades do titular do direito e da sua família. Esta é a principal característica distintiva destes direitos que justifica a sua autonomização e os faz diferenciar do usufruto, em relação ao qual surgem como diminutivos.

Dado o vínculo de pessoalidade ser tão estruturante não é possível o trespasse nem a oneração destes direitos (cfr. art. 1488.º).

3.3. Direito Real de Habitação Periódica

Este direito foi instituído pelo Dec.-Lei n.º 355/81 de 31/12 e encontra-se presentemente regulado pelo Dec.-Lei n.º 275/93 de 5/8 (alterado pelo Dec.-Lei n.º 180/99 de 22/5).

Trata-se de um direito que confere ao seu titular o gozo de uma unidade de alojamento destinada a fins turísticos, durante um período certo de tempo.

Na base da criação desta nova figura jurídica esteve a necessidade de, tendo em conta o aumento exponencial de pessoas a zonas de turismo, assegurar ao investidor turístico uma forte e estável garantia que nenhuma das soluções anteriores experimentadas para o mesmo fim consentiam (v.g. contratos com eficácia meramente obrigacional, compropriedade e sociedade)[33].

Nos termos do art. 1.º deste diploma "sobre as unidades de alojamento integradas em hoteis-apartamentos, aldeamentos turísticos e apartamentos turísticos podem constituir-se direitos reais de habitação periódica limitados a um período certo de tempo de cada ano".

O direito real de habitação periódica é, na falta de indicação em contrário, perpétuo, mas pode ser-lhe fixado um limite de duração não inferior a 15 anos e o período certo de tempo em cada ano pode variar entre o mínimo de 7 dias seguidos e o máximo de 30 dias seguidos (cfr. art. 3.º).

---

[33] Para uma visão mais ampla das insuficiências ligadas a estas figuras vide HENRIQUE MESQUITA, *Código Civil Anotado* (Pires de Lima e Antunes Varela), vol. III, 2ª ed., 1987, pp. 554 e ss.

Como direito de duração temporária ocorre a constituição cumulativa de sucessivos direitos periódicos ao longo do ano sobre a mesma unidade de alojamento.

O direito real de habitação periódica é um direito real limitado de gozo o que significa que existe um direito de propriedade sobre o empreendimento turístico onde se integra a habitação. Ao proprietário do empreendimento cabe a tarefa de administração e conservação (cfr. art. 25.º) e ao titular do direito real de habitação periódica incumbe a obrigação de pagar anualmente a prestação pecuniária destinada a compensar o proprietário das despesas de conservação, reparação e limpeza e despesas administrativas e fiscais ligadas ao empreendimento, bem como da remuneração pela sua gestão (cfr. art. 22.º).

3.4. Direito de Superfície

O direito de superfície consiste na faculdade de construir ou manter, perpétua ou temporariamente, uma obra em terreno alheio, ou de nele fazer ou manter plantações (art. 1524.º).

A partir desta definição o direito de superfície pode revestir duas situações:

1ª O direito a construir uma obra ou fazer uma plantação em terreno alheio;

2ª O direito a manter uma obra ou plantação em terreno alheio.

A estas duas situações há que juntar uma terceira, prevista no art. 1526.º, que é o direito a construir sobre edifício alheio.

O direito de superfície pode ter por objecto a construção ou manutenção de obra quer no solo quer no subsolo [34] (cfr. art. 1525.º n.º 2).

Sobre a natureza jurídica do direito de superfície a doutrina dominante defende que, após o implante, há dois direitos: um direito de propriedade superficiária sobre esse implante e um direito de superfície sobre o solo. Numa posição mais isolada, mas que nos parece a mais defensável, surge MENEZES CORDEIRO sustentando que

---

[34] O direito de superfície sob o solo foi introduzido pelo Dec.-Lei n.º 257/91 de 18/7, para dar expressão aos interesses ligados, especialmente, à dinamização e construção de parques de estacionamento subterrâneos nas grandes cidades.

o direito de superfície, em qualquer situação, reveste uma natureza unitária e complexa [35], coexistindo ao lado do direito de propriedade do fundeiro (dono do solo).

3.5. Servidão Predial

Servidão predial é o encargo imposto num prédio em proveito exclusivo de outro prédio pertencente a dono diferente; diz-se serviente o prédio sujeito à servidão e dominante o que dela beneficia (art. 1543.°).

As principais características da servidão são a inseparabilidade dos prédios a que pertencem (cfr. art. 1545.°), a indivisibilidade (cfr. art. 1546.°), a atipicidade do conteúdo (cfr. art. 1544.°) e a ligação objectiva do proveito ao prédio dominante (cfr. arts. 1543.° e 1544.° "in fine").

As servidões que não preencham este último requisito, isto é, as servidões em proveito de uma pessoa e não de um prédio, são as chamadas servidões pessoais atípicas que, dado o princípio da tipicidade taxativa e o disposto no art. 1306.° n.° 1, revestem natureza obrigacional.

As servidões não aparentes, que não se revelam por sinais visíveis e permanentes [36], não podem ser constituídas por usucapião.

A nossa lei regula as chamadas servidões legais [37] que são de dois tipos essenciais: servidões de passagem (arts 1550.° e ss) e servidões de águas (arts. 1557.° e ss).

4. DIREITOS REAIS LIMITADOS DE GARANTIA

São direitos que conferem ao seu titular o poder de, mediante um acto de disposição (por si ou por intermédio do tribunal), realizar

---

[35] Cfr, ob. cit., pp. 714 e ss.

[36] V.g. servidão "altius non tollendi" e servidão "non aedificandi".

[37] Esta designação é para ser lida "cum grano salis", como bem advertem PIRES DE LIMA e ANTUNES VARELA, *Código Civil Anotado*, 2ª ed., 1987, Vol. III, em anotação ao art. 1547.°.

à custa de certa coisa ou dos seus rendimentos, determinado valor para pagamento de um crédito.

Como são garantias especiais das obrigações encontram-se reguladas, por razões sistemáticas, no direito das obrigações (arts. 656.º e ss).

Os direitos reais de garantia são os seguintes: consignação de rendimentos, penhor, hipoteca, privilégios creditórios especiais e direito de retenção.

4.1. Consignação de Rendimentos

Esta garantia visa o cumprimento de uma obrigação, ou o pagamento dos juros respectivos, ou uma coisa e outra, com o rendimento de certos bens (imóveis ou móveis sujeitos a registo) cfr. art. 656.º.

A consignação pode ser voluntária ou judicial (cfr. art. 660.º).

Tem legitimidade para constituir a consignação quem tenha a titularidade dos rendimentos ainda que não tenha a titularidade dos bens que os produzem (v.g. usufrutuário).

4.2. Penhor

O penhor confere ao credor o direito à satisfação do seu crédito, bem como dos juros, se os houver, com preferência sobre os demais credores, pelo valor de certa coisa móvel, ou pelo valor de créditos ou outros direitos não susceptíveis de hipoteca, pertencentes ao devedor ou a terceiro – art. 666.º.

Pode, por isso, haver penhor sobre coisas móveis (excluindo as sujeitas a registo) e penhor sobre direitos quando estes tenham por objecto coisas móveis transmissíveis (cfr. arts 669.º e ss e 679.º e ss).

4.3. Hipoteca

A hipoteca confere ao credor o direito de ser pago pelo valor de certas coisas imóveis, ou equiparadas, pertencentes ao devedor ou a terceiro com preferência sobre os demais credores que não gozem de privilégio especial ou de prioridade de registo – art. 686.º.

A hipoteca recai sobre coisas imóveis ou móveis sujeitos a registo e carece, para ser eficaz, mesmo entre as partes, de ser registada (cfr. art. 687.º).

A hipoteca pode recair sobre coisas mas também sobre direitos (cfr. art. 688.º n.º 1 alíneas *c*), *d*) e *e*).

Há três espécies de hipotecas: as hipotecas legais (arts. 704.º e ss), as hipotecas judiciais (arts. 710.º e ss) e as hipotecas voluntárias (arts. 712.º e ss).

4.4. *Privilégios Creditórios Especiais*

Há privilégios creditórios mobiliários gerais e especiais e privilégios creditórios imobiliários. Só os especiais são direitos de natureza real, porquanto os gerais não preenchem o requisito da especialidade indispensável a todo o objecto do direito real.

Os privilégios especiais são constituídos legalmente e consistem na faculdade que a lei, em atenção à causa do crédito, concede a certos credores, independentemente do registo, de serem pagos com preferência a outros – art. 733.º.

Os privilégios especiais são dotados de particular força em concurso com outras garantias reais, preferindo, v.g. o privilégio imobiliário, à consignação de rendimentos, à hipoteca ou ao direito de retenção, ainda que estas garantias sejam anteriores, como se alcança do art. 751.º [38].

4.5. *Direito de Retenção*

O devedor que disponha de um crédito contra o seu credor goza do direito de retenção se, estando obrigado a entregar certa coisa, o seu crédito resultar de despesas feitas por causa dela ou de danos por ela causados – art. 754.º.

---

[38] Na medida em que derroga a prioridade temporal dos referidos direitos reais de garantia o regime dos privilégios especiais constitui uma excepção à natureza absoluta dos direitos reais.

O direito de retenção pressupõe a verificação de três requisitos:
1.º Detenção lícita de uma coisa que deve ser entregue a outra;
2.º O detentor ser credor da pessoa com direito à entrega;
3.º Existir entre os dois créditos um nexo de causalidade.

O direito de retenção pode recair sobre coisas móveis e imóveis. Neste último caso pode mesmo prevalecer em relação à hipoteca, ainda que esta haja sido registada anteriormente [39] (cfr. art. 759.º n.º 2).

5. DIREITOS REAIS DE AQUISIÇÃO

Consistem na faculdade do respectivo titular poder, autónoma e directamente, adquirir ou constituir um direito real sobre uma determinada coisa.

Tradicionalmente, os exemplos típicos deste tipo de direitos reconduziam-se ao contrato-promessa, com eficácia real, de constituição de direitos reais de gozo ou garantia sobre imóveis ou móveis sujeitos a registo (art. 413.º) e ao direito de preferência legal de aquisição de direitos reais de gozo [40] ou ao direito de preferência convencional, com eficácia real, de aquisição de direitos reais sobre imóveis ou móveis sujeitos a registo (art. 421.º).

Mais recentemente, HENRIQUE MESQUITA procurou demonstrar, com argumentos consistentes, que, em nenhum desses casos, há lugar, em rigor, para se falar em direitos reais de aquisição [41]. Para

---

[39] Valem aqui "mutatis mutandis" as considerações expendidas na nota anterior.

[40] Os exemplos de preferências legais são os seguintes: ligados à aquisição do direito de propriedade (arts. 1380.º, 1550.º; arts. 47.º, 97.º e 116.º do Regime de Arrendamento Urbano aprovado pelo Dec.-Lei n.º 321-B/90 de 15/10; art. 28.º do Regime do Arrendamento Rural, aprovado pelo Dec.-Lei n.º 385/88 de 25/10; art. 24.º do Regime de Arrendamento Florestal, aprovado pelo Dec.-Lei n.º 394/88 de 8/11); ligados à aquisição da quota de comproprietário (art. 1409.º); ligados à aquisição de quinhão hereditário (art. 2130.º); ligados à aquisição do direito de superfície (art. 1535.º).

[41] O desenvolvimento desta difícil controvérsia dogmática não cabe na economia e nos objectivos deste trabalho. Remetemos por isso para a profunda análise que sobre o tema desenvolve HENRIQUE MESQUITA na sua dissertação de doutoramento, já várias vezes citada, *Obrigações reais e ónus reais*, pp. 187 e ss.

o autor, no caso do contrato-promessa, há um direito de crédito oponível a terceiros em virtude do registo e, no caso da preferência, há um direito prioritário, não real, que se traduz, de modo imediato, na aquisição da qualidade de parte ou sujeito de determinado contrato [42].

---

[42] Face a esta posição o interesse da figura de direitos reais de aquisição sai claramente enfraquecido. Para HENRIQUE MESQUITA, ob. ult. cit. p. 189, (nota), a figura ainda servirá, residualmente, para qualificar e enquadrar as situações previstas nos arts. 1333 n.º 1, 1341.º, 2ª parte, 1343.º n.º 1, 1551.º n.º 1 e 2103.º-A n.º 1. Certo é, porém, para o autor o entendimento de que não se poderá falar desta figura nos casos em que esteja em causa o exercício de um mero poder legal (v.g. ocupação de coisas móveis "nullius" – art. 1318.º) ou o exercício de uma simples faculdade, incluída no conteúdo inderrogável de certo direito (v.g. os poderes conferidos ao proprietário pelos arts. 1370.º e 1550.º) – cfr. ob. cit., pp. 188/189 (nota).

Bibliografia

ASCENSÃO, Oliveira
- *Direito Civil-Reais*, 5.ª ed., Coimbra, 1993
- *As relações jurídicas reais*, Lisboa, 1962 (dissertação de doutoramento)

BASTOS, Rodrigues
- *Direito das Coisas*, Vols. I a V, 1975

CARVALHO, Orlando de
- *Introdução à posse*, Revista da Legislação e Jurisprudência (RLJ), 122.° (1989), 65-69, 104-108, 262-266, 292-294, 123.° (1990) 72-74, 123.° (1991) 353-355 e 124.° (1992), 259-264 e 292-294
- *Direito das Coisas*, Coimbra, 1977

CORDEIRO, Menezes
- *A Posse: perspectivas dogmáticas actuais*, Almedina, 1997
- *Direitos Reais*, Lex, Lisboa, 1993 (Reprint)
- *Evolução juriscientífica e Direitos Reais*, in Estudos de Direito Civil, vol. I, pp. 201 e ss. Almedina, 1991

CORREIA, Ferrer
- *Da responsabilidade do terceiro que coopera com o devedor na violação de um pacto de preferência*, Revista de Legislação e Jurisprudência, ano 98.°, pp. 355 e ss. e pp. 369 e ss

CORREIA, Ferrer/XAVIER, Vasco
- *Efeitos externo das obrigações; abuso do direito; concorrência desleal*, Revista de Direito e Economia, ano V, n.° 1, pp. 3 e ss

FERNANDES, Luís Carvalho
- *Lições de Direitos Reais*, Quid Juris Ed., 1996

GONÇALVES, Cunha
- *Da propriedade e da posse*, ed. Ática, Lisboa, 1952

GONÇALVES, A. Penha
- *Curso de Direitos Reais*, 2.ª ed., Lisboa, 1993

HERNANDEZ-GIL, Antonio
- *Obras Completas*, tomo II (La Posession), tomo IV (Derechos Reales e Derecho de Sucessiones), Madrid, 1989

LARENZ, Karl
- *Allgemeiner Teil des deutschen bürgerlichen Rechts*, Ein Lehrbuch, München, 1989

LIMA, Pires de/VARELA, Antunes
- *Código Civil Anotado*, vol. I, 4.ª ed. (com a colaboração de Henrique Mesquita), Coimbra. 1987; vol. II, 3.ª ed., Coimbra, 1986; vol. III, 2.ª ed. (com a colaboração de Henrique Mesquita), Coimbra, 1987

MENDES, Isabel Pereira
- *Direito real de habitação periódica*, Almedina, 1993

MESQUITA, Manuel Henrique
- *Direitos Reais*, sumários das lições ao Curso Jurídico de 1966/67, Coimbra, 1967

- *Obrigações reais e ónus reais*, Almedina, 1990 (dissertação de doutoramento)
- *A propriedade horizontal no Código Civil português*, Revista de Direito e de Estudos Sociais, 1976, pp. 79 e ss.
- *Uma nova figura real: o direito de habitação periódica*, Revista de Direito e Economia, VIII, 1982, pp. 39 e ss

PINTO, Mota
- *Direitos Reais* (lições coligidas por Álvaro Moreira e Carlos Fraga), Almedina, 1972

SCHWAB/PRÜTTING
- *Sachenrecht*, 24.ª ed., C.H. Beck, München, 1993

TRABUCCHI, Alberto
- *Istituzioni di Diritto Civile*, 33.ª ed., CEDAM, 1992

WIELING, Hans Josef
- *Sachenrecht*, 2.ª ed., Berlin, 1994

CAPÍTULO IV

Direito da Família e das Sucessões

Guilherme de Oliveira
Professor Catedrático da Faculdade de Direito
da Universidade de Coimbra

O Direito da Família é o conjunto de normas que regem as relações jurídicas familiares, considerando-se como tais a relação entre cônjuges, a relação entre parentes, a relação de afinidade e a relação adoptiva.

Não é de estranhar que se fale também do Direito das Sucessões ao lado do Direito da Família. Esta proximidade compreende-se o direito das sucessões ocupa-se da transmissão dos bens por morte e os sucessores costumam ser os familiares.

O Direito da Família e o Direito das Sucessões ocupam os livros quarto e quinto do Código Civil – uma extensa colecção de normas cuja análise se faz na disciplina curricular adequada. Por agora, nesta Introdução, apenas convém sublinhar as grandes regras sobre que assenta todo o regime.

1 – A CELEBRAÇÃO DO CASAMENTO É LIVRE.

A Constituição da República determina que todos têm a liberdade de celebrar casamento, em condições de plena igualdade. Isto significa que o direito de casar é um direito fundamental e, portanto, todas as restrições ao seu exercício têm um carácter excepcional e precisam de se basear na tutela de interesses públicos evidentes.

Os casos mais conhecidos de limitações do direito de celebrar casamento são os que resultam dos chamados impedimentos dirimentes, previstos no código civil. Todos sabem, por exemplo, que os parentes próximos não podem casar entre si, porque o nosso sistema de parentesco rejeita o incesto; também se compreende que uma pessoa casada não tenha o direito de casar segunda vez antes de dissolver o primeiro casamento, porque o nosso direito não admite a bigamia. Para além destes casos mais conhecidos, há ainda outras limitações do direito de casar.

O legislador ordinário não pode prever limitações, em princípio; as limitações só são admissíveis quando o curso do tempo revelar interesses imperiosos que sejam mais fortes do que a manutenção da plena liberdade de casar.

2 – EM PORTUGAL, O CASAMENTO É CATÓLICO OU CIVIL.

O acto do casamento costumava ser disciplinado pela Igreja. Em Portugal isto foi assim até à implantação da República, em 1910.

Hoje, o direito português consagra um regime raro que permite escolher entre o casamento de acordo com a igreja católica ou o casamento laico celebrado pelo conservador do registo civil.

O aspecto mais saliente deste regime está no facto de ele privilegiar a religião católica relativamente a qualquer outra. Na verdade, os nubentes que professem outra religião tem de casar civilmente, na conservatória do registo civil, para que o Estado português os considere casados; a cerimónia religiosa que celebrem segundo uma confissão diferente da católica não terá efeitos jurídicos.

Aquela opção entre o casamento civil e o casamento católico em que assenta o regime português diz respeito, principalmente, à *celebração* do casamento – na Igreja, de acordo com as normas do Código de Direito Canónico, ou na Conservatória, de acordo com o Código Civil.

Quanto aos *efeitos,* e *às formas de dissolução,* em princípio não há opção: o regime é o mesmo para todos os casamentos e é definido pelo Código Civil. Digo "em princípio" porque há excepções que estão previstas no art. 1625° do Código Civil: as questões respeitantes à invalidação do casamento católico e à dispensa do casamento rato e não consumado devem ser apreciadas pelos tribunais e repartições eclesiásticas, que aplicam o Código de Direito Canónico.

3 – A REGULAMENTAÇÃO É IMPERATIVA

Tratando de uma parte do direito civil, pode estranhar-se que o Direito da Família contenha tantas normas imperativas. Mas compreende-se que assim seja, quando pensamos que se regulamentam a celebração e os efeitos de casamento, a constituição e os efeitos das relações pessoais de filiação, de adopção, etc. Trata-se de matérias que envolvem interesses públicos ponderosos, em que todos os Estados intervêem, e que não podiam ficar sujeitas à livre contratação como se fossem uma compra e venda ou uma empreitada.

Porém, alguns sectores do Direito da Família seguem em grande parte o modelo liberal característico do direito civil, que dá relevo à vontade privada dos sujeitos das relações familiares: é o caso das relações patrimoniais entre os cônjuges.

O exemplo mais nítido deste reencontro da liberdade negocial na esfera patrimonial está na escolha do regime de bens do casamento. Os nubentes podem escolher com plena liberdade o regime que valerá no seu casamento; podem mesmo inventar um regime que nenhum outro casal use.

O nosso direito estabelece, porém, uma restrição importante: depois do casamento, o regime de bens não pode ser mudado. Os países estrangeiros mais conhecidos foram abandonando esta norma da imutabilidade dos regimes de bens, supondo que os interesses económicos dos cônjuges evoluem e podem reclamar mudanças, ainda que estas mudanças tenham os seus custos. Mas o nosso art. 1714.º permanece em vigor.

4 – OS CÔNJUGES SÃO IGUAIS PERANTE A LEI

O Direito da Família anterior a 1976 estava baseado na supremacia do marido, que era considerado o "chefe da família" e tinha o poder de decisão nos assuntos de interesse comum. O "poder marital" impunha-se à mulher enquanto cônjuge e enquanto mãe porque o poder paternal também era só exercido pelo pai, cabendo à mãe apenas ser ouvida. O estatuto jurídico dos cônjuges era, portanto, diferente, embora a mulher dispusesse de alguma autonomia, no âmbito do chamado "governo doméstico".

A Constituição de 1976 impôs o princípio da igualdade jurídica dos cônjuges e, automaticamente, as regras desigualitárias do Código Civil deixaram de poder ser aplicadas. A Reforma de 1977 fez-se rapidamente para introduzir na lei ordinária normas compatíveis com o regime constitucional.

Desde então, o Direito da Família prevê normas que atribuem ao marido e à mulher um estatuto jurídico idêntico, sem repartição de papéis dentro do casal ou relativamente aos filhos.

O princípio fundamental encontra-se no art. 1672.º, n.º 1: os cônjuges dirigem em conjunto a vida conjugal comum.

Deste princípio básico pode concluir-se que a lei reconhece uma esfera de actividade comum ao lado de uma esfera de vida particular de cada cônjuge.

Por outro lado, o regime da responsabilidade conjunta gera o problema dos desentendimentos, que o regime anterior não suscitava. O legislador podia ter seguido o caminho fácil de permitir a qualquer dos cônjuges o acesso ao tribunal, para que o juiz dirimisse qualquer diferendo; mas preferiu reservar esse caminho só para questões de grande importância, deixando que, para as outras, o tempo e os outros mecanismos de regulação social e familiar promovam a descoberta da solução.

O princípio da igualdade dos cônjuges, definido a propósito dos assuntos de natureza geral e pessoal, também se percebe nitidamente nos regimes sobre a administração dos bens ou sobre os poderes dos cônjuges para alienar ou onerar bens.

5 – O INSTITUTO DO DIVÓRCIO APLICA-SE A TODOS OS CASAMENTOS.

Depois de antigas e apaixonadas discussões acerca da introdução do divórcio no direito português, as leis da 1.ª República reconheceram-no, ao mesmo tempo que consagravam o casamento civil como a única forma de matrimónio relevante.

A Igreja e o direito canónico não admitem a dissolução dos matrimónios católicos; o casamento é um sacramento e não se dissolve.

A Concordata entre Portugal e a Santa Sé, de 1940, impôs esta regra: estabeleceu que os casados canonicamente não podiam pedir o divórcio. Foi assim que passaram a vigorar dois regimes: os casados civilmente podia divorciar-se, mas o casados catolicamente não podiam ir além da separação judicial de pessoas e de bens.

Em 1975, os Estados subscritores daquele acordo emendaram-no de tal modo que, hoje, os casados catolicamente já podem pedir o divórcio nos tribunais, nos mesmos termos que os casados civilmente.

6 – RESPEITA-SE A VERDADE BIOLÓGICA DOS VÍNCULOS DE FILIAÇÃO

Seguindo uma tendência internacional, o direito português da filiação sofreu alterações em 1977.

A ideia básica de todas as modificações pode resumir-se deste modo: o direito português considera como filho, como mãe e como pai, os descendentes e os progenitores biológicos.

E não era assim no direito anterior? Nem sempre. Por vezes o modo como alguns institutos estavam configurados não permitia revelar a verdade. Por exemplo: era muito difícil impugnar a paternidade de um marido, mesmo quando era altamente provável que ele não fosse o progenitor real de um certo filho, como era muito difícil condenar um indivíduo a assumir o estatuto de pai fora do casamento, embora houvesse graves indícios de que ele fora o responsável pela concepção de um filho.

Os aspectos do regime anterior que dificultavam a prova da verdade biológica foram quase totalmente eliminados pela Reforma de 1977. Quase não há restrições para além das dificuldades compreensíveis, tratando-se de demonstrar um facto discreto ou secreto; e estas dificuldades têm vindo a diminuir, graças aos progressos dos meios técnico-laboratoriais.

Quanto aos meios de prova, o art. 1801.º do Código Civil fez uma proclamação de fé nas capacidades técnicas, afirmando que são admitidos todos os meios "cientificamente comprovados". Pode dizer-se que esta norma não acrescenta nada aquelas que já previam o uso de provas periciais; mas tem o valor de uma afirmação do princípio do respeito pelos progressos técnicos, mostrando as intenções dos autores da Reforma de 1977.

7 – OS MEIOS DE ESTABELECIMENTO DA PATERNIDADE E DA MATERNIDADE SÃO TAXATIVOS

Os meios de estabelecer aos vínculos de família são taxativos. Isto é: duas pessoas tornam-se pai e filho, mãe e filho, cônjuges, adoptante e adoptado – ou deixam de ter esse vínculo – através dos processos previstos imperativamente na lei. Os efeitos jurídicos de

Direito da Família não se atingem senão pelos meios rigorosamente previstos na lei.

É por esta razão que não se pode invocar o princípio da liberdade contratual para produzir efeitos relevantes, à margem daqueles procedimentos. Por exemplo: uma mulher não se pode tornar mãe de uma criança com base num contrato que celebrou com outra mulher que gerou o filho e o deu à luz; nem a mulher gestadora é obrigada a entregar o filho, nem o contrato constitui uma base idónea para justificar o reconhecimento do estatuto de mãe à primeira contraente. Outro exemplo: um casal não adquire o estatuto de casal adoptante só porque passou a tomar conta de uma criança, informalmente e com a melhor das intenções; é forçoso seguir o processo de adopção, que visa dar garantias sobre o futuro da criança.

8 – OS FILHOS TEM TODOS O MESMO ESTATUTO JURÍDICO

O direito anterior à Constituição de 1976 previa a regra de que os filhos chamados "legítimos" (nascidos dentro do casamento) tinham um estatuto superior aos outros – os chamados "ilegítimos". Esta diferença de estatuto notava-se mais quando se tratava de herdar os bens dos pais: os "ilegítimos" recebiam apenas metade do que cabia aos "legítimos".

A Lei fundamental de 1976 e, logo a seguir, a Reforma do Código Civil de 1977 preferiram a ideia de que os filhos nascidos do casamento e os filhos nascidos fora do casamento devem ter o mesmo estatuto jurídico, isto é, os mesmos direitos e os mesmos deveres relativamente aos seus progenitores.

A tradição antiga e violenta de discriminação parecia tão contrária ao legislador da época que foi proibida a própria utilização das palavras depreciativas, em documento oficiais.

9 – OS PAIS SÃO TITULARES DO PODER PATERNAL

Esta regra vale para sublinhar que são os pais que têm o poder de representar os filhos e de mandar neles. Ou seja: não é o Estado, ou qualquer outro ente público, que toma as decisões que convêem aos menores. Esta regra também vale para afirmar que os menores devem respeitar o poder paternal, ou seja, têm o dever de obedecer aos pais.

Em consequência desta regra, os pais têm o direito de que os filhos vivam com eles ou sob a sua autoridade; estas são as condições básicas para que os pais exerçam o poder paternal.

Os casos em que os filhos são retirados da autoridade dos pais são sempre considerados como excepção, têm de se basear em motivos ponderosos e a decisão é reservada para um tribunal.

10 – RECONHECE-SE A AUTONOMIA DOS MENORES

Está bem assente na doutrina contemporânea que o poder paternal é um direito que se atribui aos pais para que estes o exerçam no interesse dos filhos. Daqui resulta logo que a pessoa do filho menor justifica o direito do pai e condiciona todo o seu exercício; só exerce bem o poder paternal o pai que pensa sobretudo nas conveniências do filho menor.

Esta ideia vaga, se fosse bem aplicada, já permitiria dizer que a atitude do pai em relação a um filho de cinco anos não pode ser a mesma que convém a um filho com dezasseis anos: o pai tem de ser mais discreto, neste caso, e tem de ponderar a vontade do menor.

Mas o direito português, em 1977, quis acentuar a necessidade de respeitar a autonomia dos menores – que se adquire com o curso dos anos e com a participação cada vez mais rápida na vida cívica. Assim, o art. 1878.°, n.° 2, determina que os pais devem ter em conta a opinião dos filhos nos assuntos familiares importantes e devem "reconhecer-lhes autonomia na organização da própria vida". Nesta linha de orientação, o art. 1886.° determina que os menores que tiverem atingido os dezasseis anos podem escolher a confissão religiosa sem interferência dos pais.

1.1. A propriedade é transmissível por morte

O Direito das Sucessões assenta na regra constitucional de que o direito de propriedade pode ser livremente transmitido por morte. O testamento é o negócio jurídico que serve para determinar esta transmissão.

Mas a trasmissão por morte admite uma grande restricção que resulta da protecção dos chamados "herdeiros legitimários" – cônjuge, descendentes e ascendentes. Esta protecção consiste em dar-lhes um direito de herdar uma parte dos bens do familiar morto; esta parte costuma ser de dois terços, mas em certos casos é de metade ou de um terço dos bens.

Assim, nos casos vulgares de sucessão por morte há um parte da herança que fica atribuida necessariamente aos herdeiros legitimários e outra parte que pode ser deixada a qualquer pessoa. Sabemos que quase sempre o cônjuge e os filhos herdam tudo; mas isto só acontece porque o familiar morto não exerceu o direito de deixar uma parte dos bens a outra pessoa qualquer.

1.2. Os herdeiros legitimários são especialmente protegidos

A protecção dos herdeiros legitimários é muito forte.

Já vimos no número anterior que ela impõe uma grande limitação à vontade do familiar morto: ele é obrigado a deixar uma parte dos bens a estes familiares mais próximos.

Além disto, os herdeiros legitimários não são obrigados a aceitar os bens concretos que o familiar morto pretende deixar-lhes para preenchimento da quota legitimária: podem pretender outros bens do património, diferentes dos que foram indicados pelo autor da sucessão.

E para assegurar que os herdeiros legitimários recebem mesmo a parte que lhes está reservada, a lei protege-os contra o risco de o familiar morto fazer liberalidades demasiadas durante a vida ou em testamento, de tal modo que, no momento da morte, já não haja bens suficientes para preencher a tal quota reservada.

Esta protecção especial contra aquele risco faz-se através do instituto da redução das liberalidades inoficiosas. Os herdeiros legitimários que não encontram no espólio do morto uma quantidade de bens suficiente para preencher a quota que a lei lhes reserva, e têm conhecimento de liberalidades feitas a outras pessoas que diminuiram o património, podem exigir dessas pessoas a restituição dos bens necessários para o preenchimento da sua quota legitimária.

1.3. O cônjuge sobrevivo é o herdeiro mais favorecido

Na sequência de um movimento partilhado por vários sistemas jurídicos europeus – que reconheceu um grande valor à família conjugal, em detrimento da família de sangue – a Reforma do Código Civil, em 1977, retirou a primazia aos consanguíneos e deu uma posição vantajosa ao cônjuge sobrevivo.

O cônjuge sobrevivo divide a herança com os filhos, por cabeça; mas se os filhos forem quatro ou mais, ele tem direito a uma quarta parte do total e os filhos dividem o resto, por cabeça.

O cônjuge sobrevivo não está obrigado a contabilizar as liberalidades que tenha recebido em vida do autor da sucessão. Pelo contrário, os filhos têm de trazer à colação as liberalidades que tenham recebido; estes valores são tratados como adiantamentos do que eles haviam de receber por morte e, assim, os filhos terão direito de exigir menos do património hereditário.

O cônjuge sobrevivo tem o direito de ficar com a casa de morada da família e com o respectivo recheio. Quando estes bens não lhe couberem em propriedade segundo o livre acordo das partilhas, a lei dá--lhe um direito real limitado de gozo – um direito de habitação da casa e um direito de uso do recheio.

CAPÍTULO V

Direito Comercial

Catarina Serra
Assistente do Departamento Autónomo
de Direito da Universidade do Minho

I – NOÇÃO E OBJECTO DO DIREITO COMERCIAL

O Direito Comercial é um ramo do direito privado que se aplica a um grupo particular de relações jurídicas. Costuma, por isso, dizer-se que o Direito Comercial é um direito *especial* e se contrapõe ao Direito Civil, que é o direito *comum* ou *geral*. Em que reside, então, a sua especialidade? Que particularidades caracterizam o grupo de relações jurídicas a que ele se aplica? Ou seja, qual é o seu objecto?

A delimitação do objecto do Direito Comercial passa pela dilucidação da palavra *comércio*, que deriva etimologicamente da expressão latina *comutatio mercium* (*i.e.*, troca de mercadorias). Ao longo dos tempos, porém, muitos outros significados se lhe foram atribuindo, não sendo hoje possível fixarmo-nos numa noção unívoca.

De entre outras, é possível destacar uma *noção económica*. Segundo ela, o comércio é o conjunto de actividades relativo à circulação dos bens ou de mediação entre a produção e o consumo, ou seja, de actividades intermediárias. Deve, contudo, salientar-se que não é neste sentido que deve entender-se o objecto do Direito Comercial. Se não, vejamos. Os economistas classificam as actividades económicas em três sectores: o sector primário, que compreende a agricultura, a sivicultura, a pecuária, a caça, a pesca e as indústrias extractivas; o sector secundário, que agrupa o artesanato e as indústrias transformadoras; e o sector terciário, em que se insere o comércio (no sentido referido) e as actividades de prestação de serviços (profissões liberais, hotelaria, seguros, *etc.*).

Ora, por um lado, o Direito Comercial não regula apenas o comércio em sentido económico, mas também outras actividades integradas no sector primário (*v.g.*, pesca) e no sector secundário (*v.g.*, indústrias transformadoras). Por isto, a noção económica de comércio seria insuficiente. Por outro lado, nem todo o direito aplicável ao comércio assim definido é Direito Comercial. Com efeito, há aspectos relativos ao comércio que solicitam a intervenção de outros ramos do direito (v.g., o Direito Fiscal, o Direito Administrativo, o Direito Penal, o Direito Constitucional). Por isto, a noção económica de comércio seria excessivamente ampla.

Não pode, portanto, afirmar-se que o Direito Comercial é o direito regulador do comércio entendido em sentido económico, mas nem por isso se pode afirmar que este entendimento lhe é absolutamente indiferente. Como poderá, então, definir-se o Direito Comercial? Sem prejuízo de ulteriores esclarecimentos, podemos assentar em que o Direito Comercial é "aquele ramo do direito privado que, historicamente constituído e autonomizado para reger as relações dos comerciantes relativas ao seu comércio, e visando ainda hoje principalmente a satisfação das necessidades peculiares a este sector da vida económica, se aplica também a outras formas de actividade humana, que – aliás por força de razões heterogéneas – se entende haver conveniência em sujeitar à mesma disciplina jurídica"[1].

Só estaremos habilitados a compreender plenamente todos os aspectos da noção acabada de formular se conhecermos a génese e a evolução histórica do Direito Comercial.

II – EVOLUÇÃO HISTÓRICA DO DIREITO COMERCIAL (BREVE ESBOÇO)

Na Antiguidade não há vestígios significativos de qualquer disciplina jurídica a que possa fazer-se corresponder o Direito Comercial. No Direito Romano, as (poucas) regras relativas ao comércio (sobretudo ao comércio marítimo) existentes encontravam-se incorporadas no *ius commune*. A este facto não é alheia a circunstância de, até aqui, a vida económica se concentrar quase exclusivamente na actividade agrícola.

É, assim, apenas na Idade Média que o Direito Comercial surge como ramo independente do direito privado. O ambiente de "paz senhorial" propiciou a expansão comercial de algumas cidades italianas e flamengas (cidades-mercado) e o desenvolvimento de um

---

[1] Cfr. FERRER CORREIA, *Lições de Direito Comercial*, vol. I, Coimbra, Universidade de Coimbra, 1973, p. 8.

grupo de pessoas dedicadas ao comércio: os mercadores, que viajavam de mercado em mercado, sendo por isso conhecidos em Inglaterra por "piedpowers" (*i.e.*, pés poeirentos). Eram eles que efectuavam o fornecimento dos produtos alimentícios e, em geral, dos bens de primeira necessidade nos *mercados* e que, por isso mesmo, desde o século XII, os senhores tentavam atrair às suas terras. Eram eles que acorriam e animavam as *feiras*, que participavam nessas concentrações periódicas de comerciantes de carácter internacional, transaccionando mercadorias por grosso. Já então os mercadores tinham livros de contas, o que os distinguia dos transportadores [2].

A implantação, por genoveses e florentinos, da letra de câmbio, o aperfeiçoamento dos meios de contabilidade, a adopção do seguro marítimo, enfim, a adopção de novos costumes e práticas e as profundas transformações do final do século XIII (com a sedentarização do comércio) em que tudo isso culmina reclamavam uma disciplina jurídica própria, aplicável às relações jurídicas comerciais.

E como se caracterizava o Direito Comercial medieval? Caracterizava-se como um direito *profissional*, *corporativo*, *autónomo*, de origem *consuetudinária* e tendência *internacional*. *Profissional*, *corporativo* e *autónomo* porque ele nasce, à margem do direito comum, nas corporações medievais da Itália e da Flandres, sob a forma de regulamentos de profissão aplicáveis apenas aos seus membros e se apresenta como um verdadeiro *ius mercatorum*; de origem *consuetudinária* porque o seu desenvolvimento se deve à interpretação do "uso mercantil" levada a cabo pelos *consules mercatorum*, quando dirimiam os litígios surgidos entre os mercadores membros da corporação; de tendência *internacional* devido ao pendor do comércio medieval [3].

Já na Idade Moderna, o carácter autónomo do Direito Comercial começa a diluir-se face à centralização no Estado das fontes de direito. No século XVII, pela primeira vez, tenta-se a codificação de regras comerciais. São elaboradas no reinado de Luís XIV, por iniciativa do ministro Colbert, as duas primeiras compilações gerais de Direito

---

[2] Para uma caracterização económica da Idade Média, cfr. VASQUEZ DE PRADA, *História Económica Mundial*, I, Porto, Livraria Civilização Editora, 1982, pp. 143 e ss. e 149 e ss..

[3] Sobre o Direito Comercial como direito de classe cfr. FRANCESCO GALGANO, *História do Direito Comercial*, Lisboa, Signo Editores, 1980, pp. 37 e ss..

Mercantil: as *Ordonnances* sobre o comércio terrestre (1673) e sobre o comércio marítimo (1681). Durante este período, no entanto, o Direito Comercial conservou a sua índole profissional, ou seja, ele continuou a ser o direito de um especial grupo de pessoas, só vindo efectivamente a perdê-la com a Revolução Francesa.

A ideologia revolucionária, inconciliável com a concepção do Direito Comercial como um direito de classe determinou, então, que no primeiro código comercial (francês), o *Code de Commerce* de 1807, o critério de aplicabilidade da lei comercial, e, consequentemente, da sua distinção relativamente ao direito comum, passasse a ser, já não a qualidade do sujeito interveniente na relação jurídica (comerciante ou não-comerciante), mas a natureza ou a matéria da relação jurídica em si (comercial ou não comercial). O Direito Comercial deixa, assim, de ser o direito dos *comerciantes* (concepção *subjectivista*) para passar a ser o direito dos *actos de comércio* (concepção *objectivista*), seja quem for a pessoa que os pratique. Esta nova tendência veio, naturalmente, propagar-se a outros ordenamentos jurídicos europeus, que, sob influência do código francês, vieram a consagrá-la, como no caso dos códigos comerciais espanhóis de 1829 e, ainda mais acentuadamente, de 1885 e do código comercial italiano de 1882.

Todavia, nem todos os ordenamentos jurídicos da altura adoptaram esta concepção de Direito Comercial. O código comercial alemão, o *Handelsgesetzbuch* (*HGB*) de 1897, reanimou, à sua maneira, a visão subjectivista do Direito Comercial[4], no que veio a ser genericamente seguido pelo código civil italiano (*Codice Civile*) de 1942[5].

---

[4] Sobre as particularidades do *HGB* cfr. FERRER CORREIA, "Sobre a projectada reforma da legislação comercial portuguesa", in: *Temas de Direito Comercial e de Direito Internacional Privado*, Coimbra, Almedina, 1989, p. 29-31.

[5] Deve notar-se que, em 1942, o ordenamento jurídico italiano procedeu à unificação sistemática do direito privado, passando as normas comerciais a estar contidas, juntamente com as normas civis, num único e mesmo código, o *Codice Civile* (ainda hoje vigente). Continua, contudo, o Direito Comercial italiano a gozar de autonomia científica, não tendo correspondido à unificação dos códigos de direito privado uma unificação científica. Sobre a distinção entre a unificação formal ou sistemática – questão de técnica legislativa – e a unificação científica – questão científica – cfr. FERRER CORREIA, *Lições*..., *cit.*, p. 23 (nota 1). Sobre as razões que presidiram à unificação dos códigos italianos de direito privado cfr. FRANCESCO GALGANO, *op. cit.*, pp. 103 e ss..

Este último veio deslocar claramente o núcleo do Direito Comercial, na sua versão subjectivista, dos comerciantes para a *empresa*. O comerciante, *rectius*, o empresário (*imprenditore*) – diz-se no art. 2082.º do *Codice Civile* – é aquele que exerce profissionalmente uma actividade económica organizada com vista à produção ou troca de bens e serviços.

Em que se traduz tudo isto?

III – AS CONCEPÇÕES DO DIREITO COMERCIAL E O PROBLEMA DA AUTONOMIA DO DIREITO COMERCIAL

De tudo isto podemos concluir que as diversas manifestações do Direito Comercial desde a Idade Média até ao século XX se reconduzem *grosso modo* a duas concepções: a subjectivista e a objectivista.

Segundo a concepção *subjectivista*, que, como tivemos ocasião de ver, é aquela que está na base da génese histórica do Direito Comercial, o âmbito de aplicação do Direito Comercial assenta na qualidade de quem pratica os actos. Serão, portanto, actos comerciais os actos dos sujeitos comerciantes.

Segundo a concepção *objectivista*, surgida com as transformações ideológicas do século XVIII, a aplicabilidade do Direito Comercial deve aferir-se por um critério objectivo independente da qualidade dos sujeitos. Bastará, assim, para qualificar os actos como actos comerciais que eles tenham uma essência comercial, não importando apreciar se quem os pratica é comerciante ou não.

Ora, apesar de aparentemente antagónicas, o que é certo é que, depois de uma análise atenta, verificamos que a concepção subjectivista e a concepção objectivista não sobrevivem sem o recurso de uma à outra. Com efeito, a primeira, ao identificar os actos comerciais com os actos dos comerciantes, depara com um obstáculo: é que nem todos os actos dos comerciantes são, em rigor, comerciais; os comerciantes, como quaisquer outros sujeitos, praticam actos de índole pessoal (*v.g.*, o casamento, a perfilhação, a adopção) cuja qualificação como actos comerciais é inadmissível. Haverá, então, necessidade de seleccionar os actos dos comerciantes que têm causa mercantil; não são todos os actos dos comerciantes que são comerciais, só o são os que tiverem causa mercantil. Isto conduz, por sua vez, à necessidade de erigir um critério diverso (objectivo) daquele que constituíu o ponto de partida da concepção subjectivista. O mesmo é dizer-se: o critério da qualidade do sujeito é insuficiente; então, o que são actos do comércio?

Por outro lado, também a concepção objectivista depara com algumas dificuldades. Segundo esta óptica, são comerciais os actos considerados como tais pelo legislador, atendendo à sua natureza. Não pode, todavia, ignorar-se que quem pratica reiteradamente os actos comerciais assim definidos adquire a qualidade de comerciante, logo, inevitavelmente, os actos comerciais acabam por (tendencialmente) identificar-se com os actos dos comerciantes. Além disso, a construção de um conceito unitário de actos do comércio apresenta-se como uma tarefa com insuperáveis dificuldades práticas, dado o carácter heterogéneo e mutável das diversas actividades reguladas nas leis comerciais.

O que até aqui se disse não compromete o facto de entre ambas as concepções existirem diferenças importantes. A mais essencial delas é a circunstância de a concepção subjectivista não admitir aquilo a que se chama actos comerciais *avulsos* ou *isolados*, ao contrário da concepção objectivista, que, uma vez que não atribui importância à qualidade do sujeito, pode acolher como comerciais todos os actos praticados ocasionalmente por qualquer pessoa, desde que pertençam a um dos tipos regulados na lei comercial. Esta concepção é, portanto, mais ampla do que aquela.

Apesar da distinção, parece irrecusável a conclusão, em primeiro lugar, de que não são defensáveis, quanto ao Direito Comercial, sistemas puros e, em segundo lugar (*et pour cause*), de que nenhum deles dispensa uma referência ao outro, existindo entre eles importantes pontos de contacto. E isto é tanto mais inevitável quanto, se é verdade que a tese subjectivista pressupõe a definição objectiva dos actos de comércio, a consagração absoluta da tese objectivista, além de outros obstáculos já referidos, conduziria, *in extremis*, à supressão do Direito Comercial como direito autónomo, ou seja, à uniformização da disciplina jurídica das relações privadas. Como?

Segundo alguns, a impossibilidade de a concepção objectivista fixar um conceito de actos comerciais e o facto de ela tomar em consideração os actos avulsos ou isolados de comércio – relativamente aos quais alguma doutrina sempre duvidou que fosse necessária uma disciplina jurídica própria – põe em risco a subsistência do Direito

Comercial como ramo do direito privado cientificamente distinto do Direito Civil. Na base deste entendimento estava a consideração de que tanto a progressiva "comercialização" do Direito Civil como a gradual generalização ou "comunização" de alguns institutos tipicamente comerciais a outros domínios da vida jurídica (*v.g.*, a letra de câmbio e os tipos de sociedades) acabariam por desencadear a homogeneização do direito privado e a diluição dos interesses específicos que justificaram historicamente a autonomia do Direito Comercial[6].

Para contrariar esta tendência, tentaram outros ressuscitar os entendimentos subjectivistas, colmatando as suas insuficiências com construções novas. É nesta orientação que se insere, em primeiro lugar, a posição de Philip Heck, que afirma que o comércio é a prática de *actos em massa* (prenunciando a visão do Direito Comercial como direito da empresa na medida em que a realização de *actos em massa* pressupunha e exigia uma organização adequada – a *empresa*), e, em segundo lugar, a solução do *Codice Civile* de 1942, que identifica claramente o âmbito do Direito Comercial com os actos associados à exploração de uma *empresa*.

Mas nem estas concepções são isentas de dificuldades. Com efeito, desde logo, o Direito Comercial como direito da empresa não responde à questão de saber o que é o comércio. Em segundo lugar, essa é uma concepção insuficiente, pois deixa de fora muitas situações que são e devem continuar a ser reguladas pelo Direito Comercial (*v.g.*, letra de câmbio e outros títulos de crédito; operações de bolsa). Finalmente, ela é uma concepção excessivamente ampla, na medida em que a empresa é um fenómeno pluridisciplinar reclamando a intervenção de disciplinas jurídicas não comerciais (*v.g.*, Direito Fiscal, Direito Administrativo, Direito do Trabalho)[7] e mesmo de disciplinas não jurídicas (*v.g.*, Economia, Contabilidade)[8]. É certo que o objecto

---

[6] Acerca do problema da autonomia do Direito Comercial (ou, se quisermos, da unificação do direito privado) cfr. ORLANDO DE CARVALHO, *Critério e Estrutura do Estabelecimento Comercial*, I, Coimbra, 1967, pp. 120-179 (nota 64).

[7] Neste sentido, por todos, VASCO LOBO XAVIER, "Direito Comercial", in: *Polis*, 2, Lisboa, Verbo, 1984, pp. 422-423.

[8] A empresa tem, como bem afirma ORLANDO DE CARVALHO [*Critério...*, cit., pp. 96 e ss. (nota 52)], um "sentido trans-mercantil ou supra-mercantil", ela é uma ideia "sempre mais meta-jurídica do que jurídica" (interpolação nossa).

do Direito Comercial é constituído pela empresa[9], mas nem o objecto do Direito Comercial se esgota na empresa, nem tão-pouco todos os aspectos da empresa são regulados pelo Direito Comercial.

É por isso perfeitamente razoável que algumas ordens jurídicas consagrem, para delimitar o objecto do Direito Comercial, uma concepção *mitigada* de actos de comércio, *i.e.*, uma concepção que procure definir objectivamente os actos de comércio, sem deixar de atribuir às figuras do comerciante e da empresa a devida relevância. Neste grupo se inclui, como veremos, o sistema do Código Comercial português vigente.

IV – A ORIENTAÇÃO DO CÓDIGO COMERCIAL PORTUGUÊS

O ordenamento jurídico português conheceu dois códigos comerciais. O primeiro, denominado Código de Ferreira Borges em homenagem ao seu autor, data de 1833 e desempenhou um papel de relevo na concentração e organização das regras comerciais que até então se tinham ido acumulando sem critério nem ordem. De forte inspiração liberal, este código representava o acolhimento da tese subjectivista, ao delimitar o seu âmbito de aplicabilidade a "operações, actos e obrigações activas e passivas do que exerce o comércio" (cfr. art. IV do Livro I).

As profundas transformações económicas e tecnológicas ocorridas no decurso do século XIX e os intensos movimentos de codificação que foram tendo lugar nos outros ordenamentos jurídicos não deixaram, porém, indiferente o Ministro da Justiça português Veiga Beirão. Sob o seu impulso e sob a inspiração das novas concepções

---

[9] Salientam-se, a este propósito, entre outras, as seguintes afirmações de ORLANDO DE CARVALHO [*Critério...*, *cit.*, p. 120]: "(...) o direito comercial dos novos tempos (...) tende a ser um direito de empresas ou à volta de empresas", de FERRER CORREIA ["Sobre a projectada...", *cit.*, p. 33]: "(...) poderemos dizer, acompanhando Orlando de Carvalho, que o direito comercial deve efectivamente centrar-se na empresa (e no empresário, como é óbvio)", e de RODRIGO URÍA [*Derecho Mercantil*, Madrid, Marcial Pons, 1992, p. 34]: "(...) daí também que, definitivamente, o Direito Comercial (...) não seja mais do que *o direito do empresário e da sua actividade no comércio*" (itálicos do A.).

do Direito Comercial entretanto conhecidas, inicia-se um processo de revisão do código que vem a desembocar, em 1888, num novo código comercial, o Código Comercial de Veiga Beirão. É este código que ainda hoje nos rege. E qual é a sua orientação?

No Código Comercial vigente, é possível reconhecer as duas tendências fundamentais que o Direito Comercial revestiu ao longo dos tempos. Pode, então, dizer-se que o sistema jurídico-comercial português actual é um *sistema misto* ou tem uma *natureza mista*: são actos comerciais, não apenas os actos enumerados especialmente pelo legislador, mas ainda, além destes, todos os actos que, embora não regulados na lei comercial, sejam praticados pelo comerciante no exercício do seu comércio. É isto que resulta *grosso modo* da leitura da norma do art. 2.º do Código.

Esta norma pode dividir-se em duas partes: uma primeira em que se diz que são considerados actos de comércio "todos aqueles que se acharem especialmente regulados neste código"; uma segunda em que se acrescenta que também o são "além deles, todos os contratos e obrigações dos comerciantes, que não forem de natureza exclusivamente civil, se o contrário do próprio acto não resultar". Abstraindo de todas as dúvidas que a redacção menos clara da norma nos suscita, podemos afirmar que na primeira parte se faz uma *enumeração implícita*, identificando-se os actos comerciais por meio de remissão para normas (inominadas) dispersas ao longo do Código, e que na segunda parte está contido aquilo a que se tem vindo a chamar *presunção de comercialidade*, ao partir-se do princípio que são comerciais os actos dos comerciantes (até prova em contrário) [10]. Ou seja, enquanto na primeira parte se tenta definir a matéria (comercial) dos actos de comércio (*objectivismo*) [11], na segunda atenta-se nos sujeitos comerciantes, cujos actos, em certas condições, serão também comerciais (*subjectivismo*).

---

[10] Para a interpretação da norma do art. 2.º do Código Comercial cfr., entre outros, FERRER CORREIA, *Lições...*, cit., pp. 82 e ss.; BRITO CORREIA, *Direito Comercial*, vol. 1.º, Lisboa, AAFDL, 1987, pp. 32 e ss.; PUPO CORREIA, *Direito Comercial*, Lisboa, Universidade Lusíada, 1994, pp. 52 e ss.. Cfr. ainda PINTO FURTADO, *Disposições gerais do Código Comercial*, Coimbra, Almedina, 1984, pp. 16 e ss..

[11] Atente-se igualmente no art. 1.º do Código Comercial.

Mas não é somente o art. 2.º que define a matéria a que a disciplina comercial é aplicável. Há outras normas *qualificadoras* ou *delimitadoras* do Direito Comercial, designadamente os arts. 230.º, 231.º, 366.º, 463.º e 481.º do Código Comercial. De entre estas disposições salienta-se a primeira, que assume particular importância na configuração actual do sistema jurídico-comercial português[12]. Aí se apresenta um elenco de *empresas comerciais*, o que demonstra que o legislador não foi de todo indiferente à concepção do Direito Comercial como *direito da empresa*. Esta norma completa o quadro do nosso Direito Comercial positivo e permite-nos concluir que ele se encontra impregnado de elementos das principais concepções, o que nem sempre facilita a tarefa da sua aplicação prática. Torna-se, por isso, cada vez mais desejável um novo código comercial que, não só confira coerência ao sistema e concentre a abundante legislação comercial extravagante ora existente, como igualmente adeque a disciplina mercantil à realidade actual[13].

V – JUSTIFICAÇÃO ACTUAL DO DIREITO COMERCIAL

Dadas todas estas dificuldades na definição da matéria mercantil, como se pode justificar a autonomia actual do Direito Comercial? Como vimos, apesar das tendências mais recentes de identificação do Direito Comercial com o direito da empresa, não é possível ficar por aí, sob pena de ele perder as razões que sustentam a sua autonomia e a sua unidade. Estamos em crer que, não obstante a fluidez dos critérios

---

[12] Para uma breve apreciação da norma do art. 230.º do Código Comercial cfr. VASCO LOBO XAVIER, *Direito Comercial – sumários*, Coimbra, 1977-1978, pp. 38 e ss. (esp. notas 1 e 2) e 59 e ss..

[13] Afirmou recentemente acerca do Código Comercial vigente ORLANDO DE CARVALHO [*Direito Comercial*, Coimbra, Fora do Texto, 1993, p. 7]: "É esse código que ainda hoje nos rege, impondo-nos um sistema de actos do comércio cuja capacidade de delimitação da matéria mercantil foi sempre pouco menos do que nula e cuja especificidade normativa é cada dia mais ténue, podendo perguntar-se qual o interesse daquela delimitação do ponto de vista do regime ou das necessidades do regime". Para uma breve análise crítica do código face à dispersão actual da legislação comercial cfr. OLIVEIRA ASCENSÃO, *Direito Comercial – Parte Geral*, vol. I, Lisboa, 1986-87, pp. 18 e ss..

delimitadores do seu âmbito de aplicabilidade, o Direito Comercial tem uma forte razão de ser: a tutela dos *interesses comerciais*. Vejamos.

O Direito Comercial tem, desde a sua emergência, alguns caracteres especiais que têm resistido às modificações dos tempos e que são elementos comuns a todas as suas concepções. A eles correpondem interesses particulares que o Direito Comercial sempre procurou assegurar; são eles os interesses do *crédito*, de *celeridade* nas relações jurídicas comerciais e de *segurança* e *firmeza* nas transacções [14].

Em primeiro lugar, sendo o crédito um elemento fundamental de toda a actividade comercial, o Direito Comercial há-de necessariamente assegurar-lhe alguma tutela. É por isso que ele consagra a regra (supletiva) da solidariedade passiva nas obrigações comerciais (cfr. art. 100.º do Código Comercial) e concede ao credor a possibilidade de recurso a meios mais eficazes para fazer valer o seu direito de crédito: o processo concursual de falência [15].

Em segundo lugar, a dinâmica da matéria comercial exige uma disciplina jurídica que facilite a celebração de negócios, nomeadamente através de mecanismos que permitam maior simplicidade e menor formalismo. Exemplo paradigmático destes últimos é a figura dos contratos-tipo ou contratos de adesão, que consistem em esquemas contratuais com estipulações pré-elaboradas e alguns espaços em branco (para os dados pessoais ou particulares) que os sujeitos se limitam a subscrever e a preencher, respectivamente.

Por fim, é preocupação clássica do Direito Comercial a garantia da estabilidade dos negócios jurídicos. Por essa razão a protecção dos terceiros e, sobretudo, da boa fé foi uma constante na história do

---

[14] Acerca destes interesses específicos cfr., entre outros, PEREIRA DE ALMEIDA, *Direito Comercial*, Lisboa, Edição da Associação Académica, 1976-77, pp. 2 e ss..

[15] Deve dizer-se que, actualmente (depois da publicação do DL n.º 132/93, de 23 de Abril, que aprovou o Código dos Processos Especiais de Recuperação da Empresa e de Falência), o processo de falência já não favorece apenas os interesses do crédito comercial, mas do crédito em geral. É que este código vem, ao arrepio da orientação legislativa tradicional, estender o âmbito de aplicabilidade do processo de falência a todos os sujeitos, independentemente da sua qualidade de comerciante; tão falido é um comerciante como um não-comerciante. Isto significa que o recurso a este meio processual deixa de estar na disponibilidade exclusiva dos credores do comerciante, dele tendo passado também a beneficiar os credores do não--comerciante.

Direito Comercial, manifestando-se em matérias tão diversas como, por exemplo, a dos títulos de crédito e a do contrato de sociedade.

Estas três notas caracterizadoras conferem ao Direito Comercial um carácter *especial* e garantem-lhe as razões suficientes para justificar a sua autonomia. São elas que permitem distinguir o Direito Comercial como direito regulador de interesses específicos (os *interesses do comércio*), que permitem reconhecer como comerciais, além dos domínios cuja abrangência pelo Direito Comercial é pacífica (*v.g.*, a disciplina das sociedades comerciais, da defesa da concorrência, o regime da propriedade industrial, da concorrência desleal, da letra de câmbio), matérias de natureza aparentemente mais duvidosa. É ainda por este motivo que, sem grandes hesitações, é possível qualificar como comerciais determinados contratos (*v.g.*, agência, franquia, concessão, *leasing*, *factoring*, *Know-how*, contratos de publicidade) e tratar sob a égide do Direito Comercial certas áreas de actividade em que a confluência de ramos de direito é mais intensa (*v.g.*, actividade de seguros, actividades financeiras, operações de bolsa).

Da exposição feita podemos retirar, a título conclusivo, uma noção de Direito Comercial com algumas correcções à nossa noção preliminar. Diremos, então, que "(...) o direito comercial será aquele específico ramo do direito privado que, centrando-se na empresa ou dela irradiando, abrange ainda todos aqueles domínios em que se faça sentir a necessidade de uma regulamentação autónoma em face dos princípios gerais do direito civil" e que "(...) mesmo na parte em que já não é direito das empresas, deve continuar a desfrutar da sua tradicional autonomia"[16] (interpolação nossa).

VI – FONTES DO DIREITO COMERCIAL

Sobre as formas de constituição e manifestação assumidas pelo Direito Comercial existe alguma discussão. Com efeito, identificar as fontes de um ramo jurídico que cobre uma tão vasta multiplicidade de áreas não constitui tarefa fácil. De qualquer forma, a questão fundamental está em saber se só a lei comercial é fonte do Direito Comercial[17].

---

[16] Cfr. FERRER CORREIA, *Lições...*, *cit.*, pp. 32 e 37 (respectivamente).
[17] Em sentido afirmativo FERRER CORREIA, *Lições...*, *cit.*, p. 48.

Antes de mais, uma breve nota sobre as fontes *internacionais*. Costuma distinguir-se a este propósito as convenções internacionais, as deliberações das organizações internacionais, o costume internacional, a jurisprudência dos tribunais internacionais e a doutrina. Merecem nesta sede especial destaque as fontes de origem comunitária.

No que toca às fontes *internas*, é ponto assente que a fonte prioritária do Direito Comercial, como de qualquer ramo de direito, é a lei no seu sentido mais amplo, *i.e.*, compreendendo a lei fundamental e as leis ordinárias. No caso particular do Direito Comercial reconduziremos imediatamente a esta categoria o *Código Comercial*. No entanto, como sabemos, desde a data da promulgação do Código até à actualidade, muitas das suas normas foram sendo revogadas e a respectiva matéria objecto de disciplina autónoma nos numerosos diplomas que entretanto entraram em vigor. Deste modo, também estas *leis comerciais extravagantes* integrarão o grupo referido. Passemos a enumerar algumas:
- DL n.º 262/86, de 2 de Setembro[18] (Código das Sociedades Comerciais)
- DL n.º 403/86, de 3 de Dezembro[19] (Código de Registo Comercial)
- DL n.º 132/93, de 23 de Abril[20] (Código dos Processos Especiais de Recuperação da Empresa e de Falência)
- DL n.º 16/95, de 24 de Janeiro (Código da Propriedade Industrial)
- Anexo I à Convenção de Genebra, de 7 de Junho de 1930 (Lei Uniforme relativa às letras e livranças)
- Lei n.º 4/73, de 4 de Junho, e DL n.º 430/73, de 25 de Agosto (Agrupamentos complementares de empresas)
- DL n.º 248/86, de 25 de Agosto (Estabelecimento individual de responsabilidade limitada)
- DL n.º 178/86, de 3 de Julho[21] (Contrato de agência)

---

[18] Com as últimas alterações pelos DL n.º 328/95, de 9 de Dezembro, DL n.º 257/96, de 31 de Dezembro, e DL n.º 343/98, de 6 de Novembro.

[19] Com as últimas alterações pelos DL n.º 328/95, de 9 de Dezembro, e DL n.º 257/96, de 31 de Dezembro.

[20] Alterado pelo DL n.º 315/98, de 20 de Outubro.

[21] Alterado pelo DL n.º 118/93, de 13 de Abril.

– DL n.º 231/81, de 28 de Julho (Contratos de consórcio e de associação em participação)

Resta agora saber se existem fontes para lá da lei comercial. O problema desdobra-se fundamentalmente em duas questões autónomas. Serão os *usos* e *costumes* também fontes de Direito Comercial? Será o *Direito Civil* fonte de Direito Comercial?

Comecemos pela primeira. O art. 3.º do Código Comercial, a propósito do critério de integração de lacunas, não indica, de facto, os usos e costumes. Como tudo leva a crer que a omissão é deliberada[22], não parece legítimo duvidar-se que estes não constituem, de facto, fontes de Direito Comercial[23]. Isto não quer dizer que os usos e os costumes comerciais (ou *usos da praça*) sejam absolutamente irrelevantes, sobretudo quando a lei se lhes refere expressamente (cfr. art. 232.º, § 1, art. 269.º, § 2, e 271.º, § único, do Código Comercial). Também eles desempenham o seu papel na realização prática do Direito Comercial. Só que eles não têm força jurídica por si só; a sua vinculatividade advém-lhes directamente do preceito legal que para eles remete a sua própria densificação.

Finalmente, quanto ao Direito Civil, tão-pouco parece aceitável considerá-lo fonte de Direito Comercial. É certo que da leitura do referido art. 3.º pode aparentemente inferir-se conclusão diversa. Ora, como afirmámos de início, o Direito Civil é o direito privado *comum* ou *geral*. Daí que quando a lei solicita a sua intervenção ou o intérprete a considere adequada ante a manifesta insuficiência da lei comercial seja sem prejuízo daquela sua natureza, *i. e*, seja na qualidade de *direito geral subsidiário* que ele efectivamente intervém. Não há, deste modo, por via da aplicação do Direito Civil lugar à criação de normas de Direito Comercial. Daí que se tenha de rejeitar o seu acolhimento como fonte deste direito.

---

[22] Estamos a referir-nos particularmente à circunstância de o nosso legislador se ter inspirado, para a redacção deste preceito, na norma do art. 1.º do Código Comercial italiano de 1882 e de, neste específico ponto, se ter dela afastado, excluindo os usos e costumes dos elementos de integração das lacunas do Código Comercial.

[23] Em sentido contrário BRITO CORREIA, *Direito* ..., *cit.*, p. 111.

TÍTULO IV

Dos Novos Direitos

CAPÍTULO I

Direito do Trabalho

Bernardo da Gama Lobo Xavier
Encarregado de Curso da Faculdade de Direito
da Universidade Católica Portuguesa, Lisboa
Professor Associado Convidado do Departamento
Autónomo de Direito da Universidade do Minho

1 – APARECIMENTO DO DIREITO DO TRABALHO

O Direito do trabalho surgiu no século passado, com a *revolução industrial*. Esta ocasionou o risco de desemprego pelo aperfeiçoamento das máquinas, aliás geradoras de perigosos acidentes, o labor por longas horas num meio desprovido de quaisquer condições de higiene ou de conforto, os baixíssimos salários, a inexistência de qualquer segurança social nos acidentes, no desemprego, na doença e na velhice. São os factores do que se chamou a "incrível miséria da classe operária do século XIX". Surgiu assim a *questão social* e as acções dos trabalhadores (greves e outras formas de conflito), os quais tomam progressivamente consciência da sua própria força e procuram dinamizar a solidariedade de classe por um associacionismo crescente: o *movimento operário*, que se organiza em *sindicatos*, cada vez mais fortes, e se *internacionaliza*.

A força política, ideológica e às vezes revolucionária do movimento operário, a injustiça evidente das condições de vida dos trabalhadores, a necessidade de arbitrar a *luta de classes*, geram a intervenção do Estado e o surgimento do Direito do trabalho.

As intervenções legislativas foram, num primeiro momento, no sentido de eliminar os aspectos mais opressivos e dramáticos do trabalho (trabalho infantil, jornadas de trabalho de duração excessiva, falta de higiene e segurança). Contudo, tornava-se necessário mudar os princípios jurídicos básicos do sistema individualista e liberal do primeiro capitalismo, que assentavam na *proibição do associativismo profissional* (proibição que se julgava contribuir para a perfeição do mercado), no *primado do contrato* e, portanto, da autonomia da vontade, alicerçada numa ficção de igualdade contratual (que em face da desigualdade económica provocava a "ditadura contratual" do patrão perante o trabalhador isolado e carenciado) e na *propriedade da empresa* (de que resultava encarar-se o trabalho como mero factor de produção).

O Direito do trabalho exprime precisamente uma mudança radical do Ordenamento nesta matéria e surge quando se aceitam juridicamente as associações profissionais de trabalhadores (sindicatos) e os seus direitos ao conflito (greve) e à negociação em representação da classe (contrato colectivo), restabelecendo-se assim uma *relativa paridade de forças entre as classes*, e quando se restringem largamente os princípios civílisticos da propriedade e da autonomia da vontade, submetendo o contrato de trabalho a um conjunto especial de normas de ordem pública *para tutelar a posição dos trabalhadores.*

2 – NOÇÃO E PRINCÍPIOS FUNDAMENTAIS DO DIREITO DO TRABALHO.

Este contexto explica bem os princípios fundamentais do Direito do trabalho, que pode ser definido *como a parte do Ordenamento constituída pelas norma e princípios que disciplinam as relações de rabalho*:

a) Em primeiro lugar, no Direito do trabalho passa a dominar, normalmente, o princípio da *autonomia colectiva.* O Direito do trabalho estimula a auto-organização (em sindicatos e associações) e a auto-regulação dos interesses por parte dos grupos contrapostos (de trabalhadores e patrões), os quais, inclusivamente, podem criar normas jurídicas (*convenções colectivas de trabalho*).

O Direito do trabalho legitima também formas colectivas de acção directa e de autotutela, como a *greve*, que não têm paralelo nos outros ramos do Direiro.

b) Depois, passa a considerar-se o *trabalho como um bem indissociável do trabalhador*: o trabalho não é uma mercadoria.

Porque existe uma implicação constante da pessoa no desempenho da prestação do trabalho e se considera a circunstância de a relação de trabalho se desenvolver num ambiente dominado pela entidade empregadora (a que dá ordens ao trabalhador em benefício da empresa), do que resultam a *subordinação jurídica* e situações de restrição à liberdade de quem trabalha, o Direito do trabalho procura atenuar esta subordinação que é inerente à posição do trabalhador. Propõe também a introdução de formas de intervenção ou participação na empresa. Isto leva a que se conceba o trabalhador não apenas como sujeito (e objecto) de um contrato, mas como membro da comunidade empresarial (fala-se, a este propósito e de modo impressivo, de "cidadania na empresa"), com direito a intervir na empresa.

c) Finalmente, o Direito do trabalho pretende realizar um igualdade prática (não apenas jurídico-formal) entre os contraentes. É conhecida a frase de SAVATIER: *"a igualdade jurídica não é mais do que um pobre painel por detrás do qual cresceu a desigualdade social"*.

O Direito do trabalho pretende opor-se a esse desigualdade, criando as condições de uma igualdade prática pela concessão ao trabalhador de um estatuto mínimo legalmente protegido, o que é diverso da óptica paritária tradicional nos contratos.

Esse estatuto mínimo de ordem pública exprime-se em normas que consagram garantias para o trabalhador, – v.g. salários mínimos, férias mínimas, máximos de horas de trabalho – que não podem ser diminuídas nem pela vontade de ambas as partes (a não ser assim, o empregador poderia arranjar maneira de levar o trabalhador a concordar com o afastamento, nas cláusulas do contrato, de tais normas).

3 – IMPORTÂNCIA DO DIREITO DO TRABALHO.

A importância do Direito do trabalho resulta, desde logo, da relevância do seu objecto, *o trabalho*, como expressão da personalidade humana (causa eficiente da transformação do mundo) com enorme significado sócio-económico e político na produção e na criação de utilidades.

Enquanto ramo de Direito que toma por objecto a actividade laboral, o Direito do trabalho diz respeito à quase totalidade dos cidadãos, em termos de se poder afirmar que contém o estatuto comum da população activa. De facto, as regras que compõem o Direito do trabalho regulam um aspecto particularmente relevante da vida da maioria das pessoas. É do trabalho que depende a ocupação do tempo activo das pessoas, o espaço dos seus ócios, o essencial do seu rendimento e posição social, a possibilidade da sua auto-realização. O trabalho, porque se trata – como se diz popularmente – de "um modo de vida", implica-se profundamente na personalidade do próprio trabalhador. Assim se corporiza a dependência económica e jurídica (necessidade de o trabalhador receber um salario para viver, ocupação completa do próprio tempo, inserção permanente numa organização – empresa – dominada por outrem, de quem se recebe ordens e instruções).

O Direito do trabalho, que aparece precisamente para promover uma certa libertação e para criar condições de igualdade entre indivíduos e classes desiguais, vem pautar tal relacionamento por uma detalhada regulamentação normativa, impedindo o esmagamento dos mais fracos (como dizia LACORDAIRE: *"entre rico e o pobre e o forte e o fraco é a lei que liberta e a liberdade que oprime"*).

O relacionamento patrões – trabalhadores estabelece-se de um modo conflitual, envolvendo tensões extremamente graves, com funda repercussão em toda a comunidade. Ora a importância do Direito do trabalho reside também na sua contribuição para a redução de tais tensões, na medida em que visa conseguir directamente um estatuto justo ou estabelecer regras adequadas para resolver ou pelo menos limitar esses mesmos conflitos. O Direito do trabalho tem, por isso, grande relevo para atingir a paz social.

Numa perspectiva empresarial ou económica, é hoje o Direito do trabalho que dá um título jurídico adequado à disponibilidade pelo empresário da prestação do trabalho dos trabalhadores da empresa. Soma-se assim ao Direito civil e ao Direito comercial, que conferem ao empresário poderes sobre os bens do empresa e os factores de produção.

Ainda numa perspectiva económica, a fixação das condições do trabalho pelas normas do Direito do trabalho reflecte-se, em maior ou menor grau, nos custos de produção e no emprego, os quais não resultam, portanto, apenas de condições de mercado. O Direito do trabalho tem, portanto, uma importância fundamental no campo económico para a definição dos custos da produção, dos preços, da distribuição do rendimento e ainda para a estrutura e nível de emprego.

4 – ÂMBITO E CARACTERIZAÇÃO DO DIREITO DO TRABALHO

O Direito do trabalho assume essencialmente como fim a tutela dos trabalhadores, de modo a atingir para estes uma igualdade substancial e prática. Procedendo à caracterização do Direito do trabalho, há que dizer em primeiro lugar que, na medida em que se postula uma disciplina imperativa favorável aos trabalhadores (já que pretende vencer a desigualdade à partida dos sujeitos e classes implicados), tem um *carácter unilateral*.

Põe em causa tradicionais dicotomias da ciência do Direito. É o que sucede relativamente às divisões entre Direito público e Direito privado e entre Direito pessoal e Direito patrimonial, o que se denota examinando o âmbito do Direito do trabalho:

Na verdade, Direito do trabalho integra, desde logo, dois grandes núcleos de normas, o relativo às relações que se estabelecem pelo *contrato de trabalho* entre cada entidade empregadora e cada trabalhador (usualmente designado por *relação individual de trabalho*) e o atinente às relações entre empresas e associações patronais, por um lado, e as organizações representativas dos trabalhadores, por outro (cabendo-lhe a designação de *relação colectiva de trabalho*). Ambos os núcleos, tendo embora uma natureza dominantemente privada, estão carregados de princípios publicísticos e por vezes compartícipam da natureza do Direito público. Um terceiro grande núcleo de Direito do trabalho, que corresponde ao chamado *direito de protecção* (onde cabem as regras – p. ex. de higiene e segurança no trabalho – dirigidas à tutela do trabalhador subordinado, muitas vezes na forma de imposições dirigidas à entidade empregadora, mas, também, ao trabalhador), assumido embora o carácter de Direito público, não deixa de conferir direitos e deveres no domínio das relações contratuais privadas. Em cada um destes grandes capítulos convivem, portanto, traços caracteristicos do *Direito público* e do *Direito privado*.

A legislação do trabalho é vastíssima em todos estes domínios e tem normalmente uma suplementar tutela publicística, já que a sua aplicação é permanentemente vigiada por órgãos próprios do Estado (principalmente a Inspecção do Trabalho) e a sua violação é muitas vezes sancionada pela aplicação de sanções penais e coimas.

Há pois em *Direito administrativo do trabalho* e, para alguns, um *Direito penal do trabalho*. As questões de trabalho estão sujeitas a tribunais de competência especializadas (*Tribunais do trabalho*), sujeitas a regras processuais próprias (*Código de Processo do trabalho*). Por isto se diz que o Direito do trabalho corta transversalmente os vários ramos do Direito.

Também o Direito do trabalho põe em causa a divisão entre *Direito pessoal* e *Direito patrimonial*. Partindo desta classificação, pode dizer-se que o Direito do trabalho se encontra a meio caminho: se, do ponto de vista do empresário, o trabalho tem uma conotação predominantemente patrimonial, ele não pode ser visto meramente como um bem ou como objecto de comércio, já que há que considerar a implicação da pessoa do trabalhador e também as relações comunitárias que se estabelecem na empresa.

Corresponde-lhe assim um *carácter híbrido*, pela presença de *elementos públicos e privados, pessoais e patrimoniais*.

O Direito do trabalho, sendo extramamente *sensível às ideologias*, é também ligado ao *concreto* pelas convenções colectivas, de que resulta um especial *dinamismo*.

5 – O DIREITO DO TRABALHO NO FIM DO SÉCULO XX

A Europa desenvolvida encontra-se dominada pelas preocupações quanto ao *emprego* e quanto à *concorrência internacional*, atribuindo-se responsabilidade às regalias impostas pelo Direito do trabalho, que representam aumentos de custos, geradores de desvantagens competitivas em relação aos países desenvolvidos da América e da Ásia. Daí que se procure um Direito do trabalho mais *flexível* (adaptável às oscilações económicas), mais *desregulamentado* (adaptável aos sectores e às empresas concretas), *concertado* (concertação social pacificante tripartida entre o Estado, as associações patronais e os sindicatos) e *internacionalizado* (requisitos sociais mínimos para a liberdade de comércio internacional, para evitar o chamado "dumping social").

CAPÍTULO II

Os Direitos dos Consumidores

Mário Frota
Professeur à l'Université de Paris XII
Professor do Departamento de Direito
da Universidade Lusíada
Presidente da Associação Portuguesa
de Direito de Consumo
Director do Cento de Estudos
do Direito do Consumo de Coimbra

O consumerismo

Ao modelo económico que se revê na fórmula Smithiana, velha de dois séculos, segundo a qual " o interesse do consumidor é sacrificado, na generalidade, ao do produtor " e (o sistema económico) parece considerar a produção, que não o consumo, como supremo fim e objecto de toda a indústria e de todo o comércio [1], reagiram os consumidores de tal sorte que, de modo consequente, se pode afirmar ter-se desencadeado um movimento a que se deu o nome de consumerismo [2].

O consumerismo [3] é, pois, um fenómeno que, conquanto se lobriguem as suas raízes em finais do século XIX, se insinuou de forma particularmente intensa nos anos sessenta, ao renovarem-se os métodos de intervenção e ao alargar-se o âmbito de intervenção das instituições, de molde a conformarem-se de modo distinto, as relações entre produtores e consumidores.

O consumerismo tornou-se um fenómeno da sociedade, enroupando não só as acções de promoção e de protecção dos consumidores, quer se desenvolvam no seio de instituições públicas, como de associações de particulares, mas também o corpo de ideias, o ideário que lhe subjaz [4].

---

[1] Adam SMITH, *An inquiry into the nature and causes of the wealth of nations*, New York, The Modern Library, 1937, pág. 625.

[2] Michelle RUFFLAT, *Contre pouvoir consommateur aux États-Unis*, PUF, Paris, 1984, pág. 38.

[3] O *consumerismo* contradistingue-se do *consumismo*, já que a acepção em que o último dos conceitos é tomado é a do consumo infrene, descontrolado, irracional, desequilibrado, em total cedência aos embustes do mercado e às formas agressivas de que no mercado se lança mão para levar a que o consumidor não escape ao cerco que se lhe move.

[4] Michelle RUFFLAT, *op. cit.*, pág. 40.

Os efeitos emergentes são notáveis: a amplitude dos resultados no plano legislativo na década de 1965/1975 e em múltiplos domínios – da segurança automóvel à informação das operações de crédito ao consumo, à rotulagem e etiquetagem, como à evolução das tecnologias na distribuição em massa dos produtos – é inequívoca expressão de uma tal realidade.

O "movimento consumidor" está, pois, na génese de um incomensurável número de medidas, de natureza administrativa, como legislativa e institucional.

O movimento de consumidores é, no entanto, susceptível de se projectar, na esteira de Kotler[5] e de harmonia com Zülzke[6], em quatro períodos marcantes, assentes em determinadas coordenadas:

o primeiro – de finais do século XIX, de forma algo incipiente, à década de vinte, caracterizado, nos Estados Unidos, pela subida em flecha dos produtos, por condições degradantes na indústria da carne e por delicados problemas na produção, distribuição e dispensa de medicamentos (éticos), o que originou a criação da N. Y. Consumers League, da National Consumers League e de instituições como a Meat Inspection Act (1906), o Pure Food and Drug Act (1906) e a Federal Trading Commission (1914);

o segundo – decorre até finais dos anos quarenta e tem como cenários a "depressão e o surgimento na Europa e no Novo Mundo de laboratórios e institutos de qualidade";

o terceiro – até aos anos sessenta, em que surgem já na Europa as primeiras associações de consumidores, a saber, na Dinamarca, na Grã-Bretanha, na Suécia, na Holanda, na Alemanha, em França e na Bélgica, na Áustria e bem assim em outros continentes (Ásia e Oceania).

Em 1960 é instituída a International Organization of Consumers Unions IOCU –, que ora se designa por CI – *Consumers International* – e congrega 180 instituições oriundas de sessenta países;

o quarto – da década de sessenta em diante, com o célebre discurso de John Kennedy ao Congresso em que delineia os direitos dos consumidores, ou que seria mister reconhecer-lhes, já que, de todo, por toda a parte se proclamava o consumidor como "senhor do mer-

---

[5] Philip Kotler, *Marketing*, Ed. Atlas, compacta, 1986, p. 555.
[6] Maria Lúcia Zülzke, *Abrindo a Empresa para o Consumidor*, Ed. Qualitymark, Rio de Janeiro, 1991, pág. 5 e ss.

cado", mas a realidade mostrava-o bem diferente – não como senhor, mas como *servo;*

um quinto marco se divisa, porém, a partir da década de oitenta com as Directrizes das Nações Unidas de 9 de Abril de 1985 aos Estados-nação como forma de assegurar em pleno o reconhecimento dos direitos aos consumidores individuais e de reforço às instituições em redor das quais os consumidores se reúnem para as acções colectivas que empreendem.

Consumo – consumidor

Tais vocábulos importou-os o direito da ciência económica.

Consumir, do latim *"consommare"*, significa "acabar" – o consumo é, afinal, a conclusão do processo económico que principia na produção (ou, quiçá, em período ou fase anterior).

Se interrogarmos os economistas, como sugestivamente refere Jean CALAIS-AULOY[7], o *consumo* constitui o último estádio do processo económico, aquele em que os produtos servem para a satisfação das necessidades.

O consumo, acrescenta, distingue-se da produção que, situado, em estádio anterior, consiste em recolher, transformar e repartir a riqueza.

Em presença dos conceitos que advêm das ciências económicas, parece avisado transpor para o domínio do direito as noções, recortando-as convenientemente.

O *acto de consumo* é o acto jurídico (em regra, um contrato) que permite a obtenção de um produto ou serviço que se destina a satisfazer uma necessidade pessoal ou familiar.

Comprar géneros alimentícios, fazer-se tratar por um médico ou por um enfermeiro, fazer um seguro de saúde ou de viagem, comprar um veículo automóvel, arrendar um apartamento, pedir um empréstimo, eis um sem número de exemplos de actos de consumo.

Os actos de consumo recobrem um vasto domínio jurídico: ao lado dos produtos consumíveis ou perecíveis, ou seja, dos que desaparecem após a primeira utilização (os alimentos), há produtos dura-

---

[7] *Droit de la Consommation*, 2ème édition, Précis Dalloz, Paris, 1986, pág. 1.

douros (v.g., o veículo automóvel, a habitação) que também podem, como se assinalou, ser objecto de um acto de consumo.

Tão pouco se pode limitar o consumo às coisas móveis: actos de consumo há que recaem sobre coisas imóveis (a compra e venda de um prédio ou de uma fracção autónoma).

O consumo não se limita aos produtos, abrange também os serviços: os serviços podem ser, porém, materiais (a reparação de uma viatura automóvel, de um fogão, de uma portada) ou intelectuais (cuidados de saúde, pareceres jurídicos, conselhos dos corretores das bolsas de valores)[8].

O consumidor em sentido jurídico é a pessoa que realiza um acto de consumo na acepção que dele se retém e que se consignou precedentemente.

Consumidor é quem adquire produtos alimentares, quem encomenda a viatura, quem subscreve a apólice de seguro, quem recorre ao empréstimo num estabelecimento bancário.

Consumidor, na definição que dele traça a Lei do Consumidor, é todo aquele a quem sejam fornecidos [produtos] ou serviços destinados ao seu uso privado por pessoa singular ou colectiva que exerça, com carácter profissional, uma actividade económica.

O consumidor e os seus direitos

Os direitos dos consumidores têm, hoje em dia, consagração expressa, tanto em textos internacionais como em dispositivos internos.

Para nos atermos tão só à Carta Europeia de Protecção do Consumidor, editada pelo Conselho da Europa, em 17 de Maio de 1973, enunciemos os direitos que nela se consignam:
- o direito à protecção e assistência;
- o direito de indemnização por prejuízos;
- o direito à informação;
- o direito à educação;
- o direito de representação e consulta.

O Tratado de Maastricht, no seu título XI, sob a epígrafe "a defesa dos consumidores" estabelece no n.º 1 do seu artigo 129-A:

---

[8] Jean Calais-Auloy, *op. cit.*, pág. 3 e ss.

"1 – A Comunidade contribuirá para a realização de um nível elevado de defesa dos consumidorex, através de:

a) Medidas adoptadas em aplicação do artigo 100-A no âmbito da realização do mercado interno;

b) Acções específicas de apoio e complemento à política seguida pelos Estados-membros em defesa da saúde, da segurança e dos interesses económicos dos consumidores e para lhes facultar uma informação adequada".

O artigo 129-A foi posteriormente modificado pelo Tratado de Amsterdão, subscrito em 2 de Outrubro de 1997, que ampliou conteúdo e alcance, como segue:

"1. A fim de promover os interesses dos consumidores e de lhes assegurar um elevado nível de protecção, a comunidade contribuiu para a protecção da saúde, da segurança e dos interesses económicos dos consumidores e bem assim à promoção dos seus direitos à informação, à educação e de organização, de molde a preservarem os seus interesses.

2. As exigências da protecção dos consumidores tomadas em consideração na definição e na execução das outras políticas e acções da comunidade.

3. A comunidade contribui para os objectivos no §1 através de:

– medidas que adoptará em aplicação do artigo 100-A no quadro da realização do mercado interno;

– medidas que suportem e completem a política adoptada pelos Estados membros e lhes assegurem continuidade".

No plano das intenções, ao menos, as versões dos dispositivos, cujo teor se consigna nos passos precedentes, revelam uma progressão sem ruptudas da tutela da posição jurídica do consumidor nos instrumentos que reformam o Tratado de Roma.

O Tratado de Amsterdão, como ressalta do seu artigo 153, que se substitui ao artigo 129-A, do de Maastricht, imprime maior amplitude ao catálogo de direitos do consumidor e estatui, além do mais, que a política europeia de consumo com o manto de tutela que suscita se integre nas demais políticas da União.

Não se ignore que se esboça, na Europa, um movimento, cuja génese se pode detectar já no Seminário Internacional promovido pelo Instituto Sá Carneiro, em Lisboa, em 1992, em favor do Código Europeu de Direito do Consumidor, de molde a assegurar um nível de protecção uniforme ao consumidor europeu, seja qual for o quadrante em que se situe, seja qual for a latitude em que permaneça. O que se configura, aliás, como objectivo meritório que importa lograr de par com o Direito Europeu dos Contratos, até ao Código Civil Europeu e o Código Europeu de Processo Civil, na forja.

A Constituição Portuguesa, após a revisão de 1989 e a que se lhe seguiu em 1997, consignou no artigo 60, no título dos direitos económicos, sociais e culturais, os direitos dos consumidores como direitos fundamentais, com a configuração que segue:
- o direito à qualidade de produtos e serviços;
- o direito à formação;
- o direito à informação;
- o direito à protecção da saúde e da segurança;
- o direito à protecção dos interesses económicos;
- o direito à reparação dos danos;
- o direio de representação, ou seja, de participação na definição legal e administrativa dos seus interesses e direitos.

Do catálogo de direitos assim gizado, desprendem-se inúmeros direitos que são amiúde postos em causa no mercado e que só com o desenvolvimento de uma tal disciplina jurídica a que se associe uma informação desvelada, serão assimilados e respeitados.

Os direitos dos consumidores constituem, assim, um dos pilares da cidadania porque presentes em cerca de 90% dos actos do nosso quotidiano.

Os direitos dos consumidores constituem, pois, o cerne da disciplina de direito do consumo, ramo novo do direito, que desfruta, ao menos, de uma autonomia funcional que o impõe como algo de distinto face aos mais ramos.

CAPÍTULO III

Direito do Urbanismo

F. Alves Correia
Professor da Faculdade de Direito
da Universidade de Coimbra
Juiz Conselheiro do Tribunal Constitucional
(no período de 1989 a 1998)

Disciplina jurídica ainda jovem, mas cuja importância vem aumentando nos últimos anos, o D.U. é o conjunto de normas e de institutos respeitantes à ocupação, uso e transformação do solo, isto é, ao complexo das intervenções e das formas de utilização deste bem (para fins de urbanização e de construção, agrícolas e florestais, de valorização e protecção da natureza, de recuperação de centros históricos, etc.). Esta noção de D.U. – que se baseia num conceito amplo de "urbanismo", como ciência que tem por objecto o território globalmente entendido, e não apenas o espaço da cidade ou da urbe (já que esta não se apresenta como uma entidade com vida própria, independente e isolada, antes sofre influências de diversos tipos do vasto território em que está inserida) – não é aceite por alguns autores, que contestam a sua excessiva amplitude. Há, por isso, quem considere que o D.U. é constituído apenas pelas normas jurídicas respeitantes ao "ordenamento racional da cidade" (seu planeamento, operações económico-administrativas a que dá lugar, regras destinadas a garantir a segurança, a salubridade e a estética das construções urbanas, etc.) ou, numa concepção um pouco mais lata, que aquele integra tão-só o conjunto de normas e princípios jurídicos que dissiplinam a actuação da Administração e dos particulares com vista ao correcto ordenamento da ocupação, utilização e transformação dos solos para fins urbanísticos, isto é, para fins que excedam um aproveitamento agrícola, florestal, pecuário ou cinegético dos solos. A essência do D.U. reside na *harmonização ou compatibilização* entre os diferentes interesses implicados no uso e transformação desse bem essencial – por natureza, escasso e irreprodutível – que é o solo, sendo, por isso, constituído por normas jurídicas cuja função precípua é a *ponderação de interesses* e a *superação dos conflitos de interesses* surgidos a propósito da utilização do mesmo (ponderação que reveste uma tríplice vertente: entre interesses públicos e privados colidentes, entre interesses públicos que não são coincidentes e entre interesses privados divergentes).

O D.U. inclui vários temas ou capítulos, contando-se entre os mais importantes o *regime jurídico dos planos urbanísticos,* de âmbito supramunicipal, municipal e submunicipal [planos regionais de ordenamento do território, planos especiais de ordenamento do território e planos municipais de ordenamento do território (abrangendo estes os planos directores municipais, os planos de urbanização e os planos de pormenor)], o *direito e política de solos (*que engloba, entre o mais, o regime urbanístico do direito de propriedade privada do solo, os mecanismos de intervenção administrativa no mercado de solos urbanos e urbanizáveis e a propriedade pública de solos urbanos e urbanizáveis), *os instrumentos jurídicos de gestão urbanística* (v.g. a expropriação por utilidade pública, o loteamento e reparcelamento urbanos, o licenciamento de obras particulares e a associação da Administração com os proprietários do solo) e o *direito (administrativo) da construção,* que abrange as regras técnicas e jurídicas a que deve obedecer a construção de edifícios [não somente normas respeitantes à segurança, salubridade e estética das edificações, mas também normas que visam garantir, de acordo com os princípios do Estado de Direito social, que as habitações sejam saudáveis e apresentem os requisitos (de espaço, luminosidade, conforto, etc.) necessários para que se tornem verdadeiramente dignas do homem].

No que respeita à *natureza* do D.U., embora haja quem o considere um *ramo autónomo do direito,* a tese claramente maioritária perspectiva-o como uma *parte ou* uma *área especial do direito administrativo.* A inserção do D.U. no âmbito do direito administrativo ancora-se numa pluralidade de factores, designadamente na natureza das relações jurídicas que constituem o seu objecto, no leque de instrumentos jurídicos nele predominantes (regulamentos, actos administrativos, contratos administrativos e responsabilidade administrativa), nas garantias administrativas e contenciosas no mesmo vigentes, na sua génese e evolução históricas (de facto, as primeiras regras jurídicas do urbanismo surgiram por obra dos municípios e estenderam-se depois ao Estado, que são os sujeitos principais de direito público) e, bem assim, na finalidade das suas normas (a resolução de uma situação conflitual entre o interesse público, traduzido no ordenamento do espaço, e o interesse individual, representado no direito de propriedade privada do solo). Apesar de não revestir a natureza de um *ramo autónomo* da ciência jurídica, deve reconhecer-se ao D.U. uma *subs-*

tantividade própria, que se expressa no facto de *matizar*, *adaptar* e, às vezes, até *rectificar* os princípios e categorias gerais do direito administrativo.

O D.U., entendido como uma *especialidade* do direito administrativo, revela alguns *traços particulares* que o singularizam deste ramo do direito. São eles: a *complexidade* das suas fontes; a *mobilidade* das suas normas; e a natureza intrinsecamente *discriminatória* dos seus preceitos. Com a primeira expressão, quer significar-se que no D.U. aparecem conjugadas normas jurídicas de âmbito geral e regras jurídicas de âmbito local, assumindo estas (de que se destacam as constantes dos planos urbanísticos) um relevo particular. A segunda locução expressa a ideia de uma certa *infixidez ou instabilidade* das normas do D.U., a qual se manifesta não apenas na alteração frequente das normas jurídicas urbanísticas aplicáveis ao todo nacional (devido essencialmente à evolução dos problemas colocados pelo ordenamento do espaço, bem como da maneira de os resolver), mas também na *flexibilidade* dos planos urbanísticos (com efeito, estes não são documentos fechados e imutáveis, antes devem adaptar-se à evolução da realidade urbanística, através da sua *revisão ou alteração* – cfr., p. ex., os art. 19.º e 20.º do D. Lei n.º 69/90, de 2 de Março, relativos à *revisão* e *alteração* dos planos municipais de ordenamento do território). O terceiro traço peculiar apontado às normas do D.U. assenta no facto de elas terem como finalidade definir os destinos das diversas áreas ou zonas do território, bem como as formas e intensidades de utilização das diferentes parcelas do solo. Uma vez que o tipo e a medida de utilização do solo não podem ser os mesmos independentemente da sua localização, antes devem ser diferentes conforme as zonas em que se situarem os terrenos, as normas do D.U. revestem inexoravelmente um carácter discriminatório e são fonte de desigualdades em relação aos proprietários – ou aos titulares de outros direitos reais – dos terrenos por elas abrangidos. O carácter desigualitário das normas jurídico-urbanísticas, não obstante fazer parte da essência destas, deve ser, por força do *princípio da igualdade*, condensado nos artigos 13.º e 266.º, n.º 2, da Constituição, eliminado ou ao menos atenuado, através da adopção pelo ordenamento jurídico de instrumentos ou mecanismos adequados, designadamente por meio de técnicas de perequação de benefícios e encargos resultantes dos planos urbanísticos. O artigo 18.º da "Lei de Bases da Política de Ordenamento do Território e de Urbanismo" (Lei n.º 48/88, de 11 de Agosto) veio colmatar a lacuna existente no ordenamento jurídico-urbanístico português, no domínio da *garantia da igualdade de tratamento* dos proprietários abrangidos pelos planos, ao prever que "os instrumentos de gestão territorial vinculativos dos particulares devem prever mecanismos equitativos de percepção compensatória destinados a assegurar a redistribuição entre os interessados dos encargos e benefícios deles resultantes, nos termos a estabelecer na lei" (n.º 1), e, bem assim, que "existe o dever de indemnizar sempre que os instrumentos de gestão territorial vinculativos dos particulares determinem restrição significativa de efeitos equivalentes, expropriações, a direitos de uso do solo preexistentes e juridicamente consolidados que não possam ser compensados nos termos do número anterior" (n.º 2), remetendo para a lei a definição do prazo e das condições de exercício desse direito de indemnização (n.º 3).

A *autonomia didáctica* do D.U., traduzida na inserção nos *curricula* dos cursos superiores, sobretudo nos cursos de licenciatura em direito, de cadeiras anuais ou semestrais, cujo programa é constituído pelos princípios gerais e institutos fundamentais daquela área especial do direito administrativo, tem vindo a conquistar apoios nos últimos anos, devido não apenas à significativa importância *teórica* (cite-se, p. ex., o especial interesse científico suscitado pelo plano urbanístico e os efeitos que ele provoca em alguns princípios jurídicos estruturais do nosso ordenamento jurídico, tais como o princípio da garantia constitucional do direito de propriedade privada e o princípio constitucional da igualdade) e *prática* dos temas que compõem o D.U., mas ainda devido à convicção, que tende a generalizar-se, da grande *utilidade,* se não mesmo *necessidade,* para a formação do jurista do estudo das matérias que integram aquela disciplina.

As reformas realizadas, nos anos recentes, no edifício jurídico do urbanismo português foram profundas e traduziram-se essencialmente na publicação de *diplomas gerais* reguladores dos principais institutos do D.U., actualizados e mais adequados às realidades urbanísticas hodiernas (embora seja de criticar a dispersão, a dificuldade de concatenação, as incoerências e, inclusive, as contradições entre as *fontes gerais* do D.U.), e, bem assim, na elaboração e aprovação de alguns planos regionais de ordenamento do território e de um número expressivo de planos municipais de ordenamento do território (devendo salientar-se que, actualmente, é já muito pequeno o número de municípios do Continente que ainda não estão dotados de plano director municipal aprovado e ratificado). A "Lei de Bases da Política de Ordenamento do Território e de Urbanismo" procurou atalhar à referida deficiência da legislação urbanística, através da definição dos grandes princípios ou das linhas de força estruturais da regulamentação jurídica de ordenamento do território e do urbanismo – assumindo vários deles um carácter inovador em relação àqueles que informam e caracterizam os textos legais actualmente em vigor – e da promoção da racionalização e da articulação do actual sistema jurídico do ordenamento do território e do urbanismo.

Estas transformações – que atingiram os dois *pilares* fundamentais do D.U. (o das normas jurídicas de âmbito geral e o das regras jurídicas de âmbito local, com especial destaque, nestas últimas, para as constantes dos planos urbanísticos) estão na origem daquilo que se poderá designar por *nova fase ou novo ciclo* do D.U. português.

As relações do D.U. com o direito do ordenamento do território são muito estreitas, em termos de ser muito difícil traçar uma linha rigorosa de fronteira entre eles (sobretudo aceitando-se o conceito amplo de D.U. acima referido). De qualquer modo, na sequência da Lei de Revisão Constitucional n.º 1/97, de 20 de Setembro, verificou-se a recepção pela própria Constituição da distinção entre "ordenamento do território"e "urbanismo". De facto, no artigo 65.º, n.º 4 – cuja redacção foi alterada –, bem como nos artigos 165.º, n.º 1, alínea z), e 228.º, alínea g) – que foram aditados pela Lei de Revisão Constitucional de 1997 –, aparecem lado a lado a expressão "ordenamento do território" e o termo "urbanismo", fenómeno que só pode significar a assunção pela Lei Fundamental de uma distinção entre estes dois conceitos. Uma tal separação conceitual está, no entanto, apenas pressuposta naqueles preceitos constitucionais, já que a Lei Básica portuguesa não fornece qualquer definição de "ordenamento do território" e de "urbanismo". Além disso, a Constituição não retira dessa distinção quaisquer consequências, designadamente no campo da repartição de atribuições entre o Estado, as regiões autónomas (dos Açores e da Madeira) e as autarquias locais (em especial os municípios). Pelo contrário, das mencionadas disposições constitucionais resulta claramente que o "ordenamento do território" e o "urbanismo" constituem domínios abertos à intervenção concorrente – e também concertada – daquelas pessoas colectivas públicas territoriais.

Também a mencionada "Lei de Bases da Política de Ordenamento do Território e de Urbanismo" define conjuntamente os fins e os princípios gerais da política de ordenamento do território e de urbanismo, e, bem assim, os objectivos do ordenamento do território e de urbanismo, não apresentando qualquer critério de distinção entre o "ordenamento do território" e o "urbanismo". Significa tudo isto que é à doutrina que cabe a responsabilidade de demarcar a fronteira – nem sempre perceptível – entre o "ordenamento do território" e o "urbanismo", no quadro das normas e princípios constitucionais e legais.

Semelhantemente, são muito intensos os pontos de contacto entre o D.U. e o direito do ambiente. Estes são duas disciplinas jurídicas autónomas, embora estreitamente conexas. Os fortes laços entre eles derivam essencialmente do facto de o D.U. ser influenciado pelo direito do ambiente de modo privilegiado, na medida em que muitas das suas normas (mormente as dos planos urbanísticos) têm também em vista, ainda que de modo indirecto, a protecção do ambiente.

Bibliografia

F. Alves Correia, *O Plano Urbanístico e o Princípio da Igualdade, As Grandes Linhas da Recente Reforma do Direito do Urbanismo Português* e *Estudos de Direito do Urbanismo*; D. Freitas do Amaral, *Direito do Urbanismo (Sumários);* H. Jacquot, *Droit de l'Urbanisme;* J. Morand-Deviller, *Droit de l'Urbanisme;* T.-Ramón Fernández, *Manual de Derecho Urbanístico;* F. Salvia/F.Teresi, *Diritto Urbanistico;* G. C. Mengoli, *Manuale di Diritto Urbanistico;* Finkelnburg/Ortloff, *Öffentliches Baurecht*, Vol. I e II.

CAPÍTULO IV

O Direito económico.
Algumas notas relativas à superação
de uma crise de identidade pública

Pedro Madeira Froufe
Assistente do Departamento Autónomo
de Direito da Universidade do Minho

1. Assistimos, hoje em dia, a uma crescente *juridicização* de novas áreas do relacionamento sócio-económico, susceptível de acelerar e engrossar o caudal temático de algumas disciplinas jurídicas.

Aparentemente, a emergência e o desenvolvimento célere de novas áreas do *económico* – de relevo jurídico cada vez mais evidente – reclamam uma também rápida construção dogmática específica e impõem a abertura de novos *canais* no mundo jurídico que vão desaguando, regularmente, em actos normativos provenientes de distintas *fontes*.

Actualmente, problemáticas como, designadamente, a da *justa* ordenação dos *actos de consumo* e do reconhecimento de um estatuto jurídico protector do *consumidor*, a questão do desenvolvimento de uma disciplina própria e coerente respeitante à utilização (excessiva) do crédito (designadamente bancário) pelos particulares desprovidos de informação especializada [1], a necessidade de protecção do ambiente, de regulação da publicidade e do *marketing*, a premência de uma eficaz ordenação do sistema financeiro e monetário, assim como os problemas decorrentes da utilização das novas tecnologias de informação (por exemplo, no âmbito de certas actividades comerciais e prestadoras de serviços [2]), surgem-nos como novos temas sobre os quais

---

[1] Na realidade, discute-se, hoje em dia, a importância e a propriedade de um direito da actividade do "crédito ao consumo" que, numa *perspectiva ampla*, atenda não só às necessidades de protecção do consumidor a crédito e ao tratamento da sua falência, como também a todos os aspectos específicos e juridicamente relevantes, confluentes na ordenação dessa actividade (por exemplo, a importância do enquadramento do "crédito ao consumo" à luz da regulamentação da actividade bancária e financeira, a necessidade de se conciliar tal regulamentação desse crédito aos particulares com as exigências da construção de um efectivo mercado comum na União Europeia, a interligação entre a expansão do consumo – auxiliada pelo recurso ao crédito – e imperativos de política económica, tais como a prevenção de processos inflacionistas, etc.).

[2] Actualmente, o desenvolvimento de um comércio e de uma prestação de certos serviços através da *Internet,* constituindo uma verdadeira actividade *cibercomer-*

o Direito desenvolve uma reflexão específica. Estas temáticas já suscitam, de resto, regulamentação própria, desenvolvida através de sistemas normativos surgidos recentemente.

Verificamos existir, contudo, a tendência para se incluírem essas novas áreas de abordagem jurídico-normativa no objecto do denominado Direito Económico.

Na realidade, esse possível "ramo autónomo" de Direito – essa disciplina que cuidará, em particular e *à vista desarmada,* dos pontos de convergência entre o *jurídico* e o *económico* – vai absorvendo esses novos temas, acrescentando-os àqueles que tradicionalmente formam o seu âmbito de estudo, tais como, por exemplo, a análise do sistema económico seguido e consagrado na Lei Fundamental (o estudo da Constituição Económica), a descrição orgânica e funcional do exercício do poder político-económico, o intervencionismo estadual (directo ou indirecto), a formação e o desenvolvimento de sectores públicos empresariais, a regulação administrativa de certas actividades económicas e a ordenação da concorrência (através de sistemas de "defesa da concorrência").

A frequente justaposição de todas essas matérias jurídico-normativas – *aparentemente distintas entre si –*, feita em torno dos assuntos percorridos (e leccionados [3]) no âmbito do Direito Económico, contribui para que certos sectores da doutrina prossigam uma querela sobre a natureza, objecto e sobre os métodos característicos desse "ramo" (ou, simplesmente, área temática?) do mundo jurídico. Na realidade, discute-se mesmo a necessidade da própria emergência desse Direito Económico como disciplina jurídica autónoma (enquanto novo "ramo de direito" material).

---

cial, reclamam uma reflexão jurídica que desencadeará, seguramente, a formação de um direito próprio do *ciberespaço*!

[3] A título de exemplo, podemos observar o plano de alguns dos manuais de Direito Económico, editados mais recentemente na literatura portuguesa: assim, de um modo geral, veja-se o conjunto temático abordado por A.C. SANTOS, M. EDUARDA GONÇALVES e MARIA MANUEL LEITÃO MARQUES em *Direito Económico,* (3ª Edição), Almedina, Coimbra, 1998 e também por MANUEL AFONSO VAZ em *Direito Económico. A ordem económica Portuguesa,* (4ª Edição, rev. e actualizada), Coimbra Editora, 1998. Com efeito, todos os temas mencionados no texto como integrantes do âmbito tradicional de estudo do Direito Económico são abordados nestas obras.

2. As dificuldades sentidas na determinação de uma natureza jurídica específica e de um objecto e método próprios do Direito Económico que nos permitam fundamentar a sua autonomia no contexto das ciências jurídicas, são agravadas se, porventura, a nossa discussão tiver como ponto de partida a clássica e *oitocentista* teoria da divisão do Direito em "ramos" e "sub-ramos". Com efeito, é comum assinalar-se o facto de o denominado Direito Económico não se encaixar claramente em nenhum dos dois grandes grupos normativos propostos pela teoria clássica da divisão do Direito em "ramos jurídicos".

ORLANDO GOMES e ANTUNES VARELA referiam, em 1977 e a este propósito, a impossibilidade de tentarmos classificar o Direito Económico como sendo apenas (e inequivocamente) "direito público" ou "direito privado". Afirmavam aqueles autores que "(...) ao que parece, o *direito econômico*, compreendendo, como compreende, regras de direito civil, comercial, administrativo, penal e tributário, desenvolve-se numa zona *intermediária*, que não é de direito público nem de direito privado, caracterizando-se por uma unidade tríplice: de espírito, de objecto e de método"[4]. Assim, esta área do jurídico é correntemente incluída – à luz dos critérios que dominantemente se utilizam para se repartir a ordem jurídica em "ramos" (direito público e direito privado) – na categoria dos "ramos híbridos", precisamente aqueles que correspondem a ciências jurídicas de autonomização relativamente recente (e, em grande medida, para responderem a necessidades de agrupamento sistemático de matérias), conciliando-se, nas respectivas construções normativas que os positivam, simultaneamente, traços de Direito Público e de Direito Privado[5].

No entanto, não deveremos – no que diga respeito a uma análise relativa à emergência de um Direito Económico materialmente autónomo – sobrevalorizar em demasia as dificuldades que nos são colo-

---

[4] ORLANDO GOMES e ANTUNES VARELA, *Direito Econômico*, Edição Saraiva, São Paulo, 1977.

[5] A propósito do fenómeno das *ciências jurídicas híbridas*, ver, entre outros, PAULO FERREIRA DA CUNHA, *Princípios de Direito*, Resjurídica, Porto, 1993, páginas 221 e seguintes, e J. BAPTISTA MACHADO, *Introdução ao Direito e ao Discurso Legitimador*, Almedina, Coimbra, (10ª reimpressão), 1997, páginas 73 a 77. Para PAULO FERREIRA DA CUNHA, tal fenómeno da "hibridação público/privado" é, sobretudo, produto da "crescente intervenção estadual", caracterizando-se "pelo acrescento, a matérias que eram de particulares, da força e do empenho do Estado" – *ob. cit.*, página 221.

cadas pelo difícil enquadramento desta área do *jurídico*, à luz da teoria clássica da divisão do direito por "ramos". Como refere FERREIRA DE ALMEIDA, "a separação dos ramos de direito, quando não seja sugerida ou ditada pela independência da codificação, não é nunca nítida, se não for imposta por uma forte tradição. Há necessariamente algum artificialismo ou, no mínimo, razões de conveniência pedagógica, para autonomizar esta ou aquela disciplina" [6].

Pensamos ser ainda evidente que essa tradicional catalogação das áreas jurídico-normativas, feita na perspectiva daquela clássica teoria, há muito que perdeu grande parte do seu sentido prático-operativo. A perspectiva clássica-liberal, marcadamente *oitocentista*, da tradicional divisão do direito em "ramos", parte de uma visão da realidade jurídica desajustada dos tempos actuais. Se, por um lado, tal perspectiva era tributária de uma visão tendencialmente positivista e estadualista que dificilmente concebia a existência (*e, portanto, a necessidade de sistematização*) de Direito para além dos limites do direito interno, por outro lado, seguia, também, a lógica liberal de "aparente divórcio entre o direito e a economia" [7].

Na realidade, o actual debate sobre o papel, a natureza e a possível autonomia material do Direito Económico – tal como, em rigor, sucederá relativamente a qualquer área do Direito – não pode deixar de pressupor uma realidade cultural, social e económica marcada pela *era* da *interdependência* e *globalização* universais. Talvez seja, sobretudo, no domínio do *económico* que as consequências da possibilidade de informação em tempo real (fruto do desenvolvimento das novas tecnologias de informação, verificado nas últimas décadas) mais se fizeram sentir, complexizando, sobremaneira, o enquadramento jurídico de uma realidade já de si bastante instável e evolutiva e obrigando-nos

---

[6] CARLOS FERREIRA DE ALMEIDA, *Direito Económico, II Parte*, AAFD, Lisboa, 1979, paginas 661 e 662.

[7] CARLOS FERREIRA DE ALMEIDA, *ob. cit.,* pagina 647. Para este autor, tal divórcio entre o Direito e a Economia era *aparente*, na medida em que a sua afirmação significava, no liberalismo, "o processo mais eficaz (sofisticadamente neutro) de fazer valer a lei forte dos agentes económicos mais potentes por entre os mitos da liberdade e da igualdade, propositadamente abandonados à sua própria dinâmica autodestruidora. O direito cedia afinal à economia e prestava-lhe toda a homenagem em nome da vontade soberana dos sujeitos, geralmente penetráveis por entre as normas frouxas da autonomia contratual e com o escudo rigoroso da propriedade sacralizada".

a adoptar uma perspectiva de análise – mais do que *inter-nacional* – efectivamente *transnacional*.

Por outro lado, há muito que no quadro do Estado contemporâneo, o Direito superou o dogma da neutralidade não intervencionista, típico do modelo liberal.

Se com a Constituição de *Weimar* (1919) atribui-se ao Estado, pela primeira vez, uma missão de intervenção/conformação social, tentando-se estabelecer um quadro de ditames estruturantes de uma efectiva "democracia económica", foi na Europa do após-Segunda Guerra Mundial – marcada pela reconstrução de uma economia destroçada e por um ambiente social, político e ideológico conturbado – que o Estado começou a assumir, *decididamente*, uma acção intervencionista, "compenetrando-se (...) do seu papel indispensável à estabilização do sistema e da sua função de promotor do «bem comum»"[8]. Com efeito, o progressivo alargamento da intervenção do Estado contemporâneo no domínio económico – verificado a partir de então (Constituição de *Weimar*) – foi impondo o aparecimento de um quadro jurídico-político, capaz de reflectir e enquadrar as novas realidades decorrentes de tal intervenção.

O aparecimento de um Direito Económico enquanto *Direito Público da Economia* encontra a sua justificação nesse novo entendimento do Estado imbuído de tarefas em face da sociedade e, em particular, em face da realidade económica. Este *Direito Público da Economia* vem, no fundo, responder às necessidades de uma acção do Estado sucessivamente marcada por "medidas esparsas e situadas de controlo económico" no após-Primeira Guerra Mundial (*intervencionismo restrito*), pela realização de determinadas políticas económico--sociais (*dirigismo*) e, sobretudo no após-Segunda Guerra Mundial, por um "poder-dever" tendente a "racionalizar, ordenar e sistematizar a economia do país (*planificação*)"[9].

Salienta, ainda, AFONSO VAZ que "o Estado *promotor* do bem--estar é hoje um dado adquirido"[10]. Ora, assim sendo, a ordenação

---

[8] MANUEL AFONSO VAZ, *ob. cit.*, pagina 57.
[9] Seguimos aqui a exposição de MANUEL AFONSO VAZ – *ob. cit.*, paginas 51 a 75 – que, de um modo sintético e rigoroso, nos traça a evolução do papel do Estado, desde a época do *ordoliberalismus*, até ao "intervencionismo contemporâneo".
[10] MANUEL AFONSO VAZ, *ob. cit.*, pagina 58.

jurídica da vida económica vai, natural e consequentemente, trilhando novos caminhos – *para além daqueles que justificam o aparecimento do já mencionado Direito Público da Economia* – que contribuem (decisivamente) para a reformulação da clássica dogmática liberal. Por exemplo, a necessidade de criação e de aperfeiçoamento de "estatutos jurídicos de protecção" para certos agentes económicos tidos como a parte mais débil em determinadas relações contratuais, significou o abandono do entendimento clássico, absoluto e formal, do "princípio da liberdade" e dos seus corolários "autonomia privada", "efeito relativo dos contratos" e responsabilidade fundada unicamente na existência de culpa – tal como eram definidos e consagrados nos Códigos Civis e Comerciais do século XIX [11].

Naturalmente, se podemos identificar tal progressiva superação da dogmática clássica liberal como um (entre outros) dos factores de crescimento e de solidificação temática deste Direito Económico, então, será desajustada e relativamente inconsequente a tentativa de se enquadrar (diríamos mesmo, de se "espartilhar") esta nova área do *jurídico* à luz da clássica teoria da divisão do direito "por ramos".

3. Deixamos já antever que não encaramos o Direito Económico como uma área do jurídico que cuida unicamente da intervenção restrita do Estado na Economia (*supra*, 2.). De resto, o facto de se

---

[11] Vale também aqui, com propriedade, a reflexão empreendida por FERREIRA DE ALMEIDA, a propósito do "aparente divórcio entre o direito e a economia" – *Cfr.*, *supra*, nota 7.

Cite-se, a título de exemplo ilustrativo e no que diz respeito ao abandono de tal entendimento clássico do "princípio da liberdade", o desenvolvimento do Direito do Consumo em torno da consagração normativa de um estatuto jurídico de protecção para quem se assume – nas relações jurídicas de consumo – *como consumidor final, agindo a título individual e alheio a objectivos profissionais. Cfr.*, entre nós, a Lei n.º 24/96, de 31 de Julho (Lei de Defesa do Consumidor) e o Decreto-Lei n.º 359/91, de 21 de Setembro (Regime Jurídico do Crédito ao Consumo) que procedeu à transposição, para a nossa ordem jurídica, das Directivas do Conselho das C.E. n.º 87/102//CEE, de 22 de Dezembro de 1986 e n.º 90/88/CEE, de 22 de Fevereiro de 1990. Refira-se, também, a propósito da questão ora abordada, a institucionalização (também a partir de impulsos comunitários) nas várias ordens jurídicas europeias, de regimes jurídicos reguladores das "cláusulas contratuais gerais": entre nós, Decreto-Lei n.º 446/85, de 25 de Outubro, actualizado pelo Decreto-Lei n.º 220/95, de 31 de Agosto.

assistir, recorrentemente, à discussão em torno da natureza, objecto e método característicos desse possível "ramo" do mundo jurídico, compreende-se, precisamente, porque deparamos, actualmente, com áreas temático-normativas que, encontrando-se na confluência do Direito e da Economia, em muito extravasam o objecto restrito e tradicional do *Direito Público da Economia*.

Pensamos que um contributo interessante para tal discussão poderá ser encontrado no âmbito da ordenação das relações económicas internacionais, desenvolvidas entre agentes económicos privados. Na realidade, poderemos encontrar algumas pistas e contributos para a compreensão da natureza, objecto e método característicos do Direito Económico, partindo da observação de algumas *praxis* jurídicas, normas e princípios que se afirmam e aplicam, actualmente, no comércio internacional.

Na segunda metade do século XX – sobretudo, a partir da década de sessenta – alguns sectores da doutrina começaram a reflectir sobre uma realidade jurídica nova e não tutelada directamente pelo Estado: a formação, divulgação crescente e aceitação entre agentes do comércio internacional de certos princípios de conduta comercial e de verdadeiras regras (se bem que não positivadas formalmente) que, cada vez mais, se impunham com a aparência de um verdadeiro Direito, dirigido a algumas áreas da actividade económica internacional.

Tais princípios e regras – inicialmente dispersos e cobrindo apenas parcelarmente certos aspectos da actividade comercial – foram sendo progressivamente trabalhados, fundamentados e desenvolvidos juridicamente, através do labor (também ele, cada vez mais frequente no âmbito das relações económicas internacionais) de tribunais arbitrais. Na verdade, a expansão da arbitragem comercial internacional – entendida como uma técnica privada de contencioso, adequada à especificidade dos interesses dos agentes económicos – contribuiu, em larga medida, para a *juridicização* e sistematização de tais princípios e regras, transformando-os num verdadeiro *corpus iuris* aplicável às relações comerciais internacionais.

As expressões *Lex Mercatoria* ou *Novo Direito Comercial Internacional* – divulgadas por autores como, por exemplo, BERTHOLD GOLDMAN e PHILIPPE KAHN [12] – pretendem reconhecer a existência

---

[12] Merecem, com efeito, referência particular – a propósito dos fundamentos

de uma verdadeira *ordem* jurídica, assente em instrumentos de regulamentação consuetudinária e corporativa [13], aplicável às relações económicas internacionais entre agentes privados, ou mesmo entre estes e Estados (a problemática dos denominados "Contratos de Estados").

Ora, quer o desenvolvimento dessa "nova ordem do comércio internacional", quer, ainda e paralelamente, o recurso sistemático – no domínio da contratação internacional – ao instituto da arbitragem, correspondem a uma preferência dada pela comunidade dos "comerciantes internacionais" (ou, talvez não seja desapropriado falarmos mesmo de corporação ou "para-corporação"?) às formas de auto-regulação das suas relações económicas e, consequentemente, dos seus eventuais litígios. Trata-se de uma opção por uma "justiça privada", adequada principalmente aos interesses específicos da vida económica e que é sentida e compreendida por todos os agentes económicos, independentemente da respectiva nacionalidade e cultura jurídica de origem.

Surge-nos, portanto, neste domínio, uma espécie de ordem "económico-mercantil" que é aceite e praticada, de forma simples e comum, entre uma pluralidade de agentes económicos, de diferentes nacionalidades; revela-se, por isso, a partir dos princípios, normas e práticas que integram essa denominada *Lex Mercatoria*, uma espécie de *Direito transnacional das relações económicas.*

As "fontes" (em sentido técnico-jurídico) desse referido *Direito transnacional* – fundado, naturalmente, na vigência espontânea do princípio da "autonomia privada" – reconduzem-se ao *costume jurídico* (solidificado a partir de velhos e tradicionais "usos e costumes" comerciais) e a *regulamentações corporativas* (normalmente emanadas de Câmaras de Comércio ou Associações representativas de certos

---

e da doutrina da *Lex Mercatoria* – alguns textos dos autores citados, como, por exemplo, de BERTHOLD GOLDMAN, *Frontières du Droit et lex mercatoria, in Archives de la Philosophie du Droit*, Paris, 1964, página 177 e seguintes, assim como, de PHILIPPE KAHN, *Droit international économique, droit du developpement et lex mercatoria: concept unique ou pluralisme des oprdres juridiques?, in Droit des Rélations Économiques Internationales (Études offertes à B.Goldman)*, Litec, Paris, 1987.

[13] Cite-se, a título ilustrativo, o caso dos denominados *Incoterms*, ou seja, tipos de cláusulas contratuais, vocacionados, sobretudo, para a compra e venda internacional de mercadorias, redigidos e divulgados pela *Chambre de Commerce Internationale (C.C.I.)* de Paris, a partir da observação de usos e costumes comerciais internacionais.

interesses económicos e profissionais) – ou seja, "fontes normativas" que traduzem a ideia de *auto-regulamentação* dos interesses económicos em causa, por parte dos agentes económicos.

4. A rápida afirmação deste *direito espontâneo transnacional* permite-nos formular, topicamente, alguns contributos relativamente à discussão sobre a natureza, objecto e método específicos do Direito Económico.

Em primeiro lugar, pensamos que a regulação da actividade económica será, por excelência, um dos campos do *jurídico* onde mais se justifica a abertura às denominadas "fontes normativas espontâneas". Com efeito, assim sucede – como referimos – no âmbito da regulação (*auto-regulamentação*) do comércio internacional. E isto, não só devido à relativa complexidade técnica, geradora de incerteza nas relações económicas transnacionais, que a aplicação das regras de Direito Internacional Privado sempre suscitará, como também, em igual medida, porque as exigências de uma "justiça económica" nem sempre são apreendidas e satisfeitas por soluções normativas resultantes de actos unilaterais, de vontades alheias a uma efectiva vivência económica (*hetero-regulamentação*).

Além disso, pensamos, ainda, que o facto de o Direito Económico ser uma área do *jurídico* especialmente aberta ao aparecimento e à vigência dessas "fontes normativas espontâneas"[14], significa que a particularidade do seu objecto reside, fundamentalmente, numa *certa* metodologia própria de abordagem jurídica das relações económicas (ou com relevo económico), e não tanto na existência de uma eventual área temática "natural" e exclusiva. Na realidade, os temas frequentemente agrupados em torno do Direito Económico[15] talvez tenham em comum apenas o facto de suscitarem um particular enfoque normativo, caracterizado pelo facto de pretender levar a cabo uma regula-

---

[14] "Fontes espontâneas" essas que, naturalmente, constituirão conjuntamente com as habituais "fontes" tradutoras de *hetero-regulamentação* económica – tais como *actos legislativos* (no plano do Direito Interno), tratados e convenções internacionais (no âmbito do Direito Internacional) e, ainda, os actos unilaterais das Instituições Comunitárias (no que diz respeito ao Direito da União Europeia) – os dois pólos fundamentais (igualmente importantes), geradores de normas de Direito Económico.

[15] Temas esses mencionados, *supra*, em 1. (se bem que não exaustivamente).

mentação adequada, em primeira linha, à composição de interesses *especificamente* económicos.

Em suma, trata-se de uma ordenação das relações económicas, a partir da perspectiva e dos interesses de quem se assume como *agente económico* e em grande parte empreendida *por* e *para*[16] tais agentes.

---

[16] Novamente, sublinhe-se a relevância das respectivas "fontes" tradutoras de uma ideia de *auto-regulamentação* dos interesses em causa.

CAPÍTULO V

O Direito do Ambiente como Direito da Complexidade

Luís Filipe Colaço Antunes
Professor da Universidade do Minho

1. INDETERMINAÇÃO DA NOÇÃO JURÍDICA DE AMBIENTE

Navegando pelo ordenamento jurídico deparamos imediatamente com uma dificuldade: a indeterminação da noção jurídica de ambiente. Falar de ambiente não pode significar *reflectir sobre tudo,* dissolvendo o conceito de ambiente na noção de qualidade de vida. Este é, aliás, um dos equívocos do legislador constitucional (art. 66.º da C.R.P.) e do legislador ordinário (art. 5.º/2/a) da Lei n.º 11/87, de 7 de Abril). Para isso impor-se-ia a convocação *demoplenariocrática* de muitos outros direitos – habitação, saúde, educação, segurança social, trabalho ... – num claro prejuízo dos contornos ecológicos e existenciais da noção de ambiente. Imprestável é igualmente a noção restritiva de ambiente, que não andaria longe da sua identificação com a natureza – bens naturais (Gomes Canotilho).

Por ambiente devemos então entender o conjunto de bens naturais e culturais relevantes para a qualidade de vida *ecológica e existencial* da pessoa humana (Colaço Antunes). Neste sentido, o ambiente deve ser considerado um *bem imaterial,* na medida em que, como bem cultural, tem ínsita a noção de valor.

Apoiados numa concepção penalista de bem jurídico (*Rechtsgut*), sustentaríamos uma concepção unitária de ambiente (*universitas rerum*), por contraposição à concepção pluralista de Giannini, num esforço evidente de conceptualizar o ambiente como bem público, com inegáveis repercussões, entre outras, ao nível da compressão dos direitos fundamentais de raiz proprietarista e possessiva e da tutela jurisdicional (*unidade* de jurisdição ou *dualidade* de jurisdições). Ao contrário do legislador (art. 45.º da Lei n.º 11/87), pensamos que o juiz natural da tutela do ambiente é o juiz administrativo

Concebida a noção jurídica de ambiente com a brevidade de tempo e de espaço de que dispomos, diríamos então que o Direito do

Ambiente vem a constituir o conjunto de normas e institutos jurídicos que se destinam a regular e a proteger, de forma planificadora, conformadora, preventiva e promocional o ambiente natural e humano dos efeitos nocivos resultantes do processo civilizacional (Gomes Canotilho).

O direito do ambiente (como novo ramo do saber jurídico), relativamente ao qual permanece por resolver o problema da sua autonomia em relação ao direito administrativo, não pode ignorar os clássicos esquemas tipológicos da actividade administrativa: *intervenção, prestação e planificação*. Logo, de um ponto de vista funcional, é possível avistar facilmente *um princípio de tutela preventiva, repressiva e ressarcitória* do ambiente e, finalmente, uma tutela conformadora e promocional prosseguida pelo uso razoável do princípio da ponderação e hierarquização dos direitos fundamentais e dos interesses juridicamente relevantes.

De todo o modo, o direito do ambiente, se pretende atingir a maioridade pedagógica e científica, não pode prescindir de uma *tutela vital e imediata do ambiente*.

2. O AMBIENTE COMO DIREITO FUNDAMENTAL

A dimensão assumida pelo ambiente e pelos problemas que lhe são inerentes obriga-nos (numa estratégia da atenção) a passar os olhos por experiências jurídicas tão complexas como a alemã.

Quando o desenvolvimento de uma ordem jurídica coloca sobre as plantas a necessidade de reconhecer novos valores fundamentais, o caminho a seguir bem pode ser o da criação de estruturas administrativas que assumam, ainda que prescindindo de precisas orientações jurídico-constitucionais, uma função de protecção daqueles valores.

Esta foi, com efeito, a trajectória seguida pela Alemanha, cuja Lei Fundamental (*Grundgesetz*), como é sabido, não contempla (apesar dos artigos 20.° a, 74.°, 75.° e 91.° a – ainda que aqui se descortine a ideia de protecção do ambiente como fim do Estado) uma directa e específica protecção do ambiente (*Umwelt*), prevendo apenas uma série de garantias que indirectamente podem reconduzir-se ao alvéolo de um reconhecimento geral do ambiente como valor constitucionalmente protegido. Entre estas garantias avulta tradicionalmente a qualificação da República Federal da Alemanha como *Estado Social de Direito* (art. 20.º GG).

Posta perante este quadro normativo, a doutrina mais sensível tentou desenvolver o princípio da tutela ambiental a partir de uma operação de *contaminatio* entre os direitos fundamentais previstos na Constituição (art. 2.º). Neste sentido, chegou a hipotizar um *direito ao mínimo ecológico de existência* (Rehbinder) ou um *direito à tutela dos pressupostos do exercício de direitos fundamentais*, por forma a garantir a tutela do ambiente quando a sua lesão comporte um dano a bens jurídicos expressamente protegidos (direito à vida, à integridade física e psíquica, à propriedade).

A acção combinada de novas e pregnantes exigências de tutela do ambiente e a estrutura do sistema constitucional alemão – cujo instituto do recurso constitucional (*Verfassungsbeschwerde*) garante o acesso directo ao Tribunal Constitucional a todos os cidadãos – fez com que este Tribunal se transformasse no natural "guardião do ambiente", sobretudo quando contraposto com outros direitos fundamentais (Jörg Luther).

Percorrida brevemente a experiência alemã, que (paradoxalmente) ajuda a compreender uma leitura redutora da tutela do ambiente aos direitos de personalidade, é chegado o momento de prestarmos atenção ao nosso texto fundamental que consagra directamente, ao contrário da Constituição alemã, para além de uma verdadeira *Constituição do ambiente* (arts. 9.º/d) e e), 66.º, 81.º/l) e m), 93.º/1/d)/2), o ambiente como direito fundamental.

Na ordem jurídico-constitucional portuguesa, o "direito a um ambiente de vida humano, sadio e ecologicamente equilibrado" (art. 66.º/1 da C.R.P.) é um verdadeiro *direito fundamental, formal e materialmente constitucional* (Gomes Canotilho). No ensinamento do Professor de Coimbra trata-se de um direito subjectivo inalienável de qualquer pessoa, autónomo e distinto de outros direitos constitucionalmente protegidos – a saúde, a vida, a personalidade e a propriedade.

Segundo nós, o direito ao ambiente – como direito fundamental – é ainda algo mais. É, também, *o fundamento e o novo modo de ser dos direitos fundamentais* e, sobretudo, *a medida e o limite de outros direitos fundamentais de índole económica* (arts 61.º/1 e 62.º/1 da C.R.P.).

Em síntese, o ambiente, em sentido "forte", como *minimum ethicum,* como limite (jus)*natural* da actividade dos poderes públicos e dos agentes privados (E. Dalfino).

Impõe-se também, e esta é uma tarefa do intérprete, a construção de um *Stufenbau* dos valores e dos direitos reconhecidos constitucionalmente. A primariedade do valor ambiente não reside apenas na sua ontológica supremacia a respeito de outros bens jurídicos interferentes, está também na necessidade de composição do próprio valor em relação com outros de valor idêntico, sem que isso signifique uma teoria da petrificação (*Versteinerungstheorie*) dos direitos fundamentais (Colaço Antunes).

Sustenta-se, assim, a necessidade de um itinerário que consinta uma visão ecocêntrica ampla e unitária do ambiente, o que vem a exigir uma reinterpretação dos direitos fundamentais que pressuponha a sua *contaminatio,* mas agora *a partir da primariedade dos valores ambientais.*

3. A FUNÇÃO CONSTITUTIVA DO DIREITO PROCEDIMENTAL DO AMBIENTE

A referência é, naturalmente, o Código do Procedimento Administrativo, através do qual o ordenamento jurídico português se dotou finalmente de uma disciplina geral do procedimento administrativo, cuja raiz constitucional está no artigo 267.°/5. Assumem, entre outros, particular relevância para a configuração de um direito procedimental do ambiente, os arts. 8.°, 10.°, 53.°, 56.°, 61.° a 64.°, 96.° e 100.° e segs. do C.P.A..

Mesmo reduzindo o "valor ambiental" a interesse difuso (art. 53.° do C.P.A.), para melhor facilitar o seu ingresso na lógica compósita da procedimentalização, segue-se que aquele valor, *rationi obiecti,* estará sujeito a uma disciplina tendencialmente uniforme. Isto é, que a identidade do valor veiculado se traduz na identidade das modalidades de aquisição e composição, logo de *tutela* dinâmica no âmbito do procedimento.

Poder-se-á então afirmar que, segundo o artigo 53.° do C.P.A., o portador do interesse difuso ambiental está, para além do disposto no artigo 103.°/1/c) do C.P.A., situado numa posição diferenciada, *sendo sujeito de uma disciplina especial em relação à delineada pelo direito procedimental comum* (Lei n.° 83/95, de 31 de Agosto, arts. 2.°, 3.° e 4.° e ss). Acresce, aliás, que os traços determinantes deste *direito procedimental especial* devem ser desenvolvidos, em obséquio a correctos cânones hermenêuticos, na base de uma interpretação sistemática e, sobretudo, teleológica, atendendo ao peso constitucional das normas-fim respeitantes à tutela do ambiente (Colaço Antunes).

Todavia, se se atribui ao artigo 53.º do C.P.A. uma dimensão geral, isto significa que qualquer procedimento capaz de produzir rumores no ambiente deve ser, desde logo, levado ao conhecimento dos portadores do interesse difuso ambiental (art. 55.º do C.P.A.), garantindo posteriormente um adequado contraditório através da audiência dos interessados.

Com efeito, enquanto a participação no procedimento determinará a "vinculatividade" das decisões assumidas por todos os sujeitos intervenientes, já a não participação ou injustificada ausência terá consequências diversas em função da natureza dos sujeitos e dos interesses envolvidos, uma vez que à Administração deverá impor-se sempre a tutela do ambiente (enquanto bem público) (Dalfino).

A procedimentalização da tutela do interesse difuso ambiental deverá, em suma, significar, no momento de ordenar a aquisição, a ponderação e a hierarquização dos interesses coenvolvidos, uma tutela directa e teleológica, ontologicamente prevalecente sobre outros interesses-direitos em conflito.

É neste contexto que ganha sentido, sobretudo se tivermos em conta que a tutela procedimental é a antecâmara da tutela processual do interesse difuso ambiental – artigo 52.º/3 da C.R.P. e Lei n.º 83/95, de 31 de Agosto (art. 12.º e ss) – trazer à colação a passagem-complementação da lógica da *jurisprudência dos interesses* à lógica da *jurisprudência dos valores*. Isto porque, o que qualifica a tutela do ambiente não é só a sua relação com outros interesses contrastantes, mas a sua idoneidade para os conformar e limitar, o que constitui um critério para a sua valoração e hierarquização.

Inevitável, portanto, o abandono das posições de agnosticismo axiológico (Engisch), a favor de uma *jurisprudência dos valores*. Assim, o jurista não só não se afasta do confronto social, como tem plena consciência da não neutralidade do método selectivo dos interesses hegemónicos. Método iluminado por critérios axiológico-constitucionais, a que o intérprete não se pode furtar sob pena de violar os cânones hermenêuticos. O ambiente como *objecto-sujeito de dever-ser* não pode deixar de sobrevoar a tarefa (da Administração) de composição e hierarquização dos interesses envolvidos no procedimento (Colaço Antunes).

A dilucidação deste ponto dogmático é essencial para a configuração constitutiva de um direito procedimental do ambiente.

4. PARA UMA TUTELA DINÂMICA DO AMBIENTE: O MODELO DAS *VERWALTUNGSVORSCHRIFTEN*

Um domínio em que a discricionaridade administrativa assume um papel relevantíssimo é o da tutela do ambiente.

Acontece frequentemente que os pressupostos do poder administrativo vêm referenciados através de conceitos jurídicos indeterminados ou cláusulas gerais que reenviam para estádios actuais do conhecimento técnico-científico.

Com efeito, é habitual a lei prever que o licenciamento de actividades industriais perigosas só possa ser autorizado se não provocar incidências negativas graves no ambiente ou consequências particularmente perigosas para a saúde dos cidadãos, impondo ainda bastas vezes às empresas a adopção de medidas para reduzir ou minimizar as emissões, recorrendo para o efeito a conhecimentos e dados da ciência e da técnica sofisticados.

A política de direito encetada pelo "legislador" germânico ao fixar standards ambientais sob a forma de *Verwaltungsvorschriften*, afigura-se-nos pertinente à luz da ideia de um desenvolvimento não apenas possível mas sustentável (art. 66.º/2 da C.R.P.), especialmente quando estamos postos perante resultados científicos pouco consolidados.

Vislumbra-se aqui uma via alternativa para solucionar a (forte) colisão entre o direito fundamental a um ambiente sadio e ecologicamente equilibrado e o direito-liberdade de iniciativa económica privada.

Acresce ainda que a uniformidade e a imparcialidade administrativas, a igualdade de tratamento e a certeza do direito, podem aconselhar a concretização da lei e dos respectivos conceitos indeterminados através de actos normativos de nível secundário, que vêm afinal a fixar standards ambientais. Parâmetros técnico-científicos que a Administração não pode ignorar no momento em que aprecia os pressupostos necessários para a autorização. Em síntese, na Alemanha tem-se vindo crescentemente a sobrevalorar a fixação de standards ambientais pela Administração, autovinculando-se, na tentativa de resolver a dicotomia entre o direito ao ambiente e o direito à livre iniciativa económica privada.

A solução normativa encontrada foram as *Verwaltungsvorschriften* (Meyer-Teschendorf e H. Hofmann). Tradicionalmente queriam significar aqueles actos com os quais a Administração Central define directivas para o exercício de poderes discricionários concretos ou sugere esquemas interpretativos da lei. Na verdade do que se trata é de uma espécie de *Ermessensrichtlinien*, cujo desenvolvimento e concretização ocorre através de *norminterpretierende Verwaltungsvorschriften* e de *normkonkretisierende Verwaltungsvorschriften*, respectivamente prescrições administrativas com função interpretativa e concretizadora da lei. Desta forma, os pressupostos do poder discricionário indicados através de conceitos jurídicos indeterminados vêm concretizados, reduzindo a sua margem de incerteza, por meio de standards ambientais expressos sob a forma de *Verwaltungsvorschriften*, que contemplam e antecipam já escolhas discricionárias em sentido estrito e concreto (indicando, por exemplo, as substâncias nocivas, bem como a percentagem admissível ou o grau de poluição tolerável) (H. Sendler).

A Administração pode, aliás, afastar os standards ambientais, sempre que os considere desactualizados ou em desarmonia com a situação de facto concreta, o que de resto não é possível para os parâmetros técnico-científicos fixados sob a forma de *Rechtsverordnungen*. Em sintonia com o que ficou dito, o regime impugnatório dos dois actos normativos é também diferente: apenas as *Verwaltungsvorschriften* estão, em princípio, sujeitas a controlo jurisdicional, enquanto o controlo dos regulamentos tem carácter excepcional (§ 47 VwGO).

A fixação de standards ambientais não deixa de colocar alguns problemas, nomeadamente em sede constitucional. Na verdade, os referidos standards, consubstanciando (já) juízos técnicos de tipo operativo, traduzem uma ponderação entre os direitos fundamentais em conflito – direito ao ambiente e livre iniciativa económica – comportando, desde logo, uma compressão deste último direito. A legitimidade constitucional das leis que atribuem à Administração tal poder de ponderação-decisão em matéria de direitos fundamentais, que, em boa razão, deveria ser reserva de lei, levanta problemas de inconstitucionalidade das normas que, limitando-se a enunciar um critério mais ou menos vago (conceitos jurídicos indeterminados, cláusulas gerais de reenvio para normas técnico-científicas), comportam uma substancial atribuição à Administração de poder de decisão em matérias reservadas à lei (C. Bönker).

Por outro lado, sustenta-se a plausibilidade normativa das chamadas *Verwaltungsvorschriften*, adiantando que nem sempre a melhor tutela dos direitos fundamentais é garantida pelas normas legislativas. Dito de outra forma, o respeito pela reserva de lei conduziria, paradoxalmente, a resultados inaceitáveis no plano constitucional. Para melhor se fundamentar este entendimento traz-se à colação a ideia de que "os standards ambientais" correspondem a convicções científicas recentes e idóneas, além de poderem responder melhor à variedade das situações concretas, sem esquecer a sua melhor adaptabilidade à velocidade crescente do mundo técnico-científico. Argumenta-se ainda que o procedimento legislativo, pela sua lentidão e complexidade política, é manifestamente inadequado para consagrar standards ambientais, especialmente quando a ciência e a técnica não estejam em condições de sugerir regras certas e consolidadas (H. Sendler).

A cristalização de standards ambientais na lei, em contraposição com a infixidez das normas técnicas, poderia mesmo conduzir a uma ponderação distorcida dos direitos-interesses fundamentais coenvolvidos na actividade administrativa, em clara violação do princípio da proporcionalidade (Meyer-Teschendorf e H. Hofmann). Uma forma intermédia de resolver o problema seria então o recurso à consagração de standards ambientais por intermédio de regulamentos, solução que, todavia, não tem tido o mesmo acolhimento.

Os argumentos aduzidos, sendo válidos, não são de todo concludentes, particularmente em sede constitucional, sendo certo que o *Bundesverfassungsgericht* tem afirmado por diversas vezes que a atribuição normativa à Administração do poder de operar escolhas tão relevantes em domínios tão sensíveis não é incompatível com uma tutela dinâmica dos direitos fundamentais" (H. Sendler). Com efeito, não é de todo inquestionável que os amplos poderes discricionários atribuídos à Administração não sejam ainda maiores quando esta preenche autonomamente os conceitos jurídicos indeterminados. Recorde-se que a fixação pela Administração de standards ambientais através de normas administrativas deve obedecer aos princípios e limites postos pela lei, sob pena de ilegalidade [1].

---

[1] Sendo igualmente certo que a nível comunitário o Tribunal de Justiça tem

Ponto fundamental para "esclarecer" esta problemática é o sabermos que a *Verwaltungsvorschrift* vê a luz do dia, como norma interna da Administração, após um complexo procedimento em que participam especialistas na matéria e entes social e ambientalmente representativos. Isto é igualmente relevante na medida em que o seu carácter autoritário vem diminuido quando no referido procedimento os momentos essenciais de avaliação adquirem relevância externa, condicionando o poder da Administração (T. Danwitz). Parece, assim, que o procedimento administrativo surge mais uma vez como um instrumento jurídico idóneo a garantir a melhor síntese entre o direito e a técnica, *especialmente quando esta não esteja em condições de sugerir soluções certas e unívocas, bem como uma adequada ponderação entre direitos fundamentais colidentes.* Deve tratar-se, portanto, de um justo procedimento que assegure uma legitimação substancial dos sujeitos participantes, por forma a permitir uma fácil aceitabilidade dos seus resultados (standards), bem como a legitimidade racionalizante da actividade administrativa subsequente.

Todavia, apesar deste esforço hermenêutico, as dificuldades não ficam por aqui, pondo-se o problema de saber se as *Verwaltungsvorschriften*, na sua qualidade de normas internas, obrigando e vinculando a Administração é certo, legitimam ou não pretensões dos administrados directamente accionáveis em sede jurisdicional. Impõe-se, assim, um breve aceno à sua relevância jurisdicional.

Antes de continuar, importa sublinhar a particular importância assumida pelos aspectos organizativos e procedimentais no âmbito da disciplina ambiental. Neste sentido, a relevância processual dos standards encontra o seu fundamento, ainda que indirecto, na complexidade do procedimento de elaboração das *Verwaltungsvorschriften*, que passa, como anteriormente assinalámos, pelo envolvimento de técnicos e cientistas na matéria e pela predisposição de um adequado *iter* decisional.

Em correspondência com a chamada *Standardisierungsspielraum*, os standards ambientais, expressos normativamente sob a forma de *Verwaltungsvorschriften*, adquirem desde logo relevância processual enquanto parâmetros de juridicidade do próprio acto administrativo (H. Hill).

---

repetidamente afirmado a sua inidoneidade como instrumento de transposição das directivas para o direito germânico.

Nesta hipótese, o juiz administrativo ao sindicar o acto autorizativo não poderá ignorar, enquanto pressuposto do acto, a forma como foi concretizada a norma geral e abstracta operada através dos standards ambientais.

Quando tal circunstância ocorra, isso não significa que tais "actos normativos" sejam subtraídos ao controlo jurisdicional. Com efeito, a impugnação contenciosa do acto autorizativo faz-se acompanhar frequentemente da impugnação da *Verwaltungsvorschrift* que fundamenta aquele. Neste aspecto, diferentemente dos regulamentos, serão objecto de um controlo jurisdicional difuso. Em conclusão, serão ilegítimas aquelas normas administrativas que, no intento de concretizar a lei, acabem por ultrapassar os limites impostos por esta, violando o seu sentido e alcance.

Por outro lado, senão mais importante, é pelo menos mais delicado o juízo que o tribunal administrativo deve estabelecer sobre a actualidade e validade técnico-científica dos standards ambientais.

Trata-se, no fundo, de estabelecer, em conformidade com a lei, se as regras técnicas recebidas pelas normas internas são ou não actuais. Posto o problema, parece que o juiz não pode facilmente substituir-se à Administração em matérias desta complexidade, sobretudo quando são hipotizáveis dissidências entre os técnicos ou mesmo os cientistas. O que o juiz pode e deve fazer seguramente é confrontar a conformidade das normas técnico-científicas expostas nos standards ambientais com os pareceres e conhecimentos científicos mais respeitáveis e actuais (C. Gusy).

Sublinhe-se ainda que circunstâncias particulares ou excepcionais podem levar a Administração a afastar os standards ambientais, através de decisão devidamente fundamentada, por incapacidade destes se moldarem à especificidade da situação concreta. Nestes casos, o controlo jurisdicional das *Verwaltungsvorschriften* não poderá deixar de apreciar as exigências impostas pela lei à Administração no momento em que esta procede à autorização. Na medida em que a Administração, na presença dos pressupostos fixados, tem o poder-dever de inaplicar os standards ambientais, o controlo jurisdicional sobre estas normas administrativas não é outra coisa do que a reflexa consequência do controlo sobre o exercício de tal poder, isto é, sobre o procedimento decisório. Em síntese, o controlo jurisdicional deverá estabelecer definitivamente se as particularidades da situação de facto impunham ou não a oportunidade dos standards ambientais.

É agora mais claro que o recorrente, ao reagir contra o acto administrativo, terá ao seu dispor uma série de hipóteses. Poderá antes de mais atacar a injustificada violação dos standards ambientais; poderá, por outro lado, sustentar qua a Administração deveria tê-los afastado (a tal liberdade de apreciação) ou porque não correspondem ao estado do conhecimento e da técnica ou ainda porque não se adaptam às particularidades da situação concreta. Podendo ainda censurar as *Verwaltungsvorschriften* quando estas violarem o sentido e o alcance da norma "habilitante" (originante) (T. Danwitz).

Não muito longe deste entendimento parece a jurisprudência do Tribunal Administrativo Federal alemão (BVerwG, sentença de 11/3/93), que tem procurado definir os princípios jurídicos a que deverá ater-se o tribunal de recurso. Este deverá verificar se resulta fundada a censura posta pelo recorrente à inactualidade e insuficiência dos parâmetros técnico-científicos fixados nas *Verwaltungsvorschriften*, o que poderá redundar em violação de lei ou mesmo desvio de poder (§ 114 VwGO), na medida em que esta remete originariamente para estádios de conhecimento técnico-científicos actuais (para o estádio da técnica e da ciência).

O facto de se exigir a verificação da actualidade e adequação dos critérios de avaliação que estão na base dos standards ambientais, confirma a condição legitimante das *Verwaltungsvorschriften* e dos actos administrativos nelas fundados.

Apesar da sua relevância jurisdicional colocar não poucas dificuldades, acrescidas, aliás, se vingar o entendimento que os valores contidos nas *Verwaltungsvorschriften* se devem presumir correspondentes ao "estado do conhecimento e da técnica" (como parece apontar o Código do Ambiente), a verdade é que através dos standards ambientais, fixados administrativamente, se tem conseguido vincular e racionalizar de uma forma dinâmica a actividade administrativa.

Importa, porém, salientar, para que o texto se clarifique aos olhos do leitor, que a distinção entre "autêntica" discricionaridade na adopção de consequências jurídicas (*Rechtsfolgeermessen*) e mera margem de apreciação da Administração, se generalizou na Alemanha com o propósito de preservar uma certa margem de manobra da Administração, face a uma justiça administrativa que procura apurar da correcção e juridicidade da actividade administrativa, inclusive naqueles casos em que a lei só impõe uma mera directriz de orientação, utilizando para tanto conceitos indeterminados [2]. Daí que se tenha criado um novo conceito – *margem de livre apreciação*.

5. OS PROBLEMAS DE UM PROBLEMA CHAMADO DISCRICIONARIDADE

Começaremos por dizer que o poder administrativo é, por natureza, heterogéneo e diferenciado.

A perspectiva que privilegia a relação entre jurisdição e Administração tende a desenvolver a ideia de que o juiz administrativo está confrontado sempre com o mesmo poder e não perante poderes diversos, poderes, aliás, que se confrontam também no interior da própria Administração.

O ingresso na Administração de saberes especializados objectiva e limita o poder discricionário, circunscrevendo a sua *vis* fortemente expansiva. A discricionaridade administrativa tal como vem sendo entendida é uma crença, faz parte dos nibelungos da história do direito administrativo. Em suma, é uma fábula criada pelas insuficiências do regime de prova no contencioso administrativo (vejam-se as limitações inscritas no art. 12.º do E.T.A.F. e nos arts. 12.º e 14.º da L.P.T.A.).

Sem preconceitos iluministas, as normas técnicas gozam, aliás, de um regime diverso das normas jurídicas propriamente ditas, uma vez que não se lhes aplica o princípio da irretroactividade. Por exemplo, as novas aquisições técnicas e científicas relativas à avaliação de impacto ambiental de um projecto ou empreendimento poderão aplicar-se a factos passados sempre que estes sejam susceptíveis de ser tidos em consideração.

A norma técnica é por natureza presidida pelos princípios da imparcialidade e da cientificidade. Sempre que o ordenamento jurídico condiciona o exercício do poder administrativo à prévia avaliação técnica dos factos, reforça-se a despolitização da Administração e limita-se a dicricionaridade administrativa. Veja-se o caso da co-incineração dos resíduos industriais perigosos e respectiva localização.

---

[2] Cfr. o recente Acórdão do S.T.A. (1.ª Secção) de 20/11/97.

A compreensão da discricionaridade administrativa não pode ignorar os aspectos organizativos e procedimentais, uma vez que estes ajudam a racionalizar e a individualizar o tipo de discricionaridade exercitada. Actividade, organização e procedimento exigem, assim, uma consideração conjunta, por forma a evidenciar melhor as incoerências, os desvios ou mesmo os erros da Administração.

O facto de se assistir a uma crescente objectivação da actividade administrativa, tal deve ser entendido como uma crescente aspiração a um controlo jurisdicional cada vez mais penetrante dos actos da Administração. Para isso importa perceber que o juízo técnico não comporta valorações ou apreciações quanto ao modo de realizar o interesse público.

Um aspecto importante da discricionaridade administrativa, mas frequentemente ignorado, é este: a jurisprudência administrativa alemã tem entendido o *fim* (Zweck) num sentido amplo, por forma a permitir o controlo do que entre nós se designa habitualmente por *mérito* [3], em sintonia com o entendimento da doutrina mais recente que tem vindo a assinalar pertinentemente que uma obsessiva atenção sobre a norma jurídica e a sua estrutura tem sacrificado os momentos decisivos do procedimento decisional (J. Kühling). Aliás, sempre seria artificioso operar a distinção entre hipótese e estatuição para efeitos de situar a discricionaridade. Em suma, caminha-se para um controlo jurisdicional que aprecia a substância da decisão.

O que explica o apaixonante debate, na Alemanha como em Portugal e noutros países, sobre a essência parcialmente livre ou vinculada da actividade administrativa, é a referência a uma concepção de ordenamento jurídico sem lacunas, acompanhada de uma visão tradicionalmente actocêntrica da actividade administrativa.

Tudo depende muito da referida concepção comportar ou não lacunas, já que as técnicas de controlo não são muito dissemelhantes. Seja a *hard look* (EUA), a *proportionality* (Reino Unido), a teoria do *bilan-coût-avantages* (França) ou a *Verhältnismäßigkeit* (Alemanha).

Do ponto de vista dogmático, a problemática da discricionaridade tem o seu epicentro na ponderação comparativa introduzida por

---

[3] A nosso ver, tal entendimento não deve ser estranho à influência do *common law*, mais exactamente à jurisprudência teleológica do juiz norte-americano, a que nos referimos num estudo publicado há alguns anos no B.F.D.U.C..

Giannini nos anos trinta. Esta ponderação de interesses gianniniana, que constitui a substância do poder discricionário em todas os ordenamentos jurídicos, confronta-se hoje com conceitos indeterminados, cláusulas gerais e conhece também dos limites postos pelos *standards*.

Os historiadores do direito assinalam uma certa transmigração, com início nos finais do século passado, princípios deste século (sem esquecer os prolongamentos após a 2.ª Guerra Mundial), da Áustria para a Alemanha da temática dos conceitos indeterminados e dos conceitos jurídicos indeterminados. O percurso dos standards é diferente, partindo dos Estados Unidos para a Europa. *Pound,* no início do século, estuda os standards, sendo recebidos, através da Escola de *Lambert,* pela doutrina de *Hauriou,* passando mais tarde para a Itália e a Alemanha (Marco D'Alberti).

O problema está na possibilidade de reconduzir o juízo sobre a conformidade dos conceitos indeterminados e dos standards ao controlo de legalidade, especialmente do desvio de poder.

Na Europa continental os problemas postos foram enormes, uma vez que não foi fácil passar dos conceitos indeterminados aos conceitos jurídicos indeterminados (Cfr. em França o caso *Gomel,* onde as famosas *perspectivas monumentais* se converteram em standards jurídicos. Já a noção de standard alemão aproxima-se mais da concepção anglo-saxónica, isto é, trata-se de uma regra de direito precisa, tecnicamente precisa).

O que queremos concluir é apenas isto. A tendência do juiz administrativo germânico, à semelhança dos juizes eurocontinentais, é a de permitir que o juízo de conformidade sobre os standards entre no âmbito jurisdicional, entre no território do juiz. Este pode apreciar a conformidade da actividade administrativa com os conceitos jurídicos indeterminados e, por maioria de razão, com os standards (Marco D'Alberti).

De um ponto de vista técnico, os limites ao controlo jurisdicional da actividade administrativa tendem a desaparecer – trate-se de discricionaridade administrativa ou da chamada discricionaridade técnica. Os franceses dizem-no claramente, ao admitirem que o controlo jurisdicional sobre o *bilan* bordeja o juízo de mérito, salvando a alma quando afirmam que se trata de uma excepção à regra que continua a ser o controle de legalidade.

Onde está então o limite? Os limites do controlo jurisdicional são os limites de apreciação do facto, isto é, dos meios de prova. O problema não está tanto na relação entre a Administração e a jurisdição, mas no *modo de conceber o desenvolvimento e o fim da actividade administrativa*.

A questão da discricionaridade joga-se hoje essencialmente no interior do procedimento, visto que hipotizar uma liberdade de escolha em relação a um interesse público predeterminado na lei, antes do procedimento, é uma aporia insuperável.

A ideia originante da problemática separação das funções entre Administração e jurisdição não está, no essencial, na estrutura lógica da norma, nem nos limites imanentes ao poder judicial, mas na Constituição, nos seus princípios e nos direitos fundamentais. É aí que se deve operar, em primeiro lugar, uma ponderação dos valores e dos direitos, que deve posteriormente ser continuado no procedimento administrativo.

A jurisprudência é lida frequentemente no pressuposto de que existe *um lugar certo de exercício do poder* – o acto administrativo – *e um lugar certo para o exercício de direitos* – a tutela jurisdicional. Na base deste entendimento está a ideia de que de um lado existe uma Administração forte e do outro um sujeito fraco que deve ser tutelado. Na verdade as coisas são mais complexas. A jurisdição, que é formalmente exercida sobre o poder administrativo, é na realidade um jurisdição sobre *poderes* (Alessandro Pajno). Isto explica por que frequentemente as fórmulas utilizadas pela jurisprudência, parecendo encerrar um limite ao controlo jurisdicional da actividade administrativa discricionária, na realidade tendem a pôr um limite ao exercício de um poder (ou de poderes) substancialmente diverso do que vem formalmente exercitado pela Administração através do acto. Daí que a discricionaridade se converta, por vezes, numa ponderação jurídica subjectiva de pressões.

Por outro lado, mérito administrativo e discricionaridade técnica não se confundem, sendo igualmente certo que *os princípios da oportunidade e da conveniência são também princípios jurídicos*, enquanto matizações do princípio da juridicidade, da justiça, da imparcialidade, da boa-fé e da proporcionalidade em sentido amplo (art. 266.º/2 da C.R.P.). Em suma, a oportunidade e a conveniência, muito por força da procedimentalização da actividade administrativa, vão perdendo o carácter de juízo sintético mais ou menos intuitivo, para se tornar um percurso juridicamente demonstrável. Assim, não nos parece bem o entendimento da chamada "discricionaridade técnica" como expressão do mérito administrativo, e, por isso, insindicável.

A discricionaridade administrativa é um espaço que se coloca entre a lei e a discricionaridade técnica, isto é, entre a actividade administrativa directamente disciplinada por normas jurídicas e aquela parte da actividade da Administração regulada por regras técnicas, específicas de certo tipo de actividade. Tais regras, além de disciplinarem o exercício da actividade administrativa, contêm critérios para a reconstrução dos factos tomados em consideração na referida actividade administrativa, o que significa que são critérios que não só impõem como exigem um controlo jurisdicional do seu respeito e verificação (Alessandro Pajno).

Concluindo, o problema dos *limites* ao exercício da discricionaridade não deve ser considerado como um limite ao exercício do controlo jurisdicional, tanto mais que no apuramento dos factos e na respectiva reconstrução dos mesmos, o controlo jurisdicional é possível e viável até limites jurídica e materialmente possíveis. Assiste-se mesmo a uma crescente jurisdicionalização da actividade administrativa. Importa para tanto compreender que o controlo jurisdicional não incide sobre o uso do poder, mas antes sobre o conteúdo do exercício do poder, logo sobre o modo em que vem exercitado à luz dos princípios constitucionais e procedimentais já referidos. Na nossa Constituição, a Administração é essencialmente *função* (arts. 266.º e 267.º/5), o que implica restringir a separação entre legalidade e mérito, muito por força da conotação proporcionalística da função administrativa, revitalizando deste modo o vício de desvio de poder que, ao contrário da doutrina alemã dos conceitos jurídicos indeterminados, implicará um controlo *intrínseco* da discricionaridade administrativa, com o cortejo de consequências que daí ressaltam.

Queremos dizer que a "prudência" (temor reverencial do juiz) perante certas apreciações feitas pela Administração, não depende de uma qualquer dificuldade ontológica ou "repulsa" do juiz, mas tão-só de uma questão cultural ligada a uma certa visão da Administração como poder (e à respectiva legitimidade e autoridade) e sobretudo de um adequado regime de prova. Afasta-se, assim, uma visão fetichista do princípio da separação de poderes.

Em suma, a discricionaridade, tal como o homem, *só é como parece enquanto não parece como é,* tanto mais que, em matéria ambiental, vivemos uma *normatividade da certeza,* ainda que permanentemente mutável.

A diferença entre actividade administrativa vinculada e actividade discricionária é a mesma que subjaz entre *interpretação* e *compreensão*. A primeira situa-se "dentro" da linguagem, enquanto a segunda está "fora" dela.

A actividade administrativa vinculada tem, paradoxalmente, mais a ver com a epistemologia do domínio e a actividade administrativa discricionária com a coralidade popular e a racionalidade da decisão. Isto explica-se, entre outras razões, pela infinidade de leis existentes (selva legislativa)[4], o que permite que a norma, por natureza o momento do vínculo, se transforme no momento da escolha. A "overdose legislativa" permite, aliás, uma nova forma de discricionaridade – a individualização da norma a aplicar – porquanto a escolha administrativa, que deveria ser "discricionária", tende a travestir-se de decisão "vinculada" pela norma. O *horror vacui* dá lugar ao *horror incerti*.

6. AUTODETERMINAÇÃO DO DIREITO DO AMBIENTE

Seguindo as pisadas de Freitas do Amaral, também nós nos inclinamos para a configuração do Direito do Ambiente como um novo ramo autónomo do Direito e consequente autonomização do Direito Administrativo.

O problema é, todavia, mais delicado. Se hoje (1999) "existisse" o Direito Administrativo (atente-se nas teses da fusão com o direito privado), o direito do ambiente constituiria uma boa parte (não só especial) do direito administrativo. Pensamos, aliás, que um dos méritos do direito do ambiente é ou deve ser, antes de se "emancipar", a renovação de alguns problemas clássicos do direito administrativo: a legitimidade, a discricionaridade, a reformulação do acto e respectiva impugnabilidade, o problema da plena jurisdição, etc. O contributo do direito do ambiente é igualmente decisivo para o retorno da "sacralidade" ao direito administrativo, sob pena de este se esvair na secularidade das regras do *ius civile* – fuga para o direito privado...

---

[4] Segundo dados recentes, a Itália terá mais de cinquenta mil leis (não se computa aqui a legislação regional e local), a Alemanha ultrapassa as cinco mil leis federais e a França sete mil quatrocentas e vinte e cinco. Cfr. DOMENICO DI GOIA, "Burocrazia e competitività", in *Amm. Pol.*, n.º 6, 1996, p. 484.

Para se autonomizar verdadeiramente (pedagógica e cientificamente), o Direito do Ambiente carece, entre outras coisas, de duas "elegâncias": a metódica e a da contraditoriedade. É aqui que ganha toda a acuidade a advertência de evitar o erro de esquecer os Mestres, o que não implica, obviamente, qualquer tipo de esclavagismo teorético. A ciência jurídica é também os juristas. O direito é também o que os juristas dizem ser o direito, o objecto da ciência jurídica é também a autoridade do jurista.

Ponto essencial para a definitiva configuração de um Direito do Ambiente autónomo é a fundamentalidade constitutiva do *rosebud procedimental*.

Nota Bibliográfica

A. PAJNO, "Intervento", in *La discrezionalità amministrativa: profili comparati*, Milano, 1997, p. 75 e ss.

C. BÖNKER, *Umweltstandard in Verwaltungsvorschriften*, Münster, 1992, p. 31 e ss.

C. GUSY, "Probleme der Verrechtlichung technischer Standards", in *NVwZ*, 1995, p. 105 e ss.

COLAÇO ANTUNES, *O Procedimento Administrativo de Avaliação de Impacto Ambiental (Para uma Tutela Preventiva do Ambiente)*, Coimbra, 1998, pp. 31 e ss., 71 e ss., 107 e ss., 205 e ss. e 233 e ss.

DOMENICO DI GOIA, "Burocrazia e competitività", in *Amm. Pol.*, n.º 6, 1996, p. 483 e ss.

E. REHBINDER, "Grandfragen des Umweltrechts", in *Zeitschrift für Rechtspolitik*, 1970, p. 250 e ss.

ENRICO DALFINO, "Basi per il diritto soggettivo di partecipazione nel procedimento amministrativo", in *Le trasformazione del diritto amministrativo*, Milano, 1995, p. 107 e ss.

FREITAS DO AMARAL, "Ordenamento do território, urbanismo e ambiente: objecto, autonomia e distinções", in *Rev. Jur. Urb. Amb.*, n.º 1, 1994, p. 11 e ss.

GOMES CANOTILHO, "Procedimento administrativo e defesa do ambiente", in *R.L.J.*, n.º 3799, 1991, p. 289 e ss.; *Idem*, n.º 3802, p. 7 e ss.

H. HILL, "Normkonkretisierende Verwaltungsvorschriften", in *NVwZ*, 1989, p. 410 e ss.

H. SENDLER, "Normkonkretisierende Verwaltungsvorschriften im Umweltrecht", in *U.P.R.*, 1993, p. 321 e ss.

J. KÜHLING, "Kontrolle von ermessensentscheidungen in Deutschland", in *Potere discrezionale e controllo giudiziario*, Milano, 1998, p. 10 e ss.

JÖRG LUTHER, "Profili costituzionali della tutela dell'ambiente in Germania", in *Riv. Giur. Amb.*, n.° 3, 1986, p. 461 e ss.

K. G. MEYER-TESCHENDORF/H. HOFMANN, "Bereinigung der Bundesstatistik – Abbau von Verwaltungsvorschriften und Standards – Reform der Behördenstruktur", in *DÖV*, 1998, p. 217 e ss.

M. S. GIANNINI, *Il potere discrezionale della pubblica amministrazione. Concetto e problemi*, Milano, 1939, p. 42 e ss.

M. S. GIANNINI, "Ambiente: saggio sui diversi suoi aspetti giuridici", in *Riv. Trim. Dir. Pubbl.*, 1973, p. 15 e ss.

MARCO D'ALBERTI, "Intervento", in *La discrezionalità amministrativa: profili comparati*, Milano, 1997, p. 85 e ss.

S. JUTZI, "Zur Zulässigkeit genereller Öffnungs – oder Nichtanwendungsklauseln in Rechts – und Verwaltungsvorschriften in bezug auf normative Standards", in *DÖV*, 1996, p. 25 e ss.

T. DANWITZ, "Normkonkretisierende Verwaltungsvorschriften und Gemeinschaftsrecht", in *VerwArch 84*, 1993, p. 75 e ss.

CAPÍTULO VI

Direito da União Europeia

Graça Enes Ferreira
Assistente da Faculdade de Direito
da Universidade do Porto

INTRODUÇÃO

A tarefa de em algumas páginas apenas pretender dar uma visão abrangente do Direito da União Europeia constitui um desafio que apresenta particulares dificuldades.

Essas dificuldades resultam essencialmente de duas circunstâncias indissociáveis da ordem jurídica da União Europeia. Por um lado, o facto de de estarmos perante uma ordem jurídica recente, em que a análise jurídica não pode distanciar-se da Política, quer internacional quer interna, em virtude de se tratar ainda de um processo em construção, cujos protagonistas são exactamente os agentes políticos. Por outro lado, o carácter transversal deste direito, que não se dirige à regulamentação de um particular domínio da realidade. A nova ordem jurídica que se construiu a partir de 1951 ultrapassa as simples relações entre os Estados e interfere em praticamente todos os tradicionais ramos de direito, num processo de contínuo e dinâmico *spillover*.

Estas particulares circunstâncias, que indubitavelmente o condicionam, não implicam a inexistência de autonomia ou a diluição pelos vários domínios com que se relaciona. Pelo contrário, em consonancia com os particulares objectivos que se propõe, constitui uma ordem jurídica que se rege por princípios próprios e independentes, afirma-se numa estrutura institucional autónoma, através de normas adoptadas de acordo com procedimentos autodefinidos.

É sobre esse sistema jurídico que se centra o presente trabalho.

Porém, dada a incontornável realidade referida, é indispensável um breve percurso histórico sobre a evolução do processo de integração europeia que conduziu à actual União Europeia, para melhor se compreender a sua estrutura e os seus princípios. Procurar-se-á também lançar algumas pistas sobre a tentativa, eventualmente inglória em resultados definitivos, de caracterização jurídico-

-política da União Europeia, realçando as principais características que apresenta.

Naturalmente, apenas se dará uma visão global e essencial, sem preocupações de exaustão, adequada para quem se inicia nos estudos do Direito, em geral, e do Direito da União Europeia, em particular.

PRIMEIRA PARTE
O devir da integração europeia.
A natureza jurídico-política da União europeia.

I. O DEVIR DA INTEGRAÇÃO EUROPEIA.

1.1. *De Paris a Maastricht* [1].

"A Europa não se fará de um golpe, nem por virtude de uma construção global. Far-se-á mediante realizações concretas – criando, antes de mais, uma solidariedade de facto"
Robert Schuman

A União Europeia, que actualmente congrega quinze Estados europeus, constitui o mais recente avanço de um processo despoletado no dia 9 de Maio de 1950, na Sala do Relógio do Quais d'Orsay, quando o Ministro dos Negócios Estrangeiros do governo francês, R. Schuman, propõe *"que o conjunto da produção franco-alemã de carvão e de aço seja colocada sob uma Alta Autoridade Comum, no seio de uma Organização aberta à participação de outros países da Europa"*.
Esta proposta foi favoravelmente acolhida pela Alemanha, Itália, Bélgica, Luxemburgo e Holanda, culminando com a constituição da Comunidade Europeia do Carvão e do Aço (CECA), em Paris, no dia 18 de Abril de 1951, e que entrou em vigor em 25 de Julho de 1952.

---

[1] Para uma exposição mais exaustiva da evolução da integração europeia *vide* Mota de Campos, J., "Direito Comunitário", I vol., 7.ª ed., Lisboa, Gulbenkian, 1995, pp. 75-126.

Estava dado o primeiro passo da integração europeia. Partindo de dois sectores tão cruciais e problemáticos como o carvão e o aço, a "união dos povos europeus", influenciada pelo pragmatismo das perspectivas funcionalistas, era perspectivada como uma construção que, da integração e solidariedade económicas, conduziria, a partir de um mercado comum nesses dois sectores, através de uma extensão ou *spillover* progressivos, a um posterior envolvimento político explícito.

Apesar do seu âmbito material limitado, a CECA apresentava-se, sem dúvida, como uma estrutura inovadora face às clássicas organizações internacionais, do que é exemplo o seu quadro institucional. Este era dotado de uma instituição independente – a Alta Autoridade – a quem competia a gestão do Tratado e a condução e execução da política dos sectores abrangidos, com poderes vinculativos sobre os Estados e particulares. Mais importante, o Tratado da CECA (TCECA) vem criar uma nova ordem jurídica, com normas que, emanadas da Alta Autoridade independente, são directamente aplicáveis nos Estados e vinculativas para estes e para os particulares, possuindo uma jurisdição obrigatória especialmente prevista para a sua salvaguarda – o Tribunal.

Apesar de alguns revezes, de que são exemplo o fracasso da Comunidade Europeia de Defesa e da Comunidade Política Europeia, o funcionalista processo de *spillover* não fracassou e, em 25 de Março de 1957, em Roma, foram instituídas a Comunidade Económica Europeia (CEE) e a Comunidade Europeia da Energia Atómica (CEEA), cujos Tratados entraram em vigor em 14 de Janeiro de 1958.

A CEE alarga o mercado comum limitado da CECA à generalidade das actividades económicas. Apesar de manter o cerne das características integracionistas inovadoras, a tónica do poder de decisão centra-se no Conselho, instituição cujos membros são representantes dos governos dos Estados-membros.

Em 08 de Abril de 1965 é assinado o Tratado de Fusão das Instituições das três Comunidades, que passam assim a dispor de um quadro institucional comum constituído por um Conselho (onde têm assento representantes ministeriais dos governos nacionais), uma Comissão (formada por personalidades independentes), uma Assembleia (actual Parlamento Europeu, onde estão presentes representantes dos cidadãos) e um Tribunal.

Há que reconhecer que o estrondoso êxito económico da década de 60 não foi acompanhado por uma evolução da integração política correspondente às expectativas geradas pelas perspectivas funcionalistas[2].

A década de 70, em resultado do cometimento político afirmado pelos Chefes de Estado e de Governo na Cimeira de Haia, em 1969, traz consigo dois desenvolvimentos políticos da maior relevância para o projecto europeu. Por uma parte, o alargamento, iniciado precisamente em 1 de Janeiro de 1973 com a adesão do Reino unido, Irlanda e Dinamarca, continuado em 1981, com a Grécia, em 1986 com Portugal e Espanha, e que por último trouxe a Austria, Finlândia e Suécia, em 1995. Geográfica, cultural e politicamente o projecto europeu diversifica-se progressivamente, através de um processo que ainda não terminou e que nos seus próximos desenvolvimentos irá alargar o seu espaço ao centro e leste da Europa. Por outra parte, inicia-se a cooperação política europeia que o Conselho Europeu, instituído na Cimeira de Paris de 1974, irá protagonizar[3].

A década de 70 não se traduziu em grandes (r)evoluções políticas, mas, sem dúvida, foram dados passos relevantes e firmes na afirmação das Comunidades Europeias como entidades políticas de vocação bastante mais ambiciosa que a economia. Domínios como o ambiente, a convergência e equilíbrio entre as regiões, a investigação e desenvolvimento tornam-se objecto da acção comunitária[4].

Diversos desenvolvimentos não são de substimar na "politização" das Comunidades. Em 1977, há um afastamento explícito do carácter tecnocrático de que muitos acusam as Comunidades com a adopção pelo Parlamento, Conselho e Comissão da Declaração sobre a Democracia e os Direitos Fundamentais. Em 1979, os cidadãos dos Estados-membros passam a participar directamente na construção do projecto, através da eleição por sufrágio directo do Parlamento Euro-

---

[2] A "crise da cadeira vazia" e os posteriores Acordos do Luxemburgo evidenciaram a imprescindibilidade da vontade política dos Estados e demonstraram que o curso da História também se faz com aparentes retrocessos.

[3] Objecto de pontos de vista contraditórios, é incontestável o papel de motor da integração desempenhado até hoje por essa entidade de cariz intergovernamental, isto apesar deste alargamento dos interesses comuns dos Estados se fazer fora do integracionista "método comunitário", desenvolvendo-se paralelamente e não no quadro jurídico-institucional das Comunidades.

[4] Designadamente através da instituição de Fundos financeiros.

peu (PE). Inquestionavelmente as Comunidades adquirem uma legitimidade política democrática acrescida.

Em meados da década de 80 o Acto Único Europeu [5] dá um avanço significativo para a evolução da integração comunitária. Documento curto, aparentemente pouco ambicioso, veio a revelar-se uma pedra fundamental para o posterior curso da construção política da Europa.

O Acto Único Europeu institucionalizou a Cooperação Política Europeia iniciada na década anterior, ainda que consagrando-a fora do quadro comunitário como um domínio de clássica intergovernamentalidade. No âmbito comunitário, a realização do "mercado Interno" será um objectivo mobilizador para o aprofundamento e extensão da integração. Pensado como um espaço de liberdade económica sem fronteiras potenciador do crescimento económico e da competitividade europeia, será o *leitmotiv* que acelera o processo de decisão comunitário (designadamente, por intermédio das novas disposições como o art. 100.º – A do TCEE) sob a batuta de Jacques Délors, autêntico visionário europeu.

O retorno ao método funcionalista parece evidente. O aprofundamento da integração económica, levada a cabo principalmente através da harmonização técnica e administrativa e da consagração do princípio do reconhecimento mútuo, cria uma plataforma comum de imbricação e interdependência que implicam o avanço – a união económica e monetária é o culminar necessário do mercado interno. Por sua vez, a união económica acarreta cruciais domínios da tradicional soberania dos Estados – é o primeiro passo para a união política.

As profundas mudanças políticas operadas na Europa a partir da segunda metade da década de 80, nomeadamente a democratização e a liberalização económica dos países do Centro e Leste europeus, incluindo a própria Rússia e as restantes Repúblicas resultantes do colapso soviético, inevitavelmente afectaram o rumo dos acontecimentos. Desde logo, o anseio de alguns desses países de integração no espaço de progresso económico e democracia das Comunidades não podia deixar de ter uma resposta positiva, apesar da patente desadequação económica, política e social. A instabilidade política e social resultante da queda dos anteriores regimes trouxe à tona o perigo de latentes conflitos

---

[5] Assinado no Luxemburgo e em Haia, em 17 e 28 de Fevereiro de 1986 e que entrou em vigor em I de Julho de 1987.

intraeuropeus, relacionados com questões étnicas e religiosas (de que o trágico conflito nos Balcãs foi a confirmação).

O fantasma da dissolução da construção europeia das Comunidades assume contornos de probabilidade. Se o desejo de uma "Casa Europeia" do Atlântico aos Urais tem condições políticas para poder ser concretizado, as Comunidades correm o risco de se diluirem numa vasta área de livre comércio e cooperação, destruindo o seu carácter de espaço de integração política e fazendo tábua rasa com os princípios que a regeram e que a conformaram.

Perante esta perspectiva, os responsáveis políticos das Comunidades e dos Estadosmembros entenderam que a resposta aos novos desafios exigia um aprofundamento e não uma atenuação da integração política. Para tal, paralelamente à Conferência Intergovernamental relativa à União Económica e Monetária (UEM), planeada desde 1988, lança-se, em 1990, uma Conferência Intergovernamental relativa à União Política.

Os trabalhos dessas duas Conferências tiveram como resultado o Tratado da União Europeia (TUE), assinado em Maastricht, em 7 de Fevereiro de 1992 e entrado em vigor em 1 de Novembro de 1993, após um atribulado processo de ratificação pelos Estados-membros.

1.2. *O desafio do futuro.*

Foi já referido que a integração europeia foi sempre perspectivada como um processo, um devir.

O TUE veio explicitamente consagrar esta perspectiva, encarando-se a si próprio como *"uma nova etapa no processo de criação de uma união cada vez mais estreita entre os povos da Europa"*.

A consciência de que a união Europeia ficara apenas esboçada e não completa estava presente nos signatários, que desde logo estabeleceram o momento de proceder à primeira avaliação dos desenvolvimentos realizados. Assim, o art. N do TUE, relativo ao processo de revisão dos Tratados, prevê no n.º 2 a convocação, em 1996, de uma Conferência Intergovenamental (CIG) *"para analisar, de acordo com os objectivos enunciados nos artigos A e B das Disposições Comuns, as disposições do presente Tratado em relação às quais está prevista a revisão"*. Essa disposições referem-se à inclusão no Tratado da Comunidade Europeia de disposições relativas à Priotecção Civil, Energia e Turismo, para já apenas previstas nos objectivos genéricos do seu art. 3.º, à definição de uma hierarquia das normas comunitárias, à extensão do novo procedimento de Co-decisão previsto no art. 189.º – B do Tratado da Comunidade Europeia (TCE) e à análise das disposições relativas à Segurança e Defesa da Política Externa e de Segurança Comum (PESC) – art. J.4, n.º 6, do TUE.

Vários Conselhos Europeus acrescentaram como pontos para a agenda a reconsideração do quadro institucional, em geral, e o número de membros da Comissão e a ponderação de votos no Conselho, em particular. Outros domínios trazidos para a discussão, na sequência de acordo entre o Parlamento Europeu, o Conselho e a Comissão, foram os procedimentos orçamentais e o exercício da capacidade executiva da Comissão.

Apesar de objecto de uma preparação prévia, com participação das instituições da União e dos Estados-membros, levada a cabo por um Grupo de Trabalho especialmente criado para tal, a CIG, iniciada em Março de 1996, não é objecto de grandes entusiasmos.

As expectativas por alguns alimentadas parecem frustrar-se pelo seu andamento. As dificuldades políticas internas aos Estados, onde pontuam a persistência da crise económica, o desemprego e um sentimento de insegurança, não favorecem avanços políticos significativos.

Noutro plano, os aspectos de maior eficiência, como a ponderação de votos no Conselho, o número de Comissários, a expansão da votação por maioria, o número de línguas oficiais e de trabalho, sobretudo tendo em vista o alargamento próximo, são domínios pouco caros, em virtude das explícitas implicações políticas no equilíbrio de influências entre os Estados. Por último, não está ultrapassada uma certa desconfiança patente nos cidadãos dos Estados face ao projecto europeu.

Um dos fantasmas que plana sobre o futuro da União é a "geometria variável", isto é, o receio de perda da unidade e solidariedade entre os participantes. Política e economicamente, a evolução nesse sentido é vista por todos como inevitável, desde logo com a União Económica e Monetária e sobretudo após o alargamento. Porém, é possível evitar os riscos de dissolução. Esse papel cabe exactamente ao direito, à ordem jurídica.

Foi a ordem jurídica comunitária, construída (e construtora) com a integração, através da sua unidade e autonomia, sempre afirmada pelo Tribunal, quem mais contribuiu para a unidade e identidade da integração comunitária iniciada em 1950.

Será necessário que o sistema jurídico da União, com base no acervo comunitário realizado e no âmbito de um quadro institucional único em que todos participem de igual direito, defina os objectivos comuns, os princípios essenciais, as competências respectivas e os meios e instrumentos de realização, ou seja estabeleça os parâmetros que permitam à União, ainda que com velocidades e níveis de participação diferenciados, afirmar e manter a sua unidade e autonomia. Em suma, é indispensável que a União, inspirada e baseada na experiência realizada, e independentemente das particulares soluções políticas, se afirme como uma "União de direito".

III. A NATUREZA JURÍDICO-POLÍTICA DA UNIÃO EUROPEIA.

1 – A UNIÃO EUROPEIA: UM TRÍPTICO DIFERENCIADO.

A União Europeia, instituída no Tratado assinado em Maastricht, constitui uma estrutura *sui generis*.

Surgida dos trabalhos de duas conferências de negociação paralelas, os resultados reflectem este processo. No domínio económico, o objectivo da UEM está definido exaustivamente, bem como as fases e as obrigações tendentes à sua realização. No domínio político, os resultados traduziram-se na instituição de dois "pilares de cooperação política" – a Política Externa e de Segurança Comum (PESC) e a Cooperação nos Assuntos Internos e de Justiça (CAIJ), relativos às relações da União com o exterior e às relações entre os Estados-membros, respectivamente.

A União Europeia é uma estrutura multifacetada semelhante a um tríptico.

A sua parte central é constituída pelas três Comunidades pré-existentes, com as alterações introduzidas pelo Tratado de Maastricht. Essa revisão dos Tratados da CEE[6], da CECA e da CEEA alargou o campo de intervenção a domínios tão diversos como a protecção dos

---

6 Cuja designação foi alterada para Comunidade Europeia.

consumidores, a cultura e a educação. Mas foi no domínio da política económica propriamente dita que se deu um aprofundamento significativo do processo de integração económica ao prever-se a realização de uma união económica e monetária com adopção de uma moeda única. Pode considerar-se que no plano económico o processo de integração iniciado com o mercado comum do carvão e do aço atingiu a sua última fase. Politicamente, dá-se mais um passo no sentido da constituição de uma identidade política e cívica europeia, após a eleição directa do PE, com a instituição de uma Cidadania da União, ainda que sistematicamente integrada no Tratado da Comunidade Europeia.

As duas restantes partes do tríptico são de índole directamente política. A PESC, com objectivos vagos e consensuais, é herdeira da Cooperação Política Europeia consagrada no Acto Único Europeu. A CAIJ não deixa de ser pensada como instrumental face ao objectivo comunitário do "Mercado Interno", isto é, um espaço de inteira liberdade. Por isso consagra "interesses comuns" específicos e sem obediência a valores ou objectivos próprios, o que se traduz numa abordagem avulsa e pontual. Quer a PESC quer a CAIJ são dois planos de cooperação intergovernamental, donde se exclui o "método comunitário".

A coerência e unidade deste tríptico é dada pelo enquadramento institucional e pelos princípios e objectivos gerais consagrados nas Disposições Comuns da União. Esses objectivos e princípios condicionam os vários âmbitos da União e o quadro institucional comum, apesar da diversidade de funções e procedimentos, deve assegurar a coerência e articulação do conjunto, tarefa nem sempre fácil.

2 – A UNIÃO EUROPEIA: "OBJECTO POLITICO NÃO IDENTIFICADO".

É naturalmente humano procurar enquadrar conceitualmente a realidade. Assim, desde o início do projecto europeu, tem sido incessável a busca da sua qualificação jurídico-política. Aliás, como é óbvio, o próprio processo de integração foi influenciado por diversas teorias políticas [7].

---

[7] cf. Dagtoglou, P. D., A natureza Jurídica da Comunidade Europeia", *in* Comissão das Comunidades Europeias, *Trinta Anos de Direito Comunitário,* Col. Perspectivas Europeias, 1980.

São nítidas quanto ao método adoptado, de integração por etapas, de criação de progressivas solidariedades, de ênfase na acção e objectivos técnicos e não na política, as influências de índole funcional.

Porém, as doutrinas funcionalistas, ainda que com os desenvolvimentos neofuncionalistas, sendo eminentemente tecnocráticas, não conseguem dar resposta cabal à questão, deixando-a em aberto.

O supranacionalismo surgiu exactamente para caracterizar a integração operada pelas Comunidades Europeias. De acordo com R. Schuman, *"a supranacionalidade situa-se a meio caminho entre o individualismo internacional que considera intangível a soberania nacional e não aceita limitações que não sejam resultado de obrigações consensuais, ocasionais e revogáveis, e a federação de Estados subordinados a um super-Estado dotado de soberania territorial própria"* [8]. Os traços normalmente associados à supranacionalidade são a titularidade de direitos soberanos próprios, ainda que limitados, a independência das suas instituições face aos Estados-membros e uma ordem jurídica autónoma, cujas normas são adoptadas de acordo com um procedimento não consensual e que se integram directamente nas ordens jurídicas dos Estados-membros, vinculando os Estados e os cidadãos.

Relativamente às duas últimas características, em tese geral não são questionáveis, ainda que alguns elementos não permitam uma avaliação linear dessas características (v.g os indefectíveis elementos nacionais no processo de decisão). A titularidade de direitos soberanos próprios é bastante mais questionável. Nunca o Tribunal de Justiça utilizou o epíteto "soberania" para qualificar as Comunidades Europeias. Os Tribunais dos Estados-membros, por seu turno, nunca admitiram essa qualidade. O Conselho Constitucional francês, em 30 de Dezembro de 1976 dizia *"... nenhuma disposição constitucional autoriza a transferência de toda ou de parte da soberania nacional (...) que tanto no seu fundamento como no seu exercício não pode ser senão nacional, só podendo ser encarados como participando no exercício desta soberania os representantes do povo francês eleitos no quadro das instituições da República (...) a eleição por sufrágio universal directo dos representantes dos Estados-membros na Assembleia das Comunidades Europeias não tem como efeito criar nem uma sobe-*

---

[8] cf. Mota de Campos, J., ob. cit., I vol., p. 561.

rania nem instituições cuja natureza seja incompatível com o respeito da soberania nacional" [9] (sublinhado nosso). Como diz Mota Campos, *"aceitar limitações de soberania não significa aceitar a possibilidade de transferências (irrevogáveis) de competências soberanas"* [10]. Também o Tribunal Constitucional alemão [11], numa decisão de 1993, fala apenas de *"atribuições que relevam da soberania"*, de *"exercício de direitos"*, não admite que *"a União cada vez mais estreita entre os povos da Europa"* se reconduza a um *"Estado-nação europeu"* e afirma que a integração progressiva da comunidade jurídica europeia está submetida em cada nova etapa ao escrutínio do Parlamento Federal alemão.

Parece assim que, melhor que falar de transferência de soberania, se deve falar de atribuição de poderes que relevam da soberania dos Estados-membros. Esta perspectiva encontra encontra conforto na letra do Tratado da Comunidade Europeia que, no art. 3.° – B fala de *"atribuições da Comunidade"*. O poder constituinte mantem-se essencialmente nos Estados, que continuam a ser "donos do Tratado". O processo de revisão estabelecido no art. N do TUE demonstra o predomínio estadual na revisão dos textos fundamentais da União.

O Federalismo nunca se afastou das análises, quer pondo em evidência alguns traços característicos da construção europeia quer enquanto provável zénite do projecto.

Na verdade, em termos políticos, algumas características de carácter parafederal existem desde o início (v.g. a ponderação de votos no Conselho, o critério demográfico de atribuição de deputados no Parlamento Europeu). Mas é sobretudo no plano jurídico que tais características são mais evidentes, com a afirmação da autonomia, da aplicabilidade directa/efeito directo e do primado da ordem jurídica, bem como da sua salvaguarda pela jurisdição obrigatória do Tribunal.

O Tratado da União Europeia introduziu novos elementos que propiciaram medos e entusiasmos acerca do futuro federalista da Europa. Desde logo, a união económica e monetária atribuiu a um

---

[9] cf. Mota de Campos, J., ob. cit., I vol., p. 569.
[10] ob cit, I vol., p. 571.
[11] Acordão da Segunda Secção, de 12/10/93, (trad. de V. Nogueira e P. Courela), *in* Vasconcelos, A., *Portugal no Centro da Europa,* Lisboa, Quetzal, 1995, pp. 183-185.

quadro institucional técnico e independente – o Sistema Europeu de Bancos Centrais – um domínio tradicionalmente associado à soberania nacional, a política monetária. A instituição de uma cidadania da União, ainda que baseada na nacionalidade dos Estados e de cariz instrumental para *"a protecção dos interesses dos nacionais dos Estados"* [12], sem dúvida cria um primeiro laço político directo entre a União e as pessoas, permitindo desse modo, a construção de uma identidade e sentimento de pertença à União. Os dois novos domínios introduzidos a par das Comunidades – a PESC e a CAIJ – são também domínios da tradicional soberania estadual e que agora passam a ser objecto de uma cooperação e acção em comum. A consagração do princípio da subsidariedade no exercício das competências entre a União e os Estados traduz a consagração da "abordagem federal" defendida por Jacques Délors [13].

Em conclusão, se a União Europeia é um "ente político" que é abusivo qualificar de "federal" é inquestionável que contem em germe a possibilidade de tal evolução. Vive-se actualmente o momento de indefinição criativa, em que tudo está em aberto para a evolução desse *"objecto político não identificado"*.

3 – PRINCIPAIS CARACTERÍSTICAS DA UNIÃO EUROPEIA.

3.1. *Unidade*.

A União Europeia funda-se e é composta pelas Comunidades Europeias e pelas políticas e formas da cooperação previstas no Tratado da União (a PESC e a CAIJ).

Este conjunto é indissociável e daí decorrem alguns princípios essenciais: o princípio da indivisibilidade, segundo o qual a adesão e participação dos Estados-membros é plena e não pode ser parcial (art. O do TUE), e acarreta para os Estados um dever de lealdade e colaboração, previsto em concreto no art. 5.° do TCE, no art. J. 1, n.° 4 do TUE e no art. K. 5 do TUE; no princípio da solidariedade (e o

---

[12] cf. art. B do Tratado da União.
[13] cf. Discurso proferido na 28 Conferência ECSA-World, Bruxelas, 05/05/94.

correspectivo compromisso de coesão económica e social – art. B do TUE); e, naturalmente, o princípio da igualdade.

Esta característica reflecte-se, na vertente externa, no objectivo de afirmação da identidade da União na cena internacional (art. B, em geral, e arts. J. 1, J.2, n.º 3, J.5, n.º 4 e J.6, em especial). Em termos substanciais, implica o respeito, previsto no art. B do TUE, pela integralidade do acervo comunitário. Qualquer derrogação aos compromissos estabelecidos e ao acervo realizado é excepcional e justificado por circunstâncias objectivas [14].

Em termos funcionais, a unidade é assegurada pelo quadro institucional único (art. C TUE) e justifica o paralelismo de competências, já afirmado pelo Tribunal [15], entre a competência interna e a competência externa das Comunidades.

3.2. Subsidiariedade.

Esta nova etapa na união *"cada vez mais estreita entre os povos da Europa"* introduziu um novo elemento relativo ao exercício das acções necessárias para alcançar os objectivos previstos, e que visa impedir que o aprofundamento da integração se transforme num afastamento progressivo das pessoas, o princípio da subsidiariedade. A acusação de que Comunidade cria uma burocracia centralizada é antiga, o que naturalmente é prejudicial à sua aceitação. O compromisso com a "proximidade das decisões" expresso logo no Preâmbulo é depois consagrado nas Disposições Comuns da União – art. A, o que faz dele um princípio fundamental da União.

No Tratado da Comunidade Europeia o princípio da subsidiariedade é objecto de explicitação, referindo o art. 3.º – B que *"nos domínios que não sejam das suas competências exclusivas, a Comunidade apenas intervem, (...), se e na medida em que os objectivos da acção encarada não possam ser suficientemente realizados pelos Estados-membros, e possam, pois, devido à dimensão ou aos efeitos*

---

[14] As claúsulas de *opting out ou opting in* concedidas à Dinamarca e ao Reino Unido na União Económica e Monetária e na Política Social ao Reino Unido constituem um precedente, que, se multiplicado, pode pôr em causa este princípio.

[15] cf. Ac. de 31/03/70, proc. 22/70, "AETR", Rec. p. 263.

da acção prevista, ser melhor alcançados ao nível <u>comunitário</u>" (sublinhado nosso).

O princípio da subsidariedade consagra uma nítida abordagem federal do exercício da acção da União que permite destrinçar "quem deve fazer o quê?". O pressuposto na sua base é que a proximidade das decisões as torna mais adequadas e eficazes, pelo que o critério de determinação da intervenção da Comunidade é a supletividade: a Comunidade, nos domínios que não são da sua exclusiva competência, só intervém quando a sua acção seja mais eficaz que a dos outros agentes políticos inferiores, designadamente os Estados.

3.3. *Spillover.*

A potencialidade de uma expansão progressiva do âmbito e das atribuições é uma característica genética e intencional no projecto de integração europeia.

Essa característica foi explicitamente assumida pelo Tratado da União Europeia; este concebe-se a si próprio como *"uma nova etapa no processo de criação de uma união cada vez mais estreita entre os povos da Europa"*. Aliás, vai mesmo mais longe e desde logo prevê a possível necessidade de uma revisão das suas disposições relativamente aos objectivos propostos, estabelecendo ele próprio o calendário para a sua reavaliação – em 1996 –, menos de três anos após a sua entrada em vigor.

Esta vocação de expansão contínua permite diferenciar a integração europeia de qualquer das estruturas internacionais conhecidas, as quais por mais ambiciosas que sejam têm sempre um campo de intervenção delimitado.

É certamente este compromisso, assumido com a adesão, de participação e envolvimento numa união de vocação continuamente alargada que constitui o mais profundo laço de integração política.

3.4. *Autonomia jurídica.*

A União não é ainda uma "União de Direito" na total acepção do termo. Ela baseia-se em "Comunidades de direito", mas ela própria tem ainda alguns indiscutíveis *handicaps*. O primeiro deles é, desde logo, o não possuir personalidade jurídica. Espera-se que a CIG 96 ponha termo a esta situação paradoxal que é uma União que desenvolve uma activa PESC não dispor de personalidade jurídica que lhe permita ser um actor directo das relações internacionais, em que fica dependente das Comunidades e dos Estados.

Porém, a União não é uma entidade puramente política ou ajurídica. Pelo contrário, a União está dotada de um sistema jurídico com fontes de direito próprias, adoptadas segundo procedimentos específicos, no seio de um quadro institucional independente, de acordo com princípios autónomos e com um sistema jurisdicional obrigatório para a sua salvaguarda.

Dentre os princípios próprios da ordem jurídica da União, decorrentes da sua autonomia, consagrados inquestionavelmente no acervo comunitário realizado ao longo da integração comunitária, destacam-se a aplicabilidade directa, o primado e a uniformidade de aplicação. Estes princípios são exactamente apontados como evidência de um "federalismo jurídico" na relação entre a ordem jurídica da União e as ordens jurídicas dos Estados-membros.

É inegável que foi a autonomia da sua ordem jurídica, quer face à ordem jurídica internacional quer face à ordens jurídicas nacionais, que prestou o maior contributo para a autonomia, inovação e identidade política da construção europeia.

SEGUNDA PARTE
O Sistema Jurídico da União Europeia

I. DISPOSIÇÕES COMUNS DA UNIÃO.

Os artigos A a F do Tratado da União Europeia constituem as disposições fundamentais, basilares da União Europeia, que, em conjunto com os Princípios gerais dos Tratados das Comunidades Europeias, constituem verdadeiros princípios constitucionais fundamentais da União.

Como princípios fundamentais do sistema da União estão consagrados, explícita ou implícitamente, o princípio democrático [16], o princípio da igualdade, o princípio do equilíbrio institucional [17] e o princípio do respeito da liberdade económica [18].

Neles se consagra a estrutura, se prevêem os objectivos que presidem à União, se institui o quadro institucional que conduz a acção da união.

Aí se consagra a estrutura tríptica da União: *"A União funda--se nas Comunidades Europeias completadas pelas políticas e formas de cooperação instituídas no presente Tratado* [a PESC e a CAIJ]" (art. A, § 3.º).

O art. B estabelece os objectivos da União, bem como os meios e acções gerais para os alcançar, quer no âmbito económico-social (*"promoção do progresso económico e social equilibrado e susten-*

---

[16] cf. Preâmbulo do TUE, quando os signatários confirmam *"o seu apego aos princípios (...) da democracia"* e o seu desejo de *"reforçar o carácter democrático e a eficácia das Instituições";* cf. também o art. F, o qual pressupõe sistemas nacionais de governo democráticos.

[17] cf. art. E.

[18] cf. art. B, que consagra a criação de um espaço sem fronteiras internas.

tável, (...) mediante a criação de um espaço sem fronteiras internas, o reforço da coesão económica e social e o estabelecimento de uma União económica e Monetária"), quer no âmbito político *stricto sensu* (*"afirmação da sua identidade na cena internacional, (...) através da execução de uma política esterna e de segurança comum (...), o reforço da defesa dos interesses dos nacionais dos Estados, mediante a instituição de uma cidadania da União, o desenvolvimento de uma estreita cooperação no domínio da justiça e dos assuntos internos"*).

A prossecução desses objectivos obedece a dois princípios essenciais, que podemos considerar princípios matriciais da União: o princípio da consolidação, ou seja, o respeito pela integralidade do acervo existente, pelo conjunto das realizações e princípios alcançados no curso de funcionamento das Comunidades, designadamente os princípios da ordem jurídica comunitária e o princípio da subsidariedade.

Importante na afirmação da união como uma "União de direito" é a consagração explícita do respeito pelos direitos fundamentais (art. F). Apesar disso, esta consagração fica muito aquém do que era desejado por muitos, pois é uma consagração remissiva, que, em vez de substancialmente possuir uma carta de direitos fundamentais próprios, se limita a reconhecer os direitos previstos na Convenção Europeia de Salvaguarda dos Direitos do Homem e das Liberdades Fundamentais e nas tradições constitucionais dos Estados-membros, nada acrescentando, aliás, ao que a jurisprudência do Tribunal já tinha afirmado no quadro comunitário.

Esta construção de uma "União de direito" ficou ainda diminuída por outras duas lacunas. Primeiro, a União não dispõe de personalidade jurídica, o que a impede de realizar diversos actos relevantes nas relações internacionais, designadamente celebrar acordos internacionais. Em segundo, ao contrário dos Princípios dos Tratados das Comunidades, as disposições fundamentais consagradas nos artigos A a F não estão sujeitos à jurisdição do Tribunal de Justiça. No entanto, na medida em que alguns destes objectivos e princípios estão consagrados também no âmbito comunitário – caso do 1.º e 3.º § do art. B e dos princípios fundamentais referidos –, beneficiam dessa protecção a esse nível. É o caso também dos direitos fundamentais, pois o Tribunal afirmou diversas vezes que eles constituem princípios gerais de direito comunitário, desse modo fazendo parte do acervo comunitário da União.

Para a realização desses objectivos a União dispõe de um quadro institucional (baseado no quadro institucional das Comunidades) constituído pelo Conselho da União Europeia, pela Comissão Europeia, pelo Parlamento Europeu, pelo Tribunal de Justiça e pelo Tribunal de Contas, e que é liderado pelo Conselho Europeu, a quem compete dar o impulso político em todos os domínios da União (arts. D e E).

II. A POLÍTICA EXTERNA E DE SEGURANÇA COMUM (PESC) – TÍTULO V DO TUE (ARTIGOS J).

1 – ÂMBITO E OBJECTIVOS.

O âmbito da PESC é o mais amplo possível, pois, de acordo com o art. J. 1, estende-se a todos os domínios da política externa e de segurança, incluindo a definição a prazo de uma política de defesa comum que poderá levar a uma defesa comum (art. J.4), a que será associada a União da Europa Ocidental.

O grande avanço da cooperação no domínio da Política Externa e de Segurança Comum face à Cooperação Política Europeia consagrada no Acto Único Europeu é, por um lado, sair de um quadro meramente interestadual para passar a ser desenvolvida no quadro institucional da União, e, por outro lado, definir objectivos, ainda que o seu carácter não seja preciso, mas antes vago e consensual.

Os objectivos estão definidos no art. J.2 e são: a salvaguarda dos valores comuns, dos interesses fundamentais e da independência da União; o reforço da segurança da União e dos seus Estados-membros; a manutenção da paz e o reforço da segurança internacional; o fomento da cooperação internacional; e, o desenvolvimento e o reforço da democracia e do Estado de direito, bem como o respeito dos direitos do Homem e liberdades fundamentais.

A prossecução destes objectivos deve ser feita com respeito por diversos princípios essenciais: os princípios da Carta das Nações Unidas, da Acta final de Helsínquia e da Carta de Paris, bem como, em geral, pelos direitos do Homem e das liberdades fundamentais.

Um *handicap* claro da União a este nível é a falta de personalidade jurídica, que, como já foi referido, a obriga a depender dos Estados e das Comunidades para actuar na cena internacional, o que, naturalmente, pode provocar algumas disfunções.

2 – INSTRUMENTOS.

Estas disposições vinculam os Estados e as Instituições da União e são prosseguidas através de uma panóplia de meios que o Tratado prevê.

Em primeiro lugar, através de uma cooperação política sistemática no seio do Conselho (art. J.2, n.º 1). Este é um dos tradicionais meios da cooperação internacional e que já era levado a cabo no âmbito da Cooperação Política Europeia instituída pelo Acto Único.

Essa cooperação pode conduzir à adopção de um meio mais estruturado de afirmação política da União – a Posição Comum (art. J.2, n.º 2). Trata-se aqui da afirmação de uma orientação unitária face a um determinado assunto, desse modo ultrapassando a simples convergência de orientações individuais. A União aparece na cena internacional com uma voz própria, que enquadra e vincula as diversas políticas externas dos Ems e as suas acções nas relações internacionais.

Por último, prevê-se a realização de Acções Comuns. Estas traduzem a tomada de medidas ou actos concretos que ultrapassam a simples afirmação de posições políticas, e cuja decisão retira a competência dos Estados nessa matéria, a qual passa a ser da União.

Quer as Posições Comuns quer as acções comuns são decididas pelo Conselho e a sua execução compete à Presidência, aos Estados, vinculados por um princípio de lealdade (art. J. 1, n.º 4), e, acessoriamente, à Comissão, que está associada aos trabalhos (art. J.9).

Ainda que adoptadas no seio de um quadro institucional comum, a decisão destas medidas está excluída do "método comunitário", fazendo-se de acordo com o clássico procedimento intergovernamental, em que prima o consenso (art. J.3). O Parlamento Europeu está afastado do procedimento de decisão, apenas devendo ser consultado pela Presidência sobre os principais aspectos e opções fundamentais da PESC e regularmente informado das acções desenvolvidas (art. J.7). Num domínio que é tradicionalmente objecto de um controlo político dos parlamentos, o controlo do Parlamento Europeu é extremamente débil. Assim, a legitimidade democrática num domínio fundamental como a PESC está enfraquecida ao sair da esfera nacional, e, portanto, do controlo dos Parlamentos nacionais, para passar a ser da esfera da União, onde é conduzida pelo Conselho formado por representantes dos Governos e onde esse controlo não existe.

Acresce ainda que as disposições adoptadas na PESC escapam à jurisdição do Tribunal de Justiça, o qual apenas pode avaliar das eventuais interferências com domínios da competência das Comunidades (v.g a política comercial externa), os quais está obrigado a salvaguardar. A jurisdição do Tribunal esgota-se na definição dessa fronteira.

III. A COOPERAÇÃO NOS ASSUNTOS INTERNOS E DE JUSTIÇA (CAIJ) – TÍTULO VI DO TUE (ARTIGOS K).

Foi pensada como uma cooperação instrumental para a realização dos Objectivos da União, nomeadamente *"a livre circulação das pessoas"* (art. K.1). Não possui, portanto, objectivos autónomos, mas elege, de forma avulsa, "interesses comuns" relevantes para o seu papel instrumental.

1 – DOMÍNIOS DE INTERESSE.

Estão previstos no art. K. 1. e são: a política de asilo; as regras relativas à passagem nas fronteiras externas dos Estados-membros; a política em relação aos nacionais de países terceiros, incluindo a política de emigração, a luta contra a toxicomania, a luta contra a fraude internacional, a cooperação judiciária em matéria civil e em matéria penal, e a cooperação aduaneira.

2 – INSTRUMENTOS.

Os instrumentos desta cooperação são de idêntica índole aos da PESC: a coordenação das acções nacionais através da consulta e informação no seio do Conselho, que se estenderá também às respectivas autoridades administrativas, e a adopção de Posições e Acções Comuns. Um outro instrumento disponível é a elaboração de Convenções pelo Conselho, cuja adopção este depois recomenda aos Estados.

Todos estes instrumentos se enquadram num plano de cooperação intergovernamental. Porém, dado o seu carácter instrumental e próxima conexão com domínios comunitários, prevê-se, no art. K.9, uma "ponte" para o sistema comunitário, desse modo permitindo recorrer ao procedimento do art. 100.º – C do TCE, para adoptar medidas relativas à política de asilo, à passagem nas fronteiras, à política relativa a nacionais de Estados terceiros, à luta contra droga, à luta contra a fraude e à cooperação em matéria civil.

Tratando-se aqui de domínios que por excelência dizem respeito aos mais directos e importantes direitos e liberdades das pessoas, quer nacionais dos Estados Membros quer de Estados terceiros, o art. K.2 consagra a obediência aos princípios da Convenção Europeia de Salvaguarda dos Direitos do Homem e das Liberdades Fundamentais e da Convenção relativa ao Estatuto dos Refugiados. A relevância da primeira já está prevista nas disposições fundamentais da União, pelo que esta disposição traduz uma concretização e reforço.

Esta sujeição aos princípios de tão importantes textos sofre, porém, uma desvalorização por não estar coberta pela jurisdição do Tribunal de Justiça, encontrando-se assim desprovida de uma importante garantia. Só nas hipótese de recurso à "ponte" do art. K.9 ou de as Convenções previstas no art. K.3, n.º 2, al. c), expressamente preverem essa competência, as disposições nesta matéria se tornam "justiciáveis". Neste domínio, mais até que na PESC, porque interfere directamente com direitos liberdades e interesses fundamentais dos indivíduos, trata-se de uma lacuna grave para uma União que pretenda ser uma "União de direito", mais flagrante ainda quando o Parlamento Europeu, que representa os cidadãos, apenas intervém em termos idênticos aos da PESC (art. K.6).

IV. A ORDEM JURÍDICA COMUNITÁRIA.

A União Europeia baseia-se nas Comunidades Europeias e a ordem jurídica comunitária é um elemento central e essencial do sistema da União.

Esta ordem jurídica é o resultado de quase 50 anos de integração, ao longo dos quais muitos dos seus princípios e mesmo a sua particular natureza se foram firmando. Todas as Instituições, através do desempenho das funções que lhe foram atribuídas, bem como os próprios Estados através dos impulsos convencionais e políticos que deram e da actuação das suas autoridades, contribuiram para a construção dessas "Comunidades de direito". Mas há que sublinhar o primordial papel do Tribunal de Justiça, que, através da sua jurisprudência revelou e firmou a autonomia dessa ordem jurídica e dos seus princípios, sendo, por tal, muitas vezes acusado de exceder as suas funções jurisdicionais.

1 – PRINCIPAIS FONTES DO DIREITO COMUNITÁRIO.

1.1. *Direito originário.*

Esta categoria de fontes diz respeito aos actos fundamentais das Comunidades. Aí se incluem, naturalmente, os Tratados constitutivos (o Tratado de Paris de 1951, que instituiu a CECA, e os Tratados de Roma de 1957, que instituiram a CEE e a CEEA), abrangendo os seus Protocolos e Anexos, os posteriores Tratados que os modificaram (destacam-se entre estes o Tratado de Fusão das Instituições de 1965, o Acto Único Europeu de 1986 e o Tratado da União Europeia de 1992), bem como os Tratados de Adesão de novos Estados.

Estas são as normas superiores da ordem jurídica comunitária e já foram consideradas como constituindo uma "carta constitucional" [19] das Comunidades, no sentido de serem os seus textos fundadores e estuturantes. Esta qualificação é correcta na medida em que nas suas disposições, em conjunto pelas Disposições Comuns da União, se encontram inscritos os objectivos fundamentais da União e das Comunidades, o quadro institucional, a composição das respectivas Instituições e suas competências, os princípios fundamentais da relação entre a União, as Comunidades e os EMs, o quadro normativo através do qual os objectivos são prosseguidos e o respectivo procedimento de

---

[19] cf. Parecer 1/91 do Tribunal de Justiça sobre o projecto de Acordo do Espaço Económico Europeu, Col. p. I – 6079.

decisão, bem como diversos princípios e normas fundamentais do ordenamento económico e social.

Além destes textos, são também fonte de direito comunitário, de acordo com a jurisprudência do Tribunal, os princípios gerais de direito, alguns provenientes do Direito Internacional Público, outros do direito interno dos Estados, e, sobretudo, os princípios específicos da ordem jurídica comunitária.

Entre os princípios gerais de direito comuns destacam-se o princípio da boa-fé [20], o princípio da legalidade [21] e o princípio da equidade [22].

Em relação aos princípios gerais do Direito Internacional, o Tribunal tem revelado alguma parcimónia, em virtude da especial natureza das Comunidades, que torna muitos deles desadequados (v.g o princípio *non adimpleti contractus* do art. 60.º da Convenção de Viena) [23]. Entre os princípios relevantes contam-se o princípio *pacta sut servanda* [24] e o princípio das competências implícitas das organizações internacionais [25].

Entre os princípios gerais de direito que relevam das ordens jurídicas dos Estados merecem especial realce os princípios relativos a direitos fundamentais. O reconhecimento da relevância dos direitos fundamentais consagrados no património constitucional dos Estados Membros resultou de uma dificil tensão entre os tribunais constitucionais nacionais, especialmente o alemão e o italiano, e o Tribunal de Justiça. Começando por recusar essa relevância, gerou-se uma confrontação surda entre a jurisdição comunitária e esses tribunais, que se apaziguou com o reconhecimento explícito, a partir do Acordão "Handelsgesellschaft"[26], de que fazem parte do direito comunitário os princípios que, segundo as Constituições ou a tradição constitucional dos Estados Membros no seu conjunto, garantem os direitos individuais fundamentais, reconhecimento que depois se estendeu aos direitos

---

[20] cf. Ac. de 15/07/1960, proc. 43-45 e 48/59, Rec. p. 933.
[21] cf. Ac. de 22/03/1961, proc. 42 e 49/59, Rec. p. 103.
[22] cf. Ac. de 13/02/1969, proc. 14/68, Rec. p. 1.
[23] cf. Ac. de 13/11/64, proc. 90-91/63, Rec. p. 1231.
[24] cf. Dec. de 22/06/65, proc. 9/65, Rec. 1967 p. 35.
[25] cf. Ac. de 31/03/71, proc. 20/70, Rec. p. 263.
[26] cf. Ac. de 17/12/70, proc. 11/70, Rec. p. 1125.

previstos na Convenção Europeia de Salvaguarda dos Direitos do Homem[27].

Como princípios gerais de direito especificamente comunitários, resultado dos objectivos e especial natureza das Comunidades, e que agora são também princípios da União, apresentam maior importância o princípio da igualdade, quer dos Estados[28] quer dos particulares[29], de onde se extraem o princípio da não discriminação em função da nacionalidade (art. 7.º TCE) e em função do sexo (art. 119.º do TCE), o princípio do equilíbrio institucional[30], o princípio da solidariedade[31], o princípio da cooperação leal entre os Estados e Instituições[32] (de que decorre o princípio da preferência comunitária, que, apesar de polémico, a Política Agrícola Comum consagrou no art. 44.º, 2 § do TCE), o princípio da liberdade de circulação, consagrado na cidadania da União (art. 8.º – A do TCE), e da liberdade económica, que se concretiza nas "quatro liberdades" (a livre circulação de mercadorias – arts. 9.º e ss do TCE, a livre circulação de pessoas – arts. 48.º e ss.; a liberdade de estabelecimento e de prestação de serviços – arts. 52.º e ss., e, a livre circulação de capitais – arts. 67.º e ss).

1.2. *Direito Derivado.*

Hierarquicamente inferior ao direito originário, encontra o seu fundamento e legitimidade naquele enquanto lhe compete desenvolver e concretizar os objectivos e princípios aí previstos.[33]

---

[27] cf. Ac. de 13/12/79, proc. 44/79, Rec. p. 3727.
[28] cf. Ac. de 25/10/78, proc. 12/77, Rec. p. 1991.
[29] cf. Ac. de 02/12/71, proc. 5/71, Rec. p. 985.
[30] cf. Ac. de 13/06/58, proc. 9/56, Rec. p. 1.
[31] cf. Preambulo do TUE "Desejando *aprofundar a solidariedade entre os seus povos (...)*", cf. também Ac. de 07/02/73, proc. 39/72, Rec. p. 101, e Ac. de 07/02/79, proc. 128/78, Rec. p. 419.
[32] cf. Ac. 10/02/83, proc. 230/81, Rec. p. 255, e Ac. 21/09/89, proc. 68/88, Col. p. 2965.
[33] Entre as normas de direito derivado não há uma hierarquia, excepto entre um acto que visa desenvolver ou executar disposições de outro acto. A questão está na agenda da CIG que decorre.

1.2.1. *Acordos internacionais realizados pelas Comunidades Europeias.*

Em todos os domínios da competência das comunidades, e para prosseguir os objectivos destas, podem estas realizar acordos internacionais com Estados terceiros ou organizações internacionais.

Esses Acordos não podem nunca infringir as normas e princípios de direito originário, cabendo ao Tribunal assegurar essa compatibilidade através de parecer favorável (art. 228.°, n.° 6, TCE) e mesmo fiscalizá-la a *posteriori* [34].

1.2.2. *Normas unilaterais.*

Esta categoria de normas de direito derivado, previstas nos três Tratados constitutivos, são resultado da manifestação de vontade, de acordo com os procedimentos previstos nas normas de direito originário, das Instituições comunitárias, no exercício das competências que lhe são conferidas pelos Tratados. Assim, o TCECA prevê, nos arts. 14.° (15.° e 33.°), as Decisões gerais e as Decisões individuais, as Recomendações e os Pareceres; o TCE, no art. 189.°, e TCEEA, no art. 161.°, prevêem os Regulamentos, as Directivas, as Decisões e as Recomendações e Pareceres.

i) *Regulamento CE e CEEA e Decisão geral CECA.*

Estas normas apresentam as seguintes características; generalidade, ou seja, não têm destinatários concretos, antes impõem uma regra que vincula todos (Comunidades, Instituições comunitárias, Estados, particulares que preencham ou venham a preencher a estatuição definida objectivamente; obrigatoriedade em todos os seus elementos, a qual exprime a perfeição do acto, afastando qualquer actividade normativa dos Estados (mesmo a simples transposição) e não permitindo a sua aplicação incompleta; e, aplicabilidade directa, característica relativa ao vigor jurídico deste acto, que significa, que após a sua adopção, necessita apenas de ser publicado no Jornal

---

[34] cf. Ac. de 30/04/74, proc. 181/73, Rec. p. 449.

Oficial das Comunidades para que, decorrido o período de *vacatio legis,* entre em vigor em todo o espaço comunitário, integrando-se *de per si* na ordem jurídica interna dos Estados, momento a partir do qual, naturalmente, produz todos os efeitos para que esteja apto.

ii) *Directiva CE e CEEA e Recomendação CECA.*

Ao contrário dos anteriores estes actos têm destinatários concretos, a quem têm de ser notificados. Na CE e CEEA só os Estados (um, vários ou todos) podem ser destinatários das directivas; a Recomendação CECA pode ter como destinatário quer Estados quer empresas dos sectores do carvão e do aço; o carácter obrigatório destes actos não é pleno, pois a directiva e a Recomendação fixam o resultado a atingir, mas deixam aos destinatários a escolha dos meios e da forma para alcançar o referido objectivo; por último, as directivas CE e CEEA e as Recomendações CECA dirigidas aos Estado necessitam para a integração das suas disposições nas respectivas ordens jurídicas da intervenção destes, através de um acto de implementação (normalmente designado de transposição); as Recomendações CECA dirigidas às empresas são, evidentemente, directamente aplicáveis em termos idênticos aos das decisões individuais.

iii) *Decisão CE e CEEA e Decisão individual CECA.*

Característica destes actos é a limitação dos seus destinatários, que tanto podem ser Estados (um, vários ou todos) como particulares (indivíduos ou empresas), os quais têm de ser notificados; são também actos normativos completos, isto é, obrigatórios em todos os seus elementos; no que toca à sua aplicabilidade, as decisões dirigidas a particulares têm o carácter de verdadeiros actos administrativos, pelo que são aptos a produzir todos os seus efeitos, incluindo efeitos para terceiros, desde a notificação; já as decisões dirigidas aos Estados, em termos semelhantes às Directivas, não são aptas por si sós a integrarem a ordem jurídica dos Estados a que se dirigem, antes exigem que estes intervenham para aplicar as suas disposições, ainda que não lhes possibilitando liberdade de escolha dos meios.

iv) *Recomendações e Pareceres CE e CEEA e Pareceres CECA.*

As Recomendações CE e CEEA são actos da iniciativa da Comissão dirigidos ao Conselho ou aos Estados Membros com indicações e sugestões de medidas a tomar.

Os Pareceres são posições das várias Instituições (Conselho, Comissão, Parlamento e Tribunal) e também de orgãos de consulta (Comité Económico e Social e Comité das Regiões) sobre determinado assunto em discussão ou análise. Surgem geralmente no curso de um procedimento de decisão.

Tanto as Recomendações como os Pareceres não são vinculativos, ainda que certos procedimentos exijam o Parecer favorável – caso do Parecer do Conselho no procedimento de revisão dos Tratados (art. N do TUE), do Parecer do PE na adesão de novos Estados (art. O do TUE) ou nos Acordos de Associação (art. 228, n.° 3, 2.° §, do TCE), ou do Tribunal quando lhe tenha sido pedido parecer sobre a compatibilidade com o Tratado das disposições de um Acordo internacional a realizar pela CE (art. 228, n.° 6, do TCE).

§ *O método comunitário de decisão.*

Existem mais de vinte diferentes procedimentos de decisão só na Comunidade Europeia, facto que constitui um dos elementos negativos na base da "ilegibilidade" de que o Tratado da União é acusado e da opacidade e complexidade do sistema de decisão comunitário.

Os principais procedimentos, porém, têm de comum certos traços que permitem falar de um "método comunitário de decisão" – a iniciativa exclusiva da Comissão, a decisão por maioria qualificada do Conselho[35], e, sobretudo após o TUE, a participação do PE (de um modo directo no procedimento de co-decisão do art. 189.° – B, do TCE, e, ainda que em menor medida, no procedimento de cooperação do art. 189.° – C, do TCE, ou através da consulta).

---

[35] Na CECA o poder de decisão centra-se na Comissão e não no Conselho.

2 – RELAÇÃO DA ORDEM JURÍDICA COMUNITÁRIA COM AS ORDENS JURÍDICAS NACIONAIS.

2.1. *Autonomia.*

O direito comunitário constitui uma ordem jurídica autónoma, quer face à ordem jurídica internacional quer face às ordens jurídicas dos Estados Membros. O Tribunal fala de *"ordem jurídica própria"* [36] e *"ordem jurídica nova"* [37].

A ordem jurídica comunitária distingue-se da ordem jurídica internacional, antes de mais, em virtude de estar ao serviço de objectivos de integração económica e política que ultrapassam a simples coordenação e cooperação intergovernamentais diferentemente da ordem jurídica internacional é maioritariamente constituída por actos unilaterais de Instituições previstas num quadro independente, de acordo com procedimentos específicos; os seus destinatários normais são também os particulares e não apenas os Estados.

Ainda que alguns princípios do direito internacional sejam admitidos na ordem jurídica comunitária, ela é dominada por princípios que a afastam dela, nomeadamente o primado e o efeito directo, para cuja salvaguarda possui órgãos próprios para tal habilitados.

A ordem jurídica comunitária é também autónoma relativamente às ordens jurídicas nacionais, cabendo-lhe a ela mesma definir os princípios que regulam a sua relação com essas ordens jurídicas, o que torna inadmissível "o *recurso às regras ou noções jurídicas do direito nacional para julgar da validade dos actos emanados das Instituições da Comunidade"* [38], *"salvo prescrição expressa"* [39].

2.2. *Aplicabilidade directa / efeito directo.*

A aplicabilidade directa de normas comunitárias está expressamente prevista no Tratado da Comunidade Europeia, no art. 189.º, como característica do Regulamento.

---

[36] cf, Ac. de 15/07/64, proc. 6/64, Rec. p. 1141.
[37] cf. Ac. de 03/04/68, proc. 28/67, Rec. p. 212.
[38] cf. Ac. de 17/12/70, proc. 11/70, Rec. p. 1125.
[39] cf. Ac. de 14/01/82, proc. 64/81, Rec. p. 13.

Parte da doutrina inclina-se para a opinião de que a aplicabilidade directa é a aptidão de uma norma para conferir direitos e/ou obrigações que os indivíduos possam invocar perante os tribunais, sem necessidade de intervenção de uma norma interna, assimilando-a ou considerando-a sinónima de efeito directo. Esta orientação é consentânea com o significado que possui em Direito Internacional[40].

O conceito, no entanto, deve ser analisado à luz do direito comunitário, dos seus princípios e normas. No direito comunitário os conceitos são distintos, ainda que conexionados[41]. Aplicabilidade directa, prevista no Tratado para os Regulamentos, significa para as disposições que têm essa característica a aquisição de vigência e a correlativa integração na ordem jurídica dos Estados-membros *per si,* cumpridos os requisitos previstos no direito comunitário, isto é dispensando qualquer norma estadual (a qual, aliás, se não prevista para regulamentar o acto é proibida). Naturalmente, a vigência jurídica implica que em princípio as suas disposições desde logo produzem todos os efeitos para que são aptas, nomeadamente conferindo direitos e estabelecendo obrigações para os destinatários (v.g Estados e particulares).

O efeito directo não tem a ver com a vigência normativa do acto, mas antes com a possibilidade de invocar e ver salvaguardado jurisdicionalmente um direito previsto numa norma comunitária ainda que ela não tenha aplicabilidade directa e as suas disposições não estejam integradas na ordem jurídica estadual, por não ter sido implementada (caso das Directivas ou das Decisões dirigidas aos Estados).

Os requisitos para que uma disposição comunitária produza efeito directo são a sua incondicionalidade (isto é, não sujeição à verificação de um facto futuro), a sua precisão (isto é, a exclusão de qualquer poder de apreciação dos Estados) e suficiência (isto é, a disposição deve conter todos os elementos necessários à aplicação concreta).

O efeito directo foi reconhecido a normas dos Tratados pela primeira vez em 1963[42] nas relações verticais, isto é, entre os Estados

---

[40] cf. Quadros, F., "Direito das comunidades Europeias e Direito Internacional Público", Lisboa, Almedina, 1991, p. 420.

[41] cf. neste sentido, Quadros, F., ob cit, pp. 420-422, e Wyatt, D. e Dashwoods, A., "European Community Law, 3rd ed., London, Sweet & Maxwell, 1993, pp. 66-77.

[42] cf. Ac. de 05/02/63, proc. 26/62, "Van Gend & Loos", Rec. p. 3.

e os particulares, e nas relações horizontais, isto é, nas relações entre particulares, em 1974[43].

Na categoria do direito derivado, as disposições dos Acordos internacionais concluídos pelas Comunidades são susceptíveis de produzir efeito directo[44], tendo já sido admitido o efeito directo de decisões de orgãos estabelecidos no Acordo internacional[45]. Quanto às Decisões dirigidas aos Estados e às Directivas foram os Acordãos "Franz Grad"[46] e "Van Duyn"[47], respectivamente, que afirmaram inequivocamente a susceptibilidade de tais normas produzirem efeito directo, porém, apenas um efeito directo vertical, ou seja, permitindo aos particulares invocar disposições que lhe confiram um direito ou protejam um interesse perante o Estado (conceito que compreende qualquer entidade que desempenhe um "poder público")[48-49].

2.3. *Primado.*

A questão do valor hierárquico das normas comunitárias face às normas nacionais não foi objecto de tratamento nos Tratados. O problema colocou-se ao Tribunal de Justiça, cuja jurisprudência afirmou peremptoriamente a primazia das normas comunitárias em relação às nacionais, justificanda-a concludentemente e sem margem para dúvidas. A superioridade das normas comunitárias resulta da natureza específica da ordem jurídica comunitária, enquanto ordem autónoma, dotada de personalidade e capacidade e com atribuições próprias. *"Emanado de uma fonte autónoma, o direito resultante do Tratado não poderia, em razão da sua natureza específica original, ver-se judiciariamente confrontado com um texto de direito interno, qualquer que ele fosse, sem perder o seu carácter comunitário e sem que fosse*

---

[43] cf. Ac. de 12/12/74, proc. 36/4, "Walrave", Rec. p. 1405.
[44] cf. Ac. de 26/10/82, proc. 104/81, Rec. p. 3641.
[45] cf. Ac. de 30/09/87, proc. 12/86, Col. p. 3719.
[46] cf. Ac. 06710/70, proc. 09/70, Rec. p. 825.
[47] cf. Ac. de 04/12/74, proc. 41/4, Rec. 1337.
[48] cf. Ac. de 12/07/90, proc. C-188/89, Col. p. I – 3313.
[49] O que é dito para as Directivas vale para as Recomendações CECA dirigidas aos Estados; as Recomendações dirigidas a empresas obrigam-nas directamente em termos semelhantes às Decisões.

posta em causa a base jurídica da própria Comunidade". Por outro lado, as exigência próprias da ordem jurídica comunitária impõem também o primado, sob pena de, podendo variar de Estado para Estado, se *"pôr em perigo a realização das finalidades do Tratado ou provocar uma discriminação..."*. As obrigações inscritas nos Tratados seriam meramente eventuais e o seu valor inteiramente dependente da vontade dos Estados que a todo o momento as poderiam afastar com actos legislativos ulteriores; *"ora, quando o direito de agir unilateralmente é reconhecido aos Estados, é-o em virtude de uma cláusula especial precisa; por outro lado, os pedidos de derrogação que aos Estados é facultado apresentar estão submetidos a processos de autorização que seriam sem objecto se os Estados tivessem a possibilidade de se subtrair às suas obrigações mediante a adopção de uma simples lei"* [50].

Esta jurisprudência foi sempre reafirmada e, em primeiro lugar, implica que as autoridades nacionais, em especial o Juíz, devem afastar da aplicação a norma nacional existente contrária e fazer prevalecer a norma comunitária, aplicando-a [51], em segundo lugar, impede a válida produção posterior de actos internos incompatíveis com normas comunitárias.

Este princípio abrange todas as normas nacionais, incluindo as normas constitucionais, ainda que a aceitação do primado face a estas normas tenha encontrado (e continue a encontrar) resistência dos textos fundamentais dos Estados e da jurisprudência dos Tribunais constitucionais. O Tribunal de Justiça afirmou-o reiteradamente desde 1960 [52]. O reconhecimento pela jurisdição comunitária como princípios gerais de direito da ordem jurídica comunitária dos direitos fundamentais consagrados nas Constituições dos EMs permitiu apaziguar a tensão [53].

---

[50] cf. Ac. de 15/07/64, proc. 6/64, "Costa /ENEL", Rec. p 1141.
[51] cf. Ac. de 09/03/78, proc. 106/77, "Simmenthal", Rec. p. 629.
[52] cf. Ac. de 15/07/60, proc. 36 a 38 e 40/59, Rec. p. 857.
[53] Sobre a posição das várias Constituições nacionais, incluindo a portuguesa, vide Mota de Campos, J., ob. cit, II vol., pp. 339-393.

2.4. Uniformidade de interpretação e aplicação.

Apesar de se relacionar com as ordens jurídicas nacionais e nelas integrar as suas disposições, sem o que a sua eficácia seria praticamente nula, a ordem jurídica comunitária não se apresenta como uma manta de retalhos espartilhada e contingentada por tantos espaços quantos os territórios estaduais.

A característica fundamental da unidade que, com a autonomia, justifica a aplicabilidade directa e o primado, implica que o direito comunitário seja aplicado enquanto tal em todo o território da Comunidade e a sua interpretação não esteja sujeita a variações ditadas por princípios nacionais. Além disso, essa possibilidade colocaria em risco princípios gerais da ordem jurídica comunitária (v.g. o princípio da igualdade e o princípio da não discriminação).

A uniformidade dispõe de um especial mecanismo que permite a sua salvaguarda, que é o reenvio prejudicial previsto no art. 177.º do TCE, através do qual o Tribunal de Justiça se pronuncia, a pedido dos tribunais nacionais, sobre a validade e interpretação das normas comunitárias.

Bibliografia

CAPUCHO, A., "O que é e como funciona a União Europeia", Lisboa, D. Quixote, 1994.
COMISSÃO EUROPEIA, "Trinta Anos de Direito Comunitário", Col. Perspectivas Europeias, Luxemburgo, 1981.
Idem, "Conferência Intergovernamental de 1996. Relatório da Comissão ao Grupo de Reflexão", Luxemburgo, 1995.
Idem, "Compreender Maastricht", Lisboa, 1992.
HARTLEY, T. C., "The Foundations of European Community Law", 3th ed., Oxford, Clarendon Press, 1994.
ISAAC, G., "Droit Communautaire Général", 4eme ed., Paris, Masson, 1995.
LOUIS, J.-V., "A Ordem Jurídica Comunitária", 5.ª ed., XLuxemburgo, CE, 1995.
MATHIJSEN, P. S. R. F., "A guide to European Union Law", 6th ed., London, Sweet & Maxwell, 1995.
MEDHURST, D., "A Brief and Practical Guide to European Community Law", 2nd ed, London, Blackwell, 1994.

MOITINHO DE ALMEIDA, J. C., "Direito comunitário", Lisboa, Ministério da Justiça, 1985

MOTA DE CAMPOS, J., "Direito Comunitário", I vol. (7.ª ed.) e II vol. (4.ª ed.), Lisboa, Fund. Gulbenkian, 1995 e 1994.

MOURA RAMOS, R., "Das Comunidades Europeias à União Europeia", Coimbra, Coimbra Editora, 1994.

MOUSSIS, N., "Accés à l' Union Européenne. Droit, Économie, Politiques", 6eme ed., Gerval, Edit-EUR, 1996.

PINDER, J., "European Community. The Building of a Union", Oxford, Oxford University Press, 1995.

SHAW, J., "European Community Law", London, MacMillan, 1993.

SIDJANSKI, D., "O Futuro Federalista da Europa. A Comunidade Europeia das origens ao Tratado de Maastricht.", trad. port. de M. Carvalho, Lisboa, Gradiva, 1996.

SLYNN, G., "Introducing a European Legal Order", London, The Hamlyn Institute, 1992.

SNYDER, F., "European Community Law", I e II vols, Aldershot, Dartmouth, 1993.

VASCONCELOS, A. (coord.), "Portugal no Centro da Europa", Lisboa, Quetzal, 1995.

WEATHERILL, S. e BEAUMONT, P., "European Community Law", London, Penguin, 1993.

WYATT, D. & DASHWOODS, A., "European Community Law", 3rd ed., London, Sweet & Maxwell, 1993.

APÊNDICE

O TRATADO DE AMESTERDÃO

INTRODUÇÃO

Entre a data em que o texto anterior foi feito, em Janeiro de 1997, e o momento presente, Março de 1999, alguns acontecimentos importantes marcaram a União Europeia.

Aquele que imediatamente vem à memória de todos é o início, em 01 de Janeiro de 1999, da 3ª fase da União Económica e Monetária – a "moeda única".

Entre os outros, assume a maior relevância a revisão dos Tratados operada pelo Tratado de Amesterdão[1].

Pela primeira vez a revisão foi prevista e agendada no próprio Tratado[2]. As matérias sujeitas a revisão estavam também previstas.

---

[1] Sobre o Tratado de Amesterdão, em geral, *vide* Franklin Dehousse, "Le Traité d'Amsterdam reflet de la nouvelle Europe. Editorial"; *Cahiers du Droi Européen*, 1997, n.ºs 3-4, pp. 265-273; Andrew Duff, "The Treaty of Amsterdam. Text and Commentary", Federal Trust, 1997; Jean-Marc Favret, "Le Traité d'Amsterdam: une révision *a minima* de la «charte constitutionnelle» de l'Union européenne. De l'intégration à l'incantation?", *Cahiers du Droit Européen*, 1997, n.ºs 5-6, pp. 555-605; Editorial Comments, *Common Market Law Review* **34**: 767-772, 1997; Sally Langrish, "The Treaty of Amsterdam: Selected Highlights", *European Law Review*, Vol. 23, N.º 1, Feb. 1998, pp. 3-19; Catherine Haguenau-Moizard, "Le Traité d'Amsterdam: une négotiation inachevée", *Revue du Marché commun et de l'Union européenne*, n.º 417, avril 1998, pp. 240-252; Massimo Silvestro e Javier Fernandez-Fernandez, "L Traité d'Amsterdam: une évaluation critique", *Revue du Marché commun et de l' Union européenne*, n.º 413, déc. 1997, pp. 662-664; António Goucha Soares; "O Tratado de Amesterdão e o novo passo da União Europeia", *Legislação*, N.º 21, Jan.-Mar. 1998, pp. 5-40.

[2] Art. N, n.º 2, do TUE.

Outras foram acrescentadas em sucessivos Conselhos Europeus e por acordo entre o Parlamento Europeu, o Conselho e a Comissão[3].

O Tratado aqui em análise, acordado em 17 de Junho de 1997, no Conselho Europeu de Amesterdão, é o resultado de cerca de 15 meses de negociações entre todos o Estados-membros na Conferência Intergovernamental iniciada em 29 de Março de 1996, em Turim.

A sua assinatura ocorreu em Amesterdão, em 02 de Outubro de 1997, estando em curso a respectiva ratificação por todos os Estados--membros. É previsível que entre em vigor ainda durante este ano.

Este importante acto "constituinte" do processo de integração europeia foi acolhido desfavoravelmente por quase todos, "europeístas" e "eurocépticos". Para os primeiros, não trouxe resposta para os desafios que se colocam à Europa (nomeadamente, para o alargamento); para os segundos, é a continuação e a consolidação do Tratado de Maastricht e atenta contra a soberania e contra os interesses dos Estados.

Os objectivos propostos enquadram-se em quatro grandes planos: colocar os cidadãos no centro da União; criar um espaço de liberdade, justiça e segurança; melhorar a projecção externa da União; preparar a arquitectura institucional para o futuro alargamento[4].

Na verdade, o Tratado de Amesterdão não constitui um passo revolucionário no processo de integração política da Europa[5]. Não é fruto de qualquer móbil dinamizador[6]. É, sobretudo, um acto de consolidação e de alguma clarificação[7]. Porém, alguns aspectos inovadores poderão revelar-se determinantes na conformação futura da integração europeia. É o caso da "cooperação reforçada"[8].

---

[3] Ver *supra* p. 773.

[4] Cf. Comissão Europeia, "Um novo tratado para a Europa. Guia do Cidadão", Luxembourg: SPOCE, 1997, p. 3.

[5] Cf. Anne Rigaux et Denys Simon, "Amsterdam: Much Ado about Nothing", *Europe*, Jul. 1997, p.3.

[6] Como titula o Editorial (citado supra), da autoria de Franklin Dehousse, da revista Cahiers de Droit Européen, o Tratado de Amesterdão reflecte a nova Europa.

[7] Neste sentido, também, *vide* Editorial Comments da *Common Market Law Review* (citado supra).

[8] Franklin Dehousse qualifica-a como uma verdadeira "revolução copérniciana"; cf. "Les résultats de la conférence intergouvernamentale", *Courrier hebdomadaire du CRISP*, , n.º 1565-1566, p. 43, citado por Vlad Constantinesco, "Les clauses de 'coopération renforcée', le protocole sur l'application des principes de subsidiarité et de

A intenção deste Apêndice é reflectir sobre as principais implicações do Tratado de Amesterdão na ordem jurídica da União Europeia antes analisada[9].

I – A NATUREZA JURÍDICO-POLÍTICA DA UNIÃO EUROPEIA

1 – UMA UNIÃO JURÍDICA?

A União continua a ter um estatuto jurídico diminuído. O receio da dissolução da estrutura diferenciada numa entidade política coesa e juridicamente autónoma impediu a consagração da sua personalidade jurídica[10].

Apesar disso, previu-se a possibilidade de celebração de acordos internacionais, quer no II quer no III pilares[11], situação que, na prática e de acordo com o direito internacional, conduz a resultados semelhantes para a capacidade de intervenção e para a projecção da União no plano externo[12].

Tais acordos serão celebrados pelo Conselho, deliberando por unanimidade. O estatuto jurídico de tais acordos é duvidoso[13]. A redacção

---

proportionnslité", *Revue Trimestrille de Droit Européen*, Anné 33, N.º 4, oct.-dec. 1997, p.751-767 (752).

[9] As disposições do TUE e do TCE serão referidas pela nova numeração adoptada pela Conferência.

[10] Cf. Pierre Des Nerviens, "Les relations extérieures, *Revue Trimestrielle de Droit Européen*, Anné 33, N.º 4, oct.-dec, 1997, p. 805. Apesar disso, de acordo com Alan Dashwood a União já possuirá actualmente personalidade jurídica internacional; cf. "External Relations Provisions of the Amsterdam Treaty", *Common Market Lawe Review.*, **35**: 1019-1045, 1998, p. 1040.

[11] Arts. 24.º e 38.º do TUE, após a renumeração.

[12] Cf. Sally Langrish, ob.cit., pp. 13-14.

[13] Cf. Alan Dashwood, ob. cit., pp. 1040-1041. Pierre Des Nerviens considera que tais acordos são verdadeiros actos da União e não concluídos em nome dos Estados; cf. ob. cit., p. 806. Os Estados manifestam na Declaração n.º 42, anexa ao Tratado, o entendimento de que tais acordos não implicam a transferência de competências para a União e no próprio corpo do Tratado qualquer EM que declare a necessidade de obediência às normas constitucionais internas (aprovação e/ou ratificação pelo órgão competente) não ficará vinculado por ele.

da disposição não ajuda a esclarecer se se trata de acordos da União ou acordos celebrados por esta em nome dos Estados.

A União continua a apresentar-se como uma estrutura política e jurídica formada por quatro Tratados essenciais (TUE, TCE; TCECA, TCEEA), cujo laço de ligação são as Disposições Comuns e Finais e o quadro institucional comum.

Foi apenas efectuada uma simplificação e a renumeração das disposições dos Tratados e dos Protocolos anexos[14]. Foram ainda revogados o Tratado relativo às Instituições Comuns, de 1957, e o Tratado de Fusão das Instituições, de 1965[15].

Procedeu-se à erradicação das disposições caducas e obsoletas (v.g. as disposições relativas ao período de instituição da União Aduaneira no Tratado da Comunidade Europeia), o que se traduziu numa eliminação de diversos artigos e de partes de outros; foi depois feita a renumeração de todas as disposições, melhorando substancialmente a sistematização dos Tratados (eliminam-se as letras e utilizam-se apenas os algarismos).

A legibilidade e a compreensão dos Tratados tornaram-se mais fáceis e acessíveis.

Está a decorrer um trabalho de consolidação dos vários Tratados existentes de modo a articulá-los num único documento, o qual, ainda que desprovido de valor jurídico, ajudará o trabalho do intérprete e tornará mais fácil a compreensão pelos não iniciados[16].

A formação tríptica da União Europeia mantém-se, com a sua "divisão" em pilares. Quanto à caracterização político-jurídica de cada um dos pilares operou-se uma evolução qualitativa, ainda que não revolucionária. Para além da revisão de características essenciais, a dimensão relativa dos pilares sofre uma modificação relevante.

A qualificação apontada para os três pilares mantém-se[17].

Contudo, o III pilar sofre uma redução de dimensão por força da comunitarização parcial, isto é, da transferência para a Comunidade

---

[14] Sobre esta questão, *vide* Jean-Paul Jacqué, "La simplification et la consolidation des traités", *Revue Trimestrielle de Droit Eeuropéen*, Anneé 33, n.º 4, oct.-déc. 1997, p. 903-908.

[15] A Conferência publicou as versões consolidadas do TUE e do TCE.

[16] Cf. Declaração n.º 42.

[17] Cf. *supra* p.....

Europeia de diversos domínios, aqueles directamente relacionados com a a realização de um espaço de liberdade para as pessoas – a política de asilo, a passagem nas fronteiras externas, a política de imigração e a cooperação judiciária civil. Estes aspectos constituem um novo título do TCE[18]. O combate à fraude contra os interesses financeiros comunitários é também incluído no TCE[19].

Ainda não é com o Tratado de Amesterdão que a União Europeia se define política e juridicamente.

II – O TRATADO DE AMESTERDÃO E O SISTEMA JURÍDICO DA UNIÃO EUROPEIA

1 – PRINCÍPIOS FUNDAMENTAIS COMUNS DA UNIÃO

1.1. *Subsidariedade e Proporcionalidade*

O princípio da subsidariedade e o conexo princípio da proporcionalidade foram objecto de um Protocolo anexo que consagrou com estatuto de direito originário as orientações interinstitucionais já definidas[20] para a sua efectivação no processo decisório, desse modo facilitando a sua justiciabilidade.

1.2. *Transparência e abertura*

A aproximação aos cidadãos encontra eco directo num novo princípio, aditado no art. 1.º do TUE – o princípio da transparência e abertura da União no exercício das suas acções, designadamente no

---

[18] Será o Tít. IV. A comunitarização, no entanto, é mais formal do que substancial, pois ficará sujeita a um período transitório de cinco anos em que as regras e procedimentos comunitários não se aplicarão; por isso Franklin Dehousse fala de um "premier pillier «*bis*»"; cf. ob.cit., pp.266.

[19] Será integrado no art. 280.º.

[20] Designadamente o Acordo Interinstitucional de 25 de Outubro de 1993 entre o PE, o Conselho e a Comissão, bem como as conclusões e a abordagem acordada nos Conselhos Europeus de Birmingham e de Edimburgo respectivamente, em 1992.

curso do processo decisório[21]. Este princípio encontra concretização no TCE (art. 255.°) e nos II e III pilares (arts. 28.° e 41.° do TUE, respectivamente). Pretende-se reforçar a legitimidade e o carácter democrático das instituições de decisão[22]. Este poderá ser um modo de atenuar a distância sentida em relação aos centros de decisão europeus.

É a consagração de um direito de acesso aos documentos e informações e à publicidade do processo de deliberação legislativa, cujo exercício já tinha acolhimento pelo Conselho e Comissão[23], bem como pelo PE[24], mas a que não era reconhecido o valor de direito subjectivo[25]. Agora inquestionavelmente que o é, ainda que sujeito a limites impostos por interesses públicos ou privados que serão definidos pelo Conselho e PE dois anos após a entrada em vigor do Tratado. O TJ e o Tribunal de Contas não estão abrangidos por estas disposições.

1.3. Uma União de Direito Democrático

O futuro art. 6.°, n.° 1, compromete a União no respeito da liberdade, da democracia, dos direitos humanos e das liberdades fundamentais, bem como do Estado de Direito[26]. Estas exigências que se faziam aos Estados-membros no TUE (art. F, n.° 2), são assumidas

---

[21] Sobre a questão ver Thérèse Blanchet, "Transparence et qualité de la législation", *Revue Trimestrielle de Droit Eeuropéen*, Année 33, 4, oct.-dec.1997, pp. 915-928.

[22] Renaud Dehousse entende que o relevo dado à transparência e abertura das Instituições traduz um cepticismo nos mecanismos tradicionais de representação e controlo democráticos, sendo reflexo dos novos modelos de organização regulatória; cf. "European Institutional Architecture After Amsterdam: Parliamentary System or Regulatory Structure", *Common Market Law Review*, 35: 595-627, 1998, (615-621).

[23] Cf. Código de Conduta de 6/12/1993, JOCE L 340, de 31/12/1993, p. 41; Decisão do Conselho de 6/12/1993, JOCE L 340, de 31/12/1993, p. 1 (relativa ao Regulamento Interno do Conselho); Decisão 93/731 do Conselho de 20/12/1993, JOCE L 340, de 31/12/1993, p. 43 (relativa ao acesso público aos documentos do Conselho); Decisão 94/90 da Comissão de de 8/2/1994, JOCE L 46, de 18/02/1994, p. 58.

[24] Decisão 97/632 de 10/7/1997, JOCE L 263, de 25/9/1997, p. 27 (relativa ao acesso público aos documentos do PE):

[25] Cf. Ac. do TJ de 30/04/1996, Proc. C-58/94, Países Baixos c. Conselho, Col. 1996, p. I-2169.

[26] Sobre a questão Patrick Wachsmann, "Les droits de l'homme", *Revue Trimestrielle de Droit Européen;*, Année 33, N.° 4, oct.-déc. 1997, pp. 883-902.

agora pela União e traduzem uma primeira definição da orientação político-constitucional da União consagrada no TUE[27].

Apesar disso, os direitos fundamentais, parece não se encontrarem ainda no centro das preocupações, sem a consagração de uma "carta", com a impossibilidade de um recurso directo dos particulares por violação de um direito fundamental e com a adesão à CEDH afastada.

Contudo, além da remissão para a tradição constitucional dos Estados e para a CEDH, a União, ou melhor as Comunidades Europeias, criou ela própria uma panóplia de direitos, sobretudo de de carácter económico-social, mas que continuam dispersos.

O Tratado de Amesterdão acarreta, por um lado uma consolidação, nomeadamente consagrando a jurisdição do TJ ao art. 6.°, n.° 2, do TUE, e, por outro lado, consagra novos direitos de não discriminação. Além dos arts. 2.° e 3.° do TCE preverem como missão e objectivo da CE a promoção da igualdade entre homens e mulheres, o art. 13.°, também do TCE, confere ao Conselho a competência para "tomar as medidas necessárias para combater a discriminação em razão do sexo, raça ou origem étnica, religião ou crença, deficiência, idade ou orientação sexual". A protecção da reserva da vida privada, através da protecção de dados pessoais, é um novo direito a que as instituições estão obrigadas, nos termos do art. 286.° do TCE.

O princípio de abertura, acima mencionado, constitui ele próprio um direito fundamental que permitirá aos cidadãos compreender criticamente e, desse modo, participar de modo mais consciente no processo de integração, isto é, construir uma cidadania verdadeira.

Há uma recentração dos objectivos da União sobre os aspectos sociais, quer através de novas políticas e acções da Comunidade Europeia quer através do aprofundamento das já existentes, *v.g.* o emprego, a política social, os serviços de interesse geral, o ambiente, a protecção da saúde pública, a defesa dos consumidores, etc.[28]. O império da lógica do mercado sobre a União foi atenuado[29].

---

[27] O TJ, porém, já afirmou que a Comunidade Europeia constitui uma "comunidade de direito"; cf. Ac. de 23/04/1986, Proc. 294/83, Les Verts c. Parlement européen, Rec. 1986, p. 1339 (1365).

[28] Sobre os reflexos nas competências e domínios de acção comunitários, em geral, *vide* Gosalbo Bono, "Les politiques et actions communautaires", *Revue Trimestrielle de Droit Eeuropéen*, Année 33, oct.-déc. 1997, pp.768-800.

[29] Cf. Franklin Dehousse, ob. cit., p. 267-268.

Poderá encontrar-se neste conjunto de direitos dispersos um núcleo de direitos fundamentais não instrumentais em relação ao projecto de integração económica que poderão ser a base de uma futura "carta" e que permitem ter uma visão mais positiva das realizações de Amesterdão[30].

A nova intensidade do empenhamento nos direitos e liberdades fundamentais e a proximidade do futuro alargamento a Estados até há pouco totalitários, explica que o respeito pelo novo art. 6.º, n.º 1, do TUE seja expressamente incluído como requisito de adesão no futuro art. 49.º do TUE e que o desrespeito "grave e persistente" de um Estado pelos princípios enunciados no art. 6.º, n.º 1, possa acarretar a suspensão de direitos na União, nomeadamente o direito de voto. É claro que esta disposição não se destina a ser efectivamente aplicada, mas sim a constituir uma ameaça dissuasora.

1.4. Flexibilidade

Uma das evoluções registadas ainda não é passível de uma análise profunda e apurada, e, sobretudo, o seu significado e alcance para o futuro da integração são quase inteiramente uma incógnita. A sua admissibilidade e os seus termos produziram uma das discussões mais polémicas e acaloradas no meio académico e no meio político no período anterior e durante as negociações. O desafio entre unidade e diversidade impunha-se; a "flexibilidade" era o chavão que acudia as mentes[31].

A flexibilidade não é um conceito alheio à integração europeia. Contudo, nunca assumiu dignidade de princípio estrutural, mas antes era encarado como uma derrogação ao princípio da unidade.

A "flexibilidade" foi acolhida no Tratado, mas sob uma forma de "cooperação reforçada" musculada, integrada no quadro institucional e jurídico da União, que deixou decepcionados alguns dos seus defensores mas que também não satisfez os seus opositores[32].

---

[30] Cf. Pascale Rahman and Sarah Gallagher, "EU's Treaty of Amsterdam Highlights Social Concerns", The National Law Journal Homepage.

[31] Cf. o nosso artigo "A Europa entre o Passado e o Futuro. As Questões de segurança e o Alargamento", *Scientia Ivridica*, Tomo XLV, N.ºs 259/261, Jan.-Jun. 1996, pp. 299-311.

[32] Sobre a cooperação reforçada vide Areilza Carvajal e Dastis Quecedo,

Seja como for, é agora possível aos Estados que pretendam avançar mais rapidamente ou aprofundar entre si os objectivos da integração fazê-lo dentro da estrutura da União e utilizando o seu quadro institucional e jurídico[33].

A "cooperação reforçada" acarretará a formação de um segundo acervo comunitário.

A cláusula geral de "cooperação reforçada" prevista no arts. 43.º a 45.º do TUE apenas admite uma flexibilidade positiva, no sentido do aprofundamento dos objectivos consagrados, a autorizar pelo Conselho. Impõem-se também requisitos apertados: utilização como último recurso; o envolvimento da maioria dos Estados e a abertura a todos; o respeito do acervo comunitário; a não afectação das competências, dos direitos, das obrigações e dos interesses dos Estados não participantes.

No I e no III pilares cláusulas especiais de "cooperação reforçada" são incluídas (nos arts. 40.º TUE e 11.º TCE), cada uma com requisitos específicos que se somam aos da cláusula geral. Na Comunidade Europeia os requisitos a respeitar são reforçados. Por isso, alguns não acreditam na utilização futura dessa possibilidade e outros a criticam; maiores virtualidades parece oferecer a cooperação reforçada no âmbito do III Pilar.

No II Pilar a "flexibilidade" assumiu a forma da abstenção positiva prevista no art. 23.º do TUE. A regra da tomada de decisões continua a ser a unanimidade. Através desta cláusula será possível ultrapassar a resistência de um ou mais Estados, permitindo à União

---

"Flexibilidad e Cooperaciones Reforzadas: Nuevos Metodos para una Europa Nueva?", *Revista de Derecho Comunitário Europeo*, Vol. 1, Enero-Jun. 1997, pp. 9-25; Florence Chaltiel, "Le traité d'Amsterdam et la coopération renforcé", *Révue du Marché commun et de l' Union européenne*, n.º 418, mai 1998, pp. 289-293; Vlad Constantinesco, ob.cit.; Claus Dieter Ehlermann, "Differentiation, Flexibility, Closer Co-operation: The New Provisions of the Amsterdam Treaty", *European Law Journal*, Vol. 4, N.º 3, Sept. 1998, pp. 246-270; Giorgio Gaja, "How Flexible is Flexibility under the Amsterdam Treaty?", *Common Market Law Review.*, 35: 855-870, 1998; Helmut Kortenberg, "Closer Cooperation in the Treaty of Amsterdam",*Common Market Law Review.*, **35**: 833-854, 1998.

[33] O "laboratório Schengen" não mais é necessário. Porém, os requisitos restritivos previstos podem conduzir a cooperações reforçadas fora da União; cf. Giorgio Gaja, ob. cit., pp. 870.

adoptar uma decisão que não vincula tais Estados. A flexibilidade assume aqui um cariz negativo.

A hipótese de avançar com a "cooperação reforçada" é ainda dificultada pela consagração neste âmbito do espírito do "Acordo do Luxemburgo", celebrado em Janeiro de 1966, na medida em que se possibilita a um Estado, com fundamento num importante e expresso interesse nacional, opor-se à concessão da autorização, remetendo a questão para o Conselho Europeu. É a inclusão no Tratado do "interesse nacional" e o reconhecimento jurídico do direito de veto[34].

Independentemente da viabilidade destas cláusulas de "flexibilidade" previstas, o futuro da integração europeia não mais se fará exclusivamente à luz do princípio da unidade, mas sempre numa tensão dialéctica com o princípio da flexibilidade, o qual assumiu foro "constitucional".

A primeira utilização da cooperação reforçada é a integração na União do "acervo Schengen", que vincula 13 Estados-membros, prevista em Protocolo anexo ao Tratado de Amesterdão. Também os *opt-out* previstos para o Reino Unido, Irlanda e Dinamarca são exemplo de "flexibilidade".

2 – ARQUITECTURA INSTITUCIONAL

Este foi um dos objectivos de negociação na CIG e era visto como um domínio em que a revisão era imperiosa em ordem a princípios fundametais, como o equilíbrio inter-estadual, a representatividade democrática, a legitimidade e a eficiência[35].

O equilíbrio entre os estados-membros que a ponderação dos votos no Conselho traduz desde a formação está em vias de poder ser absolutamente desvirtuado com o próximo alargamento. A eficiência e capacidade de decisão da Comissão não é compatível com um aumen-

---

[34] Cf. arts. 23.°, n.° 1, e 40.°, n.° 2, do TUE, e art. 11.°, n.° 2, do TCE.
[35] Sobre esta matéria em especial, *vide* Claude Blumann, "Aspects institutionnels", *Revue Trimestrielle de Droit Européen*, Année 33, oct.-déc. 1997, pp. 721-749; Renaud Dehousse, ob. cit.; Michael Nentwich and Gerda Falkner, "The Treaty of Amsterdam: Towards a New Institutional Balance", European Integration online Papers (EioP), Vol. 1 (1997) N.° 15, 25/8/97 (http./eiop.or.at/eiop/texte1997--015a.htm).

to dos Comissários de acordo com os actuais critérios (um Comissário indicado pelos Estados menores e dois pelos Estados maiores).

A sensibilidade política e mesmo simbólica destas questões e o facto de só dentro de alguns anos o problema se colocar inelutavelmente, conduziu ao adiamento da sua resolução[36]. A reforma do quadro institucional da União foi objecto de um Protocolo que obriga os Estados a uma reforma futura. Tal solução vincula os Estados na via da reforma e consagra os dois traços orientadores (redução dos Comissários e reponderação dos votos no Conselho). Revelador desta inércia é a manutenção do compromisso de Ioanina até ao primeiro alargamento[37].

Ainda que os resultados da CIG neste domínio tenham sido quase consensualmente apontados como decepcionantes, merecem referência, por serem racionalizadores, alguns dos passos dados.

Colmatando uma lacuna do Tratado de Maastricht, o Tribunal de Contas foi incluído no quadro intitucional comum da União[38]. Foi-lhe também reconhecida legitimidade processual[39].

Para obviar à deficiente legitimidade da Comissão, o controlo político do PE sobre ela foi reforçado[40] e, no que concerne à sua eficiência, uma pequena reforma foi prevista, valorizando o papel do Presidente[41].

Em relação ao PE foi limitado o número dos deputados a 700[42]. O ambicioso objectivo de eleição dos membros do PE de acordo com um procedimento eleitoral uniforme foi substituído por simples "princípios comuns"[43].

O TJ vê o seu campo de acção alargado ao quadro das disposições comuns, nomeadamente em relação ao respeito dos direitos fundamentais pelas instituições[44].

---

[36] É preciso não esquecer que os desafios imediatos que se projectavam – a UEM – não aconselharem à explosão de conflitos entre os Estados.
[37] Declaração 50.
[38] Art. 5.º do TUE.
[39] Art. 230.º do TCE.
[40] Art. 214.º, n.º 2, do TCE.
[41] Art. 219.º do TCE e Declaração 32.
[42] Art. 189.º do TCE.
[43] Art. 190.º, n.º 4, do TCE. O PE já aprovou, em 15 de Julho de 1998, um projecto contendo tais princípios; cf. JOCE C 292, de 21/9/1998.
[44] Art. 46.º TCE.

O III Pilar sofre uma evolução institucional relevante. É introduzida a jurisdição do TJ, ainda que afastando-se diametralmente de alguns princípios que vigoram no I pilar (v.g. a jurisdição prejudicial meramente facultativa, a recusa de legitimidade processual ao PE nos recursos de legalidade)[45]. O PE passa a intervir no processo decisional, através da consulta[46].

Os Parlamentos Nacionais vêem, através de um Protocolo anexo ao Tratado, ser-lhes reconhecida uma voz através da conferência dos órgãos parlamentares especializados em assuntos europeus – COSAC. A sua prerrogativa de controlo sobre a acção dos respectivos governos no plano europeu sai reforçada pelo melhor acesso à informação e aos documentos da União.

III – A POLÍTICA EXTERNA E DE SEGURANÇA COMUM

1 – ÂMBITO E OBJECTIVOS

A projecção no exterior da União tem sido débil e a imagem transmitida é de ausência de estratégia e descoordenação, imagem, aliás, que corresponde a uma real incapacidade de intervenção decisiva.

As mudanças não foram profundas. Foi, sim, introduzida alguma racionalidade[47].

Em primeiro lugar, a PESC será definida e executada pela União e deixa de estar também ao serviço da segurança dos Estados[48]. É introduzido como novo objectivo a salvaguarda da integridade da União. A defesa é reafirmada nos horizontes da União, a desenvolver gradualmente. Para já, são incluídas no âmbito de acção da União as Missões de Petersberg[49].

---

[45] Art. 35.º do TUE.
[46] Art. 39.º do TUE.
[47] Sobre a reforma operada no II Pilar, *vide* Alan Dashwood, ob. cit.; Pierre de Nerviens, ob. cit..
[48] Art. 11.º do TUE.
[49] Missões de implementação, manutenção e de restabelecimento da paz, missões humanitárias, missões para gestão de crises.

2 – QUADRO INSTITUCIONAL E INSTRUMENTOS

A relação com a UEO é objecto de alguma clarificação[50].

Para garantir a continuidade da orientação da PESC, o Secretário-Geral do Conselho é elevado ao estatuto de Alto Representante para a PESC, a quem incumbe assistir a Presidência[51].

A Comissão vê reafirmada a sua "associação".

Porém, não está afastada alguma desfuncionalidade da articulação entre as várias entidades intervenientes no desenvolvimento e na concretização da PESC – Presidência, Alto Representante, Comissão, Estados.

Para ajudar na análise e acompanhamento da realidade internacional, de modo a que a União não tenha um papel meramente reactivo, prevê-se a criação de uma Unidade de Planeamento de política e de alerta precoce formada por peritos.

O carácter intergovernamental mantém-se.

Ao Conselho Europeu competirá a definição dos princípios e orientações gerais. Esta instituição deixa de ter somente uma função política e passa a dispor de directos poderes decisórios, através do novo instrumento jurídico "estratégia comum".

A estratégia comum, primeiro grau de concretização das orientações gerais, especifica objectivos e duração, bem como os meios necessários[52].

O Tratado de Amesterdão desempenha um importante papel clarificador do elenco de instrumentos ao serviço da União. A distinção entre Posição Comum e Acção Comum não era feita pelo Tratado de Maastricht e a sua utilização ao longo destes anos não contribuiu para essa dilucidação. O Tratado de Amesterdão procede a essa clarificação, consagrando os sentidos indicados na análise apresentada[53].

A posição comum define a "abordagem global de uma questão específica de natureza geográfica ou temática pela União". A acção comum incide "sobre situações específicas", envolvendo "uma acção operacional por parte da União", e em que se definem os objectivos

---

[50] Art. 17.º do TUE.
[51] Art. 18.º, n.º 3, do TUE e art. 26.º do TUE.
[52] Art. 13.º, n.º 2, do TUE.
[53] Cf. *supra*, p.784.

e o âmbito, os meios e as condições de execução, e, "se necessário, a duração"[54].

O Conselho continua a decidir por unanimidade, excepto quando adopta posições comuns e acções comuns com base numa estratégia comum ou quando adopta qualquer decisão com base numa posição ou acção comum, situações em que se prevê que o Conselho delibere por maioria qualificada[55].

As decisões tomadas pela União poderão não vincular um Estado que se tenha abstido, desde que este tenha feito acompanhar a sua abstenção de uma declaração formal. A esta "flexibilidade" se chamou "abstenção positiva"[56].

Não houve no II Pilar passos grandiosos, mas foi, talvez, aqui onde as reformas se apresentam como mais coerentes. Um acréscimo de complexidade institucional é irrecusável e ter-se-á de esperar para apreciar os resultados.

IV – COOPERAÇÃO POLICIAL E JUDICIAL EM MATÉRIA PENAL

1 – ÂMBITO E OBJECTIVOS

O III Pilar, actualmente com a designação de Cooperação nos Assuntos Internos e de Justiça sofre uma profunda reforma, reforma essa que constitui, poventura, a maior realização imediata do Tratado de Amesterdão[57].

Uma parte das matérias por ele abragidas são transferidas para o I Pilar, para um novo Título do TCE – o Título IV. No âmbito dessa transferência incluem-se a política de asilo, a transposição pelas pessoas das fronteiras externas e a política em relação à imigração,

---

[54] Arts. 15.º e 14.º do TUE, respectivamente.
[55] Art. 23.º, n.º 2
[56] Art. 23.º, n.º 1, do TCE.
[57] Sobre o III Pilar e mais em geral sobre a criação do espaço de "liberdade, segurança e justiça", *vide* Henry Labayle, "Un espace de liberté, de securité et de justice", *Revue Trimestrielle de Droit Européen*, Année 33, oct.-déc. 1997, pp. 813-881; Jörg Monar, "Justice and Home Affairs in the Treaty of Amsterdam: Reform at the Price of Fragmentation", European Law Review, Vol. 23, Aug. 1998, pp. 320-335.

entrada, circulação e residência; aí se abrange também a cooperação judiciária civil.

A justificação para tal transferência, aliás, há muito reclamada, é a relação directa que estas questões mantêm com a realização de um espaço de liberdade económica e cívica para as pessoas.

A criação de um espaço de liberdade, segurança e justiça encontra no futuro III Pilar uma outra vertente da sua realização, a da segurança e justiça penal, bem como a prevenção e combate ao racismo e à xenofobia.

Estes domínios são também instrumentais para a realização de um espaço de liberdade. Contudo, quer por razões justificadas pela soberania e protecção da segurança dos Estados, quer porque se relacionam com a faceta patológica do exercício da liberdade, quer ainda pelas marcadas diferenças nos procedimentos e *modus operandi* das instâncias nacionais, entendeu-se que estes sectores deveriam manter--se no plano da cooperação intergovernamental.

A instituição de um espaço judiciário europeu não obteve acolhimento, mas alguns dos avanços podem ser o embrião para uma evolução futura nesse sentido.

O objectivo proclamado é "facultar aos cidadãos um elevado nível de protecção num espaço de liberdade, segurança e justiça", (...), "prevenindo e combatendo a criminalidade (...) em especial o terrorismo, o tráfico de seres humanos e os crimes contra as crianças, o tráfico ilícito de droga e o tráfico ilícito de armas, a corrupção e a fraude"[58].

2 – QUADRO INSTITUCIONAL E INSTRUMENTOS

O seu carácter intergovernamental foi atenuado, embora a regra de decisão se mantenha a da unanimidade.

Por um lado, o PE passa a intervir no processo decisório de algumas medidas previstas, designadamente das decisões-quadro, das decisões e das convenções, através de um mecanismo de consulta[59].

Por outro lado, surge a primeira resposta para uma das críticas mais pertinentes que se fez ao III Pilar, domínio por excelência onde

---

[58] Art. 29.º do TUE.
[59] Art. 39.º, n.º 1, do TUE.

os mais inalienáveis direitos das pessoas se encontram em jogo. O Tribunal de Justiça passa a ter jurisdição sobre as medidas adoptadas.

Sem questionar o carácter positivo desta evolução, os princípios a que obedece a jurisdição do Tribunal afastam-se dos do I Pilar. Em primeiro lugar, nem todas as medidas estão sujeitas à fiscalização judicial, excluindo-se as posições comuns e limitando-se à interpretação a fiscalização das convenções entre os Estados-membros. Em segundo lugar, a jurisdição prejudicial do Tribunal é facultativa, podendo ou não ser aceite pelos Estados, solução diametralmente oposta ao regime comunitário.

Por último, o papel da Europol como estrutura de apoio e de coordenação é consagrado.

No elenco dos instrumentos jurídicos previstos operou-se uma clara racionalização.

É definida a posição comum[60].

Desaparecem as acções comuns.

São introduzidos dois novos actos. Em primeiro lugar, as decisões-quadro, cujas características se reconduzem às das directivas[61], mas a que se retira a produção de efeitos directos[62]. Em segundo lugar, as decisões, actos com objectivos não especificados e de que também se exclui o efeito directo.

Finalmente, as convenções entre os Estados-membros passam, em princípio, a entrar em vigor logo que tenham sido adoptadas por metade dos signatários.

A análise global dos avanços parece ser positiva. Contudo, a par de uma racionalização o tal "espaço de liberdade, de segurança e de justiça" está fragmentado por dois pilares distintos[63] e a complexidade das relações entre as instâncias nacionais e das instâncias da União aumenta.

O quadro complicar-se-á mais com a integração do "acervo Schengen"[64].

---

[60] Art. 34.º, n.º 2, al. a), do TUE.
[61] Cf. *supra* pp. 790-791.
[62] Art. 34.º, n.º 2, al. b), do TUE.
[63] Cf. Jörg Monar, ob. cit, p. 322. Como a Comissão reconhece na sua Comunicação "Um espaço de liberdade, de segurança e de justiça", de 14 de Julho de 1998, estes três conceitos estão "estreitamente ligados"; cf. COM (1998) 459.
[64] O "acervo Schengem" será integrado, em princípio, no I e no III Pilar, consoante as matérias.

V – A ORDEM JURÍDICA COMUNITÁRIA

A transferência de uma parte das matérias actualmente pertencentes ao III Pilar, acima referida, vem alargar a extensão das competências da Comunidade Europeia.

O novo Título IV, que comporta a vertente "liberdade" do referido objectivo de criação de um "espaço de liberdade, de segurança e de justiça", será concretizado ao longo de um período de 5 anos, durante o qual, quer no que toca ao equilíbrio interinstitucional, quer no que toca ao processo de decisão, obedece a princípios diferentes com contornos intergovernamentais[65], nomeadamente a Comissão partilha a iniciativa com os Estados-membros[66] e a competência prejudicial do Tribunal é mais restrita[67].

Se por um lado, há uma progressão concreta no sentido da criação de um espaço livre dentro das fronteiras da União, consagra-se originariamente uma excepção que permite a existência de fronteiras no interior da União entre o Reino Unido e Irlanda e os seus parceiros, nas quais os controlos se manterão, em virtude do opt-out previsto em relação ao art. 14.º a oa novo Tít. IV[68].

Também a Dinamarca beneficia de um regime excepcional no que se refere ao novo Tít. IV e à integração do "acervo Schengen"[69].

O Tratado de Amesterdão vem alargar ainda mais as competências comunitárias, introduzindo novos domínios de acção, tais como o emprego, o reforçando a política social com a integração do Protocolo Social, a protecção da saúde pública e a defesa dos consumidores, etc.

O procedimento de decisão era um dos pontos mais criticados dos resultados de Maastricht. Os procedimentos previstos com as respectivas variantes ascendem a 22 diferentes métodos de decisão. A esta multiplicidade acresce a complexidade, designadamente do procedimento de co-decisão.

---

[65] Por isso Franklin Dehousse fala da criação de um I Pilar bis; cf. *supra* p. ....
[66] Art. 67.º, n.º 1, do TCE.
[67] Art. 68.º do TCE.
[68] Cf. Protocolo relativo à aplicação de certos aspectos do art. 14.º do TCE ao Reino Unido e à Irlanda e, em especial, Protocolo relativo à posição do Reino Unido e da Irlanda.
[69] Cf. Protocolo relativo à posição da Dinamarca

O Tratado de Amesterdão consagra um passo positivo na matéria: em primeiro lugar, há uma redução dessa panóplia, praticamente pondo fim ao procedimento de cooperação, que fica limitado à UEM; em segundo lugar, o procedimento de co-decisão torna-se o procedimento regra, o que fortalece o papel do PE como co-legislador, desse modo contribuindo para atenuar o propalado défice democrático; em terceiro lugar, procede-se à simplificação do procedimento, eliminando fases absolutamente dispensáveis[70].

A maioria qualificada foi estendida a novos domínios[71].

Apesar destes avanços positivos, alguns domínios importantes do ponto de vista democrático continuam afastados da co-decisão entre o Conselho e o PE: a cidadania, a harmonização fiscal e o novo Tít. IV relativo à circulação das pessoas.

No que diz respeito aos princípios fundamentais relativos à relação entre a ordem jurídica comunitária e as ordens jurídicas nacionais, *v.g.*, a autonomia, o primado e o efeito directo, merece referência a consagração indirecta, através do Protocolo relativo aos princípios da subsidiariedade e da proporcionalidade, da jurisprudência do TJ[72]. No fundo, trata-se da consagração e legitimação do "activismo judiciário do Tribunal".

CONCLUSÃO

Se à primeira vista o Tratado de Amesterdão não constitui uma pedra angular na construção da integração europeia, especialmente da sua ordem jurídica, introduz alguns princípios e modificações que poderão revelar-se decisivos, nomeadamente a "cooperação reforçada"

---

[70] Sobre a reforma dos procedimentos de decisão, em especial do procedimento de co-decisão, *vide* Charles Reich, "Le Traité d'Amsterdam et le champ d'application de la procédure de codécision", *Révue du Marché Commun et de l'Union européenne*, n.º 413, déc. 1997, pp. 665-669.

[71] *V.g.* os domínios da liberdade de circulação e de residência, da igualdade de tratamento quanto à remuneração entre homens e mulheres, da Investigação e Desenvolvimento, da segurança social dos trabalhadores migrantes, etc.

[72] "... a aplicação daqueles princípios [subsidiariedade e proporcionalidade] não afectará os princípios definidos pelo Tribunal de Justiça quanto à relação entre o direito nacional e o direito comunitário ...".

e o princípio da transparência e abertura e a reestruturação dos instrumentos jurídicos do II e do III Pilares.

Algumas outras inovações podem acarretar uma maior desfuncionalidade, tal como a ambiguidade do estatuto jurídico da União, a variedade de regimes especiais previstos e os termos do alargamento da competência do Tribunal. O Tratado de Amesterdão, fica, aliás, para a história por acentuar a "protocolarização".

Alguns aspectos essenciais para a racionalização e estruturação da ordem jurídica comunitária ficaram por tratar. Entre eles se encontra a definição de acto legislativo e a hierarquia das normas e a reforma da "comitologia".

É desejável que a próxima revisão dos Tratados, aliás já prevista pelo tratado de Amesterdão, venha pôr cobro a esta situação[73].

---

[73] Cf. Protocolo relativo às Instituições.